Auf den Spuren Homers

Heinrich Schliemann

Auf den Spuren Homers

Herausgegeben von
Wilfried Bölke

Weltbild

Besuchen Sie uns im Internet:
www.weltbild.de

Genehmigte Lizenzausgabe für Verlagsgruppe
Weltbild GmbH, Steinerne Furt, 86167 Augsburg

Umschlaggestaltung: grimm.design, Düsseldorf
Umschlagmotiv: corbis-germany
Gesamtherstellung: Oldenbourg Taschenbuch GmbH,
Hürderstraße 4, 85551 Kirchheim
ISBN 3-8289-7557-7

2007 2006 2005
Die letzte Jahreszahl gibt die aktuelle Lizenzausgabe an.

Inhalt

Vorwort des Herausgebers

Heinrich Schliemann (1822–1890) – vom homerbegeisterten Autodidakten zum berühmten Trojaausgräber

»Aber die Schwierigkeiten vermehren nur mein Verlangen, jetzt – nach so vielen Täuschungen – endlich das vor mir liegende große Ziel zu erreichen und zu beweisen, dass die Ilias auf Tatsachen beruht ... Keine Mühe will ich sparen, keine Kosten will ich scheuen, dahin zu kommen.«
Heinrich Schliemann

Kein anderer Archäologe in der Welt erreichte eine solche Popularität wie Heinrich Schliemann. Selbst 110 Jahre nach seinem Tode ist sie ungebrochen. Wären es nur die Fachleute, die sich heute an den »Vater der mykenischen Archäologie« erinnern könnten, so würde dies kaum jemanden verwundern. Bemerkenswert dagegen ist, dass so viele Menschen, die sich eigentlich gar nicht speziell für die Archäologie interessieren, auf Heinrich Schliemann angesprochen diesen spontan als berühmten Trojaausgräber und Entdecker des »Priamos-Schatzes« einordnen können. Und das nicht nur in Deutschland, sondern in den meisten Ländern der gebildeten Welt. Die Bedeutung der Schliemann'schen Grabungen wird jedem Besucher des Archäologischen Nationalmuseums in Athen in beeindruckender Weise bewusst, der den Mykenesaal im Erdgeschoss betritt, jenen Saal, in dem Griechenland den Millionen Besuchern aus aller Welt die Originalfunde Schliemanns präsentiert.

Über keinen anderen Archäologen sind so viele Bücher geschrieben, Filme gedreht und Hörspiele produziert worden. Schliemann wurde sogar zum Thema einer Oper und eines Balletts gemacht. Aus Anlass seines 100. Todestages im Jahre 1990 fanden im In- und Ausland mehrere wissenschaftliche Tagungen statt, die sich mit der Person Schliemanns und seinem Wirken befassten. Die veröffentlichten Artikel in nationalen und internationalen Zeitungen und Fachzeitschriften sind kaum noch zu überschauen.

Als Anfang der Neunzigerjahre in Moskau der 1945 in Berlin verloren geglaubte »Priamos-Schatz« als Kriegsbeute wieder auftauchte, und dieser 1996 im Puschkin-Museum nach mehr als 50 Jahren besichtigt werden konnte, weckte dieses spektakuläre Ereignis ein nach Schliemanns Tod nicht mehr erlebtes öffentliches Interesse an der Person des Ausgräbers. Wie lässt sich erklären, dass Heinrich Schliemann auch nach mehr als 100 Jahren noch immer eine solche Faszination auf viele Menschen ausübt?

Schliemanns Lebensweg ist höchst ungewöhnlich und abenteuerlich verlaufen. Als Pfarrerssohn wurde er 1822 in Mecklenburg, in einer der rückständigsten Gegenden Deutschlands, geboren. In bescheidenen dörflichen Verhältnissen aufwachsend, verbrachte er hier eine durch traumatische Erlebnisse im Elternhaus getrübte Kindheit. Der begabte Junge, der aus finanziellen Gründen nur die Realschule besuchen konnte, wollte nach dem Abschluss einer Kaufmannslehre mit 19 Jahren der Enge und Hoffnungslosigkeit seiner Heimat entfliehen. Er hatte die Absicht, nach Südamerika auszuwandern, ein Schiffbruch verschlug ihn aber nach Holland. Mit Ehrgeiz und Ausdauer legte Schliemann in Amsterdam den Grundstein für eine beispiellose Kaufmannskarriere, die im zaristischen Russland ihren Höhepunkt erreichte. In St. Petersburg schaffte er in kurzer Zeit den Aufstieg zu einem angesehenen und erfolgreichen Großkaufmann. Während des Krimkrieges (1851–1853) verdiente Schliemann als Lieferant der zaristischen Armee ein Millionenvermögen. Mit 46 Jahren stieg er aus dem merkantilen Geschäft aus und verließ Russland. An der Sorbonne in Paris und auf Weltreisen versuchte Schliemann seine unzureichende Bildung nachzuholen.

Das Jahr 1868 brachte die entscheidende Wende in Schliemanns Leben. In diesem Jahr unternahm er eine lang ersehnte Reise nach Griechenland, an den »Schauplatz der Begebenheiten« und in »das Vaterland der Helden« des Trojanischen Krieges. Die Heldendichtungen »Ilias« und »Odyssee« des griechischen Schriftstellers Homer (800 v. Chr.), die der sprachgewandte Archäologe inzwischen im altgriechischen Originaltext lesen konnte, hatten ihn bereits als Jungen begeistert. Sie und die Berichte des Pausanias (200 n. Chr.) waren auf dieser Reise seine ständigen Begleiter.

Nachdem er am 1. Juli auf Korfu, der Insel der Phäaken, griechischen Boden betreten hatte, galt sein Interesse vor allem der Insel Ithaka, der Heimat des Odysseus. Schliemann, von einer unerschütterlichen Homergläubigkeit getragen, suchte nach dem Palast des Odysseus und war überzeugt, mit den Nachfahren des legendären Königs gesprochen zu haben. Große körperliche Strapazen auf sich nehmend, ritt er zehn Tage lang auf einem klapprigen Pferd ohne Sattel und Steigbügel durch das unwegsame, ausgedörrte Gelände. Schliemann tauchte ganz ein in die homerische Welt der Mythen und Sagen. In Mykene spürte er die von Pausanias beschriebene Akropolis des Heerführers Agamemnon und in Tiryns die riesigen kyklopischen Mauern der ehemaligen Zitadelle auf.

Fest an den historischen Hintergrund des Trojanischen Krieges glaubend, begab sich Schliemann schließlich im Nordwesten des Osmanischen Reiches auf die Suche nach dem legendären Troja. Durch Zufall lernte er auf dieser Reise den Engländer Frank Calvert, einen Hobbyarchäologen und Diplomaten im Dienste Amerikas, kennen. Dieser machte den reichen Schliemann auf den Hügel Hissarlik nahe der Dardanellen aufmerksam, der zur Hälfte ihm gehörte und in dessen Tiefen er die Reste der am Ende des Trojanischen Krieges (1200 v. Chr.) zerstörten Stadt vermutete. Schliemann besichtigte diesen Hügel und seine topografischen Beobachtungen überzeugten ihn von der Richtigkeit der Annahme Calverts. Er war sicher, dass nur Ausgrabungen an diesem Ort zum Erfolg führen konnten, obwohl bekannte Althistoriker einen Hügel in der Nähe des Dorfes Bunarbaschi favorisierten. Der krasse Außenseiter trat mutig und selbstbewusst einer als sicher geltenden Lehrmeinung entgegen, brachte damit aber die Fachgelehrten gegen sich auf.

Nach Beendigung seiner Reise schrieb Schliemann innerhalb von vier Monaten seine Erlebnisse und archäologischen Erkenntnisse in seinem Buch »Ithaque, le Péloponnèse, Troie« nieder, das 1869 in Paris erschien. Er reichte das von ihm in französischer Sprache (!) geschriebene Buch als Dissertation an der Universität Rostock ein, die Schliemann noch im selben Jahr den Doktortitel verlieh. Der Brockhaus Verlag in Leipzig veröffentlichte ebenfalls 1869 die deutsche Übersetzung »Ithaka, der Peloponnes und Troja«. Die wichtigsten Kapitel dieses Reiseberichtes wurden in diesem Auswahlband aufgenommen. Der Leser kann die abenteuerliche Spurensuche des homerbegeisterten jungen Schliemann nacherleben.

Mit übermenschlicher Energie und ohne auf seine Gesundheit Rücksicht nehmend, verfolgte Schliemann in den folgenden Jahren sein neues Lebensziel: die Ausgrabungen des homerischen Troja.

Im Jahre 1871 begann Schliemann mit seinen offiziellen Ausgrabungen. Anfänglich glaubte er, die Rätsel dieser Stadt alleine lösen zu können, obwohl er als Ausgräber keinerlei praktische Erfahrungen besaß. Vor ihm hatte kaum jemand Grabungen dieses Ausmaßes in Angriff genommen. Schliemann gilt als einer der frühen Pioniere der Feldarchäologie. Sein fester Glaube an Homer verleitete ihn oft zu vorschnellen Fehlschlüssen, die dann schwerwiegende Auswirkungen hatten. Die Fachwelt belächelte Schliemann anfangs, später diffamierte sie ihn lange Zeit als Dilettanten und Schatzgräber.

Als Schliemann im Frühjahr 1873 in den Trümmern der verbrannten Stadt einen großen Goldschatz aus dem 2. Jt. v. Chr. fand, glaubte er den sagenhaften Schatz des Königs Priamos in den Händen zu halten. Er war sicher, den letzten schlüssigen Beweis für die historische Existenz des homerischen Troja erbracht zu haben. Erst später stellte sich heraus, dass dieser Hortfund um etwa 1000 Jahre älter ist.

Schliemann wurde über Nacht weltberühmt. Das öffentliche Interesse an dem bis zu diesem Zeitpunkt unbekannten Selfmademan war groß, Schliemann machte Schlagzeilen in allen Zeitungen der Welt. Ihm gehörte die Sympathie eines breiten Publikums, hatte der krasse Außenseiter doch in ihren Augen über die Ignoranz der Gelehrten triumphiert.

»Überall, im Hause und auf der Straße, im Postwagen und auf der Eisenbahn, wurde von Troja geredet. Man war voll Staunens und Fragens«, so beschrieb der Direktor der Großherzoglichen Kunstsammlung in Schwerin, Friedrich Schlie, die euphorische Reaktion seiner mecklenburgischen Landsleute.

Nur drei Jahre später, 1876, stieß Schliemann in Mykene innerhalb der Akropolis auf fünf in Felsen getriebene Schachtgräber mit reichen Bestattungsbeigaben (Schmuck, Gefäße, Prunkwaffen und Totenmasken aus Gold, Silber und Elektron). Er wurde zum Wiederentdecker der mykenischen Kulturepoche, einer der in Vergessenheit geratenen frühen Hochkulturen Europas. Weitere Grabungserfolge an den geschichtsträchtigen Orten Tiryns und Orchomenos stellten sich ein. Schliemanns auf Homer bezogene Fundinterpretationen riefen zwar immer noch den Widerspruch der Fachgelehrten hervor, akademische

Anerkennungen und Ehrungen ließen aber nicht mehr auf sich warten.

Jetzt war für Schliemann der Zeitpunkt gekommen, der staunenden Welt eine Erklärung für seine Beweggründe und Erfolge abzugeben. Er bereitete die Herausgabe seines umfangreichsten wissenschaftlichen Werkes »Ilios. Stadt und Land der Trojaner« vor, ein ausführlicher Bericht über seine Ausgrabungen in Troja. Schliemann stellte diesem Buch, das 1880 erschien, eine detaillierte Lebensbeschreibung voran. Die Selbstbiografie umfasste seine Kindheit und kaufmännische Laufbahn, also den Zeitraum von 1822 bis 1868. Die ursprüngliche Fassung aus der Feder Schliemanns fand ohne Kürzungen Eingang in dieses Buch. Sie wurde den Selbstzeugnissen Schliemanns vorangestellt.

Mit seiner Autobiografie legte Schliemann den Grundstein für eine Legende, die sich trotz aller neuen Erkenntnisse der Schliemannforschung bis zum heutigen Tag erhalten hat. Schliemann will seinen Lesern glaubhaft machen, dass er bereits im Alter von knapp acht Jahren den Entschluss gefasst haben will, später das untergegangene Troja auszugraben. Sein weiterer Lebensweg – so seine Darstellung – wurde durch diesen »Kindheitstraum« vorherbestimmt. Um diesen verwirklichen zu können, häufte er als Kaufmann ein riesiges Vermögen an. Dieses visionäre Verfolgen eines Kindheitstraumes ist aber ein Wunschbild, das der erfolgreiche Ausgräber Schliemann im Nachhinein konstruiert hat.

Schliemanns Äußerungen in seinen Briefen bis 1858 machen deutlich, mit welcher Passion er Kaufmann war. Es waren materielle Gründe und eine Ehekrise, die ihn schließlich veranlasst haben seine Geschäfte zu liquidieren. Lange war er sich über sein neues Lebensziel im Unklaren und die griechische Vorgeschichte war nur eine von mehreren von ihm ins Auge gefassten Möglichkeiten, sich wissenschaftlich zu betätigen.

Trotz dieser Erkenntnis gibt es aber keinen Grund daran zu zweifeln, dass Heinrich Schliemann während seiner Kindheit im mecklenburgischen Ankershagen mit den griechischen Sagen vom Trojanischen Krieg und der Irrfahrt des Odysseus in Berührung gekommen ist. Es ist überliefert, dass sich in der Bibliothek des Pfarrhauses auch eine deutsche Ausgabe von Homers »Ilias« und »Odyssee« in der Übersetzung seines Landsmannes Johann Heinrich Voß befand. Die von Schliemann in seiner Selbstbiografie wiedergegebenen dörflichen Sagen vom grausamen Raubritter Henning Bradenkierl, vom »Silberschälchen« und von der »Goldenen Wiege« haben die Zeiten überdauert und werden noch heute erzählt. Die Orte des Geschehens, das mittelalterliche Raubritterschloss, der sagenumwobene Teich im Pfarrgarten und das bronzezeitliche Hügelgrab hinter dem Pfarrgrundstück sind noch erhalten.

Wiederholt ist der Wahrheitsgehalt von Begebenheiten angezweifelt worden, über die Heinrich Schliemann in seiner Selbstbiografie berichtet. Manches in Schliemanns euphorischem Lebensbericht erscheint unwahrscheinlich und deshalb nicht glaubhaft, so die romantische Liebesgeschichte mit seiner Spielgefährtin Minna Meincke in Ankershagen, die Episode mit dem betrunkenen Müllergesellen Niederhöffer im Kaufmannsladen in Fürstenberg oder die dramatische Beschreibung des Schiffsuntergangs der Brigg »Dorothea« bei der Überfahrt nach Südamerika vor der holländischen Insel Texel. Und doch sind alle von Schliemann genannten Personen und Orte Realität. Mit Minna verband Schliemann zeitlebens eine enge Freundschaft, der »verkrachte« Gymnasiast Niederhöffer hat wirklich existiert. Auch die »Dorothea« ist tatsächlich auf ihrer Jungfernfahrt in einem Sturm auf Grund gelaufen und verloren gegangen, das ist inzwischen dokumentarisch belegt. Nachgewiesen ist allerdings auch, dass Heinrich auf dieser Brigg nicht als Schiffsjunge angeheuert, sondern seine Überfahrt als Passagier bezahlt hatte. So lassen sich Dichtung und Wahrheit in den autobiografischen Darstellungen Schliemanns oft schwer voneinander unterscheiden, und ein gesundes Maß an Skepsis ist beim Lesen seiner »Memoiren« angebracht.

Dieser Hang zur übertriebenen Selbstdarstellung entspringt ebenso wie sein Streben nach außergewöhnlichen Leistungen Schliemanns starkem Bedürfnis nach öffentlicher Anerkennung, nach Erfolg und Ruhm. Die Gründe sind vor allem in traumatischen Erlebnissen während seiner Kindheit in Ankershagen zu suchen, deren ganzes Ausmaß erst in jüngerer Zeit erkannt worden ist. Der frühe Tod seiner geliebten Mutter und die schweren Verfehlungen des von ihm gehassten Vaters haben im jungen Heinrich tiefe und bleibende Spuren hinterlassen. Andeutungen dieser »Unglücke« in seiner Selbstbiografie lassen die Schwere der Schicksalsschläge nur erahnen. Noch Jahre später hat er die Geschehnisse zum Gegenstand von Sprachübungen gemacht, um sie seelisch verarbeiten zu können. Es muss eine tiefe Genugtuung für Schliemann gewesen sein, als erfolgreicher Großkaufmann und weltweit bekannter Ausgräber dem Namen »Schliemann« wieder neuen Glanz verliehen zu haben.

Die Sicht der Fachleute auf Heinrich Schliemann ist heute aber durchaus unterschiedlich. Schliemann ist keine unumstrittene Persönlichkeit. Es gibt Forscher, die Schliemann »pathologische Lügenhaftigkeit« vorwerfen, die seine »produktive Phantasie« mit der von Karl May vergleichen. Ihre Vorwürfe richten sich gegen Unwahrheiten in Schliemanns autobiografischen Darstellungen, Briefen, Tagebüchern und Ausgrabungsberichten. Diese konnten in der Tat nachgewiesen werden. Die amerikanische Staatsbürgerschaft, die Schliemann nach eigenen Angaben in seiner Selbstbiografie bei seinem ersten Amerikaaufenthalt im Jahre 1850 rein zufällig erworben haben will, nahm er in Wirklichkeit erst im Jahre 1869 an. Und diese wurde von ihm bewusst angestrebt, da sie die Voraussetzung für die Scheidung seiner ersten Ehe war. Schliemann kann auch während seines ersten Amerikaaufenthaltes 1851 – er berichtet darüber in seinem amerikanischen Reisetagebuch – nicht Augenzeuge des verheerenden Stadtbrandes von San Francisco gewesen sein, weil er sich zu dieser Zeit nicht in dieser Stadt aufgehalten hat. Eine von ihm in allen Einzelheiten beschriebene Privataudienz beim amerikanischen Präsidenten Fillmore hat nie stattgefunden, auch nicht das Zusammentreffen mit dem Gouverneur von Panama.

Schliemanns Berichte über das Auffinden des »PriamosSchatzes« enthalten gravierende Unstimmigkeiten zur Angabe des Fundtages, des Fundortes und zu den Umständen der Bergung. Seine griechische Ehefrau Sophia war entgegen seinen wiederholten Beteuerungen nicht Augenzeugin und Helferin bei dem spektakulären Auffinden des Hortfundes. Das nährte bei Schliemannforschern in den USA den Verdacht der Manipulation und sogar der Fälschung von Funden durch Schliemann. Mehrheitlich verwahren sich aber die Archäologen gegen solche bisher unbewiesenen Vorwürfe. Sie interpretieren die Unwahrheiten als »Inszenierungen« Schliemanns, die einerseits – im Falle seiner autobiografischen Äußerungen – einem übersteigerten Selbstbewusstsein geschuldet sind, andererseits – im Falle seines manipulierten Schatzfundberichtes – mit taktischen Verschleierungsversuchen zur Täuschung der osmanischen Behörden erklärt werden können.

Schliemann hat unmittelbar nach Abschluss einer Grabungskampagne deren Ergebnisse veröffentlicht. Seine acht archäologischen Bücher erschienen meist gleichzeitig in englischer, französischer und deutscher Sprache. Die Erstdrucke, die nur in geringer Stückzahl aufgelegt wurden, sind heute bibliophile Kostbarkeiten und nur in den Lesesälen größerer Bibliotheken einzusehen. Eine gekürzte Auswahl seiner tagebuchartig geschriebenen Grabungsberichte aus Troja, Mykene und Tiryns fand in der zeitlichen Abfolge ihres Entstehens Eingang in diesem Auswahlband.

Der unvoreingenommene Leser dieses Buches kann den entsagungs- und aufopferungsvollen Entwicklungsweg dieses zielstrebigen Mannes während einer Zeitspanne von 20 Jahren verfolgen. Er wird erkennen, wie hoffnungslos überfordert der Seiteneinsteiger zu Beginn der Ausgrabungen in Troja war. Alleiniger Maßstab für seine Interpretationen waren lange Zeit ausschließlich die Angaben Homers. Die Unübersichtlichkeit der Schichtenfolge des Hügels Hissarlik (heute unterscheidet man insgesamt neun Kulturschichten), machte für Schliemann eine richtige Zuordnung seiner Funde und freigelegten Fundamente nahezu unmöglich. Schliemann, der die Reste des homerischen Troja in der Tiefe des Hügels unmittelbar über dem »Urboden« vermutete, ließ voller Ungeduld einen 40 m breiten und 17 m tiefen Nord-Süd-Graben ausheben. Dabei zerstörte er rücksichtslos die Bauwerke der oberen Kulturschichten. Als er schließlich in der Schicht III (dem heutigen Troja II) das homerische Troja mit dem Freilegen des »Großen Turmes«, des »Skäischen Tores« und des »Palastes des Priamos« aufgefunden zu haben glaubte, konnte er sich die viel zu geringe Flächenausdehnung dieser prähistorischen Stadt nicht erklären. Es bestand keine Übereinstimmung mit den Angaben Homers. Schließlich reifte in Schliemann die Erkenntnis, dass Homer in erster Linie nicht als Historiker, sondern als »epischer Dichter« zu sehen ist. Erst nach seinem Tod erkannte sein Mitarbeiter Wilhelm Dörpfeld, dass diese

Stadt mit der Schicht VI identisch ist. Vor einigen Jahren entdeckten Archäologen im Außengelände der Akropolis eine ausgedehnte Unterstadt.

Immer wieder wird behauptet, dass es Schliemann bei seinen Grabungen allein auf spektakuläre Funde abgesehen hatte, die er mit einem sicheren Instinkt aufzuspüren vermochte. Wer so urteilt, scheint Schliemanns Bücher nicht gelesen zu haben.

»Meine Ansprüche sind höchst bescheiden«, schreibt Schliemann zu Beginn seiner Trojagrabungen, »plastische Kunstwerke zu finden hoffe ich nicht. Der einzige Zweck meiner Ausgrabungen war von Anfang an nur Troja aufzufinden, über dessen Baustelle von hundert Gelehrten hunderte Werke geschrieben worden sind, die aber noch niemals jemand versucht hat durch Ausgrabungen ans Licht zu bringen.«

Schliemann registrierte bei jedem Grabungsfund genau die Fundtiefe, er ließ ihn fotografieren und zeichnen. Jeder Scherbe maß er eine Bedeutung für die chronologische Schichtzuordnung bei. Er ist der erste Archäologe, der nicht nur Gefäße, sondern auch Scherben systematisch dokumentiert hat.

Es ist bewundernswert, dass Schliemann trotz der öffentlichen Anfeindungen den Mut aufbrachte, die von ihm gemachten Fehler sofort, nachdem er sie erkannt hatte, öffentlich einzugestehen. Von ihm zunächst aus unumstößlich formulierte Ansichten korrigierte er, wenn auch widerstrebend, sobald er eine neue Erkenntnis gewonnen hatte. Er sprach die von ihm nicht zu klärenden Probleme offen an, rief wiederholt Fachleute zur Mithilfe auf, leider vergeblich. Weil er der wachsenden und ihn zutiefst verletzenden Kritik der Fachgelehrten wirkungsvoll entgegnen wollte, zog er schließlich profilierte Spezialisten, wie den Prähistoriker und Arzt Rudolf Virchow (1821–1902) und den bewährten Olympiaausgräber Wilhelm Dörpfeld (1853–1940), hinzu, die ihn fachlich berieten und unterstützten. Sie beeinflussten Schliemanns weitere Ausgrabungen wesentlich. Ihnen ist es zu verdanken, dass sich Schliemann im Laufe der Zeit von einem anfänglich homerbegeisterten Autodidakten zu einem ernst zu nehmenden und anerkannten Archäologen und Altertumsforscher weiterentwickelt hat. Jedem Leser seiner Grabungsberichte wird dies bewusst werden.

Vor uns entsteht das faszinierende Bild eines von einer Idee besessenen Menschen, der es sich zur Lebensaufgabe gemacht hatte, etwas Ungewöhnliches und Bleibendes zu vollbringen. Dieses trotz widriger Umstände durch ständige Selbstüberwindung, enorme Willenskraft und höchsten persönlichen Einsatz erreichte Lebenswerk Schliemanns ist es, was uns auch heute noch Respekt und Achtung abverlangt. Daran können auch seine charakterlichen Fehler und Schwächen nichts ändern.

Heinrich Schliemann kann als erfolgreicher Aufsteiger der Gründerzeit von uns nicht vorurteilsfrei aus der Sicht unseres Jahrhunderts bewertet werden. Wir müssen ihn in Verbindung mit seiner Zeit, seinem Umfeld und seiner persönlichen Entwicklung als Mensch und Forscher betrachten.

Trotz aller vorhandenen Vorbehalte sind sich auch seine größten Kritiker darin einig, dass sich Schliemann große Verdienste um die europäische Kulturgeschichte erworben hat. In Fachkreisen ist er heute als »Vater der mykenischen Archäologie« anerkannt. Durch seine sensationellen Grabungsfunde und deren gekonnte medienwirksame »Vermarktung« hat er die Feldarchäologie, eine sich damals gerade entwickelnde neue Wissenschaft, aus ihrem Schattendasein in das Blickfeld einer breiten Öffentlichkeit gerückt, sie in sehr kurzer Zeit populär gemacht.

Heute ist erst ein verschwindend geringer Teil des von Schliemann hinterlassenen umfangreichen schriftlichen Nachlasses, der in der ganzen Welt verstreut ist, wissenschaftlich ausgewertet. Allein in der Gennadios-Bibliothek in Athen werden gegenwärtig 18 Reise und Grabungstagebücher in zehn Sprachen, seine russischen Geschäftsbücher, handschriftliche Notizen, Übersetzungen und Manuskripte sowie persönliche Dokumente und 60–80 000 Briefe aufbewahrt. Es sind dies Zeugnisse eines großen Fleißes und der strengen Selbstdisziplin Schliemanns. Die wissenschaftliche Auswertung dieser Archivalien wird noch Jahrzehnte in Anspruch nehmen.

Lassen wir die Selbstbiografie Schliemanns und seine tagebuchartig geschriebenen Reise und Grabungsberichte als historische Zeitdokumente auf uns wirken. Beurteilen wir sie mit dem Wissen, dem Abstand und aus der kritischen Sicht der jetzigen Zeit. Für den heutigen Leser der Selbstzeugnisse Schliemanns dürfte es überaus reizvoll sein, Schliemanns eigene Sprache kennen zu lernen, zwischen Dichtung und Wahrheit zu unterscheiden und seine Absichten und Inszenierungen zu durchschauen und zu bewerten. Die am Schluss zusammengestellte Literatur kann dem interessierten Leser helfen, sich tiefgehender mit Heinrich Schliemann und seiner Zeit zu beschäftigen.

Rudolf Virchow würdigte die Verdienste Schliemanns nach dessen Ableben in einer Gedenkrede anlässlich einer Feierstunde im Berliner Rathaus mit folgenden Worten: »Wer würde so große, durch lange Jahre fortgesetzte Arbeiten unternommen, so gewaltige Mittel aus eigenem Besitz aufgewendet, durch eine fast endlos scheinende Reihe aufeinander gehäufter Trümmerschichten bis auf den in weiter Tiefe gelegenen Urboden durchgegraben haben, als ein Mann, der von einer sicheren, ja schwärmerischen Überzeugung durchdrungen war? Noch heute würde die gebrannte Stadt in der Verborgenheit der Erde ruhen, wenn nicht die Phantasie den Spaten geleitet hätte.«

Deutsche Archäologen sehen sich heute als die »Erben Schliemanns«. Unter diesem Titel berichtete das deutsche Fernsehen in jüngster Zeit in einer Dokumentarfilmserie über erfolgreiche Grabungen deutscher Archäologen im Ausland. Auch in Troja wird seit 1988 wieder gegraben – auf den Spuren Schliemanns und Homers.

Dr. Wilfried Bölke

AUF DEN SPUREN

HOMERS

Kindheit und Lehrjahre in Mecklenburg

Wenn ich dieses Werk mit einer Geschichte des eigenen Lebens beginne, so ist es nicht Eitelkeit, die dazu mich veranlasst, wohl aber der Wunsch, klar darzulegen, dass die ganze Arbeit meines späteren Lebens durch die Eindrücke meiner frühesten Kindheit bestimmt worden, ja, dass sie die notwendige Folge derselben gewesen ist; wurden doch, sozusagen, Hacke und Schaufel für die Ausgrabung Trojas und der Königsgräber von Mykene schon in dem kleinen deutschen Dorf geschmiedet und geschärft, in dem ich acht Jahre meiner ersten Jugend verbrachte. So erscheint es mir auch nicht überflüssig zu erzählen, wie ich allmählich in den Besitz der Mittel gelangt bin, vermöge derer ich im Herbst des Lebens die großen Pläne ausführen konnte, die ich als armer kleiner Knabe entworfen hatte.

Die Wunder von Ankershagen

Ich wurde am 6. Januar 1822 in dem Städtchen Neu-Bukkow in Mecklenburg-Schwerin geboren, wo mein Vater, Ernst Schliemann, protestantischer Prediger war und von wo er im Jahre 1823 in derselben Eigenschaft an die Pfarre von Ankershagen, einem in demselben Großherzogtum zwischen Waren und Penzlin gelegenen Dorf, berufen wurde. In diesem Dorf verbrachte ich die acht folgenden Jahre meines Lebens, und die in meiner Natur begründete Neigung für alles Geheimnisvolle und Wunderbare wurde durch die Wunder, welche jener Ort enthielt, zu einer wahren Leidenschaft entflammt.

In unserem Gartenhaus sollte der Geist von meines Vaters Vorgänger, dem Pastor von Russdorf, »umgehen«, und dicht hinter unserem Garten befand sich ein kleiner Teich, das so genannte »Silberschälchen«, dem um Mitternacht eine gespenstische Jungfrau, die eine silberne Schale trug, entsteigen sollte. Außerdem hatte das Dorf einen kleinen, von einem Graben umzogenen Hügel aufzuweisen, wahrscheinlich ein Grab aus heidnischer Vorzeit, ein so genanntes Hünengrab, in dem der Sage nach ein alter Raubritter sein Lieblingskind in einer goldenen Wiege begraben hatte. Ungeheure Schätze aber sollten neben den Ruinen eines alten runden Turmes in dem Garten des Gutseigentümers verborgen liegen; mein Glaube an das Vorhandensein aller dieser Schätze war so fest, dass ich jedes Mal, wenn ich meinen Vater über seine Geldverlegenheiten klagen hörte, verwundert fragte, weshalb er denn nicht die silberne Schale oder die goldene Wiege ausgraben und sich dadurch reich machen wollte?

Auch ein altes mittelalterliches Schloss befand sich in Ankershagen, mit geheimen Gängen in seinen sechs Fuß starken Mauern und einem unterirdischen Weg, der eine starke deutsche Meile lang sein und unter dem tiefen See bei Speck durchführen sollte; es hieß, furchtbare Gespenster gingen da um, und alle Dorfleute sprachen nur mit Zittern von diesen Schrecknissen.

Einer alten Sage nach war das Schloss einst von einem Raubritter namens Henning von Holstein bewohnt worden, der, im Volke »Henning Bradenkirl« genannt, weit und breit im Lande gefürchtet wurde, da er, wo er nur konnte, zu rauben und zu plündern pflegte. So verdross es ihn denn auch nicht wenig, dass der Herzog von Mecklenburg manchen Kaufmann, der an seinem Schlosse vorbeiziehen musste, durch einen Geleitbrief gegen seine Vergewaltigungen schützte, und um dafür an dem Herzog Rache nehmen zu können, lud er ihn einst mit heuchlerischer Demut auf sein Schloss zu Gast. Der Herzog nahm die Einladung an und machte sich an dem bestimmten Tage mit einem großen Gefolge auf den Weg.

Des Ritters Kuhhirte jedoch, der von seines Herrn Absicht, den Gast zu ermorden, Kunde erlangt hatte, verbarg sich in dem Gebüsch am Weg, erwartete hier hinter einem, etwa eine Viertelmeile von unserem Haus gelegenen Hügel den Herzog und verriet demselben Hennings verbrecherischen Plan. Der Herzog kehrte augenblicklich um.

Von diesem Ereignis sollte der Hügel seinen jetzigen Namen »der Wartensberg« erhalten haben. Als aber der Ritter entdeckte, dass der Kuhhirte seine Pläne durchkreuzt hatte, ließ er den Mann bei lebendigem Leibe langsam in einer großen eisernen Pfanne braten und gab dem Unglücklichen, erzählt die Sage weiter, als er in Todesqualen sich wand, noch einen letzten grausamen Stoß mit dem linken Fuß. Bald danach kam der Herzog mit einem Regiment Soldaten, belagerte und stürmte das Schloss, und als Ritter Henning sah, dass an kein Entkommen mehr für ihn zu denken sei, packte er alle seine Schätze in einen großen Kasten und vergrub denselben dicht neben dem runden Turm in seinem Garten, dessen Ruinen heute noch zu sehen sind. Dann gab er sich selbst den Tod.

Eine lange Reihe flacher Steine auf unserem Kirchhof sollte des Missetäters Grab bezeichnen, aus dem jahrhundertelang sein linkes, mit einem schwarzen Seidenstrumpf bekleidetes Bein immer wieder herausgewachsen war. Sowohl der Küster Prange als auch der Totengräber Wöllert beschworen hoch und teuer, dass sie als Knaben selbst das Bein abgeschnitten und mit dem Knochen Birnen von den Bäumen abgeschlagen hätten, dass aber am Anfang dieses Jahrhunderts das Bein plötzlich zu wachsen aufgehört habe. Natürlich glaubte ich auch all dies in kindlicher Einfalt, ja bat sogar oft genug meinen Vater, dass er das Grab selber öffnen oder auch mir nur erlauben möge, dies zu tun, um endlich sehen zu können, warum das Bein nicht mehr herauswachsen wolle.

Einen ungemein tiefen Eindruck auf mein empfängliches Gemüt machte auch ein Tonrelief an einer der Hintermauern des Schlosses, das einen Mann darstellte und nach dem Volksglauben das Bildnis des Henning Bradenkirl war. Keine Farbe wollte auf demselben haften, und so hieß es denn, dass es mit dem Blut des Kuhhirten bedeckt sei, das nicht weggetilgt werden könne. Ein vermauerter Kamin im Saal wurde als die Stelle bezeichnet, wo der Kuhhirte in der eisernen Pfanne gebraten worden war. Trotz aller Bemühungen, die Fugen dieses schrecklichen Kamins verschwinden zu machen, sollen dieselben stets sichtbar geblieben sein – und auch hierin wurde ein Zeichen des Himmels gesehen, dass die teuflische Tat niemals vergessen werden sollte. Noch einem anderen Märchen schenkte ich damals unbedenklich Glauben, wonach Herr von Gundlach, der Besitzer des benachbarten Gutes Rumpshagen, einen Hügel neben der Dorfkirche aufgegraben und darin große hölzerne Fässer, die sehr starkes altrömisches Bier enthielten, vorgefunden hatte.

Kindliche Begeisterung für Troja

Obgleich mein Vater weder Philologe noch Archäologe war, hatte er ein leidenschaftliches Interesse für die Geschichte des Altertums; oft erzählte er mir mit warmer Begeisterung von dem tragischen Untergang von Herculanum und Pompeji und schien denjenigen für den glücklichsten Menschen zu halten, der Mittel und Zeit genug hätte, die Ausgrabungen, die dort vorgenommen wurden, zu besuchen. Oft auch erzählte er mir bewundernd die Taten der homerischen Helden und die Ereignisse des Trojanischen Krieges und stets fand er dann in mir einen eifrigen Verfechter der Sache Trojas. Mit Betrübnis vernahm ich von ihm, dass Troja so gänzlich zerstört worden, dass es ohne eine Spur zu hinterlassen vom Erdboden verschwunden sei. Aber als er mir, dem damals beinahe achtjährigen Knaben, zum Weihnachtsfest 1829 Dr. Georg Ludwig Jerrers »Weltgeschichte für Kinder« schenkte und ich in dem Buch eine Abbildung des brennenden Troja fand, mit seinen ungeheuren Mauern und dem Skäischen Tor dem fliehenden Aeneas, der den Vater Anchises auf dem Rücken trägt und den kleinen Askanios an der Hand führt, da rief ich voller Freude: »Vater, du hast dich geirrt! Jerrer muss Troja gesehen haben, er hätte es ja sonst hier nicht abbilden können.« »Mein Sohn«, antwortete er, »das ist nur ein erfundenes Bild.« Aber auf meine Frage, ob denn das alte Troja einst wirklich so starke Mauern gehabt habe, wie sie auf jenem Bilde dargestellt waren, bejahte er dies. »Vater«, sagte ich daraufhin, »wenn solche Mauern einmal da gewesen sind, so können sie nicht ganz vernichtet sein, sondern sind wohl unter dem Staub und Schutt von Jahrhunderten verborgen.« Nun behauptete er wohl das Gegenteil, aber ich blieb fest bei meiner Ansicht, und endlich kamen wir überein, dass ich dereinst Troja ausgraben sollte.

Wes das Herz voll ist, sei es nun Freude oder Schmerz, des gehet der Mund über, und eines Kindes Mund vorzugsweise: So geschah es denn, dass ich meinen Spielkameraden bald von nichts anderem mehr erzählte als von Troja und den geheimnisvollen wunderbaren Dingen, derer es in unserem Dorf eine solche Fülle gab. Sie verlachten mich alle miteinander, bis auf zwei junge Mädchen, Luise und Minna Meincke, die Töchter eines Gutspächters in Zahren, einem etwa eine Viertelmeile von Ankershagen entfernten Dorf; die Erstere war sechs Jahre älter, die Zweite aber ebenso alt wie ich. Sie dachten nicht daran, mich zu verspotten: im Gegenteil! Stets lauschten sie mit gespannter Aufmerksamkeit meinen wunderbaren Erzählungen.

Abbildung des brennenden Troja in Jerrers
»Die Weltgeschichte für Kinder«

Minna war es vorzugsweise, die das größte Verständnis für mich zeigte und die bereitwillig und eifrig auf alle meine gewaltigen Zukunftspläne einging. So wuchs eine warme Zuneigung zwischen uns auf und in kindlicher Einfalt gelobten wir uns bald ewige Liebe und Treue. Im Winter 1829–30 vereinte uns ein gemeinsamer Tanzunterricht abwechselnd in dem Haus meiner kleinen Braut, in unserer Pfarrwohnung oder in dem alten Spukschloss, das damals von dem Gutspächter Heldt bewohnt wurde und in dem wir mit lebhaftem Interesse Hennings blutiges Steinbildnis, die verhängnisvollen Fugen des schrecklichen Kamins, die geheimen Gänge in den Mauern und den Zugang zu dem unterirdischen Weg betrachteten. Fand die Tanzstunde in unserem Haus statt, so gingen wir wohl auf den Kirchhof vor unserer Tür, um zu sehen, ob noch immer Hennings Fuß nicht wieder aus der Erde wüchse, oder wir staunten mit ehrfürchtiger Bewunderung die alten Kirchenbücher an, die von der Hand Johann Christians und Gottfriederich Heinrichs von Schröder (Vater und Sohn) geschrieben worden waren, die vom Jahre 1709–99 als meines Vaters Amtsvorgänger gewirkt hatten; die ältesten Geburts-, Ehe- und Totenlisten hatten für uns einen ganz besonderen Reiz.

Manchmal auch besuchten wir des jüngeren Pastors von Schröder Tochter, die, damals vierundachtzig Jahre alt, dicht neben unserem Haus wohnte, um sie über die Vergangenheit des Dorfes zu befragen, oder die Porträts ihrer Vorfahren zu betrachten, von denen dasjenige ihrer Mutter, der im Jahr 1795 verstorbenen Olgartha Christine von Schröder, uns vor allen anderen anzog: einmal, weil es uns als ein Meisterwerk der Kunst erschien, dann aber auch, weil es eine gewisse Ähnlichkeit mit Minna zeigte.

Nicht selten statteten wir dann auch dem Dorfschneider Wöllert, der einäugig war, nur ein Bein hatte und deshalb allgemein »Peter Hüppert« genannt wurde, einen Besuch ab. Er war ohne jegliche Bildung, hatte aber ein so wunderbares Gedächtnis, dass er, wenn er meinen Vater predigen gehört hatte, die ganze Rede Wort für Wort wiederholen konnte. Dieser Mann, der, wenn ihm der Weg zu Schul- und Universitätsbildung offen gestanden hätte, ohne Zweifel ein bedeutender Gelehrter geworden wäre, war voll Witz und regte unsere Wissbegier im höchsten Maße durch seinen unerschöpflichen Vorrat von Anekdoten an, die er mit bewundernswertem oratorischen Geschick zu erzählen verstand. Ich gebe hier nur eine derselben wieder:

So erzählte er uns, dass, da er immer gewünscht habe zu erfahren, wohin die Störche im Winter zögen, er einmal noch bei Lebzeiten des Vorgängers meines Vaters, des Pastors von Russdorf, einen der Störche, die auf unserer Scheune zu bauen pflegten, eingefangen und ihm ein Stück Pergament an den Fuß gebunden habe, auf welches der Küster Prange seinem Wunsche gemäß niedergeschrieben hatte, dass er, der Küster, und Wöllert, der Schneider des Dorfes Ankershagen in Mecklenburg-Schwerin, hierdurch den Eigentümer des Hauses, auf dem der Storch sein Nest im Winter habe, freundlich ersuchten, ihnen den Namen seines Landes mitzuteilen. Als er im nächsten Frühjahr den Storch wieder einfing, fand sich ein anderes Stück Pergament an dem Fuß des Vogels befestigt, mit folgender in schlechten deutschen Versen abgefassten Antwort:

Schwerin-Mecklenburg ist uns nicht bekannt,
Das Land, wo sich der Storch befand,
Nennt sich Sankt-Johannes-Land.

Natürlich glaubten wir dies alles und würden gern Jahre unseres Lebens darum gegeben haben, nur um zu erfahren, wo das geheimnisvolle Sankt-Johannes-Land sich befände. Wenn diese und ähnliche Anekdoten unsere Kenntnis der Geographie auch nicht gerade bereichern konnten, so regten sie wenigstens den Wunsch in uns an, dieselbe zu lernen, und erhöhten noch unsere Leidenschaft für alles Geheimnisvolle.

Von dem Tanzunterricht hatten weder Minna noch ich den geringsten Nutzen, wir lernten beide nichts: sei es nun, dass uns die natürliche Anlage für diese Kunst fehlte, oder dass wir durch unsere wichtigen archäologischen Studien und unsere Zukunftspläne zu sehr in Anspruch genommen wurden.

Es stand zwischen uns schon fest, dass wir, sobald wir erwachsen wären, uns heiraten würden, und dass wir dann unverzüglich alle Geheimnisse von Ankershagen erforschen, die goldene Wiege, die silberne Schale, Hennings ungeheure Schätze und sein Grab, zuletzt aber die Stadt Troja ausgraben wollten; nichts Schöneres konnten wir uns vorstellen, als so unser ganzes Leben mit dem Suchen nach den Resten der Vergangenheit zuzubringen.

Gott sei es gedankt, dass mich der feste Glaube an das Vorhandensein jenes Troja in allen Wechselfällen meiner ereignisreichen Laufbahn nie verlassen hat! – aber erst im Herbst meines Lebens und dann auch ohne Minna – und weit, weit von ihr entfernt – sollte ich unsere Kinderträume von vor fünfzig Jahren ausführen dürfen.

Der frühe Tod der Mutter

Mein Vater konnte nicht Griechisch, aber er war im Lateinischen gut bewandert und benutzte jeden freien Augenblick, auch mich darin zu unterrichten. Als ich kaum neun Jahre alt war, starb meine geliebte Mutter: Es war dies ein unersetzlicher Verlust und wohl das größte Unglück, das mich und meine sechs Geschwister treffen konnte.

Meiner Mutter Tod fiel noch mit einem anderen schweren Missgeschick zusammen, infolgedessen alle unsere Bekannten uns plötzlich den Rücken wandten und den Verkehr mit uns aufgaben. Ich grämte mich nicht sehr um die

Übrigen: aber dass ich die Familie Meincke nicht mehr sehen, dass ich mich ganz von Minna trennen, sie nie wieder sehen sollte – das war mir tausendmal schmerzlicher als meiner Mutter Tod, den ich dann auch bald in dem überwältigenden Kummer um Minnas Verlust vergaß. In Tränen gebadet stand ich täglich stundenlang allein vor dem Bild Olgarthas von Schröder und gedachte voll Trauer der glücklichen Tage, die ich in Minnas Gesellschaft verlebt hatte. Die ganze Zukunft erschien mir finster und trübe, alle geheimnisvollen Wunder von Ankershagen, Troja selbst hatte eine Zeit lang keinen Reiz mehr für mich.

Mein Vater, dem meine tiefe Niedergeschlagenheit nicht entging, schickte mich nun auf zwei Jahre zu seinem Bruder, dem Prediger Friedrich Schliemann, der die Pfarre des Dorfes Kalkhorst in Mecklenburg innehatte. Hier wurde mir ein Jahr lang das Glück zuteil, den Kandidaten Carl Andres aus Neu-Strelitz zum Lehrer zu haben; unter der Leitung dieses vortrefflichen Philologen machte ich so bedeutende Fortschritte, dass ich schon zu Weihnachten 1832 meinem Vater einen, wenn auch nicht korrekten, lateinischen Aufsatz über die Hauptereignisse des Trojanischen Krieges und die Abenteuer des Odysseus und Agamemnon als Geschenk überreichen konnte.

Schulbesuch in Neu-Strelitz

Im Alter von elf Jahren kam ich auf das Gymnasium von Neu-Strelitz, wo ich nach Tertia gesetzt wurde. Aber gerade zu jener Zeit traf unsere Familie ein sehr schweres Unglück, und da ich fürchtete, dass meines Vaters Mittel nicht ausreichen würden, um mich noch eine Reihe von Jahren auf dem Gymnasium und dann auf der Universität zu unterhalten, verließ ich Ersteres nach drei Monaten schon wieder, um in die Realschule der Stadt überzugehen, wo ich sogleich in die zweite Klasse aufgenommen wurde. Zu Ostern 1835 in die erste Klasse versetzt, verließ ich im Frühjahr 1836, im Alter von 14 Jahren, die Anstalt, um in dem Städtchen Fürstenberg in Mecklenburg-Strelitz als Lehrling in den kleinen Krämerladen von Ernst Ludwig Holtz einzutreten.

Einige Tage vor meiner Abreise von Neu-Strelitz, am Karfreitag 1836, traf ich in dem Haus des Hofmusikus C. E. Laue zufällig mit Minna Meincke zusammen, die ich seit mehr denn fünf Jahren nicht gesehen hatte. Nie werde ich dieses, das letzte Zusammentreffen, das uns überhaupt werden sollte, je vergessen! Sie war jetzt vierzehn Jahre alt und, seitdem ich sie zuletzt gesehen, sehr gewachsen. Sie war einfach schwarz gekleidet und gerade diese Einfachheit ihrer Kleidung schien ihre bestrickende Schönheit noch zu erhöhen. Als wir einander in die Augen sahen, brachen wir beide in einen Strom von Tränen aus und fielen, keines Wortes mächtig, einander in die Arme. Mehrmals versuchten wir zu sprechen, aber unsere Aufregung war zu groß; wir konnten kein Wort hervorbringen. Bald jedoch traten Minnas Eltern in das Zimmer, und so mussten wir uns trennen – aber es währte eine geraume Zeit, ehe ich mich von meiner Aufregung wieder erholt hatte. Jetzt war ich sicher, dass Minna mich noch liebte, und dieser Gedanke feuerte meinen Ehrgeiz an: Von jenem Augenblick an fühlte ich eine grenzenlose Energie und das feste Vertrauen in mir, dass ich durch unermüdlichen Eifer in der Welt vorwärts kommen und mich Minnas würdig zeigen werde. Das Einzige, was ich damals von Gott erflehte, war, dass sie nicht heiraten möchte, bevor ich mir eine unabhängige Stellung errungen haben würde.

Kaufmannslehrling in Fürstenberg

Fünf und ein halbes Jahr diente ich in dem kleinen Krämerladen in Fürstenberg: das erste Jahr bei Herrn Holtz und später bei seinem Nachfolger, dem trefflichen Herrn Theodor Hückstädt. Meine Tätigkeit bestand in dem Einzelverkauf von Heringen, Butter, Kartoffelbranntwein, Milch, Salz, Kaffee, Zucker, Öl, Talglichtern usw., in dem Mahlen der Kartoffeln für die Brennerei, in dem Ausfegen des Ladens und ähnlichen Dingen. Unser Geschäft war so unbedeutend, dass unser ganzer Absatz jährlich kaum 3000 Taler betrug – hielten wir es doch für ein ganz besonderes Glück, wenn wir einmal im Laufe eines Tages für zehn bis fünfzehn Taler Materialwaren verkauften. Natürlich kam ich hierbei nur mit den untersten Schichten der Gesellschaft in Berührung.

Von 5 Uhr morgens bis 11 Uhr abends war ich in dieser Weise beschäftigt und mir blieb kein freier Augenblick zum Studieren. Überdies vergaß ich das Wenige, was ich in meiner Kindheit gelernt hatte, nur zu schnell, aber die Liebe zur Wissenschaft verlor ich trotzdem nicht – verlor ich sie doch niemals –, und so wird mir auch, solange ich lebe, jener Abend unvergesslich bleiben, an dem ein betrunkener Müller, Hermann Niederhöffer, in unseren Laden kam.

Er war der Sohn eines protestantischen Predigers in Röbel (Mecklenburg) und hatte seine Studien auf dem Gymnasium von Neu-Ruppin beinahe vollendet, als er wegen schlechten Betragens aus der Anstalt verwiesen wurde. Sein Vater übergab ihn dem Müller Dettmann in Güstrow als Lehrling; hier blieb er zwei Jahre und wanderte danach als Müllergeselle. Mit seinem Schicksal unzufrieden, hatte der junge Mann leider schon bald sich dem Trunk ergeben, dabei jedoch seinen Homer nicht vergessen; denn an dem oben erwähnten Abend rezitierte er uns nicht weniger als hundert Verse dieses Dichters und skandierte sie mit vollem Pathos.

Obgleich ich kein Wort davon verstand, machte doch die melodische Sprache den tiefsten Eindruck auf mich, und heiße Tränen entlockte sie mir über mein unglückliches Geschick. Dreimal musste er mir die göttlichen Verse wiederholen und ich bezahlte ihn dafür mit drei Gläsern Branntwein, für die ich die wenigen Pfennige, die gerade mein ganzes Vermögen ausmachten, gern hingab. Von jenem Augenblick an hörte ich nicht auf, Gott zu bitten, dass er in seiner Gnade mir das Glück gewähren möge, einmal Griechisch lernen zu dürfen.

Doch schien sich mir nirgends ein Ausweg aus der traurigen und niedrigen Stellung eröffnen zu wollen, bis ich plötzlich wie durch ein Wunder aus derselben befreit wurde. Durch Aufheben eines zu schweren Fasses zog ich mir eine Verletzung der Brust zu – ich warf Blut aus und war nicht mehr imstande meine Arbeit zu verrichten.

Auswanderung nach Venezuela

In meiner Verzweiflung ging ich zu Fuß nach Hamburg, wo es mir auch gelang, eine Anstellung mit einem jährlichen Gehalt von 180 Mark zu erhalten. Da ich aber wegen meines Blutspeiens und der heftigen Brustschmerzen keine schwere Arbeit tun konnte, fanden mich meine Prinzipale bald nutzlos, und so verlor ich jede Stellung wieder, wenn ich sie kaum acht Tage innegehabt hatte. Ich sah wohl ein, dass ich einen derartigen Dienst nicht mehr versehen konnte, und von der Not gezwungen, mir durch irgendwelche, wenn auch die niedrigste Arbeit mein tägliches Brot zu verdienen, versuchte ich es, eine Stelle an Bord eines Schiffes zu erhalten; auf die Empfehlung des gutherzigen Schiffsmaklers J. F. Wendt hin, der mit meiner verstorbenen Mutter aufgewachsen war, glückte es mir, als Kajütenjunge an Bord der kleinen Brigg »Dorothea« angenommen zu werden; das Schiff war nach La Guayra in Venezuela bestimmt.

Kaufmännischer Aufstieg in Amsterdam

Ich war immer schon arm gewesen, aber doch noch nie so gänzlich mittellos wie gerade zu jener Zeit: musste ich doch meinen einzigen Rock verkaufen, um mir eine wollene Decke anschaffen zu können! Am 28. November 1841 verließen wir Hamburg mit gutem Winde; nach wenigen Stunden jedoch schlug derselbe um, und wir mussten drei volle Tage in der Elbe unweit Blankenese liegen bleiben. Erst am 1. Dezember trat wieder günstiger Wind ein: Wir passierten Cuxhaven und kamen in die offene See, waren aber kaum auf der Höhe von Helgoland angelangt, als der Wind wieder nach Westen umsprang und bis zum 12. Dezember fortdauernd westlich blieb.

Schiffbruch vor Texel

Wir lavierten unaufhörlich, kamen aber wenig oder gar nicht vorwärts, bis wir in der Nacht vom 11. zum 12. Dezember bei einem furchtbaren Sturm auf der Höhe der Insel Texel an der Bank, die den Namen »de Eilandsche Grond« führt, Schiffbruch erlitten. Nach zahllosen Gefahren und nachdem wir neun Stunden in einem sehr kleinen offenen Boot von der Wut des Windes und der Wellen umhergetrieben waren, wurde unsere ganze, aus neun Personen bestehende Mannschaft doch schließlich gerettet. Mit größtem Dank gegen Gott werde ich stets des freudigen Augenblickes gedenken, da unser Boot von der Brandung auf eine Sandbank unweit der Küste von Texel geschleudert wurde und nun alle Gefahr endlich vorüber war. Welche Küste es war, an die wir geworfen worden, wusste ich nicht – wohl aber, dass wir uns in einem »fremden Land« befanden. Mir war, als flüsterte mir eine Stimme dort auf der Sandbank zu, dass jetzt die Flut in meinen irdischen Angelegenheiten eingetreten sei und dass ich ihren Strom benutzen müsse. Und noch derselbe Tag bestätigte mir diesen frohen Glauben; denn während der Kapitän und meine Gefährten ihren ganzen Besitz bei dem Schiffbruch eingebüßt hatten, wurde mein kleiner Koffer, der einige Hemden und Strümpfe sowie mein Taschenbuch und einige mir von Herrn Wendt verschaffte Empfehlungsbriefe nach La Guayra enthielt, unversehrt auf dem Meer schwimmend gefunden und herausgezogen.

Von den Konsuln Sonderdorp und Ram wurden wir in Texel auf das Freundlichste aufgenommen, aber als dieselben mir den Vorschlag machten, mich mit der übrigen Mannschaft nach Hamburg zurückzuschicken, lehnte ich es entschieden ab, wieder nach Deutschland zu gehen, wo ich so namenlos unglücklich gewesen war, und erklärte ihnen, dass ich es für meine Bestimmung hielte, in Holland zu bleiben, und dass ich die Absicht hätte, nach Amsterdam zu gehen, um mich als Soldat anwerben zu lassen; denn ich war ja vollständig mittellos und sah für den Augenblick wenigstens keine andere Möglichkeit vor mir, meinen Unterhalt zu erwerben. So bezahlten denn die Konsuln, auf mein dringendes Bitten, zwei Gulden für meine Überfahrt nach Amsterdam. Da der Wind jetzt ganz nach Süden herumgegangen war, musste das kleine Schiff, auf welchem ich befördert wurde, einen Tag in der Stadt Enkhuyzen verweilen, und so brauchten wir nicht weniger als drei Tage, um die holländische Hauptstadt zu erreichen.

Infolge meiner mangelhaften und ganz unzureichenden Kleidung hatte ich auf der Überfahrt sehr zu leiden, und auch in Amsterdam wollte das Glück mir zuerst nicht lächeln.

Der Winter hatte begonnen, ich hatte keinen Rock und litt furchtbar unter der Kälte. Meine Absicht, als Soldat einzutreten, konnte nicht so schnell, wie ich gedacht hatte, ausgeführt werden, und die wenigen Gulden, die ich auf der Insel Texel und in Enkhuyzen als Almosen gesammelt, waren bald mit den zwei Gulden, die ich von dem mecklenburgischen Konsul in Amsterdam, Herrn Quack, erhalten hatte, in dem Wirtshaus der Frau Graalman in der Ramskoy von Amsterdam verzehrt, wo ich mein Quartier aufschlug. Als meine geringen Mittel gänzlich erschöpft waren, fingierte ich Krankheit und wurde demgemäß in das Hospital aufgenommen. Aus dieser schrecklichen Lage aber befreite mich wieder der schon oben erwähnte freundliche Schiffsmakler J. F. Wendt aus Hamburg, dem ich von Texel aus geschrieben hatte, um ihm Nachricht von unserm Schiffbruch zu geben und ihm zugleich mitzuteilen, dass ich nun mein Glück in Amsterdam zu versuchen gedächte. Ein glücklicher Zufall hatte es gewollt, dass mein Brief ihm gerade überbracht wurde, als er mit einer Anzahl seiner Freunde bei einem festlichen Mahle saß. Der Bericht über das neue Missgeschick, das mich betroffen, hatte die allgemeine Teilnahme erregt, und eine sogleich von ihm veranstaltete Sammlung die Summe von 240 Gulden ergeben, die er mir nun durch Konsul Quack übersandte. Zugleich empfahl er mich auch dem trefflichen preußischen Generalkonsul, Herrn W. Hepner in Amsterdam, der mir bald in dem Comptoir von F. C. Quien eine Anstellung verschaffte.

Bürodiener in Amsterdam

In meiner neuen Stellung war meine Beschäftigung Wechsel stempeln zu lassen und sie in der Stadt einzukassieren, Briefe nach der Post zu tragen und von dort zu holen. Diese mechanische Beschäftigung war mir sehr genehm, da sie mir ausreichende Zeit ließ, an meine vernachlässigte Bildung zu denken.

Zunächst bemühte ich mich, mir eine leserliche Handschrift anzueignen, und in 20 Stunden, die ich bei dem berühmten Brüsseler Kalligraphen Magnée nahm, glückte mir dies auch vollständig; darauf ging ich, um meine Stellung zu verbessern, eifrig an das Studium der modernen Sprachen. Mein Jahresgehalt betrug nur 800 Franken, wovon ich die Hälfte für meine Studien ausgab – mit der anderen Hälfte bestritt ich meinen Lebensunterhalt, und zwar kümmerlich genug. Meine Wohnung, für die ich monatlich acht Franken bezahlte, war eine elende unbeheizbare Dachstube, in der ich im Winter vor Frost zitterte, im Sommer aber unter der glühendsten Hitze zu leiden hatte. Mein Frühstück bestand aus Roggenmehlbrei, das Mittagessen kostete mich nie mehr als 16 Pfennig. Aber nichts spornt mehr zum Studieren an als das Elend und die gewisse Aussicht, sich durch angestrengte Arbeit daraus befreien zu können. Dazu kam für mich noch der Wunsch, mich Minnas würdig zu zeigen, der einen unbesiegbaren Mut in mir erweckte und entwickelte.

So warf ich mich denn mit besonderem Fleiß auf das Studium des Englischen, und hierbei ließ mich die Not eine Methode ausfindig machen, welche die Erlernung jeder Sprache bedeutend erleichtert. Diese einfache Methode besteht zunächst darin, dass man sehr viel laut liest, kleine Übersetzungen macht, täglich eine Stunde nimmt, immer Ausarbeitungen über uns interessierende Gegenstände niederschreibt, diese unter der Aufsicht des Lehrers verbessert, auswendig lernt und in der nächsten Stunde aufsagt, was man am Tag vorher korrigiert hat. Mein Gedächtnis war, da ich es seit der Kindheit gar nicht geübt hatte, schwach, doch benutzte ich jeden Augenblick und stahl sogar Zeit zum Lernen. Um mir sobald als möglich eine gute Aussprache anzueignen, besuchte ich sonntags regelmäßig zweimal den Gottesdienst in der englischen Kirche und sprach bei dem Anhören der Predigt jedes Wort derselben leise für mich nach.

Bei allen meinen Botengängen trug ich, selbst wenn es regnete, ein Buch in der Hand, aus dem ich etwas auswendig lernte; auf dem Postamt wartete ich nie ohne zu lesen. So stärkte ich allmählich mein Gedächtnis und konnte schon nach drei Monaten meinen Lehrern, Mr. Taylor und Mr. Thompson, mit Leichtigkeit alle Tage in jeder Unterrichtsstunde zwanzig gedruckte Seiten englischer Prosa wörtlich hersagen, wenn ich dieselben vorher dreimal aufmerksam durchgelesen hatte. Auf diese Weise lernte ich den ganzen »Vicar of Wakefield« von Goldsmith und Walter Scotts »Ivanhoe« auswendig. Vor übergroßer Aufregung schlief ich nur wenig und brachte alle meine wachen Stunden der Nacht damit zu, das am Abend Gelesene noch einmal in Gedanken zu wiederholen. Da das Gedächtnis bei Nacht viel konzentrierter ist als am Tag, fand ich auch diese nächtlichen Wiederholungen von größtem Nutzen; ich empfehle dies Verfahren jedermann. So gelang es mir, in der Zeit von einem halben Jahr mir eine gründliche Kenntnis der englischen Sprache anzueignen.

Dieselbe Methode wendete ich danach bei dem Studium der französischen Sprache an, die ich in den folgenden sechs Monaten bemeisterte. Von französischen Werken lernte ich Fénelons »Aventures de Télémaque« und »Paul et Virginie« von Bernardin de Saint-Pierre auswendig. Durch diese anhaltenden übermäßigen Studien stärkte sich mein Gedächtnis im Laufe eines Jahres dermaßen, dass mir die Erlernung des Holländischen, Spanischen, Italienischen und Portugiesischen außerordentlich leicht wurde, und ich nicht mehr als sechs Wochen gebrauchte, um jede dieser Sprachen fließend sprechen und schreiben zu können.

Hatte ich es nun dem vielen Lesen mit lauter Stimme zu danken oder dem wohltätigen Einfluss der feuchten Luft Hollands, ich weiß es nicht: Genug, mein Brustleiden verlor sich schon im ersten Jahre meines Aufenthaltes in Amsterdam und ist auch später nicht wiedergekommen.

Aber meine Leidenschaft für das Studium ließ mich meine mechanische Beschäftigung als Bürodiener bei F. C. Quien vernachlässigen, besonders als ich anfing, sie als meiner unwürdig anzusehen. Meine Vorgesetzten wollten mich indes nicht befördern; dachten sie doch wahrscheinlich, dass jemand, der sich im Amte eines Comptoirdieners untauglich erwies, für irgendeinen Posten ganz unbrauchbar sein müsse.

Korrespondent und Buchhalter bei B. H. Schröder & Co.

Endlich, am 1. März 1844, glückte es mir, durch die Verwendung meiner Freunde Louis Stoll in Mannheim und J. H. Ballauf in Bremen, eine Stellung als Korrespondent und Buchhalter in dem Comptoir der Herren B. H. Schröder & Co. in Amsterdam zu erhalten; hier wurde ich zuerst mit einem Gehalt von 1200 Franken engagiert, als aber meine Prinzipale meinen Eifer sahen, gewährten sie mir noch eine jährliche Zulage von 800 Franken als weitere Aufmunterung. Diese Freigebigkeit, für welche ich ihnen stets dankbar bleiben werde, sollte denn in der Tat auch mein Glück begründen; denn da ich glaubte durch die Kenntnis des Russischen mich noch nützlicher machen zu können, fing ich an, auch diese Sprache zu studieren.

Die einzigen russischen Bücher, die ich mir verschaffen konnte, waren eine alte Grammatik, ein Lexikon und eine schlechte Übersetzung der »Aventures de Télémaque«. Trotz aller meiner Bemühungen aber wollte es mir nicht gelingen, einen Lehrer des Russischen aufzufinden; denn außer dem russischen Vizekonsul, Herrn Tannenberg, der mir keinen Unterricht geben wollte, befand sich damals niemand in Amsterdam, der ein Wort von dieser Sprache verstanden hätte. So fing ich denn mein neues Studium ohne Lehrer an und hatte auch in wenigen Tagen, mithilfe der Grammatik, mir schon die russischen Buchstaben und ihre Aussprache eingeprägt. Dann nahm ich meine alte Methode wieder auf, verfasste kurze Aufsätze und Geschichten und lernte dieselben auswendig. Da ich niemanden hatte, der meine Arbeiten verbesserte, waren sie ohne Zweifel herzlich schlecht; doch bemühte ich mich, meine Fehler durch praktische Übungen vermeiden zu lernen, indem ich die russische Übersetzung der »Aventures de Télémaque« auswendig lernte. Es kam mir vor, als ob ich schnellere Fortschritte machen würde, wenn ich jemand bei mir hätte, dem ich die Abenteuer Telemachs erzählen könnte: So engagierte ich einen armen Juden, der für 4 Franken pro Woche allabendlich zwei Stunden zu mir kommen und meine russischen Deklamationen anhören musste, von denen er keine Silbe verstand.

Da die Zimmerdecken in den gewöhnlichen holländischen Häusern meist nur aus einfachen Brettern bestehen, so kann man im Erdgeschoss oft alles vernehmen, was im dritten Stock gesprochen wird. Mein lautes Rezitieren wurde deshalb bald den anderen Mietern lästig, sie beklagten sich bei dem Hauswirt, und so kam es, dass ich in der Zeit meiner russischen Studien zweimal die Wohnung wechseln musste. Aber alle diese Unbequemlichkeiten vermochten meinen Eifer nicht zu vermindern und nach sechs Wochen schon konnte ich meinen ersten russischen Brief an Wassili Plotnikow schreiben, den Londoner Agenten der großen Indigohändler Gebrüder M. P. N. Malutin in Moskau; auch war ich imstande mich mit ihm und den russischen Kaufleuten Matwejew und Frolow, die zu den Indigoauktionen nach Amsterdam kamen, fließend in ihrer Muttersprache zu unterhalten.

Als ich mein Studium des Russischen vollendet hatte, begann ich mich ernstlich mit der Literatur der von mir erlernten Sprachen zu beschäftigen.

Grosskaufmann in St. Petersburg

Handelsagent im zaristischen Russland

Im Januar 1846 schickten mich meine vortrefflichen Prinzipale als ihren Agenten nach St. Petersburg, und hier sowohl als auch in Moskau wurden schon in den ersten Monaten meine Bemühungen von einem Erfolg gekrönt, der meiner Chefs und meine eigenen größten Hoffnungen noch weit übertraf.

Kaum hatte ich in dieser meiner neuen Stellung mich dem Haus B. H. Schröder & Co. unentbehrlich gemacht und mir dadurch eine ganz unabhängige Lage geschaffen, als ich unverzüglich an den oben erwähnten Freund der Familie Meincke, C. E. Laue in Neu-Strelitz, schrieb, ihm alle meine Erlebnisse schilderte und ihn bat, sogleich in meinem Namen um Minnas Hand anzuhalten. Wie groß war aber mein Entsetzen, als ich nach einem Monat die betrübende Antwort erhielt, dass sie vor wenigen Tagen eine andere Ehe geschlossen habe. Diese Enttäuschung erschien mir damals als das schwerste Schicksal, das mich überhaupt treffen konnte: Ich fühlte mich vollständig unfähig zu irgendwelcher Beschäftigung und lag krank darnieder. Unaufhörlich rief ich mir alles, was sich zwischen Minna und mir in unserer ersten Kindheit begeben hatte, ins Gedächtnis zurück, alle unsere süßen Träume und großartigen Pläne, zu deren Ausführung ich jetzt eine so glänzende Möglichkeit vor mir sah; aber wie sollte ich nun daran denken, sie ohne Minnas Teilnahme auszuführen? Dann machte ich mir auch wohl die bittersten Vorwürfe, dass ich nicht schon, ehe ich mich nach Petersburg begab, um ihre Hand angehalten hatte – aber immer wieder musste ich mir selber sagen, dass ich mich dadurch nur lächerlich gemacht haben würde; war ich doch in Amsterdam nur Kommis, in einer durchaus unselbstständigen und von der Laune meiner Prinzipale abhängigen Stellung gewesen, und hatte ich doch überdies keinerlei Gewähr gehabt, dass es mir in Petersburg glücken würde, wo statt des Erfolges ja auch gänzliches Misslingen meiner warten konnte.

Es schien mir ebenso unmöglich, dass Minna an der Seite eines anderen Mannes glücklich werden, wie dass ich jemals eine andere Gattin heimführen würde. Warum musste das grausame Schicksal sie mir gerade jetzt entreißen, wo ich, nachdem ich sechzehn Jahre lang nach ihrem Besitz gestrebt, endlich geglaubt hatte, sie errungen zu haben? Es war uns beiden in Wahrheit so ergangen, wie es uns so oft im Traum zu ergehen pflegt: Wir wähnen jemanden rastlos zu verfolgen, und sobald wir glauben ihn erreicht zu haben, entschlüpft er uns immer von neuem. Wohl dachte ich damals, dass ich den Schmerz über Minnas Verlust nie würde verwinden können; aber die Zeit, die alle Wunden heilt, übte endlich ihren wohltätigen Einfluss auch auf mein Gemüt, und wenn ich auch jahrelang noch um die Verlorene trauerte, konnte ich doch allmählich meiner kaufmännischen Tätigkeit wieder ohne Unterbrechung obliegen.

Erfolgreicher Indigohändler

Schon im ersten Jahre meines Aufenthalts in Petersburg war ich bei meinen Geschäften so vom Glück begünstigt gewesen, dass ich bereits zu Anfang des Jahres 1847 in die Gilde als Großhändler mich einschreiben ließ. Neben dieser meiner neuen Tätigkeit blieb ich in unveränderter Beziehung zu den Herren B. H. Schröder & Co. in Amsterdam, deren Agentur ich fast elf Jahre lang behielt. Da ich in Amsterdam eine gründliche Kenntnis von Indigo erlangt hatte, beschränkte ich meinen Handel fast ausschließlich auf diesen Artikel.

Da ich lange nichts von meinem Bruder Ludwig Schliemann gehört hatte, der zu Beginn des Jahres 1849 nach Kalifornien ausgewandert war, so begab ich mich im Frühjahr 1850 dorthin und erfuhr, dass er verstorben war. Ich befand mich noch in Kalifornien, als dasselbe am 4. Juli 1850 zum Staat erhoben wurde, und da alle an jenem Tage im Lande Verweilenden *ipso facto* naturalisierte Amerikaner wurden, so wurde auch ich Bürger der Vereinigten Staaten.

Gegen Ende des Jahres 1852 etablierte ich in Moskau eine Filiale für den Engrosverkauf von Indigo zuerst unter der Leitung meines vortrefflichen Agenten, Alexei Matwejew, nach dessen Tode aber unter der seines Dieners Jutschenko, den ich zum Rang eines Kaufmanns der zweiten Gilde erhob; denn aus einem geschickten Diener kann ja leicht ein guter Direktor werden, wenn auch aus einem Direktor nie ein brauchbarer Diener wird.

Da ich in Petersburg immer mit Arbeit überhäuft war, konnte ich meine Sprachstudien nicht weiterbetreiben, und so fand ich erst im Jahre 1854 ausreichende Zeit, mir die schwedische und polnische Sprache anzueignen.

Göttliche Vorsehung

Die göttliche Vorsehung beschützte mich oft in der wunderbarsten Weise und mehr als einmal wurde ich nur durch einen Zufall vom gewissen Untergang gerettet. Mein ganzes Leben lang wird mir der Morgen des 4. Oktober 1854 in der Erinnerung bleiben.

Es war in der Zeit des Krimkrieges. Da die russischen Häfen blockiert waren, mussten alle für Petersburg bestimmten Waren nach den preußischen Häfen von Königsberg und Memel verschifft und von dort zu Lande weiterbefördert werden. So waren denn auch mehrere hundert Kisten Indigo und eine große Partie anderer Waren von Amsterdam für meine Rechnung auf zwei Dampfern an meine Agenten, die Herren Meyer & Co., in Memel abgesandt worden, um von dort zu Lande nach Petersburg transportiert zu werden. Ich hatte den Indigoauktionen in Amsterdam beigewohnt und befand mich nun auf dem Weg nach Memel, um dort nach der Expedition meiner Waren zu sehen. Spät am Abend des 3. Oktober im Hôtel de Prusse in Königsberg angekommen, sah ich am folgenden Morgen, bei einem zufälligen Blick aus dem Fenster meines Schlafzimmers, auf dem Turm des nahen »Grünen Tores« folgende ominöse Inschrift in großen vergoldeten Lettern mir entgegenleuchten:

Vultus fortunae variatur imagine lunae:
Crescit, decrescit, constans persistere nescit.

Ich war nicht abergläubisch, aber doch machte diese Inschrift einen tiefen Eindruck auf mich, und eine zitternde Furcht, wie vor einem nahen unbekannten Missgeschick, bemächtigte sich meiner. Als ich meine Reise mit der Post fortsetzte, vernahm ich auf der ersten Station hinter Tilsit zu meinem Entsetzen, dass die Stadt Memel am vorhergegangenen Tag von einer furchtbaren Feuersbrunst eingeäschert worden sei, und vor der Stadt angekommen, sah ich die Nachricht in der traurigsten Weise bestätigt. Wie ein ungeheurer Kirchhof, auf dem die rauchgeschwärzten Mauern und Schornsteine wie große Grabsteine, wie finstere Wahrzeichen der Vergänglichkeit alles Irdischen sich erhoben, lag die Stadt vor unseren Blicken. Halb verzweifelt suchte ich zwischen den rauchenden Trümmerhaufen nach Herrn Meyer. Endlich gelang es mir, ihn aufzufinden – aber auf meine Frage, ob meine Güter gerettet wären, wies er statt aller Antwort auf seine noch glimmenden Speicher und sagte: »Dort liegen sie begraben.« Der Schlag war sehr hart: Durch die angestrengte

Arbeit von acht und einem halben Jahr hatte ich mir in Petersburg ein Vermögen von 150 000 Talern erworben – und nun sollte dies ganz verloren sein. Es währte indessen nicht lange, so hatte ich mich auch mit diesem Gedanken vertraut gemacht, und gerade die Gewissheit meines Ruins gab mir meine Geistesgegenwart wieder.

Das Bewusstsein, niemandem etwas schuldig zu sein, war mir eine große Beruhigung; der Krimkrieg hatte nämlich erst vor kurzem begonnen, die Handelsverhältnisse waren noch sehr unsicher, und ich hatte infolgedessen nur gegen bar gekauft. Ich durfte wohl erwarten, dass die Herren Schröder in London und Amsterdam mir Kredit gewähren würden, und so hatte ich die beste Zuversicht, dass es mir mit der Zeit gelingen werde, das Verlorene wieder zu ersetzen. Es war noch am Abend des nämlichen Tages: Ich stand im Begriff, meine Weiterreise nach Petersburg mit der Post anzutreten und erzählte eben den übrigen Passagieren von meinem Missgeschick, da fragte plötzlich einer der Umstehenden nach meinem Namen und rief, als er denselben vernommen hatte, aus: »Schliemann ist ja der Einzige, der nichts verloren hat! Ich bin der erste Kommis bei Meyer & Co. Unser Speicher war schon übervoll, als die Dampfer mit Schliemanns Waren anlangten, und so mussten wir dicht daneben noch einen hölzernen Schuppen bauen, in dem sein ganzes Eigentum unversehrt geblieben ist.«

Der plötzliche Übergang von schwerem Kummer zu großer Freude ist nicht leicht ohne Tränen zu ertragen: Ich stand einige Minuten sprachlos; schien es mir doch wie ein Traum, wie ganz unglaublich, dass ich allein aus dem allgemeinen Ruin unbeschädigt hervorgegangen sein sollte! Und doch war dem so; und das Wunderbarste dabei, dass das Feuer in dem massiven Speicher von Meyer & Co., auf der nördlichen Seite der Stadt, ausgenommen war, von wo es bei einem heftigen orkanartigen Nordwind sich schnell über die ganze Stadt verbreitet hatte; dieser Sturm war denn auch die Rettung für den hölzernen Schuppen gewesen, der, nur ein paar Schritt nördlich von dem Speicher gelegen, ganz unversehrt geblieben war.

Meine glücklich verschont gebliebenen Waren verkaufte ich nun äußerst vorteilhaft, ließ dann den Ertrag wieder und immer wieder arbeiten, machte große Geschäfte in Indigo, Farbhölzern und Kriegsmaterialien (Salpeter, Schwefel und Blei), und konnte so, da die Kapitalisten Scheu trugen, sich während des Krimkrieges auf größere Unternehmungen einzulassen, beträchtliche Gewinne erzielen und im Laufe eines Jahres mein Vermögen mehr als verdoppeln.

Erlernen der Sprache Homers

Ich hatte immer sehnlichst gewünscht Griechisch lernen zu können; vor dem Krimkrieg aber war es mir nicht ratsam erschienen, mich auf dieses Studium einzulassen, denn ich musste fürchten, dass der mächtige Zauber der herrlichen Sprache mich zu sehr in Anspruch nehmen und meinen kaufmännischen Interessen entfremden möchte. Während des Krieges aber war ich mit Geschäften dermaßen überbürdet, dass ich nicht einmal dazu kommen konnte, eine Zeitung, geschweige denn ein Buch zu lesen. Als aber im Januar 1856 die ersten Friedensnachrichten in Petersburg eintrafen, vermochte ich meinen Wunsch nicht länger zu unterdrücken und begab mich unverzüglich mit größtem Eifer an das neue Studium; mein erster Lehrer war Herr Nikolaos Pappadakes, der zweite Herr Theokletos Vimpos, beide aus Athen, wo der Letztere heute Erzbischof ist. Wieder befolgte ich getreulich meine alte Methode, und um mir in kurzer Zeit den Wortschatz anzueignen, was mir noch schwieriger vorkam als bei der russischen Sprache, verschaffte ich mir eine neugriechische Übersetzung von »Paul et Virginie«

und las dieselbe durch, wobei ich dann aufmerksam jedes Wort mit den gleichbedeutenden Worten des französischen Originals verglich. Nach einmaligem Durchlesen hatte ich wenigstens die Hälfte der in dem Buch vorkommenden Wörter inne, und nach einer Wiederholung dieses Verfahrens hatte ich sie beinahe alle gelernt, ohne dabei auch nur eine Minute mit Nachschlagen in einem Wörterbuch verloren zu haben. So gelang es mir, in der kurzen Zeit von sechs Wochen die Schwierigkeiten des Neugriechischen zu bemeistern; danach aber nahm ich das Studium der alten Sprache vor, von der ich in drei Monaten eine genügende Kenntnis erlangte, um einige der alten Schriftsteller und besonders den Homer verstehen zu können, den ich mit größter Begeisterung immer und immer wieder las.

Nun beschäftigte ich mich zwei Jahre lang ausschließlich mit der altgriechischen Literatur, und zwar las ich während dieser Zeit beinahe alle alten Klassiker kursorisch durch, die »Ilias« und »Odyssee« aber mehrmals. Von griechischer Grammatik lernte ich nur die Deklinationen und die regelmäßigen und unregelmäßigen Verba; mit dem Studium der grammatischen Regeln aber verlor ich auch keinen Augenblick meiner kostbaren Zeit. Denn da ich sah, dass kein einziger von all den Knaben, die in den Gymnasien acht Jahre hindurch, ja oft noch länger, mit langweiligen grammatischen Regeln gequält und geplagt werden, später imstande ist, einen griechischen Brief zu schreiben, ohne darin hunderte der gröbsten Fehler zu machen, musste ich wohl annehmen, dass die in den Schulen befolgte Methode eine durchaus falsche war; meiner Meinung nach kann man sich eine gründliche Kenntnis der griechischen Grammatik nur durch die Praxis aneignen, d. h. durch aufmerksames Lesen klassischer Prosa und durch Auswendiglernen von Musterstücken aus derselben. Indem ich diese höchst einfache Methode befolgte, lernte ich das Altgriechische wie eine lebende

Sprache. So schreibe ich es denn auch vollständig fließend und drücke mich ohne Schwierigkeit darin über jeden beliebigen Gegenstand aus, ohne die Sprache je zu vergessen. Mit allen Regeln der Grammatik bin ich vollkommen vertraut, wenn ich auch nicht weiß, ob sie in den Grammatiken verzeichnet stehen oder nicht. Und kommt es vor, dass jemand in meinen griechischen Schriften Fehler entdecken will, so kann ich jedes Mal den Beweis für die Richtigkeit meiner Ausdrucksweise dadurch erbringen, dass ich ihm diejenigen Stellen aus den Klassikern rezitiere, in denen die von mir gebrauchten Wendungen vorkommen.

Unterdessen nahmen meine kaufmännischen Geschäfte in Petersburg und Moskau einen stets günstigen Fortgang. Ich war als Kaufmann ungemein vorsichtig; und obgleich ich bei dem schrecklichen Krach der furchtbaren Handelskrisis des Jahres 1857 auch von einigen harten Schlägen betroffen wurde, so taten mir dieselben doch keinen erheblichen Schaden, und selbst jenes unglückliche Jahr brachte mir schließlich noch einigen Gewinn.

Im Sommer 1858 nahm ich mit meinem verehrten Freund Professor Ludwig von Muralt in Petersburg meine Studien der lateinischen Sprache wieder auf, die fast 25 Jahre lang geruht hatten. Jetzt, da ich Neu- und Altgriechisch konnte, machte mir das Lateinische wenig Mühe, und ich hatte es mir bald angeeignet.

Auf Weltreisen

Im Jahre 1858 schien mir mein erworbenes Vermögen groß genug und ich wünschte mich deshalb gänzlich vom Geschäft zurückzuziehen. Ich reiste zunächst nach Schweden, Dänemark, Deutschland, Italien und Ägypten, wo ich den Nil bis zu den zweiten Katarakten in Nubien hinauffuhr. Hierbei benutzte ich die günstige Gelegenheit, Arabisch zu lernen, und reiste dann durch die Wüste von Kairo nach Jerusalem. Darauf besuchte ich Petra, durchstreifte ganz Syrien und hatte so fortdauernd Gelegenheit, eine praktische Kenntnis des Arabischen zu erwerben; ein eingehendes Studium der Sprache nahm ich erst später in Petersburg vor.

Nach der Rückkehr aus Syrien besuchte ich im Sommer 1859 Smyrna, die Kykladen und Athen und war eben im Begriff, nach der Insel Ithaka aufzubrechen, als ich vom Fieber befallen wurde. Zugleich kam mir auch die Nachricht aus Petersburg zu, dass der Kaufmann Stepan Solovieff, der falliert hatte und nach einer zwischen uns getroffenen Vereinbarung die bedeutenden Summen, die er mir schuldete, innerhalb vier Jahren, und zwar in jährlichen Raten, zurückzahlen sollte, nicht nur den ersten Termin nicht innegehalten, sondern überdies bei dem Handelsgericht einen Prozess gegen mich angestrengt hatte. Unverzüglich kehrte ich nach Petersburg zurück, die Luftveränderung kurierte mich vom Fieber, und in kürzester Zeit gewann ich auch den Prozess. Nun aber appellierte mein Gegner bei dem Senat, wo kein Prozess in weniger als drei bis vier Jahren zur Entscheidung gelangen kann, und da meine persönliche Gegenwart unumgänglich notwendig war, nahm ich meine Handelsgeschäfte, sehr wider Willen, von neuem auf, und zwar diesmal in weit größerem Maßstabe als je zuvor.

Vom Mai bis Oktober 1860 belief sich der Wert der von mir importierten Waren auf nicht weniger als 10 Millionen Mark. Außer in Indigo und Olivenöl machte ich in den Jahren 1860 und 1861 auch in Baumwolle sehr bedeutende Geschäfte, die durch den amerikanischen Bürgerkrieg und die Blockade der südstaatlichen Häfen begünstigt wurden und großen Gewinn gaben. Als die Baumwolle aber zu teuer wurde, gab ich sie auf und machte große Geschäfte in Tee, dessen Einfuhr auf dem Seeweg vom Mai 1862 an gestattet wurde. Da indessen im Winter von 1862 auf 1863 die Revolution in Polen ausbrach und die Juden die dort herrschende Unordnung benutzten, um riesige Quantitäten Tee nach Russland einzuschmuggeln, konnte ich, der ich immer den hohen Einfuhrzoll bezahlen musste, nicht die Konkurrenz dieser Leute aushalten und zog mich daher wieder vom Teehandel zurück. Ich hatte damals noch 6000 Kisten auf Lager, die ich nur mühsam mit geringem Gewinn loswurde.

Da weiterhin der Himmel fortfuhr, allen meinen kaufmännischen Unternehmungen ein wunderbares Gelingen zu schenken, sah ich mich schon gegen Ende des Jahres 1863 in den Stand gesetzt, den Idealen, welche ich seit meiner Kindheit hegte, in ausgedehntestem Maße nachzugehen. Inmitten allen Gewühls des geschäftlichen Lebens aber hatte ich nie aufgehört, an Troja zu denken und an die 1830 mit meinem Vater und Minna getroffene Übereinkunft, es dereinst auszugraben. Wohl hing mein Herz jetzt am Geld, aber nur weil ich dasselbe als Mittel zur Erreichung dieses meines großen Lebenszweckes betrachtete. Außerdem hatte ich nur mit Widerwillen und weil ich für die Zeit des langwierigen Prozesses mit Solovieff eine Beschäftigung und Zerstreuung brauchte, meine kaufmännische Tätigkeit wieder aufgenommen. Als daher der Senat die Appellation meines Gegners abgewiesen und dieser mir im Dezember 1863 die letzte Zahlung geleistet hatte, fing ich sofort an, mein Geschäft zu liquidieren.

Bevor ich mich jedoch gänzlich der Archäologie widmete und an die Verwirklichung des Traumes meines Lebens ging, wollte ich noch etwas mehr von der Welt sehen. So reiste ich im April 1864 nach Tunis, nahm die Ruinen von Karthago in Augenschein und ging von dort über Ägypten nach Indien. Der Reihe nach besuchte ich die Insel Ceylon, Madras, Kalkutta, Benares, Agra, Lucknow, Delhi, das Himalaya-Gebirge, Singapur, die Insel Java, Saigon in Cochinchina und verweilte dann zwei

Monate in China, wo ich nach Hongkong, Kanton, Amoy, Foochoo, Shanghai, Tin-Sin, Peking und bis zur Chinesischen Mauer kam. Dann begab ich mich nach Yokohama und Yeddo in Japan, und von hier auf einem kleinen englischen Schiff über den Stillen Ozean nach San Francisco in Kalifornien. Unsere Überfahrt dauerte 50 Tage, während derer ich mein erstes Buch »La Chine et le Japon« schrieb.

Von San Francisco ging ich über Nicaragua nach den östlichen Vereinigten Staaten, von denen ich die meisten durchreiste; dann besuchte ich noch Havanna und die Stadt Mexico, und ließ mich endlich im Frühjahr 1866 in Paris nieder, um mich dauernd dem Studium der Archäologie zu widmen, das ich von nun an nur durch gelegentliche kürzere Reisen nach Amerika unterbrach.

In der Heimat des Odysseus

Paris, den 31. Dezember 1868

Als ich im Jahre 1832 zu Kalkhorst, einem Dorf in Mecklenburg-Schwerin, im Alter von zehn Jahren, meinem Vater als Weihnachtsgabe einen in schlechtem Latein geschriebenen Aufsatz über die Hauptbegebenheiten des Trojanischen Krieges und die Abenteuer des Odysseus und Agamemnon überreichte, ahnte ich nicht, dass ich sechsunddreißig Jahre später dem Publikum eine Schrift über denselben Gegenstand vorlegen würde, nachdem ich das Glück gehabt hatte, mit eigenen Augen den Schauplatz dieses Krieges und das Vaterland der Helden zu sehen, deren Namen durch Homer unsterblich geworden sind..

Endlich konnte ich den Traum meines ganzen Lebens verwirklichen und mit Muße den Schauplatz der Begebenheiten, welche mir ein so großes Interesse eingeflößt hatten, und das Vaterland der Helden besuchen, deren Abenteuer meine Kindheit entzückt und getröstet haben. Ich reiste also im verflossenen Sommer ab und besuchte nacheinander die Gegenden, in welchen noch so lebendige poetische Erinnerungen an das Altertum vorhanden sind.

Korfu, die Insel der Phäaken

Korfu, Juli 1868

Den 6. Juli, 6 Uhr morgens, kam ich in Korfu, der Hauptstadt der gleichnamigen Insel, an und verweilte daselbst zwei Tage, um das Land zu besichtigen.

Nach dem einstimmigen Zeugnis des Altertums ist Korfu oder Korcyra die Insel Scheria oder das Phäakenland des Homer. Die Insel wurde wegen ihrer Ähnlichkeit mit der Sichelgestalt auch Drepane genannt.

Das Wort Scheria kommt ohne Zweifel von dem phönizischen *schera*, Handel, her, und da der Name der Phäaken auch große Ähnlichkeit mit demjenigen der Phönizier hat, so ist es wahrscheinlich, dass die Phäaken phönizischen Ursprungs waren, obgleich nach Homers Angaben sie der dem Land der Zyklopen benachbarten Landschaft Hyperien entstammten.

Die Zyklopen müssen die Ostküste Siziliens bewohnt haben. In der Tat sieht man am Meeresufer, in der Nähe von Catania, eine ungeheure Grotte, und neben dem Eingang einen mächtigen Felsblock von derselben Größe wie die Öffnung. In geringer Entfernung vom Meere erheben sich in Kegelgestalt zwei Felsen. Das ist gewiss die Grotte, welche Polyphem bewohnte, der Felsblock, mit welchem er sie verschloss, und die beiden Felsengipfel im Meer, welche er ausriss und in der Richtung schleuderte, wo er die Stimme des Odysseus vernahm.

Die Länge Korfus beträgt 65, die Breite 7 bis 34 Kilometer. Die Insel ist sehr gebirgig; der höchste Berg, auf Griechisch Pantaleon genannt, erhebt sich mehr als 1000 Meter über dem Meeresspiegel. Schon im Altertum war sie wegen ihrer Fruchtbarkeit berühmt.

Korfu war die Ursache des Peloponnesischen Krieges, an welchem es einen sehr tätigen Anteil nahm; aber seine Macht schwand in den unheilvollen Kriegen, welche dem Tode Alexanders des Großen folgten, sehr schnell dahin, und die Insel war glücklich, sich i. J. 220 v. Chr. unter den Schutz Roms begeben zu können.

Zwei kleine Inseln, die eine im jetzigen Hafen, die andere in dem kleinen Golf an der Nordküste der Insel, sind, aus der Ferne gesehen, Schiffen mit aufgespannten Segeln sehr ähnlich. Ohne Zweifel hat eine von diesen kleinen Inseln bei Homer die Vorstellung erweckt, dass das Phäakenschiff, welches den Odysseus nach Ithaka getragen hatte, auf seiner Rückkehr durch den Zorn des Neptun in einen Felsen verwandelt worden sei.

»Als nun Poseidon, der erderschütternde Gott, dies gehört hatte, eilte er nach Scheria, dem Wohnsitz der Phäaken. Dort verweilte er, und bald nahte das rasch dahingetriebene Schiff: Der Erderschütterer näherte sich dem Schiff und verwandelte es in Stein, und indem er mit der flachen Hand darauf schlug, befestigte er es im Grunde des Meeres; darauf ging er von dannen.«

Vom Palast des Alkinoos ist keine Spur mehr vorhanden; nach meiner Ansicht lag er auf einer Hochebene der Halbinsel, am südlichen Ende der alten Stadt, und gerade an der Stelle, wo sich gegenwärtig das königliche Schloss befindet; denn Nausikaa sagt zu Odysseus, als sie vom Palast des Königs, ihres Vaters, spricht: »Er ist leicht zu erkennen und ein unmündiges Kind könnte dich führen.« Den örtlichen Verhältnissen nach kann der königliche Palast kaum anderswo gelegen haben.

Überall, wo man den Boden an der Stelle der alten Stadt aufgräbt, findet man behauene Marmorblöcke und hie und da Gräber mit Urnen; indes sind die Ausgrabungen bis jetzt mit so schwachen Hilfsmitteln und so wenig Energie unternommen worden, dass sie keine bedeutenden Resultate haben liefern können.

Die Tradition bezeichnet einen großen Bach, Kressida-Quelle genannt, welcher sich von Westen her in den See Kalichiopulos ergießt, als den Fluss, an dessen Ufer Nausikaa mit ihren Mägden die Wäsche wusch, und wo sie den Odysseus empfing.

Die Tochter des Königs Alkinoos ist einer der edelsten Charaktere, welche uns Homer gezeichnet hat. Die Einfachheit ihrer Sitten hat immer einen außerordentlichen Zauber auf mich ausgeübt; und ich war kaum in Korfu ans Land gestiegen, so eilte ich nach der Kressida-Quelle, um den Ort zu besichtigen, welcher der Schauplatz einer der rührendsten Szenen der Odyssee gewesen ist.

Mein Führer geleitet mich zu einer an einem kleinen Fluss, einen Kilometer von seiner Mündung erbauten

Mühle; von da bin ich gezwungen zu Fuß zu gehen. Aber kaum habe ich hundert Schritte getan, so stoße ich auf Hindernisse. Rechts und links vom Flusse hat man für die Bedürfnisse der Bewässerung Kanäle gegraben, welche zu breit sind, um hinüberspringen zu können. Außerdem sind die Felder teilweise unter Wasser gesetzt. Aber diese Schwierigkeiten steigern nur mein Verlangen, vorwärts zu gehen. Ich entkleide mich bis aufs Hemd und lasse meine Kleider unter der Obhut meines Führers. So gehe ich immer den kleinen Fluss entlang, oft bis an die Brust im Wasser und im Schlamm der Kanäle und überschwemmten Felder. Endlich, nach einer halben Stunde beschwerlichen Marsches, sehe ich zwei große, plump behauene Steine, welche die Tradition als den Waschplatz der Einwohner der alten Stadt Korcyra bezeichnet, und als den Ort, wo Nausikaa mit ihren Dienerinnen die Wäsche gewaschen und den Odysseus empfangen hat.

Die örtliche Lage entspricht vollkommen der Beschreibung Homers; denn Odysseus landet an der Mündung des Flusses. Nausikaa kommt mit ihren Mägden zu den Waschgruben am Fluss.

»Als sie zu dem reizenden Strom kamen, wo Waschgruben immer voll von klarem und reichlichem Wasser waren, das alle Flecken reinigt ...«

Diese Waschgruben mussten sich notwendig dicht am Meere befinden; denn nachdem Nausikaa und ihre Dienerinnen die Wäsche gewaschen haben, breiten sie dieselbe auf den Kieselboden längs des Meeresufers, um sie zu trocknen.

»Aber nachdem sie gewaschen und alle Flecken gereinigt, breiten sie die Kleider längs des Gestades aus, wo das Meer die meisten Kiesel ans Land gespült hat.«

Darauf baden sie, salben sich, speisen und alsdann spielen sie Ball.

»Die Fürstin, welche den Ball nach einer ihrer Dienerinnen wirft, verfehlt ihr Ziel; der Ball fällt in die Strömung des Flusses; die jungen Mädchen erheben ein lautes Geschrei, worüber Odysseus erwacht.«

Hieraus folgt, dass die Stelle, wo Odysseus im Gebüsch neben der Mündung des Flusses sich gelagert hatte, ganz dicht bei den Waschgruben und dem Ufer war, wo die Mädchen Ball spielten.

Über die Identität dieses Flusses mit dem Homerischen kann kein Zweifel obwalten, denn er ist der einzige Fluss in der Umgegend der alten Stadt. In der Tat gibt es auf der ganzen Insel nur noch einen anderen Fluss; aber dieser befindet sich zwölf Kilometer vom alten Korcyra, während die Kressida-Quelle nur drei Kilometer davon entfernt ist.

Ohne Zweifel führte im Altertum ein Fahrweg von der alten Stadt zu den Waschgruben; aber jetzt sind die Felder bebaut und es ist keine Spur von diesem Weg mehr übrig.

Ich durchwanderte Korfu nach allen Richtungen und war sehr erstaunt darüber, dass nirgends eine Umzäunung oder ein anderes Grenzzeichen zwischen den Besitzungen vorhanden ist. Das Ganze erscheint als ein einziger ungeheurer Garten von Olivenbäumen, Zypressen und Weinstöcken und die Abwechslung der Erhebungen und Senkungen des Bodens ist so plötzlich und häufig, dass sie der Landschaft einen unaussprechlichen Reiz verleihen.

Aber die Pflege der Wissenschaften steht leider mit dem Anbau des Bodens bei weitem nicht auf gleicher Höhe und ich wage die Behauptung, dass von 50 Menschen kaum einer lesen und schreiben kann. Die Unwissenheit des Volks ist die Ursache der Verderbung ihrer stark mit italienischen, spanischen und türkischen Wörtern gemischten Sprache.

Ithaka, das Königreich des Odysseus

Ich mietete für 11 Franken eine Barke, um mich nach Ithaka übersetzen zu lassen; aber unglücklicherweise war der Wind konträr, sodass wir fortwährend gezwungen waren

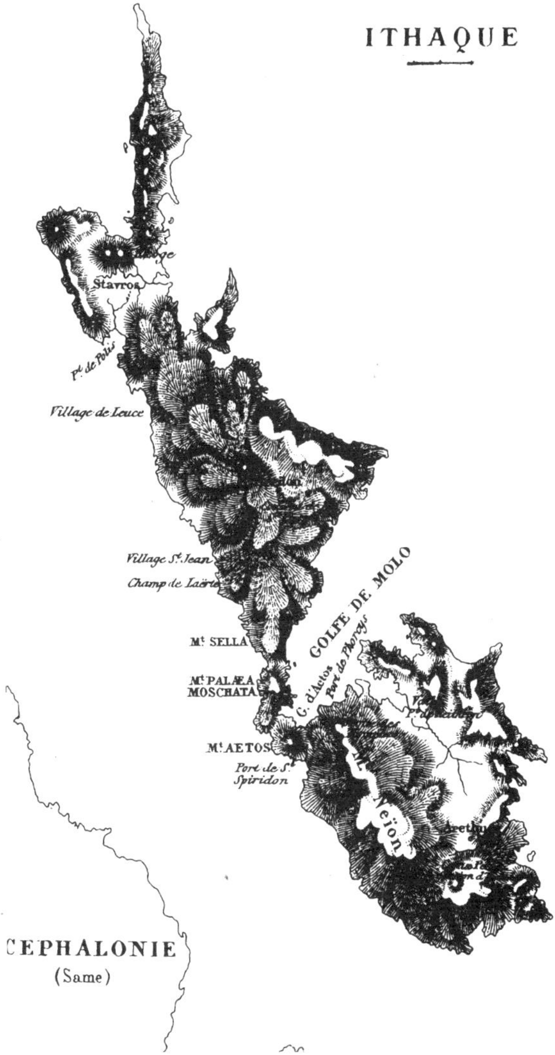

Die Insel Ithaka

zu lavieren, und so brauchten wir sechs Stunden zu einer Fahrt, welche man bei günstigem Wind mit Leichtigkeit in einer Stunde zurücklegt.

Endlich stiegen wir, 11 Uhr abends, in dem kleinen Hafen St. Spiridon, auf der Südseite des Berges Aëtos, ans Land und betraten das alte Königreich des Odysseus.

Ich gestehe, dass ich trotz Ermüdung und Hunger eine unendliche Freude empfand, mich im Vaterland des Helden zu befinden, dessen Abenteuer ich mit der lebhaftesten Begeisterung gelesen und wieder gelesen habe.

Ich war so glücklich, beim Aussteigen den Müller Panagis Asproieraka anzutreffen, welcher mir für vier Franken einen Esel vermietete, um mein Reisegepäck zu tragen, während er selbst mir als Führer und Cicerone bis zur Hauptstadt Vathy diente. Als er gehört hatte, dass ich nach Ithaka gekommen wäre, um archäologische Forschungen anzustellen, sprach er sich mit lebhaftem Beifall über mein Vorhaben aus und erzählte mir unterwegs alle Abenteuer des Odysseus von Anfang bis Ende. Die Geläufigkeit, mit welcher er sie hersagte, bewies mir deutlich, dass er dieselbe Geschichte schon tausendmal erzählt hatte. Sein Eifer, mich über die glorreichen Taten des Königs von Ithaka zu unterrichten, war so groß, dass er keine Unterbrechung duldete. Vergebens fragte ich ihn: Ist dies der Berg Aëtos? Ist dies der Phorkys-Hafen? Auf welcher Seite befindet sich die Grotte der Nymphen? Wo ist das Feld des Laërtes? ... Alle meine Fragen blieben ohne Antwort. Der Weg war lang, aber des Müllers Geschichte war auch lang, und als wir endlich, halb ein Uhr nachts, die Schwelle seiner Haustür in Vathy überschritten, war er grade in der Unterwelt mit den Seelen der Freier unter dem Geleite des Merkur angelangt.

Ich beglückwünschte ihn lebhaft, dass er die Gedichte Homers gelesen und sie so gut im Gedächtnis behalten habe, dass er mit so großer Leichtigkeit, in neugriechischer Sprache, die Hauptbegebenheiten der 24 Gesänge der Odyssee erzählen könne. Zu meinem großen Erstaunen antwortete er mir, dass er nicht nur der alten Sprache unkundig sei, sondern auch das Neugriechische weder lesen noch schreiben könne: Die Abenteuer des Odysseus wären ihm nur aus der Tradition bekannt. Auf meine Frage, ob diese Tradition unter der Bevölkerung von Ithaka allgemein verbreitet oder ob sie seiner Familie eigentümlich wäre, erwiderte er, dass in der Tat seine Familie die Bewahrerin derselben sei, dass niemand auf der Insel die Geschichte des großen Königs so gut kenne wie er und alle anderen nur eine unklare Vorstellung davon hätten.

Der quälende Hunger verhinderte mich, mehr Fragen an ihn zu richten; seit 6 Uhr morgens hatte ich nichts gegessen, indem die unbeschreibliche Unsauberkeit der Herberge zu Samos mir nicht erlaubt hatte, dort eine Mahlzeit zu halten. Mein Wirt hatte mir nichts als Gerstenbrot zu bieten und Regenwasser, dessen Temperatur nicht geringer als 30° war; aber diese Mahlzeit erschien mir köstlich, da sie durch Hunger gewürzt wurde.

Der brave Müller hatte nur ein Bett; aber mit der edlen Gastfreundschaft, welche den Nachkommen der Untertanen des Odysseus eigentümlich ist, beeiferte er sich, mir dasselbe zur Verfügung zu stellen, und bestand darauf, dass ich es annähme; ich hatte alle Mühe, seinen dringenden Anerbietungen zu widerstehen, und erreichte meinen Willen nur dadurch, dass ich mich getrost auf einen großen, mit eisernen Bändern beschlagenen Kasten, welcher sich im Zimmer befand, zur Ruhe legte. Gewöhnt an Reisestrapazen, schlief ich auf dem Kasten so sanft wie in dem weichsten Flaumenbett und erwachte erst am folgenden Morgen.

In der Hauptstadt Ithakas gibt es keinen Gasthof; ich fand aber ohne Mühe ein gutes Zimmer im Haus der jungen und liebenswürdigen Fräulein Helene und Aspasia Triantafyllides, deren Vater, ein Gelehrter, vor einigen Jahren gestorben ist.

Die Stadt, welche ungefähr 2500 Einwohner zählt, umgibt mit einer Reihe weißer Häuser das Südende des langen und engen, Vathy (= tief) genannten Hafens, von welchem sie den Namen führt, und der selbst nur ein Teil des Meerbusens von Molo ist. Der Hafen ist einer der besten der Welt, weil er von Gebirgen umgeben und sein Wasser, selbst schon einen Meter vom Ufer, so tief ist, dass die Schiffe vor den Häusern der Reeder Anker werfen können.

Die größte Länge der Insel von Norden nach Süden beträgt 29 Kilometer; die größte Breite von Osten nach Westen sieben Kilometer. Die Bevölkerung beläuft sich im Ganzen auf 13.000 Einwohner.

Die Insel besteht aus einer Kette von Kalksteinfelsen. Der Golf von Molo teilt sie in zwei fast gleiche Teile, welche durch einen engen, 800 Meter breiten Isthmus verbunden werden. Auf diesem Isthmus befinden sich umfangreiche Ruinen mit dem Namen Altes Schloss, welche die Tradition als Reste vom Schlosse des Odysseus bezeichnet.

Überall sieht man steile Felsen. Der höchste unter ihnen ist im nördlichen Teile der Insel der Berg Anoge, Homers »waldbedeckter« Neritos; aber von ihm wie vom Berge Neïon und dem übrigen Teile der Insel sind die Wälder verschwunden, und infolgedessen Regen und Tau, einst so reichlich in Ithaka, jetzt viel seltener. Die ungeheure Getreideernte beschränkt sich gegenwärtig auf den vierten Teil des für die Einwohner notwendigen Bedarfs.

Die Hauptprodukte Ithakas sind gegenwärtig die kleinen, unter dem Namen Korinthen bekannten Weintrauben (jährliche Ausfuhr ungefähr 150.000 Kilo) und Olivenöl (ungefähr 2300 Fässer). Der Wein ist ausgezeichnet, aber dreimal stärker als Bordeaux-Wein, und wird nicht exportiert.

Ungeachtet der drückenden Sommerhitze ist das Klima der Insel sehr gesund und verdient das Lob Homers (ausgezeichnet für die Erziehung und Pflege tüchtiger Männer).

Hr. Bowen behauptet mit Recht, dass an keinem Ort auf der Welt die Erinnerung an das klassische Altertum so lebendig und rein erhalten ist wie auf der Insel Ithaka. Unmittelbar nach dem Zeitalter ihres großen mythologischen Helden verliert sie sich aus der Erinnerung für einen Zeitraum von fast dreitausend Jahren. Im Gegensatz zu vielen anderen einst berühmten Ländern knüpft sich unser Interesse für sie keineswegs an neuere Nachrichten, welche in hervorhebenderer Weise ihrer gedacht hätten. Sie wird bei den nachhomerischen Schriftstellern in der Tat nur deshalb genannt, um auf ihre wichtige Stellung in den Gedichten des Heldenalters hinzuweisen. Im Jahre 1504 n. Chr. war Ithaka durch die Einfälle der Seeräuber und die Wut, mit welcher die Kriege zwischen Türken und Christen geführt wurden, fast entvölkert, und es werden noch die Privilegien aufbewahrt, welche die venezianische Regierung den Kolonisten aus den benachbarten Inseln und vom griechischen Festland gab, welche die Insel wieder bevölkert haben. Alle unsere Erinnerungen knüpfen sich hier also an das heroische Zeitalter – jeder Hügel, jeder Felsen, jede Quelle, jedes Olivenwäldchen mahnt uns an Homer und die Odyssee, und mit einem einzigen Sprunge fühlen wir uns über hundert Generationen hinweg in die glänzendste Epoche griechischen Rittertums und griechischer Dichtkunst versetzt.

Sobald ich in meiner neuen Wohnung eingerichtet war, mietete ich einen Führer und ein Pferd und ließ mich nach dem kleinen Hafen Dexia bringen, welcher sich ebenfalls am Fuß des Berges Neïon befindet und auch ein Teil des großen Meerbusens von Molo ist. Das ist der Phorkys-Hafen, in welchem die Phäaken den fest eingeschlafenen Odysseus ausschifften und mit seinen Schätzen zuerst am Ufer, darauf unter einem Ölbaum, abseits vom Weg niederlegten: »In Ithaka ist der Hafen des Phorkys, des Meergreises, in welchem zwei steile Felsen vorspringen, nach dem Eingang des Golfs geneigt, die ihn von außen gegen die mächtigen Wogen und die brausenden Winde schützen. Drinnen liegen die wohlberuderten Schiffe ohne Taue vor Anker, nachdem sie in den Bereich des Hafens gelangt sind. Aber am Ende des Hafens erhebt sich ein dicht belaubter Ölbaum und gleich daneben befindet sich eine liebliche dunkle Grotte, welche den Nymphen, die Najaden heißen, geweiht ist. Dort sieht man Urnen und steinerne Krüge; dort legen die Bienen ihren Honig nieder. Auch erblickt man dort steinerne Webstühle, auf denen die Nymphen meerpurpurne Gewänder weben, wunderbar anzuschauen. Auch findet man dort eine nie versiegende Quelle. Die Grotte hat zwei Eingänge: der eine im Norden ist für den Gebrauch der Menschen; der andere im Süden gehört den Göttern; niemals überschreiten ihn die Menschen, denn das ist der Weg der Unsterblichen.

Dorthin richteten die mit der Örtlichkeit Vertrauten ihre Fahrt; das Schiff stürzte bis zur Hälfte auf das flache Ufer; so stark war die Gewalt, welche die Ruderer anwandten.

Nun stiegen sie aus dem wohlberuderten Schiffe ans Land; zuerst nahmen sie den Odysseus nebst der leinenen Decke und dem glänzenden Teppich vom gewölbten Verdeck des Schiffes und legten ihn, den tief Schlummernden, auf dem Sande nieder; darauf schifften sie die Schätze aus, welche die erlauchten Phäaken, auf die Eingebung der hehren Athene, ihm geschenkt hatten, als er in sein Vaterland zurückkehrte, und häuften sie am Fuß des Ölbaums auf, abseits vom Weg, aus Furcht, dass ein Vorübergehender, ehe Odysseus erwachte, Hand daran legte.«

Die Örtlichkeit ist in der angeführten Stelle so genau beschrieben, dass man sich gar nicht irren kann; denn man sieht vor dem kleinen Golf zwei kleine steile Felsen, dem Eingang zugeneigt, und dicht daneben, auf dem Abhang des Berges Neïon, 50 Meter über dem Meeresspiegel, die Grotte der Nymphen. Wirklich befindet sich auch in derselben auf der nordwestlichen Seite eine Art natürlicher Eingang von 2 Meter Höhe und 40 Zentimeter Breite, durch welchen man bequem in die Grotte gelangen kann, und auf der Südseite eine runde Öffnung von 82 Zentimeter im Durchmesser, die den Eingang der Götter bildet; denn an dieser Stelle hat die Höhle eine Tiefe von 17 Meter, sodass der Mensch auf diesem Weg sie nicht wohl betreten kann.

Das Innere ist vollkommen dunkel; aber mein Führer machte mit Gesträuch ein großes Feuer an, sodass ich die Grotte in ihren Einzelheiten untersuchen konnte. Sie ist fast rund und hat 17 Meter im Durchmesser. Vom Eingang bis auf den Grund steigt man 3 Meter 30 Zentimeter hinab und entdeckt dort Überreste von in den Felsen gehauenen Stufen; auf der entgegengesetzten Seite erblickt man einen sehr verstümmelten Altar. Von der Decke hängen Massen von Tropfsteinen in bizarren Formen herunter, und mit nur einiger Einbildungskraft erkennt man darin Urnen, Krüge und die Webstühle, auf welchen die Nymphen purpurfarbene Gewänder webten. In dieser Grotte verbarg Odysseus auf den Rat und mit dem Beistand der Athene die von den Phäaken erhaltenen Schätze.

Wir stiegen wieder zum Golf oder Phorkys-Hafen hinab und setzten unseren Weg bis an den Fuß des Berges Aëtos fort, welcher 150 Meter Höhe hat und im Süden vom Berge Neïon durch ein sehr fruchtbares Tal getrennt wird, das ungefähr 100 Meter breit ist und den kleinen Isthmus durchschneidet.

Die Besteigung des Aëtos ist für einen Fremden, besonders während der großen Sommerhitze, mit vielen Schwierigkeiten und Beschwerden verbunden, weil er, in Winkeln von 45 bis 50° sich erhebend, mit Steinen wie besät ist, und man in Ermangelung eines Weges sich oft auf allen vieren weiterhelfen muss.

Aber die Eingeborenen, welche an das Erklettern der

Felsen gewöhnt sind, besteigen den Aëtos ohne die geringste Beschwerde und bebauen sogar den ganzen Berg bis zum Gipfel überall, wo sich nur Erde zwischen den Steinen zeigt. Das einzige Werkzeug, dessen sie sich zum Anbau des Gebirgslandes bedienen, ist eine spitze Hacke, mit welcher sie die Erde nur wenig umkehren, um Leinsamen oder Weizenkörner zu säen.

Ich war sehr erstaunt, als ich nur wenig Ölbäume auf den Abhängen des Gebirges erblickte, weil dieser Baum auf den Ionischen Inseln sehr fruchtbar ist, wo er einheimisch zu sein scheint und ein solches Größenverhältnis erreicht, dass er nicht den Fruchtbäumen Frankreichs, wohl aber den dicksten und pittoreskesten Waldbäumen zu vergleichen ist.

Wir bestiegen den Aëtos von Westen, weil der Abhang hier sanfter ist als auf den anderen Seiten; man sieht hier zahlreiche Spuren eines alten Weges, welcher jedenfalls vom Palast des Odysseus nach dem kleinen Hafen führte, der jetzt St. Spiridon genannt wird und gleichfalls im Westen der Insel, zwischen Aëtos und Neïon liegt.

Ich brauchte eine halbe Stunde, um auf den südlichen Gipfel zu gelangen; hier befinden sich die Ruinen eines Turmes aus plump behauenen Steinen von 1 Meter bis 1 Meter 66 Zentimeter Länge bei 1 Meter bis 1 Meter 35 Zentimeter Breite, die ohne Zement übereinander geschichtet sind. Dieser Turm ist 6 Meter 66 Zentimeter lang und breit. In der Mitte ist jedenfalls ein unterirdisches Behältnis, vielleicht eine Zisterne, weil alle Steine des Gebäudes nach dem Mittelpunkt geneigt sind und daselbst eine Art Wölbung bilden.

Zehn Meter niedriger ist eine dicke Umwallungsmauer von ähnlicher Bauart, während zwei andere, mit Verteidigungstürmen versehene Kyklopische Mauern sich gegen Südwest und Südost herabziehen, deren großartige Trümmer sich auf dem Abhang des Berges bis zu einer Entfernung von 60 Metern vom Gipfel ausdehnen.

Auf diese Steine folgen die Ruinen eines anderen Turmes von kyklopischer Bauart, acht Meter lang und ebenso breit. Dann kommt eine runde, in den Felsen gehauene, 5 Meter tiefe Zisterne. Darauf erweitert sich der Gipfel zu einer vollkommen ebenen Fläche und dehnt sich bei einer Breite von 27 Meter und einer Länge von 37 Meter bis zum Nordrand aus.

Auf diesem Raum befand sich der Palast des Odysseus; leider sieht man nur noch die Ruinen von zwei parallelen Einschließungsmauern, und eine kleine runde, in den Felsen gehauene Zisterne für den Hausgebrauch.

Der königliche Palast war groß, mehrere Stock hoch und hatte einen Hof, denn Odysseus sagt zu Eumaios:

»Eumaios, ohne Zweifel ist dies das prächtige Haus des Odysseus; es ist leicht zu erkennen, selbst zwischen einer Menge von Häusern; es hat mehr als ein Stockwerk; der Hof ist geschützt durch eine Mauer mit Zinnen; die Türen sind fest und haben zwei Flügel; niemand würde es erstürmen können.«

Auf dem Gipfel des Berges Aëtos

Der Gipfel des Aëtos ist mit großen, waagerecht liegenden Steinen besät; doch sah ich hie und da einige Meter mit Gesträuch und Stauden bedeckt, welche mir anzeigten, dass hier auch Erde vorhanden sei. Sofort entschloss ich mich, überall, wo die Beschaffenheit des Bodens es erlauben würde, Ausgrabungen anzustellen. Da ich aber keine Werkzeuge bei mir hatte, so musste ich meine Nachforschungen bis auf den folgenden Tag verschieben.

Die Hitze war drückend; mein Thermometer zeigte 52°, ich fühlte brennenden Durst und hatte weder Wasser noch Wein bei mir. Aber die Begeisterung, welche ich in mir fühlte, da ich mich mitten unter den Ruinen vom Palast des Odysseus befand, war so groß, dass ich Hitze und Durst vergaß. Bald untersuchte ich die Örtlichkeit, bald las ich in der Odyssee die Beschreibung der rührenden Szenen, deren Schauplatz dieser Ort gewesen ist; bald bewunderte ich die herrliche Rundsicht, welche sich auf allen Seiten vor meinen Augen entrollte und kaum derjenigen nachstand, an welcher ich mich acht Tage vorher in Sizilien vom Gipfel des Ätna aus erfreut hatte.

Im Norden sah ich die Insel Santa Maura oder Leucadia mit dem Kap Dukato, hoch gefeiert im Altertum wegen des berühmten Felsens, Sappho-Sprung genannt, von wo aus die unglücklich Liebenden sich ins Meer stürzten, in der Überzeugung, dass dieser kühne Sprung sie von ihrer Leidenschaft heilen werde.

Nach Strabon hatten die Leukadier die Gewohnheit, jährlich am Fest des Apollo einen Verbrecher von diesem Felsen ins Meer zu stürzen als Sühneopfer für alle Verbrechen des Volkes. Man band ihm Federn und lebende Vögel an, um ihm das Hinabstürzen zu erleichtern, und unten hielten sich im Kreise aneinander gereihte Fischerbarken bereit, ihn wo möglich zu retten.

Auf der Südseite sah ich die herrlichen Berge des Peloponnes; im Osten die grandiosen Spitzberge Akarnaniens; im Westen zu meinen Füßen die prächtige Meerenge, jenseits derer sich die schönen Berge von Kephalonia schroff und fast senkrecht erheben.

Endlich stieg ich auf der Ostseite hinunter und entdeckte ungefähr 38 Meter vom Gipfel die Spuren eines Weges, welcher im Altertum jedenfalls zum Palast des Odysseus geführt hat. Hie und da im Abhang des Berges fand ich auch Ruinen von kleinen Häusern, deren kyklopische Bauart ein hohes Altertum offenbart.

Als ich am Fuß des Berges angekommen war, trat ein Bauer an mich heran und bot mir eine Vase aus Ton und eine schöne silberne korinthische Münze mit einem Athene-Kopf auf der einen und einem Pferd auf der anderen Seite zum Verkauf an. Er hatte diese Gegenstände eben erst in einem plump in den Felsen gehauenen Grabe, ohne eine Spur von menschlichen Gebeinen, entdeckt. Ich kaufte sie ihm für sechs Franken ab.

Nach Vathy zurückgekehrt, engagierte ich für den folgenden Tag vier Arbeiter, um auf dem Aëtos Ausgrabungen zu veranstalten, ferner einen Burschen und ein Mädchen, um Wasser und Wein auf den Berg zu tragen; endlich mietete ich ein Pferd für mich und einen Esel, um die Werkzeuge zu tragen.

Am 10. Juli, nachdem ich im Meere gebadet und eine Tasse schwarzen Kaffee getrunken hatte, machte ich mich um 5 Uhr morgens mit meinen Arbeitern auf den Weg. Von Schweiß durchnässt, langten wir um 7 Uhr auf dem Gipfel des Aëtos an.

Zuerst ließ ich durch die vier Männer das Gesträuch mit der Wurzel ausreißen, dann den nordöstlichen Winkel aufgraben, wo nach meiner Vermutung sich der herrliche Ölbaum befunden haben musste, aus welchem Odysseus sein Hochzeitsbett verfertigte und um dessen Standort er sein Schlafzimmer baute.

»Im Innern des Hofes wuchs ein dicht belaubter Ölbaum, hoch, blühend und stark wie eine Säule; rings um ihn herum baute ich aus großen Steinen das Ehegemach, bis ich es vollendet hatte, deckte es mit einem Dach und verschloss es mit dichten, fest eingefugten Türen; darauf hieb ich die Zweige des dicht belaubten Ölbaums ab, bearbeitete die Oberfläche des Stammes von der Wurzel aus, glättete ihn geschickt mit dem Erze nach der Richtschnur, machte daraus den Fuß des Bettes und durchbohrte ihn überall mit dem Bohrer; auf diesem Fuß baute ich das ganze Bett auf, belegte es mit Gold, Silber und Elfenbein, und spannte Riemen von Rindsleder, mit glänzendem Purpur gefärbt, darin aus.«

Indes wir fanden nichts als Trümmer von Ziegeln und Töpferwaren und in einer Tiefe von 66 Zentimeter legten wir den Felsen bloß. In diesem Felsen waren allerdings viele Spalten, in welche die Wurzeln des Ölbaums hätten eindringen können; aber es war jede Hoffnung für mich verschwunden, hier archäologische Gegenstände zu finden.

Ich ließ hierauf den Boden nebenan aufgraben, weil ich zwei Quadersteine entdeckt hatte, welche, wie es schien, einer Mauer angehört hatten, und nach dreistündiger Arbeit förderten die Arbeiter die beiden unteren Lagen eines kleinen Gebäudes zutage.

Wir fanden in der ausgegrabenen Stelle noch viele Trümmer von leicht gebrannten, krummen Ziegeln, und sogar einen ganzen Ziegel von 66 Zentimeter Länge bei ebenso großer Breite, so wie viele andere Scherben.

Während meine Arbeiter mit dieser beschäftigt waren, untersuchte ich die ganze Baustelle des Palastes mit der größten Aufmerksamkeit, und als ich einen dicken Stein gefunden hatte, dessen Ende eine kleine Kurvenlinie zu beschreiben schien – ungefähr den hundertsten Teil eines Kreises –, löste ich mit dem Messer die Erde vom Steine ab und sah, dass dieser einen Halbkreis bildete. Als ich mit dem Messer zu graben fortfuhr, bemerkte ich bald, dass man den Kreis auf der anderen Seite durch kleine übereinander geschichtete Steine vervollständigt hatte, die sozusagen eine Mauer im Kleinen bildeten. Ich wollte anfänglich diesen Kreis mit dem Messer aushöhlen, konnte aber meinen Zweck nicht erreichen, weil die Erde mit einer weißen Substanz, welche ich als die Asche kalzinierter Knochen erkannte, gemischt und fast so hart wie der Stein selbst war. Ich machte mich also daran, mit der Hacke zu graben; aber kaum war ich 10 Zentimeter tief eingedrungen, so zerbrach ich eine schöne, aber ganz kleine, mit menschlicher Asche angefüllte Vase. Ich fuhr mit der größten Vorsicht zu graben fort und fand ungefähr 20 ganz verschiedene Vasen von bizarrer Form. Einige lagen, andere standen. Leider zerbrach ich die meisten derselben beim Herausnehmen wegen der Härte der Erde und aus Mangel an guten Werkzeugen, und konnte nur fünf in unversehrtem Zustand fortbringen. Die größte von ihnen ist nicht höher als elf Zentimeter; der Durchmesser ihrer Öffnung beträgt einen Zentimeter; eine andere hat eine Öffnung von nur sechs Millimetern. Zwei von diesen Vasen hatten recht hübsche Malereien, als ich sie aus der Erde zog. Sie wurden aber fast unkenntlich, sobald ich sie der Sonne aussetzte; ich hoffe aber durch Reiben mit Alkohol und Wasser sie wieder deutlich zum Vorschein zu bringen.

Alle diese Vasen sind mit der Asche verbrannter menschlicher Gebeine angefüllt.

Außerdem fand ich in diesem kleinen Familien-Kirchhof die gekrümmte Klinge eines Opfermessers, 13 Zentimeter lang, stark mit Rost überzogen, aber sonst ziemlich gut erhalten; ein Götzenbild aus Ton, welches eine Göttin mit zwei Flöten im Mund darstellt; dann die Trümmer eines eisernen Degens, einen Eberzahn, mehrere kleine Tierknochen und endlich eine Handhabe aus ineinander geschlungenen Bronzefäden. Fünf Jahre meines Lebens hätte ich für eine Inschrift hingegeben, aber leider war keine vorhanden.

Obgleich das Alter dieser Gegenstände schwer zu bestimmen ist, so scheint es mir doch gewiss, dass die Vasen weit älter sind als die ältesten Vasen von Cumae im Museum zu Neapel, und es ist wohl möglich, dass ich in meinen fünf kleinen Urnen die Asche des Odysseus und der Penelope oder ihrer Nachkommen bewahre.

Nichts erregt mehr Durst als die schwere Arbeit des Ausgrabens bei einer Hitze von 52° in der Sonne. Wir hatten zwar drei ungeheure Krüge voll Wasser und eine große, vier Liter Wein enthaltende Flasche mitgebracht. Der Wein reichte für uns aus, weil der Rebensaft Ithakas, wie ich schon gesagt habe, dreimal stärker ist als Bordeaux-Wein, aber unser Wasservorrat war bald erschöpft und zweimal waren wir gezwungen ihn zu erneuern.

Meine vier Arbeiter hatten die Ausgrabung des nachhomerischen Hauses in derselben Zeit beendigt, in welcher ich mit der Aufgrabung des kleinen kreisrunden Kirchhofs fertig war. Ich hatte allerdings mehr Erfolg gehabt als sie; doch ich machte ihnen keinen Vorwurf darüber, da sie tüchtig gearbeitet hatten, und mehr als tausend Jahre können vergehen, ehe der bloßgelegte Raum wieder von atmosphärischem Staube ausgefüllt wird.

Der Mittag kam und wir hatten seit 5 Uhr morgens nichts gegessen; wir machten uns daher an unser Frühstück unter einem Ölbaum zwischen den beiden Einschließungsmauern, ungefähr 15 Meter unterhalb des Gipfels. Unser Mahl bestand in trockenem Brot, Wein und Wasser, dessen Temperatur nicht unter 30° war. Aber Erzeugnisse des Bodens von Ithaka waren es, welche ich genoss, und zwar im Palasthofe des Odysseus, vielleicht an derselben Stelle, wo er Tränen vergoss, als er seinen Lieblingshund Argos wieder sah, der vor Freude starb, als er seinen Herrn nach zwanzigjähriger Abwesenheit wieder erkannte, und wo der göttliche Sauhirt die berühmten Worte sprach:

»Denn der allwaltende Zeus nimmt die Hälfte des Wertes dem Manne, sobald der Tag der Knechtschaft ihn erreicht hat.«

Ich kann wohl sagen, dass ich niemals in meinem Leben mit größerem Appetit gegessen habe als bei diesem frugalen Mahle im Schloss des Odysseus.

Nach dem Frühstück ruhten meine Arbeiter anderthalb Stunden aus, während ich, die Hacke in der Hand, das Terrain auf der Baustelle des Palastes und zwischen den Einschließungsmauern untersuchte, um womöglich weitere Entdeckungen zu machen. Überall wo die Beschaffenheit des Bodens die Möglichkeit zuließ, etwas zu finden, machte ich Merkzeichen, um an diesen Stellen mit den Arbeitern Ausgrabungen zu veranstalten. Um 2 Uhr machten sie sich wieder an die Arbeit und setzten sie bis 5 Uhr fort, aber ohne den geringsten Erfolg. Da ich indes die Ausgrabungen am Morgen des folgenden Tages von neuem beginnen wollte, so ließen wir die Werkzeuge oben auf dem Berge und kehrten nach Vathy zurück, wo wir abends 7 Uhr ankamen.

Die beiden liebenswürdigen Fräulein Triantafyllides beeiferten sich, mir eine Mahlzeit zu bereiten; aber wie groß war meine Bestürzung, als sie mir nichts weiter als Pellkartoffeln, Salz und Brot vorsetzten. Ich fragte sie, ob sie sich über mich lustig machen wollten. Mit Erstaunen entgegneten sie: Sie sind Christ und wollen am Freitag Fleisch essen? – Aber bei allen Göttern Griechenlands, erwiderte ich, wenn Sie aus Besorgnis für mein Seelenheil mir kein Fleisch geben wollen, warum geben Sie mir nicht wenigstens Fische? – Hat man, antworteten sie, jemals einen Christen gesehen, der an Fasttagen Fische aß? Und selbst wenn wir Ihnen Fleisch geben wollten, so könnten wir es nicht, weil kein Fischer am Freitag oder Mittwoch seine Netze auswirft, denn niemand würde ihm seine Fische abkaufen, und kein Schlächter öffnet an diesem Tage seinen Laden, weil man ihn misshandeln würde.

Die ernste Miene, mit welcher sie mir diese Erklärung gaben, bewies mir deutlich, dass sie ihre vollste Überzeugung aussprachen und es als ein Verbrechen gegen die Gebote Gottes betrachteten, wenn man an Fasttagen Fleisch äße. Ich schwieg und ging aus, um mir Schinken oder Butter zu verschaffen; aber obwohl ich in mehreren Läden anfragte, war doch auf der Insel Ithaka von alledem nichts zu haben. Mit vieler Mühe gelang es mir, etwas Öl zu bekommen, um die Kartoffeln einzutauchen. Diese mehr als bescheidene Nahrung verursachte mir indes durchaus keine Beschwerden, und in der Tat habe ich mich auf meinen Reisen nie besser befunden, als wenn ich mich mit Brot und Wasser begnügen musste.

Am folgenden Tag, den 11. Juli, stand ich um 4 Uhr morgens auf und bestieg abermals mit den vier Arbeitern den Berg Aëtos, auf dessen südlichem Abhang, ungefähr 20

Meter über dem Meeresspiegel, man mir eine große Anzahl alter, in den Felsen gehauener Gräber zeigte, welche in den Jahren 1811 und 1814 der Hauptmann Guitara aufgrub, wobei eine Menge goldene Armbänder, Fingerringe, Ohrringe usw. zum Vorschein kamen.

Aber diese Gräber können nicht sehr alt sein; denn aus Homer wissen wir, dass man die Leichname im heroischen Zeitalter verbrannte, und da man in den Gräbern auf Ithaka und Korfu nicht selten Skarabäen mit ägyptischen Hieroglyphen und phönizische Götterbilder neben griechischen Münzen und Tränenkrügen findet, so darf man wohl mit Sicherheit annehmen, dass der Gebrauch, die Toten zu begraben, erst mehrere Jahrhunderte nach Homer, durch Ägypter und Phönizier auf den Ionischen Inseln eingeführt worden ist.

Auf dem Gipfel des Berges angekommen, nahmen wir unsere Ausgrabungen wieder auf, und nicht eine Hand breit Erde an der Stelle, wo Odysseus' Palast gestanden hat, ist von uns ununtersucht geblieben. Auch gruben wir zwischen den Einschließungsmauern und rings um den ganzen Gipfel des Berges, aber unsere Mühe war vergeblich, wir fanden nichts mehr.

Die einzige interessante Entdeckung, welche ich an diesem Tage machte, war die Spur eines alten Weges, der sich vom Palast auf der Nordseite hinabzieht. Leider konnte ich des Dorngesträuchs und der bedeutenden Terrainschwierigkeiten wegen diese Spur nicht verfolgen; als ich aber durch meine Arbeiter erfuhr, dass sie ungefähr vier Kilometer nördlicher im Felsen die Spuren eines alten Weges gesehen hätten, so schloss ich sofort daraus, dass dies derselbe Weg sein musste.

An diesem Tage hatten wir viel Wasser nötig, denn eine Hitze von 52° ist selbst für die Eingeborenen lästig.

Es unterliegt nicht dem mindesten Zweifel, dass die Ruinen auf dem Berge Aëtos schon im Altertum als diejenigen vom Palast des Odysseus angesehen worden sind.

Um 7 Uhr abends kehrten wir nach Vathy zurück. Diesmal hatten meine Wirtinnen für mich eine Schüssel Bratfische bereit, und es gab außerdem Kartoffeln, frische Träubchen in Überfluss und Wein.

Einwohner begeistern sich an Homers »Odyssee«

Am folgenden Tag, den 12. Juli, brach ich mit meinem Führer, wie gewöhnlich, um 5 Uhr morgens auf, zunächst um den alten Weg zu erforschen, dessen Spuren ich den Tag vorher entdeckt hatte, und sodann den Norden der Insel zu besuchen. Die Spuren des alten Weges befinden sich auf der steilen Westseite des Berges Sella, welcher, wie ich schon gesagt habe, nur eine Fortsetzung des Aëtos ist und ungefähr vier Kilometer nördlich von diesem liegt. Da ich zu Pferde nicht dorthin gelangen konnte und erfuhr, dass der alte Weg beim Dorf St. Johann nach Weinbergen am Meeresufer führt, welche die Tradition als Feld des Laërtes bezeichnet, so schickte ich meinen Führer mit dem Pferde dorthin und ließ mich von einem anderen Mann nach dem alten Weg zum Landgut von Odysseus' Vater bringen.

Mit vieler Mühe erstieg ich den Sella, welcher wohl 100 Meter hoch ist und sich auf der Ostseite unter einem Winkel von 50° erhebt, während sein Abhang auf der Meeresseite noch schroffer ist. Auf dem Gipfel angekommen, hatten wir auf der anderen Seite noch etwa 33 Meter zurückzulegen, um zu dem Weg zu gelangen, welcher ohne Zweifel aus dem fernen Altertum herrührt und selbst in seinen Resten noch wie ein Wunder erscheint. Er ist ganz in den Felsen gehauen, hat 4 Meter Breite und an den Seiten, in Zwischenräumen von ungefähr 20 Meter, kleine, aus großen, plump behauenen Steinen erbaute Schutztürme. Ungeheure Steinmassen müssen fortgeschafft worden sein, um diesen Weg in den Felsen zu hauen, der nicht unter 55° abfällt. Winterregen von 31 Jahrhunderten haben ihn verwüstet; aber was von ihm geblieben ist, lässt hinlänglich ahnen, was er in der Zeit des großen Königs Odysseus gewesen ist.

Das ist der Weg, auf welchem, wie Homer sagt, Odysseus und Telemach sich nach dem Feld des Laërtes begaben.

»Da stiegen sie von der Stadt hinab und kamen bald auf dem wohl bebauten Feld des Laërtes an, welches dieser mit vieler Mühe sich erworben hatte.«

Ich stieg in derselben Richtung hinab. Bald kam ich auf dem Feld des Laërtes an, wo ich mich niedersetzte, um auszuruhen und den 24. Gesang der Odyssee zu lesen. Die Ankunft eines Fremden ist schon in der Hauptstadt von Ithaka ein Ereignis, wie viel mehr noch auf dem Lande. Kaum hatte ich mich gesetzt, so drängten sich die Dorfbewohner um mich und überhäuften mich mit Fragen. Ich hielt es für das Klügste, ihnen den 24. Gesang der Odyssee vom 205. bis 412. Vers laut vorzulesen und Wort für Wort in ihren Dialekt zu übersetzen. Grenzenlos war ihre Begeisterung, als sie in der wohlklingenden Sprache Homers, in der Sprache ihrer glorreichen Vorfahren vor dreitausend Jahren, die schrecklichen Leiden erzählen hörten, welche der alte König Laërtes grade an der Stelle erduldet hatte, wo wir versammelt waren, und bei der Schilderung seiner hohen Freude, als er an demselben Orte nach zwanzigjähriger Trennung seinen geliebten Sohn Odysseus, den er für tot gehalten hatte, wieder fand. Aller Augen schwammen in Tränen, und als ich meine Vorlesung beendet hatte, kamen Männer, Frauen und Kinder, alle an mich heran und umarmten mich mit den Worten: »Du hast uns eine große Freude gemacht, wir danken dir tausendmal.« Man trug mich im Triumph ins Dorf, wo alle miteinander wetteiferten, mir ihre Gastfreundschaft in reichstem Maße zuteil werden zu lassen, ohne die geringste Entschädigung dafür annehmen zu wollen. Man wollte mich nicht eher abreisen lassen, als bis ich einen zweiten Besuch im Dorf versprochen hatte.

Endlich, gegen 10 Uhr morgens, setzte ich meinen Marsch auf dem Abhang des Berges Anoge (des alten Neritos) fort, und nach anderthalb Stunden kamen wir in dem reizenden Dorf Leuke an. Man war schon von meinem Besuch unterrichtet und die Einwohner, mit dem Priester an der Spitze, kamen mir in einer beträchtlichen Entfernung vom Dorf entgegen, empfingen mich mit dem Ausdruck der lebhaftesten Freude und gaben sich nicht eher zufrieden, als bis ich allen die Hand gedrückt hatte. Es war Mittag, als wir im Dorf ankamen, und da ich noch die Stelle des alten Polistales und seine Akropolis, das Dorf Stavros und das Kloster der heiligen Jungfrau auf dem Gipfel des Anoge zu besuchen vorhatte, so wollte ich mich in Leuke nicht aufhalten. Aber man bat mich so dringlich, einige Stellen aus der Odyssee vorzulesen, dass ich mich endlich gezwungen sah nachzugeben. Um von allen verstanden zu werden, nahm ich einen Tisch unter einer Platane mitten im Dorf als Tribüne und las mit lauter Stimme den 23. Gesang der Odyssee von Vers 1–247 vor, wo erzählt wird, wie die Königin von Ithaka, die keuscheste und beste der Frauen, ihren angebeteten Gemahl nach zwanzigjähriger Trennung wieder erkennt. Obgleich ich dieses Kapitel schon unzählig oft gelesen habe, so war ich doch stets beim Lesen desselben lebhaft gerührt, und den nämlichen Eindruck machten diese prächtigen Verse auf meine Zuhörer; alle weinten und ich weinte mit. Nach Beendigung meiner Vorlesung wollte man mich durchaus bis zum folgenden Tage im Dorf behalten, aber ich lehnte dies entschieden ab.

Man brachte mir eine Menge alter griechischer Münzen, darunter sehr seltene Stücke; alle diese Münzen waren bei Ausgrabungen in der Nähe der Stadt Polis gefunden worden. Man wollte sie mir umsonst geben und erst nach vielem Bitten nahm man 20 Franken an. Mit großer Mühe gelang es mir endlich, mich von diesen braven Dorfbewohnern zu trennen, aber nicht ohne vorher mit ihnen angestoßen und jeden geküsst zu haben.

Die Einwohner von Ithaka sind freimütig und bieder, außerordentlich keusch und fromm, gastfrei und mildtätig, lebhaft und arbeitsam, gefühlvoll und zutraulich, reinlich und sorgfältig; sie besitzen im höchsten Grade Klugheit und Weisheit, diese beiden erhabenen Tugenden, das Erbe ihres großen Ahnherrn Odysseus. Der Ehebruch wird bei ihnen für ein ebenso abscheuliches Verbrechen angesehen wie Vater- und Muttermord, und wer sich dessen schuldig machte, würde ohne Erbarmen umgebracht werden. Sie sind ohne wissenschaftliche Bildung, und ich wage die Behauptung auszusprechen, dass von fünfzig kaum einer lesen und schreiben kann; aber was ihnen an Gelehrsamkeit abgeht, ersetzen sie durch eine so natürliche Lebhaftigkeit des Geistes, dass ich einen hohen Reiz in ihrer Unterhaltung finde. Kaum bin ich eine Viertelstunde mit einem Ithakesier zusammen, so kenne ich schon seinen ganzen Lebenslauf und alle seine Geheimnisse; er teilt mir alles mit, nur weil er das Bedürfnis empfindet, sein Herz auszuschütten, und ohne den leisesten Schatten eines Hintergedankens.

In Griechenland gebraucht man, wie anderwärts, bei der Anrede das Wort Sie; aber die Natürlichkeit der Ithakesier ist so groß, dass sie mit diesem Worte niemals eine einzelne Person anreden, und nicht nur die Herren, sondern sogar die Damen der vornehmsten Familien in der Hauptstadt duzen mich.

Die grenzenlose Vaterlandsliebe, von der wir an Odysseus ein Beispiel haben, welcher die Rückkehr in sein angebetetes Vaterland der von der Kalypso ihm angebotenen Unsterblichkeit vorzieht, diese Vaterlandsliebe ist noch heutigen Tages ebenso lebendig bei den Bewohnern der Insel, und so oft ich auf meinen Reisen im Orient einen Ithakesier antraf und ihn fragte: »Aus welcher

Gegend Griechenlands sind Sie?«, so antwortete er, stolz auf seine Nationalität, mit erhobenem Haupte: »Ich bin ein Ithakesier, bei Gott!«

Ein anderer Beweis ihres Patriotismus und ihrer Verehrung für das Andenken ihres glorreichen Vorfahren liegt darin, dass fast in jeder Familie eine Tochter namens Penelope und zwei Söhne sind, welche Odysseus und Telemachos heißen.

Infolge ihrer unermüdlichen Tätigkeit sind diese braven Leute frei von Not und niemals sah ich auf Ithaka einen Bettler.

Wie im übrigen Griechenland wird auch hier die Geistlichkeit nicht besoldet und muss von den schwachen Einkünften der Taufen, Begräbnisse, Heiraten usw. ihr Leben fristen. Infolgedessen ist das Leben des griechischen Priesters ein fortwährender Kampf mit dem Mangel, und da die Laufbahn den Geistlichen keine Versorgung bietet, so wollen die jungen Leute nicht gern Theologie studieren. Deshalb wird man in diesem Land mehr aus Trägheit als aus Überzeugung Priester, was das Sprichwort so prächtig ausdrückt: »Er ist unwissend und unmoralisch, ein Faulpelz und Vielfraß; es bleibt ihm nichts anderes übrig, als Priester zu werden.«

Natürlich kann die Zivilisation in einem Land keine Fortschritte machen, wo viele Stellvertreter Gottes nur wegen ihrer Unwissenheit und Unfähigkeit zu jeder anderen Beschäftigung sich seinem Dienste gewidmet haben, umso mehr als sie bei aller ihrer Unwissenheit einen großen Einfluss auf das Volk ausüben. Mein erlauchter Freund, der Erzbischof Theokletos Vimpos in Athen, wird nicht müde, gegen diesen Zustand der Dinge in Predigten und Schriften zu eifern; aber bis jetzt ist noch von keiner Reform etwas zu hören.

Ein großes Unglück, welches Ithaka mit ganz Griechenland gemein hat, ist der Umstand, dass außer den 52 Sonntagen jährlich 97 Festtage, also im Ganzen 149 Tage gefeiert werden. Dieser ungeheure Missbrauch ist natürlich ein großes Hindernis für die Entwicklung der landwirtschaftlichen und gewerblichen Industrie.

Die Schweineställe des göttlichen Sauhirten Eumaios

Wir setzten unseren Weg auf dem Abhang des Gebirges fort und sahen endlich, 50 Meter unter uns, das fruchtbare Polis-Tal an einem prachtvollen Golf an der Westküste der Insel.

Um einen weiten Umweg zu vermeiden, stiegen wir mit vieler Mühe den jähen Abhang hinab und kamen um $3^1/_2$ Uhr nachmittags unten im Tal an. Als ich mich während des Hinabsteigens an die Steine und das Gesträuch anklammerte, um nicht zu fallen, musste ich lachen, indem ich daran dachte, dass fast alle Archäologen, welche Ithaka besucht haben, die homerische Hauptstadt in das Polis-Tal verlegen, während sie sich nach Homers Angaben auf einer Anhöhe befand, denn Odysseus und Telemachos »stiegen von der Stadt hinab, als sie zum Garten des Laërtes gingen«; wären sie aber von Polis dorthin gegangen, so hätten sie notwendiger Weise hinaufsteigen müssen.

Die zahlreichen Ruinen, mit welchen das Polis-Tal wie besät ist, und selbst der Name Polis (Stadt) lassen keinen Zweifel, dass hier im Altertum eine Stadt von einiger Bedeutung gestanden hat.

Jetzt ist das Tal mit Weinbergen bepflanzt und nur ein einziges Häuschen vorhanden. Ich fragte den Besitzer, ob er nicht Antiquitäten zu verkaufen hätte. Er verneinte meine Frage, wies mich aber an einen gewissen Dmitrios Loïsos aus dem Dorf Kaluvia, der soeben beim Graben einer Kalkgrube am Meeresufer, grade im Hafen von Polis, ein Grab mit vielen merkwürdigen Dingen entdeckt hätte. Er führte mich nach dem Ort hin und der genannte Loïsos beeilte sich, mir die im Grab gefundenen Gegenstände sowie den Stein zu zeigen, mit dem es verschlossen gewesen war.

Der biedere Arbeiter schien eine größere Vorliebe für Geld als für den Homer zu haben; er verlangte anfänglich nicht weniger als 200 Franken für seinen Fund; endlich nach vielem Handeln begnügte er sich mit 25 Franken.

Der Umstand, dass sich eine Lanze und ein Degen, namentlich von solcher Größe, im Sarkophag fand, weist wohl unzweifelhaft darauf hin, dass der Verstorbene ein vornehmer Krieger gewesen sein mag.

Dmitrios Loïsos war eben beschäftigt, den Boden neben jenem Grab zu durchsuchen. Es dauerte nicht lange, so fand er zwei dicke eiserne Nägel, welche dermaßen von Rost angefressen waren, dass sie beim Berühren mit der Hand in kleine Stücke zerfielen. »Aus dem Vorhandensein dieser Nägel glaube ich schließen zu dürfen, dass sich an dieser Stelle ein hölzerner Sarg befunden hat.« Kaum hatte ich diese Worte an den Arbeiter gerichtet, als er ein plumpes phönizisches Götzenbild von gebrannter Erde, eine zierliche kleine Statue der Athene aus demselben Stoffe und mehrere kupferne, von Rost angefressene Münzen zutage förderte. Ich kaufte ihm alle diese Sachen für einen Franken 40 Cent. ab.

Erst mit einbrechender Nacht kehrten wir nach Vathy zurück.

Am folgenden Tag, den 13. Juli, nahm ich 4 Uhr morgens, wie gewöhnlich, mein Bad auf einer kleinen mitten im Hafen liegenden Insel. Auf dieser Insel hatten die Engländer ein Gefängnis, solange die Ionischen Inseln sich noch unter ihrem Schutz befanden. Jetzt sind die Gefängniszellen leer und werden als See-Arsenal benutzt. Rings um dieses Gefängnis geht ein großes Trottoir. Hier entkleidet man sich und mit einem Sprung ist man in dem acht bis zehn Klafter tiefen Wasser, dessen Temperatur des Morgens 28, des Abends 30° ist.

Nach dem Bad machte ich mich mit meinem Führer auf den Weg, um den südlichen Teil der Insel zu besuchen.

Anfangs war der Weg gut, bald aber ging er in einen elenden Fußsteig über, so steil und voll glatter Steine, dass ich vom Pferd steigen und zu Fuß gehen musste. Nach zwei Stunden erreichten wir die berühmte Arethusa-Quelle am Fuß eines senkrechten, 34 Meter hohen Felsens, welcher Korax (der Rabe) genannt wird.

Diese Quelle muss in früheren Zeiten einen außerordentlich reichen und kräftigen Wasserstrahl gegeben haben; denn vor ihr befindet sich das trockene Bett eines 34 Meter tiefen und 70 Meter breiten Stromes, das sich einen Kilometer weit bis zum Meer ausdehnt. Sicherlich hat das mit Ungestüm fließende Wasser der Arethusa sich selbst dieses Bett in den Felsen gegraben. Jetzt aber fließt die Quelle so langsam, dass man nicht 200 Liter Wasser täglich schöpfen könnte.

Homer spricht von der Arethusa und dem Rabenfelsen in den schönen Versen:

»Du findest ihn bei der Herde, die am Rabenfelsen süße Eicheln weidet, in der Nähe der Quelle Arethusa, und schwarzes Wasser trinkt, das den Schweinen ein blühendes Fett gibt.«

Unmittelbar jenseits des Rabenfelsens aber, 80 Meter über dem Meeresspiegel, liegt ein ebenes und sehr fruchtbares Plateau, das im Norden durch einen Felsenhügel von einigen Meter Höhe begrenzt wird. Am Fuß dieses Hügels auf der Südseite befinden sich Ruinen, in welchen ich zehn Gebäude entdeckt habe. Drei von diesen Gebäuden hat man zum Teil im Felsen selbst angebracht.

In diesem Plateau erkennt man leicht das Feld, wo der göttliche Sauhirt Eumaios Hof, Haus und zwölf Ställe für die Schweine errichtet hatte.

Ebenso erkennt man in den Ruinen der kyklopischen Bauwerke zehn von den zwölf Schweineställen, welche Homer erwähnt:

»Im Innern des Hofes hatte er nebeneinander zwölf Ställe für die Schweine erbaut. In jedem waren fünfzig Sauen, auf der Erde ausgestreckt; die Eber schliefen außerhalb der Ställe.«

Von diesem Plateau zieht sich bis zur Mündung des tiefen Strombettes ins Meer ein Abhang hin, über den jedenfalls morgens und abends die Schweineherden zur Tränke in der Arethusa-Quelle getrieben wurden, denn es gibt keine andere Quelle in der ganzen Umgegend. Zwar wird dieser Abhang, welcher anfänglich sich nur allmählich senkt, auf den 33 letzten Metern seiner Länge immer steiler und fällt unter einem Winkel von 36°, sodass es fast unmöglich scheint, wie fette Schweine, besonders trächtige Sauen, ihn zweimal des Tages haben hinauf- und hinabsteigen können. Jedenfalls war aber im Altertum an dieser Stelle ein breiter und bequemer Weg, der im Zickzack hinabging. Ich habe mir alle Mühe gegeben, die Spuren dieses Weges aufzufinden; da ich aber keine Werkzeuge zum Graben bei mir hatte, waren meine Nachforschungen vergeblich.

Die Herden des Eumaios wurden mit Eicheln gemästet. Ithaka muss also damals reich an Eichen gewesen sein; jetzt sind sie gänzlich von der Insel verschwunden.

Der einzige Baum, welcher auf Ithaka angepflanzt wird, ist der Ölbaum; vor zwei Jahren hat sich indes an ihm eine Krankheit gezeigt, und bis jetzt sind alle Bemühungen, derselben abzuhelfen, ohne Erfolg geblieben. Rinde und Blätter des kranken Ölbaums werden schwärzlich und verbreiten einen widrigen Geruch; der Baum blüht noch, aber die wenigen Früchte, welche er trägt, bleiben dürftig und fallen vor der Reife ab. Bis jetzt ist das Übel auf eine gewisse Anzahl von Bäumen beschränkt geblieben, und man hält es nicht für ansteckend; indes mehrt sich die Zahl der kranken Bäume.

Dienstag, den 14. Juli, machte ich mich um 5 Uhr morgens zu Pferde mit meinem Führer auf, um den südöstlichen und südlichen Teil der Insel, auf der linken Seite der Arethusa, zu erforschen. Aber die Terrainschwierigkeiten waren so groß, dass wir bald das Pferd auf einem Feld stehen lassen und den übrigen Teil der Exkursion zu Fuß machen mussten.

In jedem Bauernhaus auf der Insel Ithaka sieht man das klassische Altertum wieder aufleben, und unwillkürlich wird man an die Beschreibung erinnert, welche Homer vom Gehöfte des göttlichen Sauhirten Eumaios gibt:

»Er fand ihn auf der Schwelle seines Hauses sitzend, da, wo auf einer Hochfläche er einzeln stehende hohe, große und schöne Ställe errichtet hatte; der Sauhirt hatte sie selbst gebaut für die Schweine, in Abwesenheit des Königs, ohne Hilfe der Gebieterin und des Greises Laërtes, aus Steinen, die er selbst herbeischaffte; er hatte sie mit einer Dornenhecke eingeschlossen und von außen eine fortlaufende Reihe starker und zahlreicher Pfähle eingerammt, die aus dem schwarzen Kernholz der Eiche geschnitten waren.«

Die Wohnungen sind immer auf Hochflächen erbaut; sie befinden sich stets in der Mitte eines Viehhofes und sind von einer Mauer aus nachlässig übereinander geschichteten Kieselsteinen umgeben; der obere Teil dieser Mauer ist stets mit einer Hecke von dürren Dornen und einer Palisade von spitzen Pfählen versehen.

Sooft ich mich diesen auf den Feldern einzeln liegenden Wohnungen näherte, um Weintrauben zu kaufen, oder Wasser zu trinken, wurde ich von Hunden angefallen. Bisher war es mir immer gelungen, sie in ehrerbietiger Entfernung zu halten, indem ich Steine nach ihnen warf oder nur tat, als wollte ich sie werfen. Als ich aber an diesem Tage in einen Bauernhof im Süden der Insel eintreten wollte, stürzten mit aller Wut vier Hunde auf mich los und ließen sich weder durch Steine noch durch Drohungen einschüchtern. Ich rief laut um Hilfe; aber mein Führer war zurückgeblieben, und es schien, als wenn kein Mensch im Haus wäre. In dieser schrecklichen Lage fiel mir zum Glück ein, was Odysseus in einer ähnlichen Gefahr gemacht hatte:

»Sobald die bellenden Hunde den Odysseus sahen, kamen sie heulend herbeigelaufen; Odysseus aber setzte sich klugerweise auf die Erde und ließ seinen Stab aus der Hand fallen.«

Ich folgte also dem Beispiel des weisen Königs, indem ich mich getrost auf die Erde setzte und mich ganz still verhielt. Sogleich schlossen die vier Hunde, die mich soeben noch hatten verschlingen wollen, einen Kreis um mich und fuhren fort zu bellen, rührten mich aber nicht an. Bei der geringsten Bewegung würden sie mich gebissen haben; aber dadurch, dass ich mich vor ihnen demütig zeigte, besänftigte ich ihre Wildheit.

Mein Führer, welcher meine verzweifelte Lage sah, brachte durch lautes Rufen den Hausherrn herbei, der nicht weit von seiner Wohnung in einem Weinberg beschäftigt war. Sofort rief er die Hunde und befreite mich aus meiner Lage. Er war ein siebzigjähriger Greis mit sanften Zügen, großen, intelligenten Augen und einer Adlernase; sein schneeweißes Haupthaar bildete einen sonderbaren Kontrast zu seiner von der Sonnenglut geschwärzten Gesichtsfarbe. Nach der Gewohnheit der Bauern ging er barfuß und trug die weiße, baumwollene Fustanella, welche um den Leib herum über dem Bauch befestigt wird und in unzähligen Falten bis auf die Knie herabreicht.

Die Fustanella ist eine ursprünglich albanesische Tracht und von den Griechen erst seit der Revolution angenommen. In Albanien hat sie sich seit dem fernsten Altertum erhalten; man findet sie häufig an alten Statuen, namentlich der des Königs Pyrrhus von Epirus im Museum zu Neapel.

Ich machte dem alten Mann heftige Vorwürfe wegen der Wildheit seiner Hunde, die mich zerrissen oder wenigstens grausam gebissen haben würden, wenn ich mich im Augenblicke der drohenden Gefahr nicht des Mittels erinnert hätte, das der große König von Ithaka unter ähnlichen Umständen anwandte.

Er bat mich tausendmal um Entschuldigung und sagte, seine Hunde kennten die Bewohner der Umgegend ganz genau und bellten kaum, wenn dieselben näher kämen; solange er denken könne, sei niemals ein Fremder an seine mitten in den Feldern, fast am Ende der Insel liegende Wohnung gekommen, und er habe daher eine solche Gefahr gar nicht voraussehen können.

Auf meine Frage, warum er trotz seiner sichtlichen Armut vier Hunde hielte, die wenigstens ebenso viel wie zwei Menschen verbrauchen müssten, antwortete er fast zornig: Sein Vater, sein Großvater und alle seine Ahnen bis auf Telemach, Odysseus und Penelope hätten ebenso viel Hunde gehalten, und er werde sich lieber Entbehrungen unterwerfen, als sich von einem seiner treuen Wächter trennen.

Ich konnte den Gründen des biederen Greises nichts entgegenhalten, den im Übermaße seines Patriotismus und Nationalstolzes schon der Gedanke empörte, in seinem Haus weniger Hunde zu halten als seine glorreichen Vorfahren zur Zeit des Trojanischen Krieges.

Nachdem er mich, wie er glaubte, durch seine Erklärungen zufrieden gestellt hatte, brachte er einen Korb voll Pfirsiche und Weintrauben, und, ein abermaliger Beweis seines Stolzes und seiner Eigenliebe, er weigerte sich entschieden irgendeine Belohnung dafür anzunehmen. Gewiss wollte er durch diese Früchte mich für die Angst entschädigen, welche ich unter seinen Hunden ausgestanden hatte.

Da ich ihn aber um jeden Preis für seine Gastfreiheit zu entschädigen wünschte, so las ich ihm die 113 ersten Verse des 14. Gesanges der Odyssee in der alten Sprache vor und übersetzte sie in seinen Dialekt. Er hörte mir mit großer Aufmerksamkeit zu, und als ich nach Beendigung meines Vortrags gehen wollte, bestand er darauf, dass ich ihm auch etwas aus der Iliade erzählen sollte, von der er nur eine unklare Vorstellung habe. Ich glaubte indes meine Schuld hinreichend abgetragen zu haben und ließ mich nicht zurückhalten.

Die Neugierde des Greises war aber zu sehr wach geworden, als dass er die Gelegenheit hätte vorübergehen lassen sollen, die Ereignisse des Trojanischen Krieges zu erfahren; er begleitete mich daher den ganzen übrigen Teil des Tages zu Fuß und ließ mir keinen Augenblick Ruhe, bis er den Hauptinhalt der vierundzwanzig Gesänge der Iliade gehört hatte.

Wir durchwanderten den südlichen und südöstlichen Teil der Insel und fanden auf zwei kleinen Hochflächen an dem steilen Meeresufer die Ruinen mehrerer Gebäude aus Backsteinen, Kiesel und Zement, welche, nach ihrer Bauart zu schließen, recht wohl bis ans Ende der Römischen Republik oder bis zum Anfang des Kaiserreiches hinaufreichen mögen; aber trotz alles Suchens fand ich keinen einzigen Stein kyklopischer Bauart.

Da ich bei meinen Nachforschungen mich von dem Feld, wo mein Pferd geblieben war, zu weit entfernt hatte, schickte ich meinen Führer hin, um es nach der Stadt zu bringen, während ich zu Fuß mit dem Eigentümer der wilden Hunde dahin zurückkehrte, der eine Lust zum Lernen zeigte, wie man sie selbst bei der Jugend nur selten findet. Er blieb in Vathy zu Mittag bei mir und verließ mich erst, als ich mich niederlegte und tat, als ob ich schliefe. Endlich ging er, gab aber murmelnd zu verstehen, er werde nicht verfehlen, am Tage meiner Abreise wiederzukommen und mir ein letztes Lebewohl zu sagen.

Die Nacht war eine der heißesten, welche ich jemals in Europa erlebt habe, und obgleich ich die Fenster auf beiden Seiten geöffnet hatte, zeigte mein Thermometer doch um Mitternacht auf 35°. Ich konnte vor Hitze nicht schlafen; vielleicht war auch der Wein daran schuld, den ich infolge des Durstes in fast zu reichlichem Maße getrunken hatte. Ich stand deshalb um 2 Uhr morgens auf, verließ das Haus im Schlafrock, den ich am Ufer dicht unter meinem Fenster ablegte, und sprang ins Wasser, dessen Temperatur nicht unter 31 oder 32° war. Bei solcher Temperatur ist nichts angenehmer als ein Bad in einem tiefen, ruhigen, sechs Prozent Salz enthaltenden Meere, in dem man schwimmen kann, fast ohne sich zu bewegen. Ich schwamm durch den prachtvollen Meerbusen hinüber und zurück und es war 4 Uhr, als ich in mein Zimmer zurückkehrte.

Meine reizenden Wirtinnen hatten schon mein Frühstück bereitet, und um halb 5 Uhr brach ich mit meinem Führer auf, um nochmals das kleine Plateau über der Arethusa mit den Ruinen vom Hofe des Eumaios zu besichtigen und von da aus auf dem alten Weg den nördlichen Teil der Insel zu besuchen.

Es war bereits 7 Uhr abends, als ich wieder in Vathy ankam. Obgleich es Mittwoch und somit ein Fasttag war, so bekam ich doch ein reichliches Mittagsmahl von prächtigen Fischen; denn die Fräulein Triantafyllides hatten mit außerordentlicher Zuvorkommenheit eigens für mich einen Fischer ausgeschickt, mit der Versicherung, ihm abzukaufen, was er fangen würde.

Da ich die vorige Nacht nicht geschlafen und das lange Nachtbad und die Anstrengungen am Tage bei einer furchtbaren Hitze mich außerordentlich ermüdet hatten, so schlief ich bei Tische ein, noch ehe ich meine Mahlzeit beendigt hatte, und blieb in dieser Stellung bis 5 Uhr morgens, als mich die Sonne weckte, die mir gerade in die Augen schien. Schnell nahm ich ein Bad, frühstückte und brach auf, um noch einmal den ganzen nördlichen Teil der Insel zu besuchen.

Rührender Abschied

Unser Weg führte uns rings um das Tal von Polis herum und dann durch einen Teil des Dorfes Stavros. Nach einer Stunde raschen Marsches kamen wir in Exoge an, das im Norden der Insel auf dem Kamm eines sehr steilen Berges, 100 Meter über dem Meeresspiegel, liegt. Dieses Dorf, welches 1200 Einwohner hat, ist das schönste und reichste der Insel; es besitzt eines der fruchtbarsten Täler, das sich auf acht Kilometer Länge und vier Kilometer Breite längs des Meeres ausdehnt, mit schönen Weinbergen und den prächtigsten Pflanzungen von Orangen, Zitronen und Mandelbäumen, welche ich bis jetzt in Griechenland gesehen habe. Das Tal ist reich an Quellen, während es in Exoge keine gibt; daher muss aller Bedarf an Wasser von Frauen in Krügen, die sie auf dem Kopfe tragen, oder von Eseln in Fässern hinaufgeschafft werden.

Die meisten Einwohner sind Seeleute, die übrigen sind Handwerker, Kaufleute oder Ackerbauer. Das Dorf hat drei Kirchen und ein Kloster am Fuß des Berges.

Von Exoge aus erfreut man sich einer außerordentlich schönen Aussicht, besonders auf der Nordseite, wo sich das herrliche Tal mit seiner üppigen Vegetation ausbreitet, dann das prachtvolle, dunkelblaue Meer, in welchem man in geringer Entfernung die schöne Insel Santa-Maura oder Leukadia mit dem berühmten Sappho-Sprung erblickt.

Exoge ist nicht reich, zeigt aber im Allgemeinen eine gewisse Behäbigkeit. Jeder hat sein Häuschen nebst Garten und Weinberg, deren Ertrag für seine Bedürfnisse ausreicht. Vergeblich würde man sich im Dorf nach jemandem umsehen, der ein Kapital von 10 000 Franken besäße, aber ebenso wenig trifft man Bettler. Wie überall auf Ithaka verheiratet man sich auch hier in Exoge sehr jung, und nüchtern und mäßig aus Gewohnheit scheint man gar nicht zu wissen, dass Nüchternheit und Mäßigkeit Tugenden sind.

Um Mittag, während der größten Hitze, zu welcher man im Orient zu ruhen gewohnt ist, kam ich im Dorf an. In Ermangelung einer Herberge kehrte ich in einem Krämerladen ein. Ich glaubte unbemerkt geblieben zu sein; aber man musste mich doch gesehen haben. Die Nachricht von der Ankunft eines Fremden verbreitete sich wie ein Lauffeuer im Dorf und in weniger als zehn Minuten drängten sich eine Menge Menschen in und vor dem Haus, wo ich meinen Aufenthalt genommen hatte. Als man hörte, dass mein Besuch auf Ithaka archäologische Forschungen zum Zweck habe, so empfing man mich mit großer Sympathie und überhäufte mich mit Anerbietungen uneigennütziger Dienste. Da indes alle vorhandenen Altertümer sich auf drei Kirchen beschränkten, die nicht älter als hundert Jahre sein mochten, so schenkte ich ihnen keine weitere Aufmerksamkeit.

Dagegen hatte ich Verlangen, die Schule des Dorfes zu besuchen. Eine große Menschenmenge, wohl die ganze Einwohnerschaft, geleitete mich dahin. Der Schulmeister, Georgios Lekatsas, empfing mich im Namen der Dorf-Akademie und beeilte sich, seine Schüler, 25 an Zahl, zu versammeln, um mir ihre Gelehrsamkeit zu zeigen. Er ließ sie lesen, zeigte mir ihre Schreibebücher, und ich war mit ihren Studien zufrieden. Der Lehrer unterrichtet sie nur im Schreiben und Lesen; das will aber schon viel sagen, wenn man den außerordentlich niedrigen Bildungsgrad der Bewohner Ithakas bedenkt. – Er versicherte mir, er würde sich glücklich schätzen, wenn er seine Schüler Altgriechisch lehren könnte, leider aber verstehe er nicht einmal die ersten Anfangsgründe dieser Sprache. Aus seinen Fragen ersah ich, dass er eine oberflächliche Kenntnis der Geographie besaß, aber viel zu wenig, um sie seine Zöglinge lehren zu können.

Ich unterhielt mich noch mit dem Schulmeister, als ich von einem früheren Matrosen italienisch angeredet wurde, welcher, aus Sorrento bei Neapel gebürtig, sich vor 20 Jahren in Exoge niedergelassen, eine Landestochter geheiratet hat und das Hufschmiedehandwerk betrieb.

Er gab mir einen kurzen Bericht seiner weiten Reisen sowie der Gefahren und Schiffbrüche, aus denen er oft nur wie durch ein Wunder entkommen war, und stellte mir seine Frau, namens Penelope, und seine beiden Söhne vor, von welchen der ältere Odysseus und der jüngere Telemach hieß.

Ich pries ihn glücklich, dass er, im Gegensatz zu tausend anderen, durch das Unglück weise geworden war; dass er, fern von Gefahren, Stürmen und Klippen, seinen friedlichen Wohnsitz in der herrlichen und malerischen Lage der interessantesten und berühmtesten Insel unter dem liebenswürdigsten und tugendhaftesten Volk aufgeschlagen und, um sein Glück voll zu machen, der Himmel ihm eine reizende Frau, ein wahres Muster aller Tugenden, geschenkt hatte, und drückte ihm zugleich meine Freude über die Bewunderung aus, welche er für die Helden dieser glorreichen Insel, seines zweiten Vaterlandes, an den Tag lege – eine Bewunderung, die er durch nichts besser habe beweisen können, als indem er seinen Kindern jene berühmten Namen gab. Bei dieser Gelegenheit sprach ich auf Ithaka zum ersten Male eine andere Sprache als die griechische.

Mit vieler Mühe brachte ich es endlich dahin, um halb 3 Uhr nachmittags abreisen zu können. Die ganze Bevölkerung des Dorfes begleitete mich bis an den Fuß des Berges, wo jeder mir die Hand drückte und ausrief: »Auf glückliches Wiedersehen.«

Ich eilte, nach Vathy zurückzukehren, hatte aber neuen Aufenthalt in Leuke, wo das ganze Dorf mich unter der großen Platane erwartete und durchaus bis auf den folgenden Tag zurückhalten wollte. Ich erklärte den braven Leuten, dass ich mit größter Freude bleiben würde, wenn ich könnte; aber es wäre schon halb 4 Uhr nachmittags; ich hätte noch vier Stunden Weges bis Vathy, das Dampfschiff führe um 10 Uhr ab und ich müsste meine Sachen noch einpacken. Endlich willigte man ein, bestand aber darauf, dass ich vorher noch eine Stelle aus Homer vorlesen sollte. Ich gab nach und übersetzte in Eile die schönen Verse des 23. Gesanges, wo Penelope ihren Gemahl daran wieder erkennt, dass er eine genaue Beschreibung des Ehebettes gibt, welches er selbst aus dem Stamm eines Ölbaums gezimmert hatte. Hierauf trennten wir uns, aber nicht ohne lebhafte Rührung auf beiden Seiten; jeder nahm von mir Abschied, indem er mir die Hand drückte, mich küsste und leise sagte: »Lebe wohl Freund, auf glückliches Wiedersehen!«

Dieselbe Szene wiederholte sich in dem kleinen Dorf St.Johann, von wo ich jedoch loskam, ohne erst aus Homer vorlesen zu müssen.

Ich beschleunigte meine Reise, so viel es die Kräfte des Pferdes und der Zustand der Landstraßen erlaubten, und kam um 8 Uhr abends in Vathy an, wo ich schleunigst meine Sachen zusammenpackte.

Aber kaum hatte ich damit begonnen, so traf ich auf neue Hindernisse, denn mein Zimmer wurde von allen den interessanten und liebenswürdigen Personen förmlich belagert, deren Bekanntschaft zu machen ich seit meiner Ankunft das Glück gehabt hatte. Unter ihnen befand sich der Eigentümer der vier Hunde, welche mich beinahe zerrissen hätten, und natürlich auch der geistreiche und liebenswürdige Müller Asproieraka, der am Abend meiner Ankunft, als er mit mir zu Fuß dem mit meinem Gepäck beladenden Esel folgte, mit wunderbarer Geläufigkeit mir den Hauptinhalt der 24 Gesänge der Odyssee erzählt hatte.

Ich ließ einige Liter Wein kommen, stieß mit allen auf ein glückliches Wiedersehen an und warf dann meine Sachen bunt durcheinander in die Koffer, in der Hoffnung, an Bord des Dampfschiffes Ordnung hineinzubringen. Der geschwätzige Müller trug mein Gepäck auf seinen starken Schultern in ein Boot; ich nahm herzlich von allen Abschied und begab mich an Bord des Dampfers »Athene«, der einige Minuten später abfuhr.

Mit lebhafter Rührung verließ ich Ithaka; ich hatte die Insel schon lange aus dem Gesicht verloren, als meine Augen noch immer in der Richtung nach ihr ausschauten. Nie in meinem Leben werde ich die neun glücklichen Tage vergessen, welche ich unter diesem biederen, liebenswürdigen und tugendhaften Volke verlebt habe.

Ritt durch die Argolis

Am folgenden Tag kamen wir 5 Uhr morgens in Patras im Peloponnes, am Eingang des korinthischen Meerbusens, an und gingen auf das Dampfboot »Eptanesos« über, welches um 6 Uhr abfuhr.

In den Ruinen des alten Korinth

Endlich kamen wir 6 Uhr abends in Korinth an, von wo ich mein Gepäck, mit Ausnahme eines Reisesacks, nach Athen beförderte.

Das heutige Korinth besteht erst seit 1859, in welchem Jahr ein Erdbeben die damals bestehende Stadt, die auf den Ruinen des alten Korinth erbaut war, von Grund auf zerstörte. Diese Ortslage ist aber der ungesunden Luft und der ansteckenden Fieber wegen, an denen die Einwohner während der heißen Jahreszeit fortwährend zu leiden hatten, verlassen worden, und man hat die neue Stadt sieben Kilometer nordöstlicher an einer Stelle gegründet, wo die Landenge verhältnismäßig flach ist und ein starker Luftstrom zwischen beiden Meeren die Luft gesund erhält.

Ich verweilte drei Stunden auf der Stätte des alten Korinth, um die wenigen Ruinen, welche davon übrig sind, zu untersuchen. Man zeigte mir zuerst ein Amphitheater von ovaler Form, ganz im Felsen ausgehauen, von 97 Meter Länge und 64 Meter Breite, mit einem unterirdischen Eingang für die Gladiatoren und wilden Tiere. Wahrscheinlich fällt die Erbauung dieses Amphitheaters in die Zeit nach Pausanias, weil dieser es nicht erwähnt. Ferner besichtigte ich die berühmten sieben dorischen Säulen, welche, wie man behauptet, zu dem von Pausanias beschriebenen Tempel der Athene Chalinitis gehört haben. Sie tragen das Gepräge eines sehr hohen Altertums und scheinen sogar weit älter zu sein als die im 7. Jahrhundert v. Chr. erbauten Tempel von Pästum.

In unmittelbarer Nähe dieser Säulen befindet sich ein einstöckiges Haus. Es ist ganz in den Stein gehauen und zwar so, dass man den Fels ringsum weggebrochen und der Mauer nur eine Stärke von 33 Zentimeter gegeben hat. Das Haus steht ganz einzeln, und da es mit dem Felsen, auf dem es sich befindet und in dem es ausgehauen ist, ein Ganzes bildet, so ist es ohne Widerspruch eines der merkwürdigsten Denkmäler des frühesten Altertums.

Ringsum auf der Stelle der alten Stadt bemerkte ich künstliche Hügel, und da Korinth nach der Beschreibung des Pausanias eine bedeutende Zahl von Tempeln und anderen großartigen und prachtvollen Denkmälern gehabt haben soll, so zweifle ich gar nicht, dass gut geleitete Ausgrabungen wichtige archäologische Entdeckungen zur Folge haben würden. Aber zum Nachteil der Wissenschaft werden solche Ausgrabungen leider nicht vorgenommen, weil es in Griechenland an Geld fehlt. Es ist kaum glaublich, dass man bis jetzt weder in Korinth noch in der Umgegend einen Rest der Säulenordnung gefunden hat, die nach diesem Orte benannt ist, und selbst der so charakteristische Akanthus ist aus der Flora des Isthmus verschwunden.

Obgleich die korinthischen Bauern bei ihren Feldarbeiten den Boden nur oberflächlich aufgraben, so finden sie doch sehr häufig Gräber mit schönen Urnen von gebrannter Erde. Man trifft hier Antiquitäten in solcher Menge, dass ich sechs prachtvolle Vasen für drei Franken 25 Centimes habe kaufen können.

Ich bestieg hierauf die berühmte Festung Akro-Korinth, welche auf einem fast senkrechten Felsen von 629 Meter Höhe liegt, der sich schroff in seiner ganzen, einsamen Größe erhebt, sodass weder die furchtbare Festung von Aden noch die von Gibraltar mit dieser riesenhaften Zitadelle verglichen werden können.

Ein ziemlich guter, aber sehr steiler Weg führt im Zickzack hinauf. Der Gipfel des Berges, welcher nicht weniger als sechs Kilometer im Umfang hat, wird von einer sieben bis 10 Meter hohen Mauer von venezianischer Bauart umgeben, welche mit einer großen Anzahl Verteidigungstürmen versehen ist. Er ist so uneben, dass er mehrere Abhänge und Plateaus bildet, die sich 30 bis 100 Meter übereinander befinden.

Ich verweilte länger als drei Stunden auf dem höchsten Gipfel, um die herrliche Rundsicht zu bewundern, die sich vor meinen Augen entrollte und von der keine Einbildungskraft sich eine richtige Vorstellung machen kann. Der Blick umfasst die interessantesten Teile Griechenlands und die Orte, welche Zeugen seiner glorreichen Taten gewesen sind.

Mit besonderem Interesse betrachtete ich die Landenge, welche 14 Kilometer lang und bei Korinth ebenso breit ist. Am Nordende, wo der Golf Leutraki, im Westen, durch eine gute Straße mit dem Hafen von Kalamaki im Osten verbunden wird, beträgt ihre Breite nur $6^1/_2$ Kilometer. Etwas südlicher war der Diolkos, ein ebener Weg, auf dem man kleine Fahrzeuge auf Walzen quer über die Landenge von einem Meere zum anderen zog.

Da ich den Pausanias bei mir hatte, so las ich auf dem Gipfel von Akro-Korinth seine Beschreibung des alten Korinth, und konnte kaum glauben, dass in der Ebene, 627 Meter unter meinen Füßen, welche nur den Anblick der Verwüstung und Verödung darbot, einst eine große, mächtige und berühmte Stadt gelegen habe, der Stolz Griechenlands und der Stapelplatz seines Handels; eine Stadt, deren Reichtum, Pracht und Luxus zum Sprichwort geworden waren; eine Stadt, welche zahlreiche Kolonien, unter anderen das mächtige und herrliche Syrakus, gründete; eine Stadt, welche lange dem Ehrgeiz Roms widerstand und nur durch Verrat i. J. 146 v. Chr. in Mummius' Hände kam.

Am Abend kehrte ich nach Neu-Korinth zurück, wo der Lieutenant der kleinen Garnison die außerordentliche Liebenswürdigkeit hatte, mir eine Eskorte von zwei Soldaten zu geben, um mich nach Argos zu begleiten.

Die Palastanlage des Agamemnon in Mykene

Da es in Neu-Korinth kein Hotel gibt, so musste ich die Nacht auf einer hölzernen Bank in einem elenden Wirtshaus zubringen. Obgleich ich von Anstrengung ermüdet war, so konnte ich doch kein Auge schließen, weil die Mücken mich nicht einen Augenblick in Ruhe ließen. Vergebens suchte ich mich gegen sie zu schützen, indem ich das Gesicht mit einem Tuch bedeckte; sie stachen mich durch die Kleider hindurch. Voll Verzweiflung lief ich nach der Tür, aber sie war verschlossen. Der Wirt war ausgegangen und hatte die Schlüssel mitgenommen. Statt der Fenster hatte die Wohnung viereckige, durch eiserne Stangen verschlossene Öffnungen. Nach langer und beschwerlicher Arbeit gelang es mir, zwei dieser Stangen herauszureißen, und auf die Gefahr hin, von den Nachtwächtern für einen Dieb gehalten zu werden, sprang ich auf die Straße und bettete mich auf den Sand am Meeresufer, wo es glücklicherweise keine Mücken gab. Ich schlief sofort ein und erfreute mich wenigstens drei Stunden lang der angenehmsten Ruhe.

Um 4 Uhr morgens stand ich auf, schwamm eine halbe Stunde im Meere und kehrte zur großen Verwunderung des Wirtes in sein Haus zurück. Er war eben dabei, seine Sachen zu untersuchen; denn als er bemerkte, dass ich mich davongemacht hatte, nahm er an, ich hätte ihn bestohlen. Alles klärte sich bald auf, und ich brauchte nicht, um meinen Wirt zu begütigen, ihm aus dem Homer vorzulesen. Er war zufrieden, als ich ihm ein Zweifrankenstück für den an den eisernen Stangen angerichteten Schaden gab.

Um 5 Uhr setzten wir unsere Reise fort, die beiden Soldaten und mein Führer zu Fuß, ich auf einem schlechten Pferde, einer wahren Rosinante. Trotz aller Bemühungen hatte ich weder Zügel noch Sattel noch Steigbügel bekommen können, denn dergleichen sind in Korinth als reine Luxusartikel gar nicht vorhanden. Der Zügel wurde durch einen um den Hals des Pferdes gebundenen Strick ersetzt, mit welchem ich nur mit großer Mühe lenken konnte. In Ermangelung eines Sattels hatte man auf den Rücken des Tieres ein Sagyarion gelegt, eine Art viereckiges hölzernes Gerüst, welches an den vier Ecken mit Haken versehen ist. Diese Sagyaria sind für den Transport von Lasten sehr bequem; aber wegen der spitzen Ecken sind sie ein wahres Marterwerkzeug, wenn man sie als Sattel gebraucht. Wohl oder übel musste ich mich desselben bedienen, denn die Hitze war drückend, besonders in den Gebirgen, wo kein Lüftchen wehte. An einem Haken zur Linken hing mein Nachtsack, an einem anderen zur Rechten ein Korb mit den sechs Vasen, die ich von den Bauern in Alt-Korinth gekauft hatte; am Haken hinter mir war auf der einen Seite eine große, vier Liter Wein enthaltende Flasche, auf der anderen ein Sack mit zwei Broten für uns und Futter für das Pferd angebracht.

Der Weg, den man nur einen Fußsteig nennen kann, geht durch eine sehr gebirgige Gegend. Nachdem wir vier Stunden lang unaufhörlich bald bergan, bald bergab gestiegen waren, kamen wir an die Ruinen der alten Stadt Kleonä und ließen uns an einer reichlich fließenden Quelle nieder, um ein frugales Frühstück zu uns zu nehmen, welches aus trockenem Brot, Wasser und Wein bestand. Mein Führer und die Eskorte ruhten eine Stunde lang aus, während ich die Ruinen von Kleonä durchforschte. Leider aber ist nichts zu sehen als einige Säulen und Fundamente alter Gebäude. Neben diesen Ruinen ist ein Sumpf, dessen Ausdünstungen die Luft verpesten und gefährliche Fieber erzeugen, mit denen fast alle Einwohner der Umgegend behaftet waren.

Halb 1 Uhr kamen wir in dem schmutzigen und elenden Dorf Charvati an, das auf einem Teil der Baustelle der alten Stadt Mykene liegt, welche früher die Hauptstadt des Königs Agamemnon und wegen ihrer ungeheuren Reichtümer berühmt war. Mein Führer und die beiden Soldaten, welche den ganzen Weg von Korinth zu Fuß gemacht hatten, waren so ermüdet, dass sie mir nicht bis zu der Zitadelle, welche sich drei Kilometer von Charvati befindet, folgen konnten. Ich erlaubte ihnen, bis zu meiner Rückkehr im Dorf auszuruhen, umso mehr als wir über die Gebirge hinaus waren und ich von Räubern nichts mehr zu fürchten hatte. Außerdem kannten sie Mykene nicht einmal dem Namen nach, wussten nichts von den Helden, denen diese Stadt ihren Ruhm verdankt, und hätten mir also auch nichts nützen können, weder um mir Monumente zu zeigen, noch um meine Begeisterung für die Archäologie anzuspornen. Ich nahm daher nur einen Bauernburschen mit mir, welcher die Zitadelle unter dem Namen Festung Agamemnons und die Schatzkammer als Grabmal des Agamemnon kannte.

Mykene wird von Homer »goldreich, mit breiten Straßen, die wohl gebaute Stadt« genannt.

Wegen ihrer einsamen Lage am Fuß der Gebirge, am Ende der argolischen Ebene, heißt es, sie habe »in einem Winkel des Rosse ernährenden Argos« gelegen.

Mykenes Berühmtheit gehört ausschließlich dem heroischen Zeitalter an, denn die Stadt verlor ihre Bedeutung nach der Rückkehr der Herakliden und der Besitznahme von Argos durch die Dorier; aber sie behauptete ihre Unabhängigkeit und nahm an dem Nationalkrieg gegen die Perser teil. Achtzig Mykenier kämpften und fielen mit der kleinen Schar Spartaner in den Thermopylen, und vierhundert Mykenier und Tirynthier beteiligten sich an der Schlacht bei Platää. Die Argiver, welche neutral geblieben waren, beneideten die Mykenier um die Ehre der Teilnahme an diesen Schlachten und fürchteten außerdem, die Mykenier möchten im Hinblick auf den alten Ruhm ihrer Stadt sich wieder der Hegemonie über Argolis bemächtigen. Aus diesen Gründen belagerten sie Mykene, nahmen es ein und zerstörten es 466 v. Chr.

Als Pausanias Mykene besuchte, sah er einen Teil der Zitadelle, das Tor mit den beiden Löwen, die Schatzkammern des Atreus und seiner Söhne, die Gräber des Atreus, der von Aigisthos ermordeten Gefährten Agamemnons, der Kassandra, des Agamemnon, des Wagenlenkers Eurymedon, der Söhne der Kassandra, der Elektra, des Aigisthos und der Klytaimnestra.

Da diese beiden letzteren Gräber »ein wenig entfernt von der Mauer lagen, denn sie (Aigisthos und Klytaimnestra) wurden für unwürdig gehalten, im Innern begraben zu werden, wo Agamemnon und die mit ihm Ermordeten ruhten«, so darf man daraus schließen, dass Pausanias alle Mausoleen in der Festung selbst gesehen hat, und dass die des Aigisthos und der Klytaimnestra außerhalb der Umfangsmauern der Zitadelle lagen.

Von allen diesen Grabdenkmälern ist jetzt keine Spur mehr vorhanden; aber man würde sie durch Nachgrabungen ohne Zweifel wieder auffinden können. Die Festung dagegen ist gut erhalten, und jedenfalls noch heute in einem weit besseren Zustand, als man nach der Äußerung des Pausanias schließen dürfte: »Es sind indes noch Reste der Zitadelle vorhanden, unter anderen das Tor, über welchem sich Löwen befinden.«

In der Tat sind alle Umfangsmauern der Zitadelle noch heute zu sehen. Sie haben an vielen Stellen eine Dicke von 5 bis 7 Metern, und je nach den Hebungen und Senkungen des Bodens eine Höhe von 5 bis 12 Metern. An mehreren Stellen sind diese Mauern aus ungeheuren Steinblöcken von unregelmäßiger Form erbaut, zwischen welchen sich Lücken befinden, die mit kleinen Steinen ausgefüllt sind. Meist aber bestehen sie aus vieleckigen aneinander gefügten Steinen, die so sorgfältig bearbeitet sind, dass die

Außenseite des Mauerwerks eine glatte Fläche bildet. An einigen Stellen, namentlich in der Nähe des großen Tores, findet sich eine dritte Art Mauern aus fast viereckigen Steinen bis 3 Meter und 33 Zentimeter Länge, bis 1 Meter 67 Zentimeter Höhe und 1 bis 2 Meter Breite.

Die Zitadelle hat 333 Meter Länge und bildet ein unregelmäßiges Dreieck; sie liegt auf dem Gipfel eines steilen Hügels, zwischen zwei Bächen, am Fuß zweier 350 Meter hohen Berge. Im Innern der Festung erhebt sich der Boden von allen Seiten gegen den Mittelpunkt und bildet Terrassen, welche durch kyklopische Mauern gleichmäßig gestützt werden. Ich fand hier drei Zisternen und stieg in die Größte derselben hinunter, kam aber eilig wieder herauf, weil sie von giftigen Schlangen wimmelte.

Das große Tor, welches ich schon erwähnt habe, liegt auf der nordwestlichen Seite und bildet mit der anstoßenden Mauer einen rechten Winkel. Man gelangt zu ihm auf einem 16 Meter 67 Zentimeter langen und 10 Meter breiten Weg, der durch diese und eine andere äußere, mit ihr parallel laufende Mauer gebildet wird, welche Letztere nur zur Verteidigung des Weges gedient zu haben scheint. Das Tor hat eine Höhe von 3 Meter 34 Zentimeter und eine Breite von 3 Meter und 17 Zentimeter; es wird von zwei aufrecht stehenden Steinen gebildet, von 1 Meter Breite und 2 Meter Tiefe, die mit einem dritten von 5 Meter Länge und 1 Meter 33 Zentimeter Tiefe bedeckt sind. Auf diesem letzteren Steine, der in der Mitte 2 Meter 24 Zentimeter hoch ist und nach beiden Enden zu etwas abnimmt, steht ein dreieckiger, 4 Meter langer, 3 Meter 34 Zentimeter hoher und 67 Zentimeter tiefer Stein, auf welchem sich zwei Löwen in Basrelief befinden, die auf den Hintertatzen stehen und mit den Vordertatzen einen runden Altar halten, der sich zwischen ihnen befindet und eine Säule mit einem aus vier, in zwei parallelen Rosenkränzen eingeschlossenen Kreisen gebildeten Kapitell trägt.

Die Löwen sind mit viel Anmut und Feinheit ausgeführt, und da sie die einzigen Überreste der plastischen Kunst des heroischen Zeitalters in Griechenland sind, so haben sie für die Archäologie ein unermesslich hohes Interesse.

An Ober- und Unterschwelle des großen Tores sieht man deutlich die Löcher für Riegel und Angeln und in den großen Steinen des Pflasters die Geleise der Wagenräder.

Die ganze Bodenfläche innerhalb der Zitadelle ist mit Stücken von Ziegeln und Töpferwaren bedeckt. Wie ich in einer von einem Bauern zu einem mir unbekannten Zwecke gegrabenen Grube sah, findet man dergleichen Bruchstücke bis zu einer Tiefe von 6 Metern. Mit Recht schließt man wohl daraus, dass die ganze Festung im Altertum bewohnt gewesen ist, und darf mit Rücksicht auf ihre imponierende Lage und große Ausdehnung annehmen, dass sie die Paläste der Familie des Atreus enthalten hat. Dass Sophokles derselben Ansicht war, ergibt sich aus seiner Elektra.

Von hier begab ich mich nach der Schatzkammer Agamemnons, gewöhnlich Grab des Agamemnon genannt, welche sich einen Kilometer weit von der Festung befindet. Sie ist einer Schlucht gegenüber in den Abhang eines Hügels gegraben. Ein Gang von 50 Meter Länge und 9 Meter Breite, den zwei parallele Mauern von 10 Meter Höhe aus künstlich behauenen Steinen bilden, führt zu dem großen Eingangstor.

Dieses Tor ist von einem einzigen prachtvoll behauenen Steinblock von 9 Meter Länge und 1 Meter 50 Zentimeter Höhe verdeckt, über welchem sich eine dreieckige Öffnung befindet, welche 4 Meter hoch und unten ebenso breit ist.

In dem großen Eingang sieht man die Löcher für die Riegel und Türangeln. In gleicher Linie mit diesen befindet sich eine Reihe kleiner runder Löcher von etwa 5 Zentimeter im Durchmesser und ungefähr 2 Zentimeter Tiefe, auf deren Grunde man zwei ganz kleine Löcher erkennt, in denen jedenfalls bronzene Nägel gesteckt haben, von denen noch Reste vorhanden sind. Ohne Zweifel hielten diese Nägel die bronzenen, in den runden Löchern befestigten Verzierungen. Die Schatzkammer besteht aus zwei Zimmern, von denen das erste kegelförmig ist und 16 Meter im Durchmesser und 16 Meter 67 Zentimeter Höhe hat; es steht durch eine Tür mit einem weiter hinein befindlichen, nur 7 Meter 66 Zentimeter langen und breiten Zimmer in Verbindung, welches plump in den Felsen gehauen ist.

Dieses Letztere war vollkommen dunkel und zum Unglück hatte ich keine Streichhölzer mitgenommen. Ich sagte dem Jungen, der mich von Charvati begleitet hatte, er solle welche holen; aber er versicherte mir, es gäbe im ganzen Dorf keine. Da ich indes vom Gegenteil überzeugt war, so versprach ich ihm für drei Streichhölzer eine halbe Drachme (ungefähr 40 Centimes). Der Junge war ganz verblüfft über meine Freigebigkeit und wollte es nicht glauben. Dreimal fragte er mich, ob ich ihm wirklich 50 Lepta geben würde, wenn er Streichhölzer brächte. Zweimal sagte ich Ja, das dritte Mal schwor ich bei Agamemnons und Klytaimnestras Asche. Kaum hatte ich diesen Schwur getan, so lief der Junge eilends nach Charvati, das über zwei Kilometer von der Schatzkammer des Agamemnon entfernt ist, und kam bald wieder, in einer Hand ein Bündel Strauchwerk, in der anderen zehn Streichhölzer. Als ich ihn fragte, warum er dreimal mehr Streichhölzer gebracht hätte, als ich verlangte, gab er anfänglich ausweichende Antworten; aber durch wiederholte Fragen gedrängt, gestand er endlich, er hätte gefürchtet, ein oder das andere Streichhölzchen möchte nicht fangen, und um ganz sicherzugehen und den versprochenen Lohn auf jeden Fall zu erhalten, habe er zehn statt drei gebracht. Nun zündete er in dem inneren Zimmer ein großes Feuer an, bei dessen Schein die unzähligen Fledermäuse, welche hier ihren Wohnsitz aufgeschlagen hatten, mit schwirrendem Flügelschlag aufflogen und zu entkommen suchten. Aber geblendet von dem Scheine des Feuers konnten sie den Ausweg nicht finden, flatterten von einer Seite des Zimmers zur anderen und belästigten uns sehr, da sie uns ins Gesicht flogen und sich an unsere Kleider anklammerten.

Diese Szene erinnerte mich lebhaft an die schönen Verse Homers, in welchen er schildert, wie Hermes die Seelen der Freier der Penelope in die Unterwelt führt und sie ihm schwirrend folgen:

»Wie drinnen in einer göttlichen Höhle die Fledermäuse flattern und ein schwirrendes Geräusch machen, wenn eine von ihnen vom Felsen fällt, an dem sie alle aneinander geklammert sitzen: so bewegten sich die Seelen schwirrend. An ihrer Spitze ging Hermes, der sie zu den dunklen Pfaden führte.«

Der große Saal oder Dom ist aus künstlich behauenen, 33 bis 70 Zentimeter langen und 30 bis 60 Zentimeter breiten, ohne Zement übereinander geschichteten Steinen erbaut. In jedem dieser Steine sind zwei kleine Löcher mit den Resten von darin eingeschlagen gewesenen Nägeln. Man findet selbst noch vollständig erhaltene Nägel in den Steinen des oberen Teils des Domes. Diese können wohl kaum einen anderen Zweck gehabt haben, als die Zimmerbekleidung zu befestigen. Übrigens zeigt die Bauart dieses Gebäudes bis in seine kleinsten Einzelheiten eine wunderbare Kunst und Sorgfalt. Nachdem es einunddreißig Jahrhunderte lang den Verheerungen der Zeit getrotzt hat, ist es noch jetzt so vollkommen erhalten, als wenn es erst kürzlich erbaut worden wäre. Ohne Zweifel ist es früher auf die glänzendste Weise ausgeschmückt gewesen. Meiner Überzeugung nach waren alle inneren Wände des großen Saales mit bronzenen oder kupfernen polierten Platten bekleidet, umso mehr, da wir aus den Schriften des Altertums wissen, dass die Griechen in frühester Zeit ihre Gebäude auf diese Weise ausstatteten; denn anders können wir uns die ehernen Häuser und Zimmer, welche die alten Dichter und Historiker erwähnen, nicht erklären.

So lesen wir z. B. bei Homer:

»Wie die Sonne oder der Mond im hellen Glanze strahlen, so erglänzte der hohe Palast des hochherzigen Alkinoos; denn die ehernen Wände erstreckten sich von der Schwelle des Tores bis auf den Grund des Gebäudes; ihr Simswerk war von blauem Stahl.«

Tiryns kyklopische Mauern

In der Nähe der Zitadelle sieht man die Ruinen zweier anderer Schatzkammern von geringeren Dimensionen, die aber in demselben Stil, wie die eben beschriebene, erbaut sind. In beiden sind die Gewölbe eingestürzt, die Mauern hingegen gut erhalten. Als ich die Steine dieser Bauwerke aufmerksam untersuchte, fand ich auch die Spuren bronzener Nägel, ein deutlicher Beweis, dass das Innere ebenfalls mit kupfernen Platten bekleidet gewesen ist.

Die ganze Baustelle der alten Stadt Mykene ist mit Trümmern von Ziegeln und Töpferwaren bedeckt, und selbst wenn man von der Festung und den Schatzkammern absieht und nur den Erdboden betrachtet, so sieht man, dass hier eine große Stadt gestanden haben muss.

Als ich 4 Uhr nachmittags nach Charvati zurückkehrte, fand ich meine Eskorte und den Führer fest eingeschlafen, und ich konnte sie nicht anders wach machen, als indem ich ihnen Wasser ins Gesicht spritzte. Als sie munter geworden waren, wollten sie mich überreden, die Nacht über im Dorf zu bleiben, weil es schon zu spät wäre, um Argos noch erreichen zu können. Ich hatte indes wenig Lust, die Nacht in diesem Dorf zuzubringen, dem schmutzigsten und elendesten, das ich bis jetzt in Griechenland gesehen habe, wo sich keine Quelle, kein Brot, kein Obst, sondern nur wenig brackiges Regenwasser vorfand, und gab daher Befehl zur Abreise. Da aber meine Leute neue Einwendungen machten, entließ ich die beiden Soldaten mit einem Geschenk und bestieg meine Rosinante. Mit Peitsche und Sporn gelang es mir endlich, sie fast in Galopp zu bringen, und so ging es vorwärts in der Richtung nach Argos. Unter solchen Umständen sah sich mein Führer, dem das Pferd gehörte, gezwungen, mir nachzukommen, und er musste sich dazuhalten, um mich einzuholen.

Wenn es schon unangenehm ist, auf einem schlechten, wenn auch gut gesattelten Pferde zu galoppieren, so ist dies noch weit unangenehmer auf einem elenden Tier, das auf seinem Rücken statt des Sattels ein viereckiges hölzernes Gerüst ohne Steigbügel trägt, und statt eines Zaumes einen Strick um den Hals hat; man gewöhnt sich aber an alles Ungemach, besonders wenn man ein bestimmtes Ziel im Auge hat. Mein lebhaftes Verlangen, das Heraion, den berühmten Tempel der Hera, zu untersuchen und noch am Abend in Argos anzukommen, ließ mich vergessen, dass ich ohne Sattel reiten musste.

Um 5 Uhr kam ich an diesem Tempel an, welcher im Jahr 423 v. Chr. durch einen unglücklichen Zufall abbrannte. Pausanias gibt uns die Beschreibung des neuen, neben dem alten errichteten Tempels.

Die Ruinen liegen auf einem Hügel, dessen unregelmäßige Plattform in drei sich übereinander erhebende Terrassen geteilt ist. Jetzt ist nur ein massiver, kyklopischer Unterbau des alten, und einige hellenische Mauern des neuen Tempels vorhanden.

Halb 7 Uhr abends kam ich in Argos an, das auf den Ruinen der alten gleichnamigen Stadt erbaut ist. Die neue Stadt hat nur 8000 Einwohner, sie nimmt aber einen ungeheuren Raum ein, weil alle Häuser einstöckig und von Gärten umgeben sind. Sie ist eine der blühendsten Städte Griechenlands, deren Industrie und Landwirtschaft bedeutend ist.

Ein Hotel gibt es nicht in der Stadt, und da ich mich nicht abermals der Gefahr aussetzen wollte, die Nacht in einem elenden Wirtshaus zubringen zu müssen, so blieb mir nichts weiter übrig, als nach dem Abendbrot mein Nachtlager auf einem benachbarten Felde zu suchen.

Am Morgen des folgenden Tages stieg ich, nachdem ich in einem Wirtshaus von Argos gefrühstückt hatte, zu der Festung hinauf, die auf einem kegelförmigen, 334 Meter hohen Felsen liegt. Zwei Straßenjungen boten mir, gegen eine Entschädigung von 10 Lepta für jeden, ihre Dienste als Führer an.

Diese Zitadelle hieß im Altertum auf Pelasgisch Larissa oder auch wegen ihrer runden Form Aspis, d. h. Schild. Doch bemerkt man an ihren Mauern nur wenig Reste kyklopischer Bauart, und selbst von hellenischer Arbeit ist wenig mehr vorhanden; fast alle Mauern rühren von den Venezianern oder Türken her. Jetzt ist die Zitadelle verlassen und verfällt mehr und mehr.

Die Fernsicht von oben ist prachtvoll; man sieht die Ebene von Argos, Tiryns, Nauplia, Mykene, den halcyonischen See, den lernäischen Sumpf usw.

Eine Stunde lang verweilte ich auf dem höchsten Punkt der Festung, überschaute die Ebene von Argos und vergegenwärtigte mir die Hauptereignisse, deren Schauplatz sie gewesen ist. Hier ließ sich im Jahre 1856 v. Chr. Inachus und 1500 v. Chr. Danaus mit ägyptischen Kolonisten nieder. Hier herrschten Pelops, von dem die Halbinsel ihren Namen erhielt, und seine Nachkommen Atreus und Agamemnon, Adrastos, Eurystheus und Diomedes; hier wurde Herakles geboren, der den Löwen in der Höhle von Nemea und die Hydra im lernäischen Sumpf tötete.

Argos, eine der größten und mächtigsten Städte Alt-Griechenlands, war durch die Liebe ihrer Einwohner für die schönen Künste, besonders für die Musik, berühmt. Nach Pausanias hatte die Stadt dreißig herrliche Tempel, prachtvolle Gräber, ein Stadion, ein Gymnasion und manche andere prächtige Denkmäler; jetzt sind nur noch wenige Ruinen davon übrig.

Kaum war ich mit meinen zwei kleinen Führern von der Zitadelle herabgestiegen, als ungefähr zwanzig andere Jungen sich mir anschlossen, und so viele Mühe ich mir auch gab, diesen lärmenden Haufen loszuwerden, es wollte mir nicht gelingen. Unter solcher Begleitung besichtigte ich die Reste der alten Stadtmauern, dann das alte Theater.

Neben dem Theater sind die Ruinen mehrerer Tempel; in einem derselben kaufte ich von einem Bauern für 30 Drachmen, oder ungefähr 2 Franken 60 Centimes, eine kleine marmorne Büste des Zeus, welche er angeblich beim Pflügen gefunden hatte.

Da keine Altertümer mehr vorhanden waren, so kehrte ich in die Stadt zurück, als die zwanzig Jungen, die mich gegen meinen Willen begleitet hatten, mit lautem

Die Akropolis von Tiryns

Geschrei Bezahlung verlangten, weil jeder behauptete, mein Führer gewesen zu sein. Um sie loszuwerden, gab ich jedem 10 Lepta, womit sie sich zufrieden gaben.

In Argos, wie überall im Peloponnes, trägt jedermann das griechische Nationalkostüm, welches für die Reichen in zwei samtenen, goldgestickten Jacken und für die Bauern in einer oder zwei Jacken aus einfachem Stoffe besteht; außerdem die Fustanella, die über dem Bauch durch einen Schal oder einen Gürtel befestigt wird, in welchem eine oder zwei Pistolen und ein Dolch stecken. Die Tracht der Frauen besteht in einem eng anschließenden gestickten Mieder und einem hellfarbigen Rock; sie tragen auf dem Kopfe einen roten türkischen Fes mit einer langen Eichel von Seide oder Goldfäden.

Die Hitze war an diesem Tage drückend und umso unerträglicher, da kein Lüftchen wehte. Da ich fortwährend dem Sonnenschein ausgesetzt war, so hatte ich viel zu leiden und meine Kleider waren von Schweiß ganz durchnässt. Ein brennender Durst quälte mich den ganzen Tag, und ich war nicht imstande ihn zu löschen, obwohl ich eine solche Menge Wein und Wasser trank, als unter anderen Umständen für eine ganze Woche gereicht hätte. Wie überall in Griechenland ist der Wein in Argos ausgezeichnet, besonders der weiße, Retsino genannt, der durch die Beimischung von einer Art Harz einen sehr bitteren Geschmack bekommt.

Gegen 2 Uhr nachmittags bestieg ich einen der nach Nauplia fahrenden öffentlichen Wagen. Sieben Kilometer von Argos und dreieinhalb Kilometer von Nauplia, stieg ich bei der Zitadelle von Tiryns ab, welche auf dem Plateau eines kleinen Hügels liegt und von 8 bis 12 Meter hohen und 8 bis 9 Meter dicken Mauern umgeben ist. Diese Mauern sind aus grob behauenen, 2 bis 4 Meter langen, 1 Meter 33 Zentimeter breiten und ebenso hohen Steinen erbaut. Pausanias berichtet, dass der Heros Tiryns, von dem die Stadt ihren Namen hat, ein Sohn des Argus und

Enkel des Zeus war; dass von den Ruinen nichts weiter übrig ist, als eine von den Kyklopen erbaute Mauer, deren Steine eine so enorme Größe haben, dass ein Gespann von zwei Maultieren nicht einmal den Kleinsten von der Stelle bewegen könnte.

Man hat diese Mauern im ganzen Altertum für ein Wunderwerk angesehen; Pausanias und Strabon bestätigen, dass sie von den Kyklopen für den König Proitos erbaut worden sind. Pausanias stellt sie als Wunderwerke den ägyptischen Pyramiden gleich. Auf jeden Fall reicht ihr Bau in die älteste Sagenzeit Griechenlands hinauf, und die Tradition erzählt, Proitos habe Tiryns an Perseus abgetreten und dieser es dem Elektryon überlassen, dessen Tochter Alkmene, die Mutter des Herakles, den Amphitryon heiratete, welcher von Sthenelus, dem Könige von Argos, vertrieben wurde. Herakles eroberte Tiryns und hatte lange Zeit hier seinen Wohnsitz, weshalb er häufig der Tirynthier genannt wird.

Die Mauern im Süden und Osten enthalten bedeckte Galerien von eigentümlicher Bauart. In der östlichen Mauer sind zwei parallele Korridore, deren einer mit sechs Nischen in der äußeren Wand versehen ist. In der südlichen Mauer ist eine 4 Meter breite Galerie, in deren Mitte sich ein ungeheurer Türpfosten befindet, mit einem großen Loch für den Riegel, woraus sich ergibt, dass man, wenn es nötig war, den Durchgang verschließen konnte. Ohne Zweifel haben diese Galerien dazu gedient, zwischen den beiden Türmen oder Waffenplätzen an den äußersten Enden die Kommunikation zu unterhalten.

Homer nennt Tiryns »das mit Mauern umgebene«. Da er dies Adjektiv von anderen Städten nicht gebraucht, so hat er ohne Zweifel damit sagen wollen, dass die Mauern von Tiryns mit ganz besonderem Rechte diesen Namen verdienten.

Ich setzte meine Reise allein und zu Fuß in der Richtung von Nauplia fort und kam in einer Stunde vor dem

Stadttor an, über welchem man noch jetzt den Löwen von St. Marcus sieht. Auf meinem Weg nach dem Gasthof kam ich an mehreren Springbrunnen mit türkischen Inschriften vorbei, aus welchen sich ergibt, dass die Brunnen im zwölften Jahrhundert der Hedschra angelegt sind.

Das Dampfboot war eben nach dem Piräus abgefahren und ich musste eine Woche lang auf die nächste Fahrt warten.

Nauplia wurde von Nauplios, dem Sohne des Poseidon und der Amymone, gegründet.

Nach der Überlieferung war Palamedes, der Sohn des Nauplios, nach Ithaka gegangen, um die List des Odysseus zu enthüllen, welcher, um dem Zuge nach Troja zu entgehen, den Wahnsinnigen spielte. Als Palamedes sah, wie Odysseus am sandigen Meeresstrand mit einem Pferd und einem Ochsen pflügte und Salz in die Furchen streute, so nahm er den neugeborenen Telemach aus den Armen der Penelope und legte ihn vor den Pflug. Odysseus aber gab der Pflugschar eine andere Richtung, um sein Kind nicht zu töten. Da erkannte Palamedes seine List und zwang ihn, dem Zuge nach Troja zu folgen. Um sich zu rächen, ahmte Odysseus die Namensunterschrift des Palamedes nach und schrieb unter seinem Namen Briefe an Priamos, in denen er Verrat an den Griechen übte. Wirklich wusste er es auch so anzustellen, dass die Korrespondenz in die Hände der Griechen fiel, welche den Palamedes zum Tode verurteilten und steinigten.

Im Zusammenhang mit der erzählten Fabel von Palamedes wird der hohe, steile und einsame Felsen vor Nauplia noch jetzt Palamedes genannt. Auf dem Gipfel desselben ist eine große, von den Venezianern erbaute Festung. Sie ist von allen Seiten unnahbar, außer an einem Punkt im Osten, wo sich der Felsen an eine Hügelkette anschließt. Wegen ihrer scheinbar uneinnehmbaren Lage wird sie das griechische Gibraltar genannt. Sie wurde nach einer langen Belagerung durch die Griechen den

Türken genommen und ergab sich erst, als fast die ganze Garnison vor Hunger umgekommen war. Die Festungswerke sind stark, aber in schlechtem Zustand. Die Garnison besteht jetzt nur aus etwa 30 Soldaten.

Auf einen Erlaubnisschein des Generalstabes von Nauplia zeigte man mir die Zitadelle in allen ihren einzelnen Teilen. Man führte mich auch in den Gefängnishof, wo man Verschläge hat anbringen lassen, damit die Gefangenen dort täglich einmal nach der Reihe frische Luft schöpfen können.

Es war eben 5 Uhr nachmittags und alle Gefangenen hatten bereits ihren Spaziergang gemacht, mit Ausnahme von fünfen, welche ich noch in einem der Verschläge herumgehen sah. Sie konnten sich nur mühsam bewegen, da sie mit schweren Ketten an den Füßen belastet waren. Ihr wildes Aussehen erregte meine Aufmerksamkeit und ich trat an den Verschlag heran, um sie näher in Augenschein zu nehmen.

Die fünf Männer kamen sogleich auf mich zu und fragten mich nach einer tiefen Verbeugung, ob ich ihnen nicht ein griechisches Buch oder wenigstens ein griechisches Journal geben könnte. Zufällig hatte ich einen Band der Gedichte von Alex Sutsos bei mir. Ich machte ihnen das Buch zum Geschenk und gab ihnen den guten Rat, es ganz auswendig zu lernen. Mit dem Ausdruck der lebhaftesten Freude nahmen sie es an; aber wie war ich erstaunt, als ich sah, dass sie das Buch verkehrt hielten. Ich bekam eben keine hohe Meinung von ihren Kenntnissen und fragte, ob sie lesen könnten. Sie antworteten: »Nicht einen Buchstaben«. – »Aber was wollt ihr denn mit dem Buch anfangen?« – »Wir wollen lesen lernen«, antworteten sie.

Obgleich ich nicht recht begriff, wie sie es anfangen wollten, aus einem gedruckten Buche lesen zu lernen, von dem sie nicht einen Buchstaben verstanden, so wollte ich doch keine weiteren Fragen deshalb an sie richten, aus Furcht, sie möchten glauben, ich wollte ihnen das Buch wieder abnehmen. Ich lenkte daher die Unterhaltung auf einen anderen Gegenstand und fragte, warum sie im Gefängnis wären.

Sie antworteten: »Wir schwören Ihnen, dass wir gegen unseren Willen hier sind; auch sind wir vollkommen unschuldig, denn wir sind friedliche Hirten und haben niemandem etwas zuleide getan.« – »Aber man steckt ehrliche Leute nicht ein«, sagte ich zu ihnen, »ihr müsst also die menschliche Gesellschaft schwer beleidigt haben, dass sie eine so schreckliche Rache an euch nimmt.« – »Man hat sich in uns geirrt«, sagten sie; »man hat geglaubt, wir trieben das Räuberhandwerk in den Gebirgen, während wir nur unsere Herden weideten.«

Trotz ihrer Versicherung, dass sie immer einen musterhaften Lebenswandel geführt hätten, schenkte ich doch ihren Worten wenig Glauben und entfernte mich mit dem Rat, das Buch tüchtig zu studieren. Von dem Offizier, der mich herumführte, erfuhr ich, dass diese fünf Männer berüchtigte Räuber wären, die sich einer Menge Mordtaten schuldig gemacht hätten, weshalb sie alle zum Tode verurteilt wären und in einigen Tagen ihrem Ende entgegensähen.

Auf der Suche nach dem homerischen Troja

Keine Spur von Troja auf den Anhöhen von Bunarbaschi

Am 6. August 1 Uhr morgens fuhr ich mit dem »Nil«, einem Dampfboot der Messageries impériales, vom Piräus nach den Dardanellen ab. Unglücklicherweise kamen wir dort am folgenden Tag 10 Uhr abends an, und da man nach türkischem Gesetz nach Sonnenuntergang nicht ans Land steigen darf, so musste ich meine Reise auf demselben Dampfboot bis Konstantinopel fortsetzen. Die Langweiligkeit dieser Reise, welche viel länger dauerte, als ich erwartet hatte, wurde durch das Vergnügen aufgewogen, den berühmten Bankier Andreas Pedreño aus Karthagena in Spanien zum Reisegefährten zu haben. Ich werde mich immer mit wahrer Freude der Stunden erinnern, welche ich in seiner angenehmen und belehrenden Gesellschaft verlebt habe.

Am 8. August 10 Uhr morgens kamen wir in Konstantinopel an. Ich ließ mein Gepäck im Hôtel d'Angleterre und reiste noch demselben Tag mit dem Dampfboot »Simoïs« nach den Dardanellen zurück, wo ich am folgenden Tage 7 Uhr morgens ankam. Sofort wandte ich mich an den russischen Konsul, Herrn Fonton, dem ich meinen Wunsch kundgab, die Ebene von Troja besuchen zu wollen. Er unterstützte mich durch seine vortrefflichen Ratschläge und mietete für mich einen Führer und zwei Pferde für 90 Piaster. Ohne längeren Aufenthalt machten wir uns nach Bunarbaschi auf den Weg, wo wir 6 Uhr abends ankamen.

Mit wenigen Ausnahmen ist das ganze Land, welches wir durchreisten, unbebaut und mit Fichten und Eichen bedeckt. Die Letzteren liefern die Knoppern, welche in den europäischen Gärbereien verwendet werden und sozusagen der einzige Ausfuhrartikel dieses Landes sind.

Der Weg ist ziemlich gut. Von Zeit zu Zeit finden sich Quellen mit gutem Trinkwasser.

Bunarbaschi, von dem man annimmt, dass es auf der Stätte des alten Troja liegt, ist ein schmutziges und elendes Dorf mit 23 Häusern, von denen 15 von Türken und acht von Albanesen bewohnt sind. Auf jedem der fast flachen Dächer der Häuser befinden sich Storchnester in großer Menge; ich habe auf einigen bis an zwölf gezählt. Diese Vögel sind hier von großem Nutzen, weil sie die Schlangen und Frösche vertilgen, von denen die benachbarten Sümpfe wimmeln.

Nachdem mich mein Führer in das Haus eines Albanesen, der etwas Griechisch sprach, gebracht hatte, bezahlte und entließ ich ihn. Aber sofort beim Eintritt in das Haus sah ich ein, dass ich hier unmöglich wohnen konnte, denn die Wände, die hölzerne Bank, auf der ich schlafen sollte, alles wimmelte von Wanzen und überall sah ich die abscheulichste Unsauberkeit. Als ich eingetreten war, bat ich um Milch. Man brachte sie mir in einer Schale, die, wie es schien, in zehn Jahren nicht ausgespült worden war. Lieber wäre ich vor Durst umgekommen, als dass ich sie angerührt hätte.

Ich sah mich also gezwungen die Nächte auf freiem Felde zuzubringen und traf mit dem Albanesen das Übereinkommen, dass er für fünf Franken täglich mir meinen Reisesack aufbewahren und jeden Morgen ein Gerstenbrot liefern sollte. Auf diese Weise brauchte ich doch nicht zu sehen, welche Hände und wie sie es bereiteten.

Meine nächste Sorge war nun, mir für den folgenden Tag ein Pferd und einen Führer zu suchen, der etwas Griechisch spräche. Mit großer Mühe fand ich einen, welcher täglich 45 Piaster verlangte. Vergeblich aber suchte ich nach einem Zaum und Sattel; man schien dergleichen nicht einmal dem Namen nach zu kennen, und ich musste mich daher abermals mit einem um den Hals des Pferdes gebundenen Strick und einem erbärmlichen schmutzigen Sagyarion begnügen.

Ich gestehe, dass ich meine Rührung kaum bewältigen konnte, als ich die ungeheure Ebene von Troja vor mir sah, deren Bild mir schon in den Träumen meiner ersten Kindheit vorgeschwebt hatte. Nur schien sie mir beim ersten Blicke zu lang zu sein und Troja viel zu entfernt vom Meere zu liegen, wenn Bunarbaschi wirklich innerhalb des Bezirks der alten Stadt erbaut ist, wie fast alle Archäologen, welche den Ort besucht haben, behaupten. Als ich aber den Boden näher betrachtete und nirgends die geringsten Trümmer von Ziegeln oder Töpferwaren entdeckte, so gelangte ich zu der Ansicht, dass man sich über die Lage Trojas getäuscht habe, und meine Zweifel mehrten sich, als ich in Gesellschaft meines Wirts, des Albanesen, die Quellen am Fuß des Hügels, auf welchem Bunarbaschi liegt, besuchte. Man hat diese Quellen immer für die beiden Quellen gehalten, von denen Homer spricht:

»Sie kamen an die beiden Brunnen, aus denen die beiden Quellen des wirbelreichen Skamandros hervorsprudeln. Aus der einen fließt lauwarmes Wasser, und Rauch steigt empor wie von brennendem Feuer; die andere fließt im Sommer ähnlich dem Hagel oder dem kalten Schnee oder dem gefrorenen Wasser. Dort in der Nähe sind breite und schöne Becken von Stein, wo die Frauen der Trojaner und ihre schönen Töchter die prächtigen Kleider wuschen, einstmals zur Zeit des Friedens, ehe die Söhne der Achäer kamen.«

Aber Homers Beschreibung passt nicht auf die von mir besuchten Quellen; denn wenn man den Hügel von Bunarbaschi hinabsteigt, trifft man zuerst, auf dem Raum eines Quadratmeters, drei Quellen; die eine quillt aus der Erde heraus, die beiden anderen entspringen am Fuß eines Felsens. Einige Meter weiter fand ich zwei andere Quellen, und auf einem Raum von 500 Metern zählte ich im Ganzen 34. Mein Begleiter, der Albanese, behauptete, es wären 40 Quellen und ich hätte mich um sechs verrechnet. Zur Unterstützung seiner Behauptung führte er an, dass dieser Ort Kirk Giös genannt werde, d. h. die vierzig Augen. Ich untersuchte jede der vierunddreißig Quellen mit meinem Taschenthermometer und fand überall eine Temperatur von 17 $^{1}/_{2}$°.

Während der Sommerhitze kommt einem das Wasser bei 17 $^{1}/_{2}$° sehr kühl vor, während es zur Zeit des Winters bei derselben Temperatur fast lauwarm erscheint.

Da alle diese Quellen, außer einer, nebeneinander am Fuß zweier Felsen entspringen, so kann zwischen ihrer Temperatur niemals ein merklicher Unterschied gewesen sein. Auch würde Homer, wenn er diese Quellen hätte bezeichnen wollen, nicht bloß von zweien gesprochen haben, wenn es auf einem ganz kleinen Raume 34 oder 40 gab.

Die Archäologen, welche nur von zwei Quellen sprechen und über die 32 oder 38 anderen schweigen, sehen in dem Quellenbach den Skamander und in dem großen Fluss Mendere, welcher die trojanische Ebene durchströmt, den Simoïs. Dies ist jedoch ein großer Irrtum; denn der kleine Bach entspricht in keiner Weise der speziellen Beschreibung, welche uns Homer über den Skamander als Hauptfluss der Gegend gibt.

Er wird in der Iliade hoch gefeiert: der Dichter nennt ihn »der große wirbelnde Fluss«. Ferner heißt es:

»So verbergen sich die Troer in den Fluten unter den steilen Ufern des gewaltigen Stromes.«

Wir kehrten nach Bunarbaschi zurück. Mein Wirt gab mir das ausbedungene Brot, und da mein Führer mit dem Pferd zur Hand war, machte ich mich sogleich auf, um in ihrer ganzen Ausdehnung die Gegend zu durchforschen, welche man mit Unrecht für die Stelle des alten Troja hält. Ich glaubte meinen Zweck nicht besser erreichen zu können, als wenn ich denselben Weg einschlüge, auf welchem Achilles und Hektor nach Homers Angabe dreimal um die Stadt gelaufen sind.

Wenn die Quellen am Fuß des Hügels von Bunarbaschi wirklich diejenigen wären, von welchen Homer spricht, was ich indes nicht zugeben kann, so wäre es sehr leicht, den Umfang Trojas und den Weg, den beide Helden nahmen, zu finden.

Homers Angaben sind folgende:

Apollon hatte die Gestalt des Agenor angenommen und den Achilles an das Ufer des Skamander gelockt, zwei Kilometer von den beiden Quellen. Hektor blieb vor dem Skäischen Tor:

»Die todbringende Parze fesselt den Hektor und hält ihn vor Ilion und dem Skäischen Tore fest.«

Achilles geht vom Skamander nach der Stadt:

»Sprach's und eilte zur Stadt hin, voll edlen Stolzes, mit der Schnelligkeit eines Renners, der den Wagen in den Kampfspielen zieht und leicht den Schritt in der Ebene verlängert; so bewegte Achilles schnell die Füße und Knie.«

Vor dem Skäischen Tore trifft er Hektor, der von Furcht ergriffen flieht:

»Als Hektor ihn sah, wurde er von Furcht ergriffen; er wagte es nicht länger, stehen zu bleiben; er ließ das Tor hinter sich und entfloh.«

Hektor flieht von Achilles verfolgt:

»Sie kamen bei ihrem Lauf auf der Fahrstraße an der Warte und dem wehenden Feigenhügel vorbei, und erreichten die beiden klaren Brunnen, aus welchen die beiden Quellen des wirbelreichen Skamander hervorsprudeln.«

An diesen beiden Quellen eilten sie vorüber.

»So laufen sie mit ihren schnellen Füßen dreimal um die Stadt des Priamos; alle Götter schauen zu.«

Zuerst begab ich mich an den Skamander, als den Hauptfluss, von wo ich, längs des Bunarbaschi-Hügels, in gerader Richtung bis zu den Quellen ging, indem ich immer in westlicher Richtung denselben Weg verfolgte, den Achilles notwendigerweise durchlaufen musste, um Hektor vor dem Skäischen Tore zu treffen. An den Quellen angekommen, wandte ich mich nach Südosten, indem ich einer Erdspalte folgte, die sich zwischen Bunarbaschi und dem anstoßenden Felsen hinzieht. Wenn nämlich Troja überhaupt auf diesen Höhen gestanden hat, so scheint die Lage seiner Mauern durch die Lokalität genau bestimmt zu sein.

Nach einem einstündigen sehr beschwerlichen Marsch kam ich auf der Südwestseite des Hügels, auf welchem man Pergamos wieder gefunden zu haben glaubt, an einen jähen Abhang von ungefähr 150 Meter Höhe, welchen die beiden Helden hinabsteigen mussten, um zum Skamander zu gelangen und die Runde um die Stadt zu machen. Ich ließ meinen Führer und das Pferd auf der Höhe und stieg den Abgrund hinunter, welcher anfangs unter einem Winkel von ungefähr 45° und weiterhin 65° abfällt, sodass ich gezwungen war, auf allen vieren rückwärts zu kriechen. Ich gebrauchte fast eine Viertelstunde, um hinunterzukommen, und habe dadurch die Überzeugung gewonnen, dass kein sterbliches Wesen, nicht einmal eine Ziege, in eilendem Laufe einen Abhang hat hinunterkommen können, der unter einem Winkel von 65° abfällt, und dass Homer, der in seiner Ortsbestimmung so genau ist, gar nicht daran gedacht hat, dass Hektor und Achilles bei ihrem Rundlauf um die Stadt dreimal diesen Abhang hinuntergelaufen seien, was absolut unmöglich ist.

Ich ging nun am Ufer des Skamander, des jetzigen Mendere, weiter, indem ich immer demselben Weg folgte, welchen die Helden dreimal hätten durchlaufen müssen.

Die Höhen von Bunarbaschi, auf welche man das alte Troja verlegt, fallen fast senkrecht in den Fluss ab, und das linke Ufer hat eine so geringe Breite, dass der Raum durch den schmalen Fußsteig oft ganz angefüllt ist. Die Breite des Flussbettes beträgt je nach den örtlichen Verhältnissen 70 bis 100 Meter. Der Fluss hat im August eine nur schwache Strömung von zehn bis 16 Meter Breite und 30 bis 80 Zentimeter Tiefe; aber seine steilen Ufer von 3 bis 4 Meter Höhe und die zahlreichen entwurzelten Bäume, welche an den Krümmungen der Ufer und an kleinen im Flussbett befindlichen Inseln das Wasser stauen, bezeugen das große Ungestüm seines Laufes im Winter und Frühling und die häufigen Überschwemmungen.

Der Skamander kommt vom Ida herab, wie Homer richtig bemerkt, sein sehr gewundener Lauf würde in gerader Linie 64 Kilometer lang sein.

Er fließt zuerst durch eine landeinwärts liegende große Ebene, dann durchbricht er in einem engen Tal die niedrigeren Höhen des Ida-Gebirges und durchströmt die Ebene von Troja; sein Wasser setzt nie aus infolge der zahlreichen Bäche und Quellen, welche sich in ihn ergießen.

Früher floss der Skamander mehr östlich in der Ebene und vereinigte sich mit dem Simoïs, der jetzt Dumbrek-Su genannt wird, 1700 Meter nordwestlich von Hissarlik (Neu-Ilion). Das alte Bett und die ehemalige Verbindung mit dem anderen Fluss sind noch deutlich zu sehen. Während des Winters fließt durch das alte Bett das überschüssige Wasser ab.

Der Skamander ist der einzige Abfluss für die von den Ida-Bergen herabkommenden Gewässer während der Regenzeit und steigt sogleich beim Eintritt derselben. Da der anhaltende Regen schnell die unterirdischen Kanäle der Berge und die Quellen anfüllt, so schwillt der Fluss rasch an, überschwemmt die große Ebene zwischen den Bergen und stürzt sich mit solchem Ungestüm in das enge Tal zwischen Ene und Bunarbaschi, dass er vom Monat August an bis zu einer Höhe von 9 bis 12 Meter über sein Niveau steigt. Man sieht das deutlich an den Gräsern, welche an den Ufern und Bäumen hängen bleiben.

Die gelbliche Farbe seines Sandes wird wohl die Veranlassung gewesen sein, dass die Götter ihm den Namen »Xanthos« gaben.

Überall wo es die natürliche Beschaffenheit des Bodens zulässt, sind seine Ufer in derselben Weise mit üppiger Vegetation von Weiden, Tamarisken, Lotos, Binsen und Zypergras bedeckt, wie zur Zeit des Trojanischen Krieges.

»Da brannten die Ulmen, die Weiden, die Tamarisken, der Lotos, die Binsen, das Zypergras, welche reichlich an den Ufern des Flusses wuchsen.«

Man hält das Wasser des Skamander für der Gesundheit sehr zuträglich; deshalb ziehen es die Einwohner dem Brunnenwasser vor und kommen weit her, um es zu schöpfen.

Nach einem dreiviertelstündigen Marsch längs des Flusses kam ich wieder an die Stelle, von wo ich ausgegangen war und von wo notwendigerweise Achilles ausgehen musste, wenn er geradeaus längs der Mauern von Troja nach dem Skäischen Tore hin lief. Ich hatte im Ganzen zwei Stunden gebraucht, um den Platz im Kreise zu umgehen, den man dem alten Troja anweist.

Nun nahm ich meine Richtung wiederum nach Ballidagh hin (so wird der südöstliche Teil der Höhen von Bunarbaschi genannt), indem ich die Troja angewiesene Stelle von Norden nach Süden durchwanderte. Obwohl ich aufmerksam nach allen Seiten blickte, ob sich nicht ein behauener Stein, eine Scherbe oder irgendein Anzeichen finde, das auf eine frühere Stadt hinweise, war doch alle meine Mühe umsonst – nicht die geringste Spur menschlicher Tätigkeit.

Mykene und Tiryns sind bereits vor 2335 Jahren zerstört worden und dennoch sind die vorhandenen Ruinen dieser Städte von solcher Beschaffenheit, dass sie wohl noch 10.000 Jahre dauern können und dann immer noch die allgemeine Bewunderung erregen werden. Man braucht an der Stelle von Mykene und Tiryns gar nicht eigentlich zu graben, sondern nur die Oberfläche des Bodens zu untersuchen, so findet man Unmassen von Scherben, und nach Verlauf von 10.000 Jahren wird man ebensolche Scherben finden, weil dieselben in der Erde keine andere Gestalt annehmen.

Troja ist nur 722 Jahre früher als diese Städte zerstört worden; wenn es daher wirklich auf der Stelle, welche man ihm auf den Höhen von Bunarbaschi anweist, existiert hätte, so würde man dort gewiss noch heute in gleicher Weise Ruinen finden wie in Mykene und Tiryns; denn die kyklopischen Bauwerke verschwinden nicht spurlos, und Trümmer von Ziegeln und Töpferwaren findet man überall, wo menschliche Wohnungen gestanden haben.

Wenn man selbst den unmöglichen Fall annimmt, dass die Trojaner weder Töpferwaren noch Ziegel gehabt haben, dass sie hölzerne Häuser bewohnten und dass die Steine ihrer Mauern in Staub zerfallen sind, so würde man doch wenigstens Spuren der Straßen auf den Felsen finden, welche den größten Teil des Terrains von Bunarbaschi bedecken, das man für Troja ausgibt. Aber das wilde Aussehen dieser Felsen, ihre außerordentlichen Unebenheiten und der gänzliche Mangel einer geebneten Oberfläche geben den deutlichen Beweis, dass sie niemals eine menschliche Wohnung getragen haben.

Da indes die Ansicht von der Lage Trojas auf den Höhen von Bunarbaschi neue und immer wieder neue Verteidiger findet, welche blind daran wie an ein Dogma glauben und mit voller Zuversicht davon sprechen, so hielt ich es im Interesse der Wissenschaft für meine Pflicht, an einigen Stellen Ausgrabungen zu veranstalten. Indes der Tag war schon zu weit vorgerückt; es war bereits 2 Uhr nachmittags, als ich meinen Führer wieder erreichte; ich verschob daher die Ausgrabungen auf den folgenden Tag und wandte die übrige Zeit des Tages dazu an, das Plateau von Ballidagh, drei Kilometer südöstlich von Bunarbaschi, zu erforschen.

Der Konsul Hahn hat mit dem Architekten Ziller im Jahr 1865 auf dieser Anhöhe Ausgrabungen veranstaltet und fast den ganzen Umfang einer kleinen Zitadelle zutage gefördert, deren Mauern das Gepräge eines sehr fernen Altertums an sich tragen, aber von verschiedener Bauart sind.

Sicherlich haben wir hier die Stelle einer alten Stadt, deren Zitadelle die anstoßende kleine Festung war. Aber der Raum ist so beschränkt, dass die Bevölkerung dieser Stadt unmöglich die Anzahl von 2000 Einwohnern überstiegen haben kann; es wäre also ganz verkehrt, an dieser Stelle die große Stadt Troja zu suchen, welche den Griechen 10.000 ihrer eigenen Söhne als Streiter entgegenstellen konnte, deren Bevölkerung folglich sich mindestens auf 50.000 Seelen belaufen haben muss.

Diese annähernde Zahl von Streitern findet sich in der Rede Agamemnons, wo er sagt: »Wenn die griechische Armee in Zehntel geteilt würde und jedes Zehntel einen trojanischen Krieger zum Mundschenken bekäme, so würden mehrere Zehntel keinen Mundschenken haben.« Die griechische Armee wird auf 100.000 Mann geschätzt.

Wenn die angeführten Beweise noch immer nicht genügen sollten, um zu zeigen, dass Troja niemals auf den Höhen von Bunarbaschi gestanden haben kann, so will ich noch anführen, dass man weder von der Zitadelle noch von irgendeinem anderen Orte der Stelle, welche man der alten Stadt anweist, den Ida sehen kann, was mit Homer in Widerspruch steht, wo Zeus vom Gipfel des Ida die Stadt Troja überschaut.

Erst um 5 Uhr abends verließ ich die kleine Zitadelle, und nachdem ich wiederum von Süden nach Norden den ganzen Raum, welchen man für die Stelle des alten Troja hält, durchwandert hatte, stieg ich zum Skamander hinab und nahm mein Abendbrot ein, das nur aus Gerstenbrot und Flusswasser bestand. Das Brot war durch die Hitze so trocken geworden, dass ich es nicht brechen konnte;

ich legte es eine Viertelstunde ins Wasser, wodurch es weich wurde wie Kuchen. Ich aß mit Vergnügen und trank dazu aus dem Fluss. Das Trinken war jedoch beschwerlich; ich hatte keinen Becher und musste mich jedes Mal über den Fluss neigen, wobei ich mich auf die Arme stützte, welche bis zu den Ellenbogen in den Morast einsanken. Aber doch war es eine große Freude für mich, das Wasser des Skamander zu trinken, und ich dachte lebhaft daran, wie tausend andere sich bereitwillig noch weit größeren Beschwerden unterwerfen würden, um diesen göttlichen Fluss zu sehen und sein Wasser zu kosten.

Nach Beendigung meiner Mahlzeit ging ich nach Bunarbaschi und mietete fünf Arbeiter nebst Hauen, Hacken und Körben, um am folgenden Tage Ausgrabungen zu veranstalten. Dann legte ich mich auf dem Felsen zur Ruhe, an dessen Fuß die zahlreichen Quellen hervorsprudeln. Ich wählte diesen Ort nicht deshalb, damit die Schatten der schönen Trojanerinnen mir erscheinen sollten, welche ihre Wäsche in den beiden homerischen Quellen wuschen, sondern um vor den Schlangen gesichert zu sein, die mich während der vergangenen Nacht in Furcht gesetzt hatten. Gegen Mitternacht wurde ich durch einen Platzregen aus dem Schlaf aufgeschreckt; da ich aber nicht wusste, wohin ich mich wenden sollte, um Schutz zu suchen, so zog ich meinen Rock aus und bedeckte mit ihm Kopf und Brust. Meine Müdigkeit war indes so groß, dass ich sogleich wieder einschlief und erst am Morgen erwachte.

Es musste die ganze Nacht hindurch geregnet haben, weil ich bis auf die Haut durchnässt war. Ich kehrte nach Bunarbaschi zurück in der Absicht, trockene Kleider, die ich in meiner Reisetasche hatte, anzuziehen; aber die Unsauberkeit im Haus des Albanesen war so groß, dass ich es nicht wagte, meine Kleider dort zum Trocknen aufzuhängen, da ich befürchten musste, sie würden voll Ungeziefer werden. Ich behielt daher meine nassen Kleider an, um sie an der Sonne trocknen zu lassen.

Mein Führer mit dem Pferd und die fünf Arbeiter mit ihren Werkzeugen erwarteten mich bereits. Ich ließ mir von meinem Wirt das ausbedungene Brot für diesen Tag geben, tat es in den am Sagyarion hängenden Sack und machte mich auf den Weg.

Alsbald begannen wir unsere Ausgrabungen im Südosten von Bunarbaschi. Nachdem wir, die fünf Arbeiter, mein Führer und ich, uns in einer Linie von ungefähr hundert Metern staffelförmig aufgestellt hatten, untersuchten wir den Grund und Boden, indem wir Löcher gruben, um Gräben zu ziehen, falls wir Ruinen alter Gebäude oder auch nur Scherben finden sollten.

Gewöhnlich veranstaltet man Ausgrabungen an solchen Stellen, welche die Aussicht auf Altertümer versprechen. Obwohl ich nun die vollste und festeste Überzeugung hatte, dass hier sicherlich nichts Derartiges zu finden sei, so übernahm ich doch gern die Kosten und ertrug mit Freuden die unsäglichen Beschwerden, welche mit den Ausgrabungen verbunden sind, und wahrlich, ich hätte nicht eifriger sein können, wenn mich die Gewissheit, archäologische Schätze zu finden, angetrieben hätte.

Ich hatte nur das uneigennützige Ziel im Auge, den törichten und irrtümlichen Glauben mit der Wurzel auszurotten, dass Troja auf den Höhen von Bunarbaschi gelegen habe. Eine Schaufel nebst Hacke und Korb hatte ich für mich bestimmt und arbeitete trotz der drückenden Hitze mit demselben Eifer wie der beste meiner Arbeiter.

Fast überall drangen wir bei einer Tiefe von 60 Zentimeter bis 1 Meter in den Felsen ein; aber nirgends zeigten sich auch nur die kleinsten Spuren von Ziegeln oder Töpferwaren, nirgends das geringste Anzeichen, dass der Ort jemals von Menschen bewohnt gewesen sei. Trotzdem arbeiteten wir rüstig in östlicher Richtung bis zum Skamander weiter und setzten unsere Ausgrabungen auch noch während des ganzen folgenden Tages fort, indem wir uns nach Norden bis zu den Felsen von Ballidagh wandten, aber ohne jeglichen Erfolg, und ich kann jetzt mit einem Eid bekräftigen, dass hier niemals eine Stadt existiert hat.

Es ist in der Tat unbegreiflich, wie man jemals die Höhen von Bunarbaschi hat für die Stelle Trojas halten können. Man kann es nicht anders als mit der Annahme erklären, dass die Reisenden mit vorgefassten Meinungen, welche sie sozusagen blind machen, hierher kommen; denn bei klarem und uneingenommenem Blick würden sie sofort erkennen, dass es rein unmöglich ist, die Lage dieser Höhen mit den Angaben der Iliade in Übereinstimmung zu bringen.

Die Entfernung von den Höhen von Bunarbaschi bis zum griechischen Lager am Vorgebirge Sigeum beträgt 14 Kilometer, während alle Kämpfe und alle Hin- und Herzüge in der Iliade zu der Annahme berechtigen, dass die Entfernung von der Stadt bis zum griechischen Lager kaum fünf Kilometer betragen könnte.

Auf der Hochfläche von Hissarlik stand der Palast des Priamos

Am folgenden Tag, den 14. August, brach ich um 5 Uhr morgens mit meinem Führer und den Arbeitern auf. Wir nahmen unsere Richtung zuerst gegen Osten nach dem Skamander zu und dann gegen Norden im sandigen Bett dieses Flusses. Die Hitze hatte den Boden so trocken und locker gemacht, dass mich mein Pferd nicht tragen konnte. Ich gab es daher meinem Führer mit dem Auftrag, es über die Felder nach Hissarlik zu führen, während ich mit den fünf Arbeitern zu Fuß den Weg fortsetzte.

Nach einstündigem beschwerlichen Marsch im Sand gelangten wir zu der Stelle, wo der kleine Fluss Kimar-Su, der alte Thymbrius, welcher von den Callicalone genannten Hügeln herabkommt, sich in den Skamander ergießt.

Die Ufer dieses Flüsschens sind so dicht mit Bäumen bedeckt, dass man ihn kaum sieht.

Das Klima ist sehr ungesund, denn während der großen Hitze dünsten die Sümpfe pestilenzialische Miasmen aus, welche gefährliche Fieber erzeugen. Diese Fieber richten große Verheerungen in der Bevölkerung an, besonders aber unter den Neuangekommenen, die noch nicht an das Klima gewöhnt sind. Ohne jene Sümpfe würde das Klima durchaus gesund sein. Aber die Bevölkerung ist gegenwärtig so schwach und unbedeutend, dass sie sicherlich um eine Verbesserung desselben sich nicht kümmert. Indes geht aus den alten Schriftstellern hervor, dass hier immer Sümpfe gewesen sind, selbst zu der Zeit, als die Bevölkerung zahlreich und mächtiger war.

Selbst unmittelbar an den Mauern Trojas war ein Sumpf, denn Odysseus sagt zu Eumaios:

»Als wir aber zur Stadt gelangten und zu der hohen Mauer, lagerten wir uns in voller Waffenrüstung vor der Zitadelle, mitten unter dichtem Gesträuch, in den Binsen eines Sumpfes.«

Gegen 10 Uhr morgens kamen wir auf ein weit ausgedehntes hoch liegendes Terrain, welches mit Scherben und Trümmern von bearbeiteten Marmorblöcken bedeckt war. Vier einzeln stehende, zur Hälfte im Boden vergrabene marmorne Säulen zeigten die Stelle eines großen Tempels an. Die weite Ausdehnung des mit Trümmern besäten Feldes ließ uns nicht bezweifeln, dass wir auf dem Umkreis einer großen, einst blühenden Stadt standen, und wirklich befanden wir uns auf den Ruinen von Neu-Ilion, jetzt Hissarlik genannt, welches Wort »Palast« bedeutet.

Nachdem wir eine halbe Stunde lang auf diesem Terrain weitergegangen waren, kamen wir zu einem Hügel von ungefähr 40 Meter Höhe, welcher im Norden fast senkrecht in die Ebene abfällt und ungefähr 20 Meter höher ist als der Rücken der Bergkette, deren letzten Ausläufer er bildet.

Alle Zweifel rücksichtlich der Identität von Hissarlik mit Neu-Ilion schwinden beim Anblick dieser Bergkette, welche durchaus den Worten Strabons »fortlaufender Bergrücken« entspricht.

Der Gipfel des genannten Hügels bildet ein viereckiges, ebenes Plateau von 233 Meter Länge bei gleicher Breite. Der geistreiche Frank Calvert hat durch Nachforschungen in dem Hügel gefunden, dass er zum großen Teil künstlich aus den Ruinen und Trümmern der Tempel und Paläste aufgeworfen worden ist, welche ganze Jahrhunderte hindurch nacheinander auf diesem Boden gestanden haben. Bei einer Ausgrabung auf dem Gipfel im Osten legte er einen Teil eines großen Gebäudes, eines Palastes oder Tempels, aus großen, ohne Zement übereinander geschichteten Quadersteinen bloß. Aus den wenngleich nur dürftigen Resten des Gebäudes ersieht man, dass es eine große Ausdehnung hatte und mit vollendeter Kunst ausgeführt war.

Nachdem ich zweimal die ganze Ebene von Troja aufmerksam untersucht habe, teile ich vollkommen die Überzeugung Calverts, dass die Hochfläche von Hissarlik die Stelle des alten Troja bezeichnet, und dass auf dem genannten Hügel seine Burg Pergamos gelegen hat.

Um zu den Ruinen der Paläste des Priamos und seiner Söhne sowie zu denen der Tempel der Athene und des Apollon zu gelangen, wird man den ganzen künstlichen Teil dieses Hügels fortschaffen müssen. Alsdann wird sich sicherlich ergeben, dass die Zitadelle von Troja sich noch eine bedeutende Strecke über das anstoßende Plateau ausdehnte; denn die Ruinen vom Palast des Odysseus, von Tiryns und von der Zitadelle in Mykene sowie die große, noch unberührte Schatzkammer Agamemnons beweisen deutlich, dass die Bauwerke des heroischen Zeitalters große Ausdehnungen hatten.

Hätte Troja auf der Stelle von Bunarbaschi, also vierzehn Kilometer vom griechischen Lager gelegen, so würde

Hektor sich auf eine gute Strecke von Troja haben entfernen können, ohne Gefahr zu laufen, dem Achilles zu begegnen; und die trojanischen Frauen hätten nach wie vor ungestört ihre Wäsche in den beiden Quellen am Fuß der Stadtmauer waschen können, ohne Gefahr, dabei von den Griechen überrascht zu werden, die sie aus der Ferne hätten sehen können. Da aber Troja ganz nahe beim griechischen Lager war, so fürchtete Hektor, von Achilles überfallen zu werden, und die Frauen konnten ihre Wäsche nicht mehr waschen, ohne sich der Gefahr auszusetzen, in die Hände der griechischen Truppen zu fallen.

Die beiden Quellen, die eine heiß, die andere kalt, lagen ohne Zweifel in dem Sumpfe unmittelbar unterhalb Ilion auf der Nordseite, in demselben Sumpf, in welchem Odysseus und Menelaus im Hinterhalt lagen. Man darf indes dem Verschwinden dieser beiden Quellen keine Bedeutung beilegen; denn heiße wie kalte Quellen sind immer zufällige Naturerscheinungen, welche in Troas, einem in hohem Grade vulkanischen und an heißen Quellen reichen Lande, infolge der sehr häufigen Erdbeben plötzlich entstehen und wieder verschwinden. Frank Calvert hat beobachtet, dass in neuerer Zeit mehrere dieser heißen Quellen verschwunden und wieder erschienen sind. Erst vor drei oder vier Jahren war dies während eines Erdbebens mit den heißen und salzigen Quellen von Tongla der Fall, welche erst nach mehreren Monaten wieder zum Vorschein kamen. Die heißeste Quelle in der Ebene von Troja selbst liegt jetzt zwei Kilometer vom Dorf Akchi-Kevi und hat eine beständige Temperatur von 22°.

Am Fuß des Hügels von Hissarlik sind mehrere Quellen mit gutem Wasser.

Die Stelle von Neu-Ilion, fünf Kilometer im Umfang, wird durch die Ringmauern, von denen man an manchen Stellen die Ruinen noch heute sieht, gut markiert. Die Abhänge, welche man auf und absteigen muss, wenn man die Runde um die Stadt macht, sind so sanft, dass man im

Laufschritt über sie hinweggehen kann, ohne der Gefahr zu fallen ausgesetzt zu sein. Als Hektor und Achilles dreimal um die Stadt liefen, legten sie also 15 Kilometer zurück, und ein solcher Lauf hat nichts Außerordentliches; denn als ich in Japan in Gesellschaft von fünf japanischen Beamten die 38 Kilometer von Yokohama nach Yeddo durcheilte, folgten uns sechs Stallknechte zu Fuß, welche an Schnelligkeit mit den Pferden wetteiferten.

Obgleich ich hinlänglich dargetan zu haben glaube, dass Hissarlik in jeder Beziehung in vollständiger Übereinstimmung mit allen Angaben steht, welche uns Homer über Ilion liefert, so will ich doch noch hinzufügen, dass man, sowie man den Fuß auf die trojanische Ebene setzt, sofort beim Anblick des schönen Hügels von Hissarlik von Erstaunen ergriffen wird, der von der Natur dazu bestimmt zu sein scheint, eine große Stadt mit ihrer Zitadelle zu tragen. In der Tat würde diese Stellung, wenn sie gut befestigt wäre, die ganze Ebene von Troja beherrschen, und in der ganzen Landschaft ist kein Punkt, der mit diesem verglichen werden kann.

Von Hissarlik aus sieht man auch den Ida, von dessen Gipfel Zeus die Stadt Troja überschaute.

Beginn der Trojagrabungen auf Hissarlik

Einleitung

Das vorliegende Werk ist eine Art von Tagebuch meiner Ausgrabungen in Troja, denn alle Aufsätze, woraus es besteht, sind, wie die Lebhaftigkeit der Schilderungen es beweist, an Ort und Stelle, beim Fortschreiten der Arbeiten, von mir niedergeschrieben.

Wenn meine Aufsätze hin und wieder Widersprüche enthalten, so hoffe ich, dass man mir diese zugute halten wird, wenn man berücksichtigt, dass ich hier eine neue Welt für die Archäologie aufgedeckt, dass man bis jetzt noch nie oder nur höchst wenige solcher Sachen gefunden, wie ich sie zu tausenden ans Licht gebracht, dass mir daher alles fremd und rätselhaft erschien, und ich somit oft Vermutungen wagte, die ich bei reiflicher Überlegung wieder umwerfen musste, bis ich endlich zur gründlichen Einsicht gelangte und auf viele tatsächliche Beweise gegründete Schlüsse ziehen konnte.

Eine meiner größten Schwierigkeiten ist es aber gewesen, die enorme Schuttaufhäufung in Troja mit der Chronologie in Einverständnis zu bringen, und dies ist mir trotz langem Forschen und Grübeln nur teilweise gelungen.

Probleme mit dem türkischen Ferman

Auf dem Berge Hissarlik (in der Ebene von Troja),
18. Oktober 1871

In meinem 1869 publizierten Werk »Ithaka, der Peloponnes und Troja. Archäologische Forschungen«, habe ich mich bemüht, sowohl durch das Resultat meiner eigenen

Ausgrabungen als durch die Angaben der Ilias zu beweisen, dass das homerische Troja unmöglicherweise auf den Höhen von Bunarbaschi gelegen haben kann, wohin es die meisten Archäologen verlegen. Gleichzeitig habe ich dahin gestrebt darzutun, dass Trojas Baustelle notwendigerweise identisch sein muss mit der Baustelle der Stadt, die im ganzen Altertum und bis zu ihrem gänzlichen Untergang am Ende des 8. oder Anfang des 9. Jahrhunderts n. Chr. Ilion hieß und erst 1000 Jahre nach ihrem Verschwinden – im Jahr 1788 n. Chr. – Ilium Novum getauft wurde.

Die Baustelle Ilions ist auf einem durchschnittlich 24 Meter oder 80 Fuß über der Ebene erhabenen Plateau, welches nach Norden sehr steil abfällt. Seine Nordwestecke wird durch einen noch um 8 Meter höheren Hügel gebildet, welcher nach den beifolgenden Plänen 215 Meter breit und 300 Meter lang ist und sich durch seine imposante Lage und natürliche Befestigungen ganz besonders zur Akropolis der Stadt zu eignen scheint; auch habe ich seit meinem ersten Besuch nie daran gezweifelt, in den Tiefen dieses Berges die Pergamos des Priamos zu finden.

In einer Ausgrabung, die ich an der Nordwestecke desselben im April 1870 machte, fand ich unter anderem in 5 Meter Tiefe Mauern von 2 Meter Dicke, die, wie sich jetzt herausgestellt hat, zu einem Bollwerk aus der Zeit des Lysimachos gehören. Ich konnte jene Ausgrabungen leider damals nicht fortsetzen, weil die Eigentümer des bezüglichen Feldes, zwei Türken in Kum-Kalé, welche auf demselben ihre Schafherden hatten, mir die Erlaubnis weiterzugraben nur unter der Bedingung geben wollten, dass ich ihnen sogleich eine Entschädigung von 12.000 Piastern zahle und mich außerdem gerichtlich verpflichte, nach Beendigung meiner Ausgrabungen alles sorgfältig wieder zu verschütten.

Da mir dies natürlich nicht passend erschien und die beiden Besitzer mir das Feld zu keinem Preis verkaufen wollten, so wandte ich mich an Se. Exz. Safvet-Pascha, den Minister für Volksaufklärung, der es auf meine Bitten im Interesse der Wissenschaft durchsetzte, dass vom Ministerium des Innern dem Statthalter der Hohen Pforte im Archipelagus und in den Dardanellen, Achmed-Pascha, der Befehl erteilt wurde, das Feld durch Sachkundige abschätzen zu lassen und die Eigentümer zu zwingen, dasselbe zum Taxpreis an die Regierung zu verkaufen, die es somit für 3000 Piaster erstand.

Behufs Erlangung des zur Fortsetzung meiner Ausgrabungen nötigen Fermans stieß ich aber auf neue große Schwierigkeiten, indem die türkische Regierung für ihr neuerdings in Konstantinopel errichtetes Museum alte Kunstschätze sammeln lässt, infolgedessen kaiserliche Erlaubnisse für Ausgrabungen nicht mehr erteilt werden.

Was ich aber trotz dreimaliger Reisen nach Konstantinopel nicht erreichen konnte, erreichte ich endlich auf Verwendung meines geehrten Freundes, des interimistischen Geschäftsträgers der Vereinigten Staaten von Amerika bei der Hohen Pforte, Herrn John P. Brown, und am 27. v. M. kam ich mit meinem Ferman in den Dardanellen an, stieß aber dort wiederum auf Schwierigkeiten, und diesmal von Seiten des vorerwähnten Achmed-Pascha, der die Lage des von mir zu erforschenden Feldes nicht genau genug in jenem Dokument bezeichnet zu finden glaubte und nicht eher seine Erlaubnis zu den Ausgrabungen erteilen wollte, als bis er vom Großwesir nähere Aufklärung erhalten haben würde.

Wegen des inzwischen eingetretenen Ministerwechsels würde wahrscheinlich eine lange Zeit darüber hingegangen sein, ehe diese Sache in Ordnung gekommen wäre, hätte Herr Brown nicht die glückliche Idee gehabt, sich an Se. Exz. Kiamil-Pascha, den neuen Minister für Volksaufklärung, zu wenden, welcher ein lebhaftes Interesse für die Wissenschaft hegt, und auf dessen Verwendung beim Großwesir an Achmed-Pascha sogleich der verlangte Aufschluss gegeben wurde. Darüber waren aber wieder 13 Tage vergangen, und erst am 10. Oktober abends konnte ich mit meiner Frau von den Dardanellen nach der acht Stunden davon entfernten Ebene von Troja abreisen. Da ich laut des Fermans von einem türkischen Beamten überwacht werden muss, dessen Gehalt ich während der Zeit meiner Ausgrabungen zu entrichten habe, so wurde mir von Achmed-Pascha der zweite Sekretär seiner Justizkanzlei, ein Armenier namens Georgios Sarkis, mitgegeben, dem ich täglich 23 Piaster bezahle.

Ich fing endlich am Mittwoch, 11. d. M., meine Ausgrabungen mit acht Arbeitern wieder an, konnte aber deren Zahl schon am folgenden Tag auf 35 und am 13. d. M. auf 74 Mann erhöhen, deren jeder täglich neun Piaster (ein Franken 80 Cent.) erhält. Da ich leider nur acht Schiebkarren von Frankreich mitgebracht habe und dieselben hier nicht zu haben sind, in der ganzen Umgegend auch nicht gemacht werden können, so muss ich zur Fortschaffung des Schuttes 52 Körbe zu Hilfe nehmen. Diese Arbeit geht aber, da der Schutt eine weite Strecke geschleppt werden muss, nur langsam vor sich und ist sehr ermüdend. Ich wende daher auch vier Karren an, die von Ochsen gezogen werden und deren jeder täglich 20 Piaster kostet. Ich arbeite mit großer Energie und scheue keine Kosten, um womöglich noch vor den Winterregen, die jeden Augenblick eintreten können, auf den Urboden zu kommen und somit endlich das große Rätsel zu lösen, ob, wie ich gerade bestimmt glaube, der Berg Hissarlik die Burg von Troja ist.

Wenn es Tatsache ist, dass Berge, die aus bloßer Erde bestehen und beackert werden, allmählich ganz verschwinden, und wenn so z. B. der Wartensberg bei dem Dorf Ankershagen in Mecklenburg, den ich einst als Kind für den höchsten Berg der Welt hielt, in 40 Jahren ganz zugrunde gegangen ist, so ist es ebensowohl Tatsache, dass Hügel, auf denen im Laufe von Jahrtausenden fortwährend neue Gebäude auf den Trümmern der früheren Bauten errichtet werden, sehr bedeutend an Umfang und Höhe gewinnen. Dafür liefert der Berg Hissarlik den schlagendsten Beweis. Wie bereits erwähnt, liegt derselbe am Nordwestende der Baustelle von Ilion, welche durch die von Lysimachos erbauten, noch auf vielen Stellen sichtbaren Ringmauern genau bezeichnet ist. Außer der imposanten Lage dieses Berges innerhalb des Stadtbezirks scheint auch sein jetziger türkischer Name Hissarlik (Festung oder Akropolis) zur Genüge zu beweisen, dass dies Ilions Pergamos, und dass es daher nach Herodot hier war, wo (im Jahre 480 v. Chr.) Xerxes der ilischen Athene 1000 Rinder opferte, dass es hier war, wo Alexander der Große seine Waffenrüstung im Tempel der Göttin aufhing, dagegen einige vom Trojanischen Krieg her in demselben geweihte Waffen mitnahm und ebenfalls der ilischen Athene opferte.

Ich vermutete, dass dieser Tempel, der Stolz der Ilier, auf dem höchsten Punkt des Berges gestanden haben muss, und entschloss mich daher, diese Stelle bis zum Urboden auszugraben. Um nun gleichzeitig die urältesten Festungsmauern der Pergamos zum Vorschein zu bringen und auch genau bestimmen zu können, um wie viel der Berg seit Errichtung jener Mauern durch den hinuntergeworfenen Schutt an Breite zugenommen hat, legte ich, 20 Meter von meinen vorjährigen Arbeiten entfernt, von der steilen Nordseite genau nach Süden und bis über die höchste Bergfläche hinausgehend, einen ungeheuren Einschnitt an, welcher so breit ist, dass er das ganze Gebäude umfasst, dessen Fundamente von großen behauenen Steinen, nur ein bis drei Fuß unter der Erde, ich schon im vorigen Jahr bloßgelegt hatte. Nach genauer Messung beträgt die Länge dieses Gebäudes, welches aus den ersten Jahrhunderten v. Chr. zu stammen scheint, 17 Meter 90 Zentimeter und seine Breite 13 Meter 25 Zentimeter. Ich habe natürlich alle diese Fundamente wegräumen lassen, da sie innerhalb meines Einschnitts von keinem Nutzen sind und nur hindern würden.

Die Schwierigkeiten der Ausgrabungen in einer Wildnis wie dieser, wo es an allem gebricht, sind ungeheuer, und dieselben wachsen mit jedem Tag, da wegen des Bergabhangs der Einschnitt umso länger wird, je tiefer ich grabe, und daher die Fortschaffung des Schutts an Schwierigkeit zunimmt; Letzterer kann auch nicht vom Abhang geradeaus geworfen werden, denn er wäre dann ja fortwährend von neuem wieder wegzuräumen und muss daher in einiger Entfernung rechts und links von der Mündung des Einschnitts auf die schroffe Bergseite geschüttet werden.

Auch macht das Herausholen und Fortschaffen der Massen ungeheurer Steinblöcke, die uns fortwährend in den Weg kommen, große Mühe und verursacht gar viel Zeitverlust, da in dem Augenblick, wo ein großer Steinblock bis an den Rand des Abhangs gewälzt ist, immer alle meine Leute ihre Arbeiten verlassen und hineilen, um Augenzeugen zu sein, wie die gewaltigen Lasten mit donnerndem Getöse den steilen Pfad hinunterrollen und sich erst in einiger Entfernung in der Ebene festlegen.

Auch bin ich, da ich allein allem vorstehe, in der absoluten Unmöglichkeit, jedem meiner Arbeiter die richtige Beschäftigung zu geben und zu überwachen, dass jeder seine Schuldigkeit tut. Dann müssen auch behufs der Fortschaffung des Schutts die Seitenausgänge in Ordnung gehalten werden, was sehr zeitraubend ist, da deren Senkung mit jedem Schritt, den wir tiefer gehen, bedeutend modifiziert werden muss.

Ungeachtet aller dieser Hindernisse aber schreitet die Arbeit doch rasch vorwärts, und ich würde, wenn ich nur einen Monat ununterbrochen fortarbeiten könnte, trotz der ungeheuren Breite des Einschnitts schon bestimmt eine Tiefe von 10 Meter erreichen.

Die bis jetzt aufgefundenen Münzen sind sämtlich aus

Kupfer und meistenteils von Alexandria-Troas; dann auch von Ilion aus den ersten Jahrhunderten vor und nach Chr.

Meine liebe Frau, eine Athenienserin, die für Homer schwärmt und die Ilias fast ganz auswendig weiß, wohnt den Ausgrabungen von früh bis spät bei. Von unserer Lebensweise in dieser Einöde, wo es an allem fehlt und wo wir als Präservativ gegen die pestilenzialen Sumpffieber alle Morgen vier Gran Chinin einnehmen müssen, will ich gar nicht sprechen.

Meine Arbeiter sind alle Griechen vom benachbarten Dorf Renkoï; nur am Sonntag, wenn die Griechen nicht arbeiten, nehme ich türkische Arbeiter. Mein Diener Nikolaos Zaphyros von Renkoï, dem ich täglich 30 Piaster zahlen muss, ist mir unentbehrlich zur Zahlung des Tagelohns, da er jeden Arbeiter kennt und ehrlich ist; leider aber leistet er mir bei den Arbeiten keine Hilfe, indem er weder die Gabe des Kommandos noch die geringste Sachkenntnis hat.

Begreiflich fehlt es mir hier ganz an Zeit und ist es mir nur möglich gewesen, Vorstehendes zu schreiben, weil es heute stark regnet und daher nicht gearbeitet werden kann. Bei nächstem Regenwetter werde ich über den Fortgang meiner Ausgrabungen weiterberichten.

Grabung mit 80 Arbeitern

Auf dem Berge Hissarlik, 26. Oktober 1871

Seit meinem Bericht vom 18. d. M. habe ich die Ausgrabungen mit durchschnittlich 80 Arbeitern mit allergrößter Energie fortgesetzt und heute eine mittlere Tiefe von 4 Meter erreicht. In 2 Meter Tiefe fand ich einen mit einem sehr großen Stein verdeckten und mit Schutt gefüllten Brunnen, dessen Tiefe ich noch nicht habe ermitteln können und der aus römischer Zeit stammt, wie aus dem

Zement hervorgeht, mit welchem die Steine zusammengefügt sind. Trümmer von Gebäuden, die aus behauenen, mit oder ohne Zement zusammengefügten Steinen bestehen, finde ich nur bis 2 Meter Tiefe. In den Schuttschichten zwischen 2 und 4 Meter Tiefe finde ich fast gar keine Steine, und die großen Steinblöcke kommen zu meiner Freude gar nicht mehr vor.

Bis 2 Meter Tiefe fand ich, gleich wie bei meiner vorjährigen Ausgrabung in diesem Berg, eine ungeheure Menge runder, roter, gelber, grauer und schwarzer Stücke Terrakotta mit zwei Löchern ohne Aufschrift, jedoch oft mit einer Art Töpferstempel versehen. Auf keinem dieser Stücke kann ich in den Löchern oder sonst wo die geringste Spur von Abnutzung durch häuslichen Gebrauch entdecken, und daher vermute ich, dass sie als Exvotos zum Aufhängen in den Tempeln gedient haben. Auf den meisten derjenigen, die einen Stempel haben, sehe ich in Letzterem einen Altar und darüber eine Biene oder Fliege mit ausgebreiteten Flügeln; auf anderen ist ein Stier, ein Schwan, ein Kind oder zwei Pferde.

Merkwürdigerweise verschwinden diese Stücke mit einem Mal in einer Tiefe von 2 Meter, und ich finde von da abwärts anstatt derselben bald kugelrunde Stücke, ganz in der Form der deutschen Brummkreisel, bald Stücke in Form von Halbkugeln, bald andere in der Gestalt von Kegeln, Karussells oder Feuer speienden Bergen; sie sind von $1\,^1/_2$ bis 6 Zentimeter hoch und breit und haben in allen Formen ein Loch quer durch die Mitte; fast alle haben auf einer Seite die verschiedenartigsten Verzierungen im Kreis um das im Mittelpunkt befindliche Loch. Mit Ausnahme weniger, in 3 Meter Tiefe vorkommender Stücke aus blauem Stein, die $1\,^1/_2$ Zentimeter hoch und $2\,^1/_2$ Zentimeter breit sind, sind alle aus Terrakotta, und man sieht deutlich, dass die Verzierungen eingraviert sind, als der Ton noch weich war; viele sind aus so ausgezeichnetem und so hart gebranntem schwarzen Ton, dass ich zuerst glaubte, sie seien aus Stein und den Irrtum erst nach genauer Untersuchung einsah.

In der jetzt erreichten Tiefe finde ich auch sehr viele jener zierlichen runden Knöchel, die das Rückgrat des Haifisches bilden und von denen man bekanntlich Spazierstöcke macht. Das Vorhandensein dieser Knöchel scheint zu beweisen, dass es im hohen Altertum in diesen Meeren Haifische gab, die jetzt hier nicht mehr vorkommen. Auch fand ich heute, auf einem Bruchstück grober Tonarbeit, einen Menschenkopf mit großen hervorstehenden Augen, langer Nase und ganz kleinem Mund dargestellt, der entschieden phönizischer Arbeit zu sein scheint.

Fortwährend kommt dabei eine ungeheure Menge Muscheln zum Vorschein, und es scheint fast, dass die alten Bewohner von Ilion große Liebhaber dieser Schalentiere gewesen sind.

Die Aussicht vom Berge Hissarlik ist eine überaus prachtvolle: vor mir die herrliche trojanische Ebene, die sich seit dem neulichen Gewitterregen wiederum mit Gras und gelben Butterblumen bedeckt hat und in einer Stunde Entfernung im Nordnordwesten vom Hellespont begrenzt wird.

Die Halbinsel von Gallipoli läuft hier in eine Spitze aus, die mit einem Leuchtturm versehen ist. Links davon ist die Insel Imbros, über welche man den jetzt mit Schnee bedeckten Ida der Insel Samothrake sieht, und etwas mehr nach Westen bemerkt man auf der mazedonischen Halbinsel den mit Klöstern bedeckten berühmten Berg Athos oder Monte-Santo, an dessen nordwestlicher Seite man noch jetzt die Spuren jenes großen Schiffskanals sieht, den, nach Herodot, Xerxes dort graben ließ, um die stürmische Umfahrt des Kaps Athos zu vermeiden.

Wieder zur trojanischen Ebene zurückkehrend, sieht man am rechten Ende derselben, auf einem Ausläufer des Vorgebirges von Rhoeteum, den Grabhügel des Ajax, am

Fuß des gegenüberliegenden Vorgebirges von Sigeion den des Patroklos und auf einem Ausläufer desselben das Denkmal des Achilles; links von Letzterem, auf jenem Vorgebirge selbst, das Dorf Jenischahir. Von dort wird die zwei Stunden breite Ebene gegen Westen durch das im Durchschnitt 40 Meter hohe Ufer des Ägäischen Meeres begrenzt, auf dem man zuerst den Grabhügel des Festus, des vertrauten Freundes von Caracalla, sieht, den dieser Kaiser bei seinem Besuch in Ilion vergiften ließ, um das von Homer beschriebene Leichenbegängnis nachahmen zu können, welches Achilles seinem Freunde Patroklos weihte. Dann folgt auf derselben Küste ein Udjek-Tépé genannter 24 Meter hoher Grabhügel, welcher von den meisten Archäologen als der des Greises Äsyetes angesehen wird, von dem aus Polites, im Vertrauen auf die Schnelligkeit seiner Füße, spähte, wann das griechische Heer von den Schiffen hervorstürmen würde. Die Entfernung dieses Hügels vom griechischen Lager am Hellespont ist aber volle $3^1/_2$ Stunden, während man auf einen Abstand von einer Viertelstunde keinen Menschen sehen kann. Ferner brauchte Polites in einer Entfernung von $3^1/_2$ Stunden keine schnellen Füße zu haben, um zu entkommen. Kurz, nach jener Stelle der Ilias kann man unmöglicherweise jenes Grab mit dem des Äsyetes identifizieren, mag man nun das alte Troja auf die Höhen von Bunarbaschi oder nach Ilion, wo ich grabe, verlegen.

Zwischen den beiden letztgenannten Grabhügeln sieht man über das hohe Ufer des Ägäischen Meeres die Insel Tenedos hervorragen. Gegen Süden erblickt man die trojanische Ebene, die sich noch zwei Stunden weit bis zu den Anhöhen von Bunarbaschi ausdehnt, über welche der mit ewigem Schnee bedeckte Gargarus des Idagebirges, von welchem Zeus den Kämpfen der Trojaner und Griechen zusah, majestätisch emporragt.

Eine halbe Stunde links von Bunarbaschi liegt das meinem geehrten Freund, dem Herrn Frederik Calvert, gehörige, 5000 Acres große schöne Landgut Batak, welcher Name jetzt in Thymbria umgewandelt ist. Es verdient aber diesen Namen aus mehr als einem Grunde, denn nicht nur wird es vom Fluss Thymbrios (jetzt Kemer) durchströmt, sondern es umfasst auch die ganze Baustelle der alten Stadt Thymbria mit ihrem Tempel des Apollon, in dessen Trümmern des Besitzers Bruder, Herr Frank Calvert, der durch seine archäologischen Forschungen bekannt ist, Nachgrabungen gemacht und mehrere wertvolle Inschriften gefunden hat, unter anderem auch ein Inventarverzeichnis des Tempels.

Dieses Landgut umfasst ferner auch die dem Anschein nach stellenweise von Ringmauern umgebene Baustelle einer alten Stadt, welche mit Topfscherben bedeckt ist.

Am Fuß des Hügels, der diese Baustelle trägt, ist merkwürdigerweise eine Quelle heißen und eine andere kalten Wassers. Diese Quellen haben, da ihr Abzugsgraben, wahrscheinlich seit Jahrhunderten, durch eine eingestürzte Brücke verstopft war, einen großen Sumpf gebildet, dessen Ausdünstungen viel zur Verpestung der herrlichen Ebene beitragen. Der wunderbare Umstand, dass diese Quellen unmittelbar vor der Baustelle liegen und ihre Lage so ganz mit der der beiden Quellen heißen und kalten Wassers übereinstimmt, die vor dem alten Troja sich befanden und in denen die trojanischen Frauen ihre Wäsche wuschen, gibt Herrn Frederik Calvert die Überzeugung, dass Demetrius von Skepsis und Strabon Recht haben und dass er die wirkliche Baustelle des alten Ilion besitzt.

Um Land zu gewinnen und die Gegend zugleich gesünder zu machen, hat Herr Calvert jetzt, namentlich auch im Interesse der Wissenschaft, den Abzugsgraben wieder aufgraben lassen und glaubt, da der Fall bedeutend ist und von dort bis zum Hellespont, auf einem Abstand von drei Stunden Wegs, wenigstens 16 Meter beträgt, bestimmt bis zum nächsten Sommer den ganzen Sumpf auszutrocknen und die beiden Quellen, die jetzt fünf Fuß unter Wasser sind, ans Licht zu bringen. Vergebens habe ich mich bemüht, Herrn Calvert von seinem Glauben abzubringen, indem ich ihn zu überzeugen suchte, dass nach der Ilias Troja wenigstens 50.000 Einwohner gehabt haben muss, während seine Baustelle kaum groß genug ist für 10.000; ferner, dass die Entfernung von Ilion bis zum Hellespont ganz im Widerspruch steht mit den Angaben Homers, denn die griechischen Truppen drangen ja an einem Tag zweimal fechtend vom Lager bis zur Stadt vor und kehrten zweimal fechtend zurück. Der Abstand der Stadt von den Schiffen kann daher nach meiner Meinung höchstens eine Stunde gewesen sein. Herr Calvert antwortet mir darauf, dass die ganze Ebene von Troja Alluvialboden sei und dass zur Zeit des Trojanischen Krieges seine Baustelle dem Hellespont näher gelegen haben müsse. Ich bin aber schon vor drei Jahren in meinem Werk bemüht gewesen zu beweisen, dass die Ebene von Troja entschieden kein Alluvialboden sei.

Die trojanische Ebene wird von Südost nach Nordwest durchströmt vom Skamander, der 35 Minuten Wegs von Hissarlik entfernt ist und dessen Bett ich durch die an seinen Ufern befindliche, ununterbrochene Reihe von Bäumen von hier aus erkenne. Zwischen dem Skamander und Hissarlik, nur 15 Minuten Wegs von Letzterem entfernt, wird die Ebene ferner durchschnitten vom Fluss Kalifatli-Asmak, der aus den Sümpfen von Batak (Thymbria) entspringt und nur im Spätherbst, Winter und Frühjahr fließendes Wasser hat, in den heißen Sommermonaten aber, bis Ende Oktober, aus einer ununterbrochenen Reihe tiefer Pfützen besteht. Dieser Strom hat, selbst bei den lange anhaltenden starken Winterregen, im Verhältnis zu seinem herrlichen, ungeheuer breiten Flussbett nur ein sehr geringfügiges Quantum Wasser, ja nie so viel, um auch nur den zehnten Teil seines Bettes in der Breite zu bedecken. Ich glaube daher mit Bestimmtheit, dass sein gewaltiges Bett einst das Bett des Skamander war; ich glaube dies umso mehr, als noch heute der Simoïs sich eine Viertelstunde Weges nördlich vor Ilion, wo ich grabe, in den Kalifatli-Asmak ergießt. Indem man dies Flussbett, welches man bis zum Hellespont, nahe beim Kap von Rhoeteum, sieht, mit dem uralten Flussbett des Skamander identifiziert, beseitigt man die anderenfalls ganz unüberwindlichen Schwierigkeiten der homerischen Topographie der Ebene von Troja; denn hätte der Skamander zur Zeit des Trojanischen Krieges sein jetziges Bett gehabt, so wäre er durch das griechische Lager geflossen, und Homer hätte vielfach Gelegenheit gehabt, diesen wichtigen Umstand anzuführen. Da er aber nie einen Fluss im Lager erwähnt, so konnte auch keiner da sein. Außerdem bleibt der Simoïs jetzt eine halbe Stunde Weges vom Skamander entfernt, während Homer vielfältig den Zusammenfluss dieser beiden Ströme vor Ilion erwähnt und die meisten Schlachten auf dem Felde zwischen Troja, dem Skamander und dem Simoïs stattfanden.

Der Skamander ist nicht plötzlich, sondern ganz allmählich, wahrscheinlich in Zwischenräumen von vielen Jahrhunderten, in sein jetziges Bett getreten, denn zwischen diesem und seinem uralten Bett sieht man noch drei ungeheure Flussbetten, die ebenfalls in den Hellespont münden, kein Wasser haben und notwendigerweise das eine nach dem anderen vom Skamander gebildet sein müssen, denn es ist hier kein anderer Strom, der sie hätte bilden können.

Nach Nordnordost übersehe ich eine zweite, über eine halbe Stunde breite und $1^1/_2$ Stunden lange, vom Simoïs durchströmte und Chalil-Owasi genannte Ebene, die bis zum Berg reicht, auf dem man die mächtigen Trümmer der alten Stadt Ophrynium sieht. Die dort gefundenen Münzen lassen keinen Zweifel darüber. Dort, dicht beim Simoïs, war Hektors Grab und ein ihm geweihter Hain.

Seltsame Funde: vulkanförmige Terrakotten und eulenköpfige Gefäße

Auf dem Berge Hissarlik, 3. November 1871

Meine letzten Mitteilungen waren vom 26. v. M., und ich habe seitdem, durchschnittlich mit 80 Arbeitern, eifrig fortgearbeitet. Leider aber gingen mir drei Tage verloren, denn am Sonntag, an dem die Griechen nicht arbeiten, konnte ich keine türkischen Arbeiter bekommen, weil die Türken jetzt ihre Saaten bestellen, und zwei Tage wurde ich durch starkes Regenwetter abgehalten.

Zu meinem allergrößten Erstaunen kam ich Montag, 30. v. M., plötzlich in eine Schicht Schutt, in der ich eine ungeheure Menge Werkzeuge aus sehr hartem schwarzen Stein (Diorit), aber ganz primitiver Form fand. Am folgenden Tag dagegen wurde nicht ein einziges steinernes Instrument gefunden, anstatt dessen ein kleines Stück gedrehten Silberdrahts und viel zerbrochenes Töpfergeschirr zierlicher Arbeit, unter anderem das Bruchstück eines Bechers mit einem Eulenkopf. Ich dachte daher schon, ich sei wieder in die Trümmerschicht eines zivilisierten Volks gekommen und die steinernen Werkzeuge des vorigen Tags rührten von der Invasion eines Barbarenvolks her, dessen Herrschaft nur von kurzer Dauer gewesen. Ich hatte mich aber geirrt, denn am Mittwoch kam die Steinperiode in noch viel vollerem Maße wieder zum Vorschein und dauerte auch gestern den ganzen Tag fort. Heute kann leider, eines starken Gewitterregens wegen, nicht gearbeitet werden.

Vieles mir ganz Unerklärliche finde ich in dieser Steinperiode, und ich halte es daher für nötig, alles so umständlich als möglich darzustellen, hoffend, dass der eine oder der andere meiner geehrten Kollegen imstande sein wird, über die mir dunklen Punkte Aufklärung zu geben.

Erstens erstaune ich, dass ich hier, auf der höchsten

Stelle des Berges, wo doch nach allem Vermuten die vornehmsten Gebäude gestanden haben müssen, schon in 4 1/2 Meter Tiefe auf die Steinperiode stieß, während ich bei meinem nur 20 Meter davon entfernten vorjährigen tieferen Graben in 5 Meter Tiefe, wie bereits erwähnt, eine 2 Meter dicke Mauer fand, die durchaus nicht uralt ist, und dort keine Spur von der Steinperiode entdeckte, obgleich ich jene Ausgrabung bis zu einer Tiefe von 8 Meter brachte. Dies ist wohl nicht anders zu erklären, als dass der Berg auf jener Stelle, wo die Mauer ist, sehr niedrig gewesen sein muss, und dass diese niedrige Stelle allmählich durch Schutt aufgehäuft worden ist.

Ferner verstehe ich nicht, wie es möglich ist, dass ich in der gegenwärtigen Schicht auf der ganzen Länge meiner Ausgrabung, die jetzt wenigstens 56 Meter betragen muss, und bis zur Mündung derselben, das ist bis zum steilen Abhang, steinerne Werkzeuge finde, die doch offenbar beweisen, dass die steile Seite des Berges auf jener Stelle seit der Steinperiode nicht durch von oben hinuntergeworfenen Schutt zugenommen haben kann.

Dann weiß ich mir auch nicht zu erklären, wie es möglich ist, dass ich Sachen finde, die doch augenscheinlich im Gebrauch der rohen Menschen der Steinperiode gewesen sein müssen, die aber mit den ihnen zu Gebote stehenden groben steinernen Werkzeugen nie angefertigt werden konnten. Dahin gehören nun vornehmlich die in großen Massen vorkommenden irdenen Gefäße, die zwar ohne alle Verzierungen, auch nicht fein, doch aber ausgezeichnet gearbeitet sind. Keines dieser Gefäße ist auf dem Töpferrad gedreht, und dennoch scheint es mir, dass man sie nicht anfertigen konnte, ohne eine Art von Maschinen zu benutzen, diese waren aber mit den groben steinernen Werkzeugen der Epoche nicht herzustellen.

Dann erstaune ich über die in dieser Steinperiode mehr als je zuvor vorkommenden runden Stücke mit einem Loch in der Mitte, die bald die Form von Brummkreiseln oder Karussells, bald die von Feuer speienden Bergen haben, und in dieser letzteren Gestalt im Kleinen die auffallendste Ähnlichkeit besitzen mit den riesenmäßigen Grabhügeln dieser Gegend, die deswegen, auch weil in einem derselben (dem Chanaï-Tépé) steinerne Werkzeuge gefunden wurden, wahrscheinlich der Steinperiode angehören und somit vielleicht Jahrtausende älter sind als der Trojanische Krieg. In 3 Meter Tiefe kam eines dieser Stücke aus sehr feinem Marmor vor, alle übrigen waren von ausgezeichnetem, sehr hart gebranntem Ton; fast alle haben Verzierungen, welche augenscheinlich eingeritzt sind, als der Ton noch ungebrannt war, und die in gar vielen Fällen mit einer weißen Masse ausgefüllt sind, damit sie mehr ins Auge fallen.

Die Frage drängt sich nun auf: Wozu wurden diese Stücke gebraucht? Unmöglich können sie beim Spinnen oder Weben oder gar als Gewichte an Fischernetzen benutzt worden sein, denn dazu sind sie viel zu fein und zierlich gemacht; auch habe ich bis jetzt noch auf keinem eine Spur davon entdecken können, dass es bei irgendeiner Handarbeit gebraucht sein könnte. Wenn ich nun weiter die vollkommene Ähnlichkeit der meisten dieser Stücke mit der Form der Heldengräber erwäge, so muss ich glauben, dass sie gleich wie jene mit zwei Löchern, die nur bis 2 Meter Tiefe vorkamen, als Exvotos gebraucht wurden.

Meine Ansprüche sind höchst bescheiden; plastische Kunstwerke zu finden hoffe ich nicht. Der einzige Zweck meiner Ausgrabungen war ja von Anfang an nur, Troja aufzufinden, über dessen Baustelle von hundert Gelehrten hundert Werke geschrieben worden sind, die aber noch niemals jemand versucht hat durch Ausgrabungen ans Licht zu bringen. Wenn mir nun dies nicht gelingen sollte, dann würde ich doch überaus zufrieden sein, wenn es mir nur gelänge, durch meine Arbeiten bis in das tiefste Dunkel der vorhistorischen Zeit vorzudringen und die

Wissenschaft zu bereichern durch die Aufdeckung interessanter Seiten aus der urältesten Geschichte des großen hellenischen Volks. Die Auffindung der Steinperiode, anstatt mich zu entmutigen, hat mich daher nur noch begieriger gemacht, bis zu der Stelle vorzudringen, die von den ersten hierher gekommenen Menschen betreten worden ist, und ich will bis dahin gelangen, sollte ich selbst noch 50 Fuß zu graben haben.

Auf dem Berge Hissarlik, 18. November 1871

Seit meinem Bericht vom 3. d. M. habe ich meine Ausgrabungen mit größtem Eifer fortgesetzt, und obwohl dieselben bald durch Regen, bald durch griechische Festtage unterbrochen wurden, habe ich, ungeachtet der fortwährend wachsenden Schwierigkeiten im Fortschaffen des Schuttes, jetzt eine durchschnittliche Tiefe von 10 Meter erreicht. Vieles mir Unerklärliche ist mir seitdem klar geworden, und ich muss vor allen Dingen den in meinem letzten Bericht begangenen Irrtum berichtigen, als sei ich in die Steinperiode gekommen. Ich war irregeleitet durch die kolossale Masse von steinernen Werkzeugen aller Art, die täglich ausgegraben wurden, und durch die Abwesenheit jeder Spur von Metall, außer zwei kupfernen Nägeln, von denen ich glaubte, dass sie auf irgendeine Weise von einer oberen in die tiefere Schicht der Steinperiode gekommen sein müssten. Aber schon seit dem 6. d. M. kommen nicht nur viele Nägel, sondern auch Messer, Lanzen und Streitäxte aus Kupfer zum Vorschein, die so zierlich gearbeitet sind, dass nur ein zivilisiertes Volk sie hat machen können. Ich muss daher nicht nur widerrufen, dass ich schon auf die Steinperiode geraten sei, sondern ich kann nicht einmal zugeben, dass ich die Bronzeperiode erreicht habe, denn die Werkzeuge und Waffen, die ich finde, sind zu schön gearbeitet.

Übrigens muss ich auf die Tatsache aufmerksam machen, dass ich, je tiefer ich von 7 Meter abwärts grabe, desto mehr Spuren höherer Zivilisation finde. In einer Tiefe von 4 bis 7 Meter waren die steinernen Werkzeuge und Waffen grober Art; die Messer aus Flintstein, meistenteils in der Form von kleinen Sägen und selten in der von Klingen; es kam aber eine sehr große Masse scharfer Stücke Silex vor, die ebenfalls als Messer gedient haben müssen. Seitdem aber sind die steinernen Werkzeuge, als Hämmer und Beile, viel besser gearbeitet; es kommt noch eine Menge von Silexmessern in der Form von Sägen vor, aber dieselben sind viel besser gemacht als die der höheren Schichten; es kommen unterhalb 7 Meter Tiefe auch bisweilen zweischneidige Messerklingen aus vulkanischem Glas vor, die so scharf sind, dass man sich damit rasieren könnte. Es finden sich außerdem in diesen Tiefen, wie gesagt, wieder Waffen und Massen von Nägeln, Messern und Werkzeugen aus Kupfer. Was aber mehr noch als alles andere zu beweisen scheint, dass ich nie die Steinperiode erreichte und bei tieferem Graben aus den 4 bis 7 Meter tief liegenden Schuttschichten roher Völker wieder in die zivilisierteren Nationen überging, bei denen sogar die Buchstabenschrift im Gebrauch war.

Wie ich zur Zeit der Abfassung meines letzten Aufsatzes steinerne und nur steinerne Werkzeuge und Waffen herauskommen sah und somit glauben musste, ich sei in die Schuttschichten der Völker der Steinperiode vorgedrungen, da fürchtete ich wirklich schon, dass der eigentliche Zweck meiner Ausgrabungen, hier die Pergamos des Priamos zu finden, verfehlt sei, dass ich schon in die Epoche lange vor dem Trojanischen Krieg vorgedrungen und dass die riesenmäßigen Grabhügel der Ebene von Troja vielleicht Jahrtausende älter seien als die Taten des Achilles.

Da ich aber mehr und immer mehr Spuren von Zivilisation finde, je tiefer ich grabe, so bin ich jetzt vollkommen überzeugt, dass ich noch nicht bis zum Zeitalter des Trojanischen Krieges vorgedrungen bin, und ich bin jetzt hoffnungsreicher als je zuvor, bei tieferem Graben hier die Stätte von Troja zu finden; denn wenn es jemals ein Troja gab – und mein Glaube daran steht fest –, so kann es nur hier auf der Baustelle von Ilion gewesen sein. Ich glaube, durch meine Ausgrabungen von 1868 auf den Höhen von Bunarbaschi die Unmöglichkeit nachgewiesen zu haben, dass dort jemals eine Stadt oder auch nur ein Dorf stand, ausgenommen am äußersten Ende von Balidak, wo Konsul Hahn Ausgrabungen gemacht hat, wo aber wegen des durch die Abgründe beschränkten Raumes nur ein Städtchen von höchstens 200 Einwohnern gestanden haben kann. Auf der Baustelle von Ilion, wohin Strabon, der nie selbst die Ebene von Troja besuchte, nach der Theorie des Demetrius von Skepsis das alte Troja verlegt und worüber ich in meinem Bericht vom 26. v. M. sprach, lasse ich vom Dienstag, dem 21. d. M., an zehn Arbeiter graben, um einen Teil der Ringmauer bloßlegen zu lassen, die durch eine niedrige, weit fortlaufende Anhöhe angegeben zu sein scheint. Ich tue dies aber lediglich im Interesse der Wissenschaft und weit von dem Gedanken entfernt, dort Troja zu finden.

Es sollte mich sehr freuen, in meinen nächsten Mitteilungen eine recht interessante Entdeckung berichten zu können.

Am 21. November.

Der Platzregen, den wir gestern und vorgestern, auch heute Morgen noch hatten, macht die Absendung dieses Berichtes erst diesen Abend möglich; denn ich lebe hier in der Wildnis und acht Stunden vom nächsten Postbüro (von den Dardanellen). Hoffentlich wird der Boden bis morgen früh hinlänglich ausgetrocknet sein, um weiterarbeiten zu können. Ich beabsichtige die Ausgrabungen jedenfalls bis zum Eintritt des Winters fortzusetzen und sie Anfang April wieder zu beginnen.

Die fortwährend warme feuchte Witterung erzeugt viel bösartiges Fieber und es werden täglich meine Dienste als

Arzt in Anspruch genommen. Glücklicherweise habe ich einen großen Vorrat von Chinin bei mir und kann somit allen helfen. Da ich aber gar nichts von Medizin verstehe, so würde ich gewiss grobe Irrtümer begehen, zum Glück jedoch erinnerte ich mich, dass mich einmal, als ich an einem aus Nicaragua stammenden Sumpffieber am Tode lag, der ausgezeichnete deutsche Arzt Tellkampf in New York mit einer Dosis von 64 Gran Chinin rettete. Ich gebe daher hier immer ein gleiches Quantum, aber nur in verzweifelten Fällen in einer Dosis, gewöhnlich in vier Dosen von 16 Gran. Auch werde ich täglich belästigt, nicht nur an Menschen, sondern auch an Kamelen, Eseln und Pferden Wunden auszuheilen, und es ist mir dies bis jetzt noch in allen Fällen durch Arnikatinktur gelungen. Auch habe ich bisher noch alle Fieberkranken, die sich an mich wandten, geheilt. Bedankt aber hat sich bis heute noch niemand bei mir. In der Tat scheint die Dankbarkeit nicht zu den Tugenden der jetzigen Trojaner zu gehören.

Wachsende Schwierigkeiten

Auf dem Berge Hissarlik, 24. November 1871

Seit meinem Bericht vom 18. und 21. d. M. habe ich, trotz des fortwährenden Regenwetters, noch drei Tage gearbeitet; leider aber sehe ich mich jetzt gezwungen, die Ausgrabungen für den Winter einzustellen, um sie erst am 1. April 1872 wieder fortzusetzen. Es ist nicht wahrscheinlich, dass hier der Winter vor Mitte Dezember eintritt, und ich hätte, ungeachtet des Regens, gar zu gern bis dahin fortgearbeitet, besonders da ich jetzt ganz bestimmt glaube, schon in den Ruinen von Troja zu sein. Seit vorgestern Morgen nämlich finde ich auf der ganzen Ausdehnung meiner Exkavationen fast nichts als große, teils behauene, teils unbehauene Steine, und es kommen darunter gewaltige Blöcke vor. So z. B. habe ich diesen

Morgen mit 65 Arbeitern drei Stunden lang daran gearbeitet, eine einzige Türschwelle mittels Taue und Rollen fortzuschaffen. Die beiden großen Seitenwege bin ich genötigt gewesen, schon bei 7 Meter Tiefe ganz aufzugeben, und habe seitdem allen Schutt und alle kleinen Steine in Körben und Schiebkarren durch den großen Ausgangskanal bringen und an dessen Ende auf Seitenwegen vom steilen Bergabhang werfen lassen. Dieser Ausgangskanal aber, dessen Wände 67 $^1/_2$° Senkung haben, ist bei der jetzigen Tiefe von mehr als 10 Meter für die Fortschaffung solcher ungeheuren Blöcke nicht mehr breit genug und muss vor allen Dingen um wenigstens 4 Meter breiter gemacht werden. Dies ist aber eine riesige Arbeit, die ich bei dem täglichen Regen nicht mehr vor dem nahen Winter anzufangen wage.

Wegen der vielen großen Steine wurde vorgestern und gestern von Terrakotten nichts gefunden.

Obgleich das Wort »schreiben« nur zweimal bei Homer vorkommt und beide Mal auch nur »einritzen« bedeutet, so bin ich dennoch fest überzeugt, dass im alten Troja die Buchstabenschrift bekannt war, und ich hege die bestimmteste Hoffnung, im nächsten Frühjahr durch Inschriften und durch andere Monumente, die keinem Zweifel unterliegen können, zu beweisen, dass ich die Trümmer des lange theoretisch aufgesuchten Troja endlich praktisch, in 33 Fuß Tiefe, seit vorgestern aufzudecken angefangen habe. Von allem, was ich finde, werde ich natürlich die getreueste und sorgfältigste Beschreibung geben.

Wenn ich nun das Ergebnis meiner Ausgrabungen zusammenfasse, so fand ich nur nahe an der Oberfläche und in seltenen Fällen bis zu einer Tiefe von 1 Meter Münzen aus Kupfer von Sigeion, Alexandria, Troas und Ilion – Letztere von den ersten Jahrhunderten v. und n. Chr.; ferner kleine lampenähnliche solide runde Stücke Terrakotta mit zwei Löchern, die bis 2 Meter Tiefe in großen Massen vorkommen, jedoch außer dem Töpferstempel, in welchem man bald einen Altar mit einer Biene oder Fliege darüber, bald ein Kind mit vorgestreckten Händen, bald zwei Pferde, bald einen Stier oder einen Schwan sieht, keine Verzierungen haben. Nach dieser Tiefe hören sie mit einem Mal auf. Statt derselben fand ich in 2 bis 10 Meter Tiefe die viel beschriebenen kleinen Vulkane, Brummkreisel oder Karussells, die nur in 3 Meter Tiefe manchmal aus blauem Stein, sonst aber immer aus Terrakotta vorkommen – fast alle mit Verzierungen; in 2 Meter Tiefe unter der Erde einen römischen Brunnen, den ich bis zu einer Tiefe von mehr als 11 Meter ausgrub, der aber bis zur Ebene hinunterzugehen scheint; in allen Tiefen viele Muscheln, Eberzähne, Fischgräten; Haifischknochen aber nur in $3^1/_2$ bis 4 Meter unter der Oberfläche. Die Trümmer der aus behauenen, mit Zement oder Kalk verbundenen Steinen gebauten Häuser reichen selten tiefer als 1 Meter, und die Reste von Gebäuden, welche aus großen behauenen, ohne Verbindungsmittel zusammengelegten Steinen errichtet waren, nie tiefer als 2 Meter; hierüber können sich die Besucher der Ebene von Troja in den Wänden meiner Einschnitte durch eigene Anschauung vergewissern. Von 2 bis 4 Meter Tiefe kommen wenig oder gar keine Steine vor und scheinen die kalzinierten Trümmer der zahllosen Schuttschichten zu beweisen, dass alle im Laufe von Jahrhunderten dort vorhandenen Gebäude von Holz waren und durch Feuer zerstört worden sind; infolgedessen fand ich bis jetzt in diesen Tiefen von guter Töpferware nur Bruchstücke, und unversehrt kamen nur kleine Töpfe gröbster Art heraus.

Wie die zahlreichen von mir in diesen Tiefen durchschnittenen Hauswände beweisen, wovon sehr viele in den Erdwänden meiner Ausgrabungen sichtbar sind, waren die Häuser aus kleinen mit Erde verbundenen Steinen gebaut.

Was nun die Bauart der Häuser betrifft, denen die Schuttschichten von 7 bis 10 Meter Tiefe angehören, so bestanden, wie man sich beim Anblick der Erdwände in meinen Ausgrabungen überzeugt, nur die Fundamente und die Türschwellen aus großen Steinen, die Hauswände dagegen aus ungebrannten und nur an der Sonne getrockneten Ziegelsteinen. In 10 Meter Tiefe finde ich wiederum die Bauart aus Steinen, aber in kolossalen Verhältnissen; die meisten Steine sind sehr groß, viele behauen, und es kommen sehr viele gewaltige Blöcke vor. Es scheint mir, dass ich in dieser Tiefe schon mehrere Wände ans Licht gebracht habe, aber es ist mir leider bis jetzt noch nicht gelungen, zur Einsicht zu kommen, wie dieselben eigentlich gebaut waren und welche Dicke sie hatten. Die Steine der Wände scheinen mir wie durch ein heftiges Erdbeben voneinander getrennt; von einem Verbindungsmittel – wie Lehm oder Kalk – sehe ich bis jetzt keine Spur zwischen denselben.

Wie furchtbar die Schwierigkeiten der Ausgrabungen bei solchen Steinmassen sind, davon kann sich nur der einen Begriff machen, welcher der Sache mit beigewohnt und mit angesehen hat, wie lange es dauert und wie mühsam es ist – besonders bei jetzigem Regenwetter – erst um einen der vielen ungeheuren Blöcke herum die kleineren Steine herauszunehmen, darauf den Block zu untergraben, den »Bock« darunter zu bringen, ihn in die Höhe zu winden und durch den Schlamm des Ausgangskanals bis an den steilen Abhang zu wälzen!

Aber die Schwierigkeiten vermehren nur mein Verlangen, das jetzt – nach so vielen Täuschungen – endlich vor mir liegende große Ziel zu erreichen und zu beweisen, dass die Ilias auf Tatsachen beruht und dass der großen griechischen Nation diese Krone ihres Ruhmes nicht genommen werden darf. Keine Mühe will ich sparen, keine Kosten will ich scheuen, dahin zu kommen.

Auf dem Berge Hissarlik, 5. April 1872

Mein letzter Bericht war vom 24. November v. J., und ich habe in Gesellschaft meiner Frau am 1. d. M., 6 Uhr morgens, bei herrlichem Wetter mit 100 griechischen Arbeitern aus den benachbarten Dörfern Renkoï, Kalifatli und Jenischahir die Ausgrabungen fortgesetzt.

Herr John Latham aus Folkestone, der Direktor der vom Piräus nach Athen führenden Eisenbahn, welche unter seiner ausgezeichneten Verwaltung den Aktionären eine jährliche Dividende von 30 Prozent gibt, hatte die Güte, mir als Unteraufseher seine beiden besten Arbeiter, Theodoros Makrys aus Mitylene und Spiridion Demetrios aus Athen, mitzugeben, deren jedem ich monatlich 150 Franken zahle, während der Tagelohn der übrigen Arbeiter nur 9 Piaster oder 1 Franken 80 Cent ist. Wie früher zahle ich täglich 30 Piaster oder 6 Franken an Nikolaos Zaphyros aus Renkoï, der mir durch seine Lokalkenntnisse von großem Nutzen ist und mir gleichzeitig als Kassierer, Aufwärter und Koch dient. Außerdem hatte Herr Piat, der den Bau der Eisenbahn von Piräus nach Lamia übernommen hat, die Güte, mir seinen Ingenieur Adolphe Laurent auf einen Monat zu überlassen, dem ich dafür 500 Franken und die Reisekosten vergütete. Es sind aber außerdem noch bedeutende Ausgaben zu bestreiten, sodass sich die Gesamtkosten meiner Ausgrabungen täglich auf nicht weniger als 300 Franken belaufen.

Um nun auf all und jeden Fall die trojanische Frage in diesem Jahr gründlich zu lösen, lasse ich auf der unter einem Winkel von 40° schroff aufsteigenden Nordseite dieses Berges, welcher 32 Meter senkrechte Höhe hat und sich 40 Meter über dem Meer erhebt, ganz genau in einer senkrechten Tiefe von 14 Metern einen ungeheuren, horizontal durch den ganzen Berg laufenden Graben ausheben, welcher eine Breite von 70 Meter hat und meinen im vorigen Jahr gemachten Einschnitt mit einschließt. Herr Laurent berechnet die abzugrabende Schuttmasse auf

78.545 Kubikmeter; dieselbe wird geringer, wenn ich den Urboden in weniger als 14 Meter Tiefe finden sollte, und sie wird größer, wenn ich den Graben noch tiefer anlegen müsste, um ihn zu finden. Vor allen Dingen muss ich diesen Urboden erreichen, um genaue Forschungen anstellen zu können.

Zur Erleichterung der Arbeiten lasse ich, nachdem ich den nördlichen Abhang der wegzuschaffenden Schuttmasse so behauen habe, dass er unten auf 2 $^1/_2$ Meter senkrecht und darauf unter einem Winkel von 50° ansteigt, fortwährend den Schutt auf solche Weise von der mächtigen Erdwand lösen, dass dieses Winkelmaß genau beibehalten wird. Auf diese Weise arbeite ich bestimmt dreimal rascher als früher, als ich wegen der geringen Breite des Einschnitts gezwungen war, denselben auf dem Gipfel des Berges sogleich in horizontaler Richtung in seiner ganzen Länge zu graben. Bei aller Vorsicht bin ich jedoch nicht imstande, meine Arbeiter noch mich selbst gegen die beim Abhacken der steilen Wand fortwährend herunterrollenden Steine zu schützen, und keiner von uns allen ist ohne mehrere Wunden an den Füßen.

In den ersten drei Tagen der Ausgrabungen kam beim Abgraben des Bergabhangs eine ungeheure Menge giftiger Schlangen zum Vorschein, und unter denselben besonders viele jener kleinen braunen Antelion genannten Schlangen, die kaum dicker sind als Regenwürmer und die ihren Namen davon haben, dass der von ihnen Gebissene nur bis zum Sonnenuntergang lebt. Es scheint mir, als wenn ohne die vielen tausende von Störchen, welche hier im Frühling und Sommer die Schlangen vertilgen, die Ebene von Troja wegen des Übermaßes von diesem Ungeziefer gar nicht bewohnt werden könnte.

Ich verdanke der Güte meiner geehrten Freunde, der Herren J. Henry Schröder u. Comp. in London, die zum Losbrechen und Herabwälzen des Schutts nötigen besten englischen Hacken und Schaufeln, auch 60 ausgezeichnete englische Schiebkarren mit eisernen Rädern zur Fortschaffung desselben.

Augenscheinlich ist behufs Konsolidierung der Bauten auf dem Gipfel des Hügels die ganze schroffe Nordseite desselben mit einer Stützmauer bedeckt gewesen, denn auf mehreren Stellen finde ich die Reste davon. Diese Mauer ist aber nicht uralt, denn sie besteht aus großen mit Kalk und Zement verbundenen, meistenteils behauenen Steinen von Muschelkalk. Die Mauerreste sind mit nur sehr wenig Erde bedeckt; aber auf allen anderen Stellen ist mehr oder weniger Humus, der am östlichen Ende der Plattform sogar eine Tiefe von 2 und 3 Meter erreicht. Hinter demselben sowie hinter den Mauerresten ist der Schutt hart wie Stein und besteht aus Haustrümmern, in welchen ich Beile aus Diorit, Schleudern aus Magneteisenstein, viele Messer aus Flintstein, unzählige Handmühlsteine aus Lava, eine große Menge kleiner Götzenbilder aus sehr feinem Marmor mit oder ohne Eulenkopf und Frauengürtel, Gewichte aus Ton in pyramidalischer Gestalt und mit einem Loch an der Spitze oder aus Stein und in der Form von Kugeln und endlich sehr viele jener in meinen vorjährigen Berichten viel besprochenen kleinen Terrakotten in der Form von Vulkanen und Karussells finde.

Eine neue Welt für die Archäologie

120 Arbeiter bewegen täglich 500 Kubikmeter Schutt

Auf dem Berge Hissarlik, 25. April 1872

Seit meinem Bericht vom 5. d. M. habe ich die Ausgrabungen mit durchschnittlich 110 Arbeitern aufs Eifrigste fortgesetzt. Leider aber gingen mir von diesen 20 Tagen sieben Tage durch Regenwetter und Feste und ein Tag durch Aufruhr meiner Leute verloren.

Da ich nämlich bemerkt hatte, dass die Zigaretten das Arbeiten erschweren, verbot ich das Rauchen. Es gelang mir indes nicht, die Sache sogleich durchzusetzen, und ich sah immer noch, dass heimlich geraucht wurde. Ich wollte jedoch nicht nachgeben und ließ ausrufen, dass ich die Übertreter sofort entfernen und nie wieder annehmen würde. Darüber erzürnt schrien die Arbeiter vom Dorf Renkoï – ungefähr 70 an der Zahl –, sie würden nicht weiterarbeiten, wenn es nicht jedem freigestellt wäre, so viel zu rauchen als er wolle, und verließen die Plattform, indem sie die Arbeiter aus den übrigen Dörfern durch Steinwürfe hinderten weiterzuarbeiten. Die guten Leute hatten sich nämlich eingebildet, dass ich sofort nachgeben würde, da ich gar nicht ohne sie fertig werden und außer ihnen nicht hinreichend Arbeiter erhalten könne; dass ich überdies bei dem schönen Wetter unmöglich den ganzen Tag still sitzen würde. Sie hatten sich aber geirrt, denn ich schickte sofort meinen Aufseher in die übrigen umliegenden Dörfer, und es gelang mir, zum Entsetzen der 70 Renkoïten, die die ganze Nacht vor meiner Tür gewartet hatten, ohne sie für den nächsten Morgen 120 Arbeiter zusammenzubringen. Mein energisches Verfahren hat nun endlich die Renkoïten, von deren Frechheit ich hier bei meinen vorjährigen Ausgrabungen so viel zu leiden hatte, aufs Tiefste gedemütigt und auch auf alle meine jetzigen Arbeiter einen segensreichen Einfluss gehabt, sodass es mir möglich geworden ist, nach dem Aufruhr nicht nur das Nichtrauchen streng einzuführen, sondern auch die Arbeitszeit täglich um eine Stunde zu verlängern; denn anstatt wie früher von 5 $^1/_2$ Uhr morgens bis 5 $^1/_2$ Uhr abends lasse ich jetzt von 5 Uhr morgens bis 6 Uhr abends arbeiten. Ich gebe aber, wie früher, um 9 Uhr morgens eine halbe und um 1 $^1/_2$ Uhr nachmittags eine Stunde zum Essen und Rauchen.

Nach genauer Berechnung des Ingenieurs Herrn A. Laurent habe ich in den 17 Tagen, an welchen seit dem 1. d. M. gearbeitet wurde, 8500 Kubikmeter Schutt fortgeschafft; es kommen somit 500 Kubikmeter auf jeden Tag und etwas über 4 Kubikmeter täglich auf jeden Arbeiter.

Der Graben ist bereits 15 Meter in den Berg vorgerückt, aber zu meinem allergrößten Erstaunen habe ich bis jetzt den Urboden noch nicht erreicht. Meine in meinem Bericht vom 24. November v. J. ausgesprochene Meinung, dass die Dicke des Berges an der Nordseite seit uralten Zeiten nicht zugenommen hat, fand ich auf dem ganzen westlichen Teil meines Grabens, auf einer Breite von 49 Meter, bestätigt; denn nur im östlichen Teil derselben, auf 25 Meter Breite, fand ich 2 und sogar 3 Meter Humus, und unter oder hinter demselben, bis 5 Meter Höhe über dem Graben, steinharten Schutt, der nur aus Holz und Tierasche zu bestehen und von den der ilischen Athene dargebrachten Opfern herzustammen scheint. Ich vermute daher mit Bestimmtheit, dass ich bei weiterem Vordringen auf dieser Stelle auf die Baustelle des uralten Tempels dieser Göttin stoßen werde. Die Asche dieser Schuttschichten hat ein so lehmartiges Aussehen, dass ich glauben würde, es sei der Urboden, wenn ich nicht häufig Knochen, Holzkohlen und kleine Muscheln, auch dann und wann Stückchen Ziegel darin fände. Die Muscheln sind unversehrt, was zur Genüge beweist, dass sie nicht der Glut ausgesetzt gewesen sein können. In diesen steinharten Ascheschichten fand ich $3^1/_2$ Meter oberhalb des Grabens und 14 Meter vom Rande derselben einen 20 Zentimeter breiten und 18 Zentimeter hohen Kanal aus grünem Sandstein, der wahrscheinlich einst zur Ableitung des Bluts der Opfertiere gedient und notwendigerweise einst auf den Abhang des Berges gemündet haben muss.

Auf den übrigen 45 Metern des Grabens finde ich überall, bis ungefähr 5 Meter Höhe, kolossale Massen großer, oft weniger behauener, meistens aber unbehauener Blöcke von Muschelkalkstein, die oft so dicht aufeinander liegen, dass sie das Ansehen wirklicher Mauern haben. Aber man findet gar bald, dass alle diese Steinmassen notwendigerweise von großartigen Gebäuden herrühren, die hier gestanden und durch eine furchtbare Katastrophe zugrunde gegangen sein müssen. Die Gebäude können unmöglich aus diesen Steinen ohne ein Verbindungsmittel gebaut worden sein, und ich vermute, dass es bloße Erde gewesen ist, denn von Kalk oder Zement finde ich keine Spur. Zwischen den ungeheuren Steinmassen sind mehr oder weniger große Zwischenräume von sehr festem und oft steinhartem Schutt, in welchem sehr viele Knochen, Muscheln und Massen anderer Überbleibsel von Haushaltungen vorkommen.

Von interessanten Gegenständen irgendwelcher Art war aber in der ganzen 70 Meter langen, 5 Meter hohen Schuttwand außer einer kleinen herrlich gearbeiteten, aber vom Rost zerstörten silbernen Haar oder Tuchnadel noch keine Spur gefunden, als heute in derselben, in 14 Meter senkrechter Tiefe, ein 8 Zentimeter langes, 6 Zentimeter breites schön geschliffenes Stück Glimmerschiefer mit Mulden zum Gießen von zwei Brustnadeln und zwei anderen mir ganz unbekannten Schmucksachen – alles höchst phantastischer Art – gefunden wurde; ferner eine leider ganz zerbrochene Grab- oder Wasserurne mit Verzierungen in der Form von zwei flachen Kränzen, die ganz herumgehen; es muss dieselbe eine Höhe von 1 $^{1}/_{2}$ Meter und eine Breite von wenigstens 70 Zentimeter gehabt haben. In den beiden Kränzen ist eine ununterbrochene Reihe Keileindrücke, die auf den ersten Blick entschieden assyrische Keilinschriften zu sein scheinen. Bei näherer Betrachtung aber findet man, dass es bloße Verzierungen sind. Die Scherben dieser Vase zeigen eine Dicke von 2 $^{1}/_{2}$ Zentimeter.

Noch zwei andere ganz zerbrochene, ungeheure Wasser-, Wein- oder Leichenurnen, mit Verzierungen in der Form von mehreren ganz herumlaufenden Kränzen, wurden am 22. und 23. d.M. in 6 bis 7 Meter über dem Graben, also in 8 oder 7 Meter senkrechter Tiefe, gefunden. Beide müssen über 2 Meter hoch gewesen sein und über 1 Meter im Durchmesser gehabt haben, denn die Scherben zeigen eine Dicke von 5 Zentimetern. Die Kränze sind ebenfalls in Basrelief und zeigen teils ineinander greifende doppelte Dreiecke mit Kreisen, teils Blumen, teils drei Reihen oder auch nur eine Reihe Kreise. Diese letztere Verzierung sieht man auch auf einem im Jahre 1810 von Lord Elgin in der Schatzkammer Agamemnons in Mykene ausgegrabenen Fries aus grünem Stein, der jetzt im British Museum ist.

In den Schuttschichten von 7 bis 10 Meter Tiefe fand ich zwei Klumpen Blei voll runder gehöhlter Form, jeder wohl zwei Pfund wiegend, sehr viele verrostete kupferne Nägel, auch einige Messer und eine Lanze aus Kupfer; ferner sehr viel kleinere und größere Messer aus weißem und braunem Silex in der Form von ein- und zweischneidigen Sägen; viele Schleifsteine aus grünem und schwarzem Schiefer mit einem Loch an einem Ende sowie verschiedene kleine Gegenstände aus Elfenbein; in allen Schichten von 4 bis 10 Meter Tiefe viele Hämmer, Beile und Keile aus Diorit, welche aber entschieden in den Schichten von mehr als 7 Meter Tiefe viel besser gearbeitet sind als in den

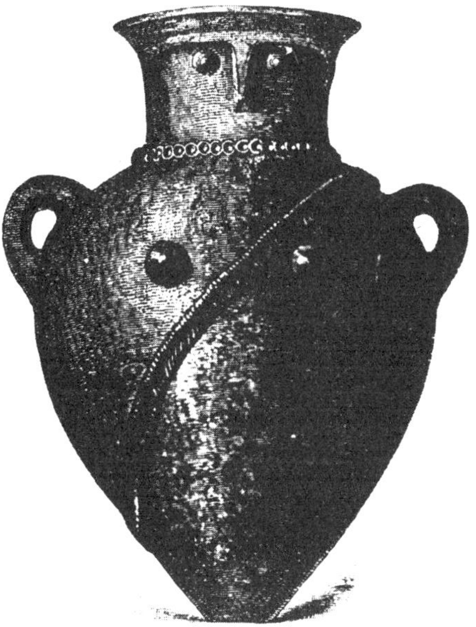

Vase mit Eulengesicht

oberen. Auch kommen von 3 Meter unter der Oberfläche in allen Tiefen bis zu 10 Meter Tiefe viele platte Götzenbilder aus sehr feinem Marmor vor; auf vielen derselben ist ein Eulengesicht und ein Frauengürtel mit Punkten; auf einem sind außerdem noch zwei Frauenbrüste eingraviert. Die auffallende Ähnlichkeit dieser Eulengesichter mit den auf vielen Bechern und Vasen befindlichen und mit einer Art von Helm bedeckten Eulenköpfen bringt mich zur festen Überzeugung, dass alle Idole und alle behelmten Eulenköpfe auf den Bechern und Vasen eine Göttin, und zwar ein und dieselbe Göttin, vorstellen müssen, umso mehr als ja sämtliche Eulengesichtsvasen zwei Frauenbrüste und einen Bauchnabel, meistenteils auch zwei emporgehobene Arme haben; einmal sieht man auf dem Bauchnabel ein Kreuz mit vier Nägeln dargestellt.

Die Becher mit Eulenköpfen haben dagegen nie Brüste oder Bauchnabel; jedoch ist an einigen derselben auf der Rückseite das lange Lockenhaar der Frau zu sehen.

Die wichtige Frage drängt sich nun auf, welche die Göttin sei, die hier so vielfältig, aber ganz allein auf den Idolen, Trinkbechern und Vasen vorkommt. Die Antwort ist: Sie muss notwendigerweise die Schutzgöttin von Troja, sie muss die ilische Athene sein, und dies stimmt ja vollkommen mit der Angabe Homers, welcher sie fortwährend die Göttin Athene mit dem Eulengesicht nennt. Das Beiwort *glaukopis* ist nämlich von den Gelehrten aller Zeiten falsch übersetzt, weil sie sich nicht denken konnten, dass man die Athene mit einem Eulengesicht dargestellt hätte. Es besteht aber aus den beiden Worten *glaux* und *ope* und, wie ich durch eine ungeheure Masse von Beweisstücken in *corpore dartue,* ist nur die wörtliche Übersetzung »mit Eulengesicht« möglich, die bisherige Übersetzung »mit blauen, feurigen oder funkelnden Augen« aber durchaus falsch. Die natürliche Schlussfolgerung ist, dass, als bei fortschreitender Zivilisation Athene ein menschliches Gesicht erhielt, aus ihrem früheren Eulenkopf ihr Lieblingsvogel, die Eule, wurde, welche als solche dem Homer unbekannt ist. Die fernere Schlussfolgerung ist, dass der Kultus der Athene als Schutzgöttin von Troja dem Homer wohl bekannt war, dass folglich ein Troja existierte und dass es auf der heiligen Stätte lag, deren Tiefen ich erforsche.

Leider zerbrechen mir viele Terrakotten beim Abbrechen oder Herunterfallen des Schuttes; denn es gibt nur eine Weise, auf welche ich meine Arbeiter und mich selbst dagegen schützen kann, von den herunterrollenden Steinen zermalmt oder verstümmelt zu werden, und die ist, dass ich die untersten 5 Meter (nicht 2–4 Meter wie in den ersten fünf Tagen) senkrecht, den ganzen oberen Teil der mächtigen Erdwand unter einem Winkel von 50° halte und den senkrechten Teil immer durch Anlegen von Schornsteinen und Losbrechen mit großen eisernen Hebeln in Stücken von 15 bis 30 Kubikmeter ablöse. Wenn ich dann den Schutt und die Steine auf dem oberen Teil mit den Hackeisen losbrechen lasse, so fallen die Steine fast perpendikulär über die unterste senkrechte, 5 Meter hohe Wand weg, rollen daher höchstens einige Schritt, und es ist weniger Gefahr, dass jemand verletzt werden könnte. Auch habe ich auf diese Weise den Vorteil, dass der größte Teil des Schuttes schon von selbst hinunterfällt und das, was liegen bleibt, mit leichter Mühe hinuntergeschaufelt werden kann, während ich anfänglich die Hälfte der Zeit mit dem Hinunterschaffen des Schuttes verlor.

Da aber beim Aushauen der Schornsteine und Abbrechen der riesigen Erdklötze immerhin eine gewisse Geschicklichkeit und Vorsicht nötig ist, so habe ich noch, als dritten Unteraufseher, mit 7 Franken Lohn per Tag, Georgios Photidas aus Paxos angenommen, der sieben Jahre als Bergmann in Australien gearbeitet und sich dort besonders mit dem Anlegen von Tunnels beschäftigt hat. Durchs Heimweh ins Vaterland zurückgetrieben, hat er sich, ohne selbst das tägliche Brot zu haben, in jugendlichem Leichtsinn und aus Patriotismus mit einer fünfzehnjährigen armen Landsmännin verheiratet. Erst nach der Hochzeit ist er durch die Qual der häuslichen Sorgen zur Besinnung gekommen und, da er gehört hatte, dass ich hier grabe, so ist er auf gut Glück hierher geeilt, um mir seine Dienste anzubieten. Da er mir von vornherein beteuerte, dass seine Anstellung bei mir eine Lebensfrage für ihn, seine Frau und ihre Nachkommenschaft sei, so habe ich ihn auch sofort akzeptiert, umso mehr, als ich gerade einen solchen Minen-, Tunnel- und Brunnenbauer notwendig gebrauche. Er ist mir außerdem an Sonn- und Festtagen von großem Nutzen, indem er griechisch schreibt und somit imstande ist, meine griechischen Aufsätze für die Zeitungen und gelehrten Gesellschaften im Orient zu kopieren; denn nichts war mir bisher so unausstehlich, als meine langen Berichte über eine und dieselbe Sache dreimal auf Griechisch niederzuschreiben, umso mehr, als ich mir die Zeit dazu vom Schlafe stehlen musste.

Dagegen verlässt mich zu meinem Bedauern morgen früh der ausgezeichnete Ingenieur Adolphe Laurent, denn sein Monat ist um und er muss jetzt den Bau der Eisenbahn von Piräus nach Lamia anfangen. Er hat mir aber einen guten Plan dieses Berges gemacht. Aber selbst wenn die Pergamos sich auf diesen Berg beschränkt haben sollte, so ist sie dennoch größer gewesen als die Akropolis von Athen, denn diese hat nur 50.126 Quadratmeter, während die Fläche des Berges 64.500 Quadratmeter beträgt. Das auf dem Plan angegebene Haus mit drei Zimmern sowie das Magazin mit Küche habe ich erst jetzt bauen lassen, und alles zusammen kostet, inklusive Bedeckung mit wasserdichtem Filz, nur 1000 Franken, denn das Holz ist hier billig, und man kauft das Brett von 3 Meter Länge, 25 Zentimeter Breite und 1 Zoll Dicke für 2 Piaster oder 40 Centimes.

Wir finden bis 10 und 11 Meter Tiefe noch immer giftige Schlangen zwischen den Steinen, und ich sah mit Erstaunen bisher, dass meine Arbeiter diese Tiere mit den Händen ergreifen und mit ihnen herumspielen, ja sogar gestern, wie einer derselben zweimal von einer Natter gebissen wurde, ohne dass er sich daran kehrte. Als ich mein Entsetzen darüber zu erkennen gab, erklärte er mir lachend, er selbst und alle seine Kollegen hätten gewusst, dass es in diesem Berg viele Schlangen gäbe, und alle hätten daher einen Dekokt von dem in hiesiger Gegend wachsenden Schlangenkraut getrunken, welcher den Biss der giftigen Schlange unwirksam mache. Ich habe daher Order gegeben, mir auch von diesem Dekokt zu bringen, damit auch ich unverletzbar werde. Ich möchte aber wohl wissen, ob denn dieser Dekokt auch den Biss der Brillenkobra unschädlich macht, von welchem ich in Indien einen Menschen in einer halben Stunde sterben sah. Es würde in diesem Fall eine gute Spekulation sein, das Schlangenkraut in Indien anzubauen.

Von den viel besprochenen Terrakotten in der Form des Vulkans und Karussells kommt bis 10 und 11 Meter Tiefe fortwährend eine ungeheure Menge zum Vorschein, und die meisten haben Verzierungen, die ich immer genauer aufzeichne. Bei Vergleichung dieser Zeichnungen finde ich jetzt, dass alle ohne Ausnahme in der Mitte die Sonne darstellen.

Morgen fängt das griechische Osterfest an, welches leider sechs Tage dauert, wo nicht gearbeitet wird. Somit kann ich die Ausgrabungen erst am 1. Mai fortsetzen.

Auf dem Berge Hissarlik, 11. Mai 1872

Seit meinem Bericht vom 25. v. M. habe ich der verschiedenen griechischen Feiertage wegen nur zehn Tage graben können, denn selbst der ärmste Grieche hiesiger Gegend arbeitet am Festtag nicht und könnte er 1000 Franken in einer Stunde verdienen, und türkische Arbeiter konnte ich nicht bekommen, weil dieselben jetzt mit ihren Feldarbeiten beschäftigt sind. Das Wetter war und ist für die Ausgrabungen sehr günstig, denn die Tageshitze übersteigt noch nicht 20° Réaumur im Schatten, und außerdem regnet es hier von Anfang Mai bis Oktober nur bei Gewittern und selten mehr als eine halbe Stunde zur Zeit. Auch ist die Ebene von Troja jetzt noch gesund, und die berüchtigten trojanischen Fieber fangen eigentlich erst im Juli an, nachdem die vielen stehenden Gewässer verdunstet sind und aus der Zersetzung von Millionen von toten Fröschen und aus dem durch die Sonnenglut gespaltenen Boden der ausgetrockneten Sümpfe die pestilenzialischen Miasmen entstehen. Somit haben meine Frau und ich noch sechs Wochen Zeit mit dem Einnehmen von Chinin als Vorbeugungsmittel gegen die Fieber.

Den erwähnten römischen Brunnen habe ich bis zu

einer Tiefe von 20 Meter vom Schutt geräumt und gefunden, dass er nur bis zu einer Tiefe von 16 Meter unter der Bergesfläche gemauert ist und dann in den Muschelkalkfels hineingeht, welcher den Urboden bildet. In diesen Fels habe ich vom Brunnen aus durch Georgios Photidas einen kleinen Tunnel graben lassen und somit jetzt die Gewissheit erlangt, dass der Boden, auf dem nach Homer der trojanische König Dardanos, der bis dahin mit seinem Volk am Fuß des quellenreichen Idagebirges gewohnt hatte, die Stadt Dardania (Troja) in der Ebene erbaute, mit einer Schuttdecke von 16 Meter Dicke bedeckt ist. Hierbei muss ich daran erinnern, dass die Trümmer der hier ansässig gewesenen griechischen Kolonie nur kaum bis 2 Meter Tiefe reichen, und dass folglich, wenn wir mit Strabon die Gründung dieser Kolonie unter lydischer Herrschaft, somit um 700 v. Chr., annehmen und die Dauer der Regierung der sechs Könige (Dardanos, Erichthonios, Tros, Ilos, Laomedon und Priamos), welche nach Ilias Trojas Zerstörung vorangingen, auf 200 Jahre ansetzen, somit die Gründung der Stadt um 400 v. Chr. mutmaßen, die Schuttaufhäufung hier in den ersten 700 Jahren 14 Meter betragen haben muss.

Ich bin fest überzeugt, dass bei einem Blick auf meine Ausgrabungen jeder der noch übrigen Verteidiger der veralteten Theorie, Troja hinter der Ebene, auf den Höhen von Bunarbaschi zu suchen, sofort diese Theorie verdammen wird; denn die einst auf Letzteren gelegene Akropolis und Stadt, deren kleine Baustelle ja ganz genau durch die Trümmer der Ringmauern und durch Abgründe bezeichnet ist, reicht kaum hin für eine Bevölkerung von 2000 Seelen; auch ist die Schuttaufhäufung dort nur äußerst geringfügig; man sieht sogar an vielen Stellen, in der Mitte der Akropolis, den nackten Fels herausgucken, und zwischen der Baustelle dieser kleinen Stadt und Bunarbaschi zeigt ja der bald spitz zulaufende, bald abrupte und überall ganz unebene Felsboden, dass niemals ein Dorf, geschweige denn eine Stadt darauf gestanden haben kann. Unmittelbar oberhalb Bunarbaschi, überall wo nur irgend Erde ist, habe ich im August 1868 bis zum Skamander mit meinem Führer und fünf Arbeitern, in Abständen von 100 Meter zu 100 Meter, eine lange Reihe von Löchern gegraben, aber überall sogleich den Urboden und in ganz geringfügiger Tiefe den Fels gefunden, und nirgends eine Spur von Topfscherben oder anderen Anzeichen, dass der Ort jemals von Menschen bewohnt gewesen sein könnte. Auch in Bunarbaschi selbst fand ich den Urboden in $^1/_2$ Meter Tiefe.

Der Urboden von Hissarlik ist zwar keine 20 Meter höher als die Ebene unmittelbar am Fuß des Berges, aber jedenfalls ist auch die Ebene selbst und besonders der an den Berg grenzende Teil derselben seit 31 Jahrhunderten bedeutend gestiegen. Aber selbst wenn dies nicht der Fall wäre, so würde dennoch das auf diesem weit in die Ebene hinauslaufenden Hügel erbaute Troja durch seine imposante hohe Lage die homerischen Beiwörter »hüglig«, »schroff aufsteigend« und »von Winden umweht« verdienen, und besonders das Letztere; denn mein größtes Leiden hier ist der fortwährende Sturm, und es kann zu Homers Zeit unmöglich anders gewesen sein. Es wird wahrlich Zeit, dass die so ganz und gar mit allen Angaben der Ilias in vollkommenem Widerspruch stehende Bunarbaschi-Theorie jetzt endlich einmal aufhört; sie würde auch niemals aufgekommen sein, wenn ihre Verfechter anstatt eine Stunde einen ganzen Tag lang auf den Höhen von Bunarbaschi zugebracht und, wenn auch nur mit einem einzigen Arbeiter, dort Ausgrabungen angestellt hätten.

Wie ich bereits in meinem letzten Aufsatz bemerkte, finde ich hier die Sonne im Mittelpunkt all der unzähligen, mit Verzierungen versehenen, runden Stücke aus Terrakotta in der Form des Vulkans und des Karussells dargestellt, und ich fand gestern sogar eines, worauf die im

Zentrum befindliche Sonne von fünf anderen Sonnen, jede mit zwölf Strahlen, umgeben ist.

Obgleich ich seit den griechischen Ostern 1 Piaster mehr, also jetzt 10 Piaster oder 2 Franken Tagelohn zahlen muss, so arbeite ich doch nun mit 130 Mann und hoffe bestimmt bis zum 1. Oktober d. J. meinen großen Graben durch den ganzen Berg fertigzustellen, denn während meine Frau und ich mit 85 Arbeitern in dem Graben an der Nordseite beschäftigt sind, arbeitet uns seit zehn Tagen Georgios Photidas mit 45 Mann in einem zweiten Graben von der Südseite entgegen. Leider aber ist die Senkung des Berges auf der Südseite so gering, dass wir, um Raum und Leichtigkeit zur Fortschaffung des Schuttes zu haben, gezwungen waren, dieselbe in 5 Meter Tiefe unter der Bergfläche anzufangen; wir geben ihr aber eine Senkung von 14°, sodass sie schon in ungefähr 75 Meter Länge den Urboden erreichen muss. Auf dieser südlichen Grabung hat Georgios Photidas das Kommando ganz allein, denn er zeigt sich als ein sehr gewandter Ingenieur und arbeitet mittels seiner geschickt angelegten Seitenterrassen mit großer Schnelligkeit vorwärts; er hat aber bis jetzt nur sehr leichte Trümmer fortzuschaffen und ist noch nicht auf jenen steinharten, zähen, feuchten Schutt gestoßen, den ich in meinem Graben in 10 bis 16 Meter Tiefe finde. Er hat heute ein herrliches, aus großen, schön behauenen Muschelkalksteinen und ohne Zement oder Kalk gebautes Bollwerk ans Licht gebracht, das mir aber nicht älter zu sein scheint als die Zeit des Lysimachos. Es ist uns zwar sehr im Weg, aber es ist zu schön und ehrwürdig, als dass ich wagen könnte, Hand daran zu legen, und es soll erhalten bleiben.

Auch dem Graben an der Nordseite habe ich, um die unsägliche Mühe zu sparen, denselben um 2 Meter niedriger zu machen und somit 3000 Kubikmeter von Schutt davon wegzuräumen, auf eine Strecke von 20 Meter eine Senkung von 10° gegeben, sodass ich dort auf dem Urboden weiterarbeite. Dieser Urboden beweist zur Genüge, dass alle jene gewaltigen Massen ungeheurer, meistenteils mehr oder weniger behauener Steine, mit denen ich – wie erwähnt – in einer Tiefe von 10 bis 14 Meter fortwährend zu kämpfen hatte, von großen Gebäuden herrühren, die im Laufe von Jahrhunderten das eine auf den Ruinen des anderen errichtet worden sind, denn es scheint mir nicht denkbar, dass selbst ein großer Palast, wäre er auch sechs Stockwerke hoch, diese kolossalen Ruinen zurücklassen könnte, die, da sie bis zum Fels gehen, eine Höhe von 6 Metern haben.

Seit einigen Tagen haben diese Steinmassen nachgelassen; wir finden aber fortwährend viele einzelne große Steinblöcke. Statt der Steinschichten haben wir aber jetzt auf der ganzen 70 Meter breiten Plattform, bis 6 Meter Höhe, und somit in einer Tiefe von 10 bis 16 Meter, eine feuchte, steinharte Wand von mit kleinen Muscheln, Knochen, Eberzähnen usw. vermischter Asche vor uns, ganz wie jene, welche wir früher nur am östlichen Ende fanden. Dieser Schutt ist so zäh, dass wir ohne Anlegung von Schornsteinen und Abbrechung der Wände mittels ungeheurer eiserner Hebel nie damit fertig werden könnten.

Die mit größerer Tiefe zunehmenden Zeichen höherer Zivilisation, auf welche ich wiederum in meinem letzten Bericht bei Gelegenheit der großen Urne mit assyrischen Verzierungen hinwies, dauern bis zum Urboden fort, und ich finde dicht über demselben eine große Menge Bruchstücke glänzend schwarzer, auch bisweilen roter und brauner, mit eingeschnittenen Verzierungen geschmückter Töpferarbeit so ausgezeichneter Qualität, wie sie mir bis jetzt selbst in den höchsten Schichten unter den Trümmern aus griechischer Zeit noch nie vorgekommen ist. Auch fand ich mehrere Bruchstücke von Bechern, deren unterer Teil auch einen, obwohl nicht großen, Becher bildet, und ich zweifle daher nicht daran, dass es Bruchstücke von Doppelbechern *(depas amphikypellon)* sind. Bei

Homer scheinen zwar alle Doppelbecher von Gold oder Silber mit vergoldetem Rand zu sein, doch zweifle ich nicht, dass es gleichzeitig auch irdene Doppelbecher gab.

Die Schlangen scheinen durch die eingetretene warme Witterung aus ihrem Winterlager gelockt worden zu sein, denn seit zehn Tagen sah ich keine mehr.

Bei allen Beschwerden und Drangsalen in den Ausgrabungen hat man unter anderen Annehmlichkeiten auch die, dass man niemals Zeit hat, sich zu langweilen.

Ärztliche Hilfeleistungen in der Troas

Auf dem Berge Hissarlik, 23. Mai 1872

Seit meinem Bericht vom 11. d. M. hatten wir, heute mitgerechnet, leider wieder drei große und zwei kleine griechische Festtage, und ich habe somit eigentlich nur sieben ordentliche Arbeitstage in diesen zwölf Tagen gehabt. So arm die Leute sind und so gerne sie arbeiten wollen, so sind sie doch nicht zu überreden, an den Feiertagen selbst der unbedeutendsten Heiligen zu arbeiten, und »es schlägt uns der Heilige« ist die stete Antwort, die ich kriege, wenn ich die armen Leute zu bereden suche, gegen höheren Lohn von ihrem Aberglauben abzustehen.

Zur Beschleunigung der Arbeiten habe ich nun 5 und 6 Meter über dem großen Graben, am Ost- und am Westende desselben, Terrassen machen und behufs Fortschaffung des Schuttes in dieser Höhe Mauern von großen Steinblöcken errichten und den Zwischenraum mit Schutt füllen lassen. Die kleinere Mauer schien mir nicht stark genug und ich hielt die Arbeiter ferne davon; sie hielt auch den Druck nicht aus und stürzte ein, als sie kaum fertig war. Auf die höhere Mauer war sehr viel Mühe verwandt, sie war ausschließlich aus großen, meistenteils behauenen Steinen erbaut, und alle, selbst Georgios Photidas, meinten, sie könne Jahrhunderte halten. Dennoch wollte ich am folgenden Tag einen Stützpfeiler von großen Steinblöcken errichten, um das Fallen der Mauer unmöglich zu machen, und sechs Mann waren damit beschäftigt, als sie plötzlich mit donnerndem Krachen einstürzte. Mein Schreck war entsetzlich, unbeschreiblich, denn ich glaubte, die sechs Menschen wären unter der Steinmasse begraben; zu meiner übergroßen Freude aber hörte ich sogleich, dass, wie durch ein Wunder, alle gerettet waren.

Bei aller Vorsicht sind und bleiben Ausgrabungen, wo man es mit Erdwänden von 53 $^1/_2$ Fuß senkrechter Tiefe zu tun hat, immer sehr gefährlich. Das Schreien »guarda, guarda!« nützt nicht immer, weil diese Worte fortwährend auf verschiedenen Stellen gerufen werden; viele Steine rollen auch von den steilen Erdwänden herab, ohne dass die Gräber es bemerken, und wenn ich den ganzen Tag lang die furchtbare Gefahr sehe, der wir alle ausgesetzt sind, so kann ich, wenn ich des Abends nach Hause komme, nicht umhin, Gott inbrünstig zu danken für den großen Segen, dass wieder ein Tag ohne Unglück hingegangen ist. Ich kann auch noch immer nicht ohne Entsetzen daran denken, was aus der Aufdeckung Ilions und was aus mir geworden wäre, wenn die sechs Mann von der fallenden Mauer zermalmt worden wären; kein Geld und keine Versprechungen hätten mich dann retten können; die armen Witwen hätten mich in ihrer Verzweiflung zerrissen, denn das haben die trojanischen Frauen mit allen Griechinnen gemein, dass der Mann, mag er alt oder jung, reich oder arm sein, alles bei ihnen ist und Himmel und Erde nur von sekundärem Interesse für sie sind.

Auf der neu angelegten westlichen Terrasse, unmittelbar neben meiner vorjährigen Ausgrabung, haben wir einen Teil eines großen Gebäudes bloßgelegt, dessen Wände eine Dicke von 1 Meter 90 Zentimeter haben und aus mit Lehm verbundenen, größtenteils behauenen Muschelsteinen bestehen, von denen keiner mehr als $^1/_2$ Meter lang zu sein scheint und die so geschickt zusammengelegt sind, dass die Wand eine glatte Fläche bildet. Dieses Haus ist in 6 Meter Tiefe auf einer Schicht gelber und brauner Asche und Trümmer gebaut, und der erhaltene Teil der Wände reicht bis 3 Meter unter des Berges Oberfläche. In dem Haus, so weit wir bis jetzt gegraben haben, fanden wir nur eine Vase mit zwei Brüsten nach vorne und einer Brust auf der Seite und eine Menge jener viel besprochenen runden Terrakotten in der Form des Vulkans und des Karussells, welche sämtlich fünf oder sechs vierfache aufgehende Sonnen im Kreis um die Zentralsonne haben. Diese Gegenstände, die Tiefe von 6 Meter sowie die beschriebene Bauart der Wände lassen keinen Zweifel darüber, dass das Haus Jahrhunderte vor Gründung der griechischen Kolonie gebaut wurde, deren Trümmer ja nur eine Tiefe von 2 Meter erreichen. Ein großes Interesse gewährt es mir, von dem großen Graben aus, also in einer senkrechten Höhe von 10 bis 14 Metern, dieses uralte Gebäude, welches 1000 Jahre v. Chr. errichtet sein mag, gleichsam in der Luft schweben zu sehen. Aber zu meinem Leidwesen muss es auf jeden Fall weggebrochen werden, um tiefer graben zu können.

Wie gesagt, ist unmittelbar unter diesem Haus eine Schicht von Trümmern und gelber und brauner Asche und folgen darauf bis zur Terrasse noch vier andere Schichten von Asche und sonstigem Hausschutt, deren jede die Überbleibsel wenigstens eines Hauses repräsentiert. Unmittelbar über der Terrasse, somit 4 Meter unter den Fundamenten jenes uralten Hauses, finde ich eine von großen Muschelkalksteinen erbaute Wand von 1 Meter 40 Zentimeter Dicke, die ich erst in meinem nächsten Bericht beschreiben kann, denn ein großer Teil des erwähnten Gebäudes und kolossale Massen von den oberen Schuttschichten, auch eine 8 Meter dicke und 6 Meter hohe Erdwand von der Terrasse selbst müssen weggebrochen werden, ehe ich imstande sein werde, einen Teil dieser Mauer bloßzulegen und zu untersuchen, wie tief sie geht. Reicht sie bis zum Urboden oder auch nur annähernd dahin, dann will ich sie mit Ehrfurcht bewahren. Es ist aber doch eine wirklich merkwürdige Tatsache, dass dies die erste von großen Steinen erbaute, wirkliche Mauer ist, die ich bis jetzt in 10 bis 16 Meter Tiefe fand, und ich kann dies in Betracht der kolossalen Maße der, besonders in 11 bis 16 Meter Tiefe, lose und unregelmäßig zusammenliegenden Steine nicht anders erklären, als dass die Häuser der Trojaner von durch Lehm verbundenen Muschelkalksteinen erbaut und daher leicht zerstörbar waren.

Wenn die Ausgrabungen durch kein Unglück gestört werden, dann hoffe ich jedenfalls in dieser Beziehung sehr bald interessante Entdeckungen zu machen.

Leider habe ich seit zwölf Tagen wenig von der unteren festen Erdwand losbrechen können, da ich zur Vermeidung der Lebensgefahr mich ganz besonders mit der Anregung und Vergrößerung der Seitenterrassen beschäftigen musste. Jetzt aber habe ich riesige eiserne Hebel von 3 Meter Länge und 16 Zentimeter Umfang angeschafft und hoffe somit fortan die härtesten Erdwände von 3 Meter Dicke, 20 Meter Breite und 5 bis 8 Meter Höhe mittels Winden auf einmal niederbrechen zu können.

Bei dieser Gelegenheit zurückkommend auf die in meinem Bericht vom 18. November v. J. besprochene runde Terrakotta, muss ich jetzt zu meinem Leidwesen die bestimmte Überzeugung aussprechen, dass keine Buchstaben, sondern nur symbolische Zeichen darauf stehen, dass z. B. das obere Zeichen durchaus einen Menschen in betender Stellung vorstellen muss, und dass die links folgenden drei Zeichen keinesfalls etwas anderes sein können als die Feuermaschine unserer arischen Vorväter, die wenig oder gar nicht veränderte Swastika.

Die in meinem Bericht vom 18. November v. J. erwähnten, in 7 $^1/_2$ Meter Tiefe auf einem Terrakotta-Scheibchen gefundenen fünf Zeichen, die ich für phönizisch hielt, haben sich leider nicht als solche herausgestellt, denn Herr Ernest Renan in Paris, dem ich das Scheibchen einsandte, erkennt nichts Phönizisches in den Zeichen und behauptet auch, dass ich nichts Derartiges in Troja würde finden können, da die Phönizier nicht die Gewohnheit hatten, auf Terrakotta zu schreiben, und überdies, außer der neu entdeckten Inschrift des Mesa, noch nie eine phönizische Inschrift gefunden sei, die über 500 Jahre vor Christus hinausginge.

Von Kellern, wie man sie in zivilisierten Ländern hat, finde ich bis jetzt weder in den Trümmerschichten griechischer noch in denen vorgriechischer Zeit die geringste Spur; dieselben scheinen überall durch irdene Behälter ersetzt worden zu sein, von denen ich auf meiner südlichen Plattform, in den Schuttschichten griechischer Zeit, bereits zehn Stück unversehrt herausgrub, welche eine Höhe von 1 Meter 85 Zentimeter bis 2 Meter und einen Durchmesser von 90 Zentimeter bis 1 Meter 25 Zentimeter haben, aber ohne Verzierungen sind. Sieben dieser Pithoi schickte ich an das Museum in Konstantinopel.

Unglücklicherweise bin ich hier, ohne eine Idee von Arzneikunde zu haben, als Arzt berühmt geworden, weil das große Quantum Chinin und Tinctura Arnicae, welches ich mitgebracht habe und freigebig austeilte, im Oktober und November v. J. hier alle Wunden und alle Fieberkranken heilte. Infolgedessen wird jetzt meine kostbare Zeit auf eine lästige Weise von Kranken in Anspruch genommen, die oft viele Meilen weit herkommen, um durch meine Medizin und meinen Rat zu genesen; denn in allen Dörfern hiesiger Gegend ist der Priester der Gemeindearzt, und da er selbst keine Medizin besitzt, auch nichts davon versteht und immer einen angeborenen Ekel gegen kaltes Wasser und alle Arten von Waschungen hat, so gebraucht er nie ein anderes Mittel als Aderlassen, welches natürlich die armen Leute zugrunde richtet. Oft zeigen schon die Runzeln rechts und links neben den Lippen der 10- und 12-jährigen Kinder, dass der Pfaffe ihnen bereits mehrmals Blut abgezapft hat. Ich hasse aber das Blutvergießen und schwärme für Kaltwasserkur; ich lasse daher niemand zur Ader und verordne fast bei allen Krankheiten die Seebäder, die hier, außer mir, der ich keine Zeit dazu habe, allen zu Gebote stehen. Meine Verordnung dieser Bäder hat ein solches Vertrauen und sogar Enthusiasmus erweckt, dass selbst Frauen, welche zu sterben glaubten, wenn sie ihren Körper mit kaltem Wasser berührten, jetzt freudig ins Meer gehen und untertauchen. Unter anderen wurde vor 14 Tagen ein 17-jähriges Mädchen aus Neo-Chori zu mir gebracht; ihr Körper war mit Geschwüren bedeckt, besonders das Gesicht, und ein furchtbares Geschwür auf dem linken Auge hatte dasselbe geblendet; sie konnte kaum sprechen, nicht gehen oder stehen, hatte, wie ihre Mutter versicherte, gar keinen Appetit, ihre Brust war eingefallen und sie hustete. Ich sah sogleich, dass nur durch furchtbares Aderlassen und daraus entstandenen Blutmangel alle jene Leiden entsprungen waren, und fragte daher nicht ob, sondern nur wie viel mal man ihr Blut abgezapft hätte. Die Antwort war, sie hätte sich erkältet gehabt und der Dorfpriester hätte sie siebenmal in einem Monat zur Ader gelassen. Ich gab ihr einen Löffel voll Kastoröl ein und verordnete täglich ein Seebad; ferner, dass ihr Vater bei ihr, sobald sie zu Kräften gekommen sein würde, eine einfache passive Gymnastik, die ich genau beschrieb, anwenden solle, damit die Brust hervortrete. Ich wurde gerührt, als dasselbe Mädchen heute früh plötzlich auf der Plattform erschien, sich vor mir auf die Erde warf, meine schmutzigen Schuhe küsste und mit Freudentränen meldete, schon das erste Seebad habe ihr Appetit gegeben, alle Geschwüre hätten sofort angefangen abzutrocknen und seien verschwunden, und nur mit dem linken Auge sähe sie noch nicht; sonst wäre sie vollkommen gesund, denn selbst der

Husten hätte sich verloren. Natürlich kann ich das Auge nicht kurieren; es scheint mir aber nur mit einer Haut überzogen zu sein, und ich glaube, dass ein Augenarzt leicht diese Haut abziehen könnte. Das Mädchen hatte die drei Stunden Weges von Neo-Chori zu Fuß gemacht, um sich bei mir zu bedanken, und ich kann bezeugen, dass dies das erste Mal ist, wo man sich in der Ebene von Troja für geleistete ärztliche Dienste und gelieferte Arznei bei mir bedankt hatte; nur weiß ich nicht recht, ob es Gefühl reiner Dankbarkeit war, welches das Mädchen zu mir trieb, oder Hoffnung, ich möchte noch ein anderes Mittel wissen, das blinde Auge sehend zu machen.

Die Hitze hat hier seit einigen Tagen bedeutend zugenommen und das Thermometer zeigt den ganzen Tag 24 und 25° Réaumur im Schatten.

Auffinden eines Marmorreliefs mit dem Sonnengott Apollon

Auf dem Berge Hissarlik, 18. Juni 1872

Seit meinem Bericht vom 23. v. M. habe ich mit Einwilligung meines geehrten Freundes, des Herrn Frank Calvert, und unter der Bedingung, die zu findenden Gegenstände mit ihm zu teilen, auf dessen Hälfte dieses Berges unmittelbar neben meiner großen Plattform in 12 Meter senkrechter Tiefe unter der Bergfläche einen 31 Meter breiten dritten Graben mit einer 34 Meter breiten oberen Terrasse angelegt und lasse dort 70 Arbeiter graben, denn unmittelbar neben dem Rand des steilen nördlichen Abhangs finde ich auf dieser Stelle eine 34 Meter lange und 23 Meter breite viereckige Senkung des Bodens, welche nur durch Ausgrabungen entstanden sein kann, die schon vor Jahrhunderten von den nach Säulen oder anderen nur irgend als Grabmäler tauglichen Marmorblöcken suchenden Türken gemacht sind; sämtliche alte türkische Kirchhöfe in der Ebene von Troja und in deren Umgebung,

Triglyphenblock aus parischem Marmor mit dem Sonnengott Apollon

ja selbst bis hinter Alexandria Troas, haben nämlich tausende von solchen Marmorblöcken, die alten Bauten entlehnt sind. Die unzähligen Stücke Marmor, womit die ganze Bergfläche des Herrn Frank Calvert bedeckt ist, lässt keinen Zweifel, dass das Feld, jedenfalls jener Teil desselben, wo die viereckige Senkung ist, von türkischen Marmorsuchern durchgraben ist.

Kaum war dieser mein dritter Graben waagerecht in den Berg vorgerückt, so fand ich einen 2 Meter langen, 86 Zentimeter hohen und auf einer Seite 55, auf der anderen 36 Zentimeter dicken Triglyphenblock aus parischem Marmor, der in der Mitte eine 88 Zentimeter lange, 86 Zentimeter hohe Skulptur in Hautrelief hat, welche den Phöbos Apollon darstellt, der in langem, mit einem Gürtel versehenem Frauengewand auf vier unsterbliche, das Weltall durcheilende Rennpferde gelehnt ist. Von einem Wagen sieht man nichts. Über dem herrlichen, wallenden, ungetrennten, aber nicht langen Haupthaar des Gottes sieht man den Rand von ungefähr zwei Drittel der Sonnenscheibe mit zehn Strahlen von 6 Zentimeter und zehn von 9 Zentimeter Länge. Das Gesicht des Gottes ist sehr ausdrucksvoll, und die Falten seines langen Gewandes sind so ausgezeichnet gearbeitet, dass sie lebhaft an die Meisterwerke im Tempel der »flügellosen Nike« auf der Akropolis von Athen erinnern. Was aber besonders meine Bewunderung erregt, sind die vier Hengste, die wild vor sich hin blickend mit unendlicher Kraft das Weltall durchschnauben und deren Anatomie so genau beobachtet ist, dass ich aufrichtig bekenne, noch nie ein solches Meisterwerk gesehen zu haben. Rechts und links davon sind dorische Triglyphen; ein drittes Triglyph ist auf der linken, 55 Zentimeter dicken Seite des Marmorblocks dargestellt, während die rechte, 36 Zentimeter dicke Seite unbearbeitet ist. Oben und unten im Block sind mit Blei befestigte Eisen, und in Betracht des Triglyphs der linken Seite vermute ich, dass diese Metope neben einer anderen Skulptur, die auf der rechten Seite ebenfalls ein dorisches Triglyph hatte, die Propyläen des Tempels geschmückt hat.

Vor allem ist hier das Vorhandensein des Sonnengottes höchst merkwürdig, denn von einem Tempel der Sonne in Troja weiß Homer nichts, und die spätere Geschichte sagt uns kein Wort davon, dass es hier einen solchen gab. Das Bild des Phöbos Apollon beweist aber auch nicht, dass die Skulptur zu einem Tempel der Sonne gehört haben muss; sie kann nach meiner Meinung ebenso gut als Schmuck irgendeines anderen Tempels gedient haben.

Der Kopf des Sonnengottes sieht mir so alexandrinisch aus, dass ich an der Geschichte festhalten und glauben muss, dass dieses Kunstwerk aus der Zeit des Lysimachos stammt, der, nach Alexanders des Großen Tod hier den von diesem nach der Unterwerfung des persischen Reiches der Stadt Ilion versprochenen neuen Tempel der ilischen Athene baute.

Nach meinem Bericht vom 23. v. M. fing ich an, die steinfesten unteren Erdwände mit jenen ungeheuren, bereits beschriebenen eisernen Hebeln loszubrechen. Es wollte mir jedoch nicht glücken, denn nachdem ich an einer durch Schornsteine und Minen wohl vorbereiteten, 5 Meter hohen, 5 Meter breiten und 3 Meter dicken Erdwand drei Stunden lang mit 40 Mann gearbeitet hatte, um sie mit den großen Hebeln und Winden loszubrechen, und dies nur mit der allergrößten Mühe gelungen, nachdem die dicksten Ketten mehrmals gerissen waren, fiel die nächste Erdwand ganz von selbst und begrub den Georgios Photidas und einen Arbeiter, welche mit dem Untergraben beschäftigt waren und sich durch untergestellte, 60 Zentimeter hohe, 25 Zentimeter dicke Holzblöcke, die mit 8 Zentimeter dicken Brettern bedeckt waren, vollkommen sicher geglaubt hatten. Wir alle glaubten natürlich, die beiden Menschen wären zermalmt unter der gewaltigen Stein- und Erdmasse von 75 Kubikmetern, welche die dicken Bretter zersplittert hatte, und unser Schreck war entsetzlich. Aber ohne einen Augenblick zu verlieren, gingen wir an die Arbeit, die Unglücklichen herauszuholen. Kaum hatten wir damit angefangen, so hörten wir das Ächzen beider unter der Erdlast, denn die Blöcke waren nur umgefallen und unterstützten noch, in der Länge liegend, einigermaßen die Wölbung, sodass den Leuten etwas Luftraum zum Atemholen geblieben war. Die Rettung aber konnte, der in mehrere große Scheiben zerspaltenen Erdwand wegen, nicht ohne die größte Gefahr geschehen, und beide Männer mussten mit Messern herausgeschnitten werden; ich schnitt den Georgios Photidas mit meinem Taschenmesser heraus, der andere wurde von meinen Arbeitern herausgeschnitten.

Infolge dieses Ereignisses habe ich beschlossen, von dem großen Graben aus nur erst einen oben 30, unten 20 Meter breiten Durchstich den Urboden entlang durch den ganzen Berg zu machen und erst nach Vollendung desselben den übrigen Teil des großen Grabens durchzustechen; denn dann werde ich imstande sein zu beurteilen, wie es am besten zu bewerkstelligen ist. Ich lasse diesen 30 Meter breiten Kanal in seiner ganzen Länge auf einmal in Angriff nehmen und hoffe, ihn so in zwei Monaten fertig zu kriegen. Bei Grabung dieses Kanals fand ich, dass in 21 Meter Abstand vom Bergabhang der Urboden sich allmählich um 2 Meter hebt, und da der Durchstich notwendigerweise dem Urboden folgen muss, so habe ich von der Stelle ab den Schutt wieder auf den großen Graben werfen lassen und habe so auf demselben, bis zum Bergabhang, einen 20 Meter breiten, 2 Meter hohen Damm gebildet.

Der große Graben von West nach Ost

Wären es nicht die herrlichen Terrakotten, die ich ausschließlich auf dem Urboden und bis 2 Meter über demselben finde, dann würde ich beschwören, dass ich in 8 und genau bis 10 Meter Tiefe in den Trümmerschichten des homerischen Troja bin, denn in dieser Tiefe fand ich im vorigen Jahr und finde ich in diesem Jahr tausend wunderbare Sachen, während ich in den untersten Schichten, deren Wegräumung mich so unsägliche Mühe kostet, verhältnismäßig nur wenig finde. Es kommen täglich einige jener runden Stücke sehr feiner Terrakotta aus denselben hervor, und es ist merkwürdig, dass diejenigen, welche ganz ohne Verzierungen sind, immer in der gewöhnlichen Form und Größe der kleinen Karussells und Vulkane, diejenigen dagegen, welche Verzierungen haben, fast alle flach und in der Form des Rades sind.

Metall, wenigstens Gold, Silber und Kupfer, waren den Trojanern bekannt, denn ich fand ein kupfernes, stark vergoldetes Messer, eine silberne Haarnadel und viele kupferne Nägel in 14 Meter, und mehrere 10 bis 16 Zentimeter lange kupferne Nägel in 16 Meter Tiefe. Kupferne Waffen und Werkzeuge müssen da gewesen sein, ich habe aber bis jetzt noch nichts davon gefunden.

Von Terrakotten kam alles in ganz zerbrochenem Zustand heraus, jedoch habe ich von einer Menge Vasen und mehreren Töpfen alle oder fast alle Stücke, sodass ich sie wieder zusammensetzen kann.

Nur von ein paar glänzend schwarzen trojanischen tiefen Tellern habe ich so ziemlich alle Stücke, sodass ich sie wieder zusammensetzen kann; diese Teller sind sehr merkwürdig, denn sie haben an zwei Seiten am Rand lange horizontale Röhren zum Aufhängen an Schnüren; bei den großen Schüsseln sind diese Röhren sehr groß. Von mehreren schwarzen Doppelbechern habe ich Bruchstücke, aber nicht genug von einem, um ihn wiederherstellen zu können.

Leider haben die furchtbaren Steinlasten in den untersten Schichten alle zerschlagen oder zerdrückt; aber alles, was ich von dieser herrlichen Töpferware habe retten können, zeugt von Reichtum und Kunst, und man sieht auf den ersten Blick, dass ein Volk sie anfertigte, das ganz verschieden ist von dem, welchem die Schuttschichten in 7 bis 10 Meter Tiefe angehören.

Es kommen ferner in diesen Tiefen viele Tierknochen, Eberzähne, kleine Muscheln, Büffel-, Bocks- und Rehhörner sowie die Rückgratsknöchel des Haifisches vor.

Die Häuser und Paläste, in welchen die herrlichen Terrakotten gebraucht wurden, waren groß und geräumig, denn zu ihnen gehören alle jene gewaltigen Massen großer behauener und unbehauener Steine, welche 4 und 6 Meter hoch dieselben bedecken. Diese Häuser und Paläste waren leicht zerstörbar, denn die Steine waren nur mit Erde zusammengefügt, und als die Mauern fielen, wurde durch die gewaltigen Blöcke alles zerschmettert, was in den Häusern war. Das alte trojanische Volk verschwand gleichzeitig mit der Zerstörung seiner Stadt, denn in keiner der folgenden Schuttschichten findet sich solche Bauart von großen, durch Erde verbundenen Steinblöcken, in keiner sieht man in den Terrakotten, mit Ausnahme der runden Stücke in der Form des Karussells und des Vulkans, eine Ähnlichkeit mit jener von Kunstsinn zeugenden ausgezeichneten Töpferarbeit des Volkes von Priamos.

Auf der Baustelle der zerstörten Stadt erbauten neue Ansiedler verschiedener Zivilisation, Sitten und Gewohnheiten sogleich wieder eine neue Stadt; aber nur die Fundamente ihrer Häuser bestanden aus mit Lehm zusammengefügten Steinen; alle Hauswände waren aus ungebrannten Ziegeln gebaut. Viele solcher Wände sieht man in 7 bis 10 Meter Tiefe in den Erdwänden meiner Ausgrabungen; sie sind dadurch erhalten geblieben, dass die Häuser ausbrannten und die ungebrannten Ziegel der Wände durch die Glut eine Art Ziegelkruste erhielten oder wirkliche gebrannte Ziegel wurden.

Die vom alten Troja übrig gebliebenen Mauerreste mussten natürlich von neuen Ansiedlern, welche so ganz verschiedene Lebensweise und Bauart hatten, niedergebrochen werden, und somit ist es erklärlich, dass ich, mit

Ausnahme einer kleinen Wand im nördlichen Eingang meines großen Kanals, bis jetzt nicht imstande bin, eine einzige Mauer des alten Troja aufzuweisen, und dass ich bis dahin der Wissenschaft nur wenige herrliche Urnen, Vasen, Töpfe, Teller, Schüsseln und nur einen Mischkrug, aber tausende von Bruchstücken anderer ausgezeichneter Gefäße als trauernde Denkmäler eines Volkes vorlegen kann, dessen Ruhm unsterblich ist.

Ich kann die Beschreibung der untersten Schuttschichten nicht schließen, ohne zu erwähnen, dass ich zwischen den großen Steinblöcken, in 12 bis 16 Meter Tiefe, zwei Kröten, auch in 12 Meter Tiefe eine kleine sehr giftige Schlange mit schildförmigem Kopf fand. Letztere kann von oben dahin gelangt sein; dies ist aber unmöglich für die großen Kröten; dieselben müssen 3000 Jahre in diesen Tiefen zugebracht haben. Sehr interessant ist es, in den Ruinen Trojas lebende Geschöpfe aus der Zeit des Hektor und der Andromache zu sehen, selbst wenn diese Geschöpfe nur Kröten sind.

Die Existenz der Nation, welche den Trojanern folgte, war ebenfalls von langer Dauer, denn ihr gehörten alle jene Schuttschichten in 10 bis 17 Meter Tiefe.

In den Schuttschichten derselben Nation fand ich auch kupferne Streitäxte, Lanzen, Pfeile, Messer und Werkzeuge verschiedener Art sowie viele Formen aus Glimmer und Chloritschiefer zum Gießen dieser und vieler anderer, mir teilweise ganz unbekannter Gegenstände. Petschafte aus Terrakotta mit Kreuzen und anderen Verzierungen sind nicht diesen Schuttschichten allein eigen, sondern kommen von 10 Meter bis nur 1 Meter Tiefe vor. Ferner erscheinen auf einer Seite ovale, auf der anderen platte Handmühlsteine aus Lava und mitunter auch aus Granit; große und kleine Hämmer, Keile, Kugeln mit einem Loch durch die Mitte und Mörserkeulen aus Diorit, Gewichte aus Granit; Mörser und Scheiben mit einem Loch durch die Mitte zum Werfen aus Granit und anderen Steinarten.

Schleudern aus Magneteisenstein und große Massen von Messern in Gestalt von Sägen aus weißem und gelbem Silex, auch manchmal Messer aus vulkanischem Glas und Lanzen aus Diorit kommen bei diesem Volk vor, aber alle diese Werkzeuge sind besser gearbeitet als in den Schichten oberhalb 7 Meter Tiefe.

Es kommen in diesen Schuttschichten auch sehr viele Idole aus sehr feinem Marmor vor, und auf vielen sieht man das Eulengesicht der ilischen Athene sowie ihren Gürtel eingraviert; auch kam in 8 Meter Tiefe ein Idol derselben Eulengesichtsgöttin aus Terrakotta vor; vier horizontale Striche am Hals scheinen ihre Rüstung anzudeuten; von ihren Armen ist nur einer erhalten in emporgehobener Stellung; zwei Linien, die von den Armen ausgehen und sich in der Gegend des Bauchnabels kreuzen, geben ihr ein kriegerisches Ansehen; zwei Punkte bezeichnen ihre Brüste; ihr langes Haar ist deutlich auf dem Hinterkopf angedeutet.

In 9 $^{1}/_{2}$ Meter Tiefe fand ich in der gelben Asche eines ausgebrannten Hauses einen großen Klumpen dicken Draht, den ich für Kupferdraht hielt und daher gleichgültig auf meinen Tisch legte; als aber der Klumpen zufälligerweise hinuntergeworfen wurde, zerbrach ein Silberdraht, der das Paket zusammengehalten hatte, und es kamen drei silberne Armbänder zum Vorschein, von denen eines einfach, das andere doppelt und das dritte dreifach ist; in Letzterem ist ein sehr künstlicher Schmuck, auch ein Ohrring mit einem Blatt, das aus sechs Drähten gebildet ist; diese Gegenstände müssen in der Feuersbrunst durch die Glut mit dem Armband zusammengeschmolzen sein, denn so wie es jetzt ist, wäre es unmöglich, es auf den Arm zu stecken. Es zeigte sich ferner in dem Klumpen ein sehr hübscher goldener Ohrring, der auf beiden Seiten drei Reihen von Sternchen hat. Es fanden sich ferner darin zwei Pakete oder Bunde von Ohrringen verschiedener Form, die meisten sind aus Silber und laufen in fünf Blätter aus. Zugleich waren aber auch darin mehrere Ohrringe gleicher Form aus Elektron enthalten; von drei Ohrringen weiß ich ganz bestimmt, dass sie aus diesem Metall sind, denn sie stehen hervor; es sind aber wahrscheinlich noch mehrere aus Elektron in den beiden Bünden, die ich, aus Furcht, die silbernen Ohrringe zu zerbrechen, die stark vom Rost gelitten haben, nicht zu lösen wage.

Nach Plinius und Pausanias war Elektron eine künstliche Metallmischung aus vier Teilen Gold und einem Teil Silber. Auch die ältesten lydischen Münzen sind aus Elektron. Alle vorgenannten Ohrringe und Armbänder lasse ich fotografieren.

Es kommen in diesen Tiefen auch nicht selten Kugeln aus Serpentin oder Porphyr vor, die 5 Zentimeter im Durchmesser und ein Loch durch die Mitte haben. Man findet außerdem Löffel aus Knochen oder Terrakotta und große Massen von Werkzeugen aus Elfenbein und Knochen zum Stechen; auch fand ich ein sehr künstlich bearbeitetes Stück Ebenholz, welches jedenfalls zu einem musikalischen Saiteninstrument gehört hat. In allen diesen Schuttschichten kommen viele Rückgratsknöchel des Haifisches, Eberzähne, Rehhörner und große Massen kleiner Meermuscheln vor, wovon die Trojaner und ihre Nachfolger zu allen Zeiten große Liebhaber gewesen sein müssen.

Ich komme jetzt an die Schuttschichten in 7 bis 4 Meter Tiefe, welche augenscheinlich auch von einem Volk arischen Stammes herrühren, welches die auf Trojas Ruinen erbaute Stadt wieder einnahm, zerstörte und die Einwohner ausrottete, denn ich fand in diesen 3 Meter dicken Schichten keine Spur von Metall, außer zwei Nägeln und einem Stückchen Silberdraht, während die Bauart der Häuser eine gänzlich verschiedene ist. Hier nämlich finde ich wiederum alle Hauswände aus mit Lehm zusammengesetzten kleinen Steinen, welche in dem größeren

Gebäuden mehr oder weniger behauen, in den kleineren aber ganz unbehauen sind.

In diesen Schuttschichten (7 bis 4 Meter Tiefe) sind nicht nur sämtliche steinerne Werkzeuge viel plumper gearbeitet, sondern auch alle Terrakotten sind schlechter Qualität; dennoch aber kann ihnen bei all ihrer Einfachheit eine gewisse Eleganz nicht abgesprochen werden.

Eine neue Epoche in der Geschichte Ilions trat ein, als die Schuttaufhäufung dieses Berges die Höhe von 4 Meter unter seiner gegenwärtigen Oberfläche erreicht hatte, denn die Stadt wurde wiederum zerstört und die Einwohner getötet oder vertrieben durch ein armseliges Volk.

Mit dem Volk, dem diese Schuttschichten (von 4 bis 2 Meter Tiefe) angehören, hört die vorgriechische Zeit auf, denn von nun an sieht man viele Mauerreste hellenischer Bauart aus ohne Verbindungsmittel zusammengelegten, schön behauenen Steinen, und in den allerobersten Schichten selbst die Ruinen von Hausmauern, in welchen die Steine mit Kalk oder Zement zusammengefügt sind. Auch die schon hin und wieder in 2 Meter Tiefe vorkommenden bemalten und unbemalten kunstvollen Terrakotten lassen keinen Zweifel darüber, dass eine griechische Kolonie sich Ilions bemächtigt hat, als die Oberfläche dieses Berges noch 2 Meter niedriger war als jetzt. Es ist unmöglich, genau zu bestimmen, wann diese neue Kolonisation stattgefunden hat; jedenfalls aber muss sie viel älter sein als der von Herodot berichtete Besuch des Xerxes, welcher 480 v. Chr. stattfand. Nach Strabon wurde die Stadt unter lydischer Herrschaft gebaut; dieses Ereignis mag daher um circa 700 v. Chr. stattgefunden haben, denn den Anfang der lydischen Herrschaft hat man auf 797 v. Chr. festgestellt. Kannelierte Töpfe, denen die Archäologen ein Alter von 200 Jahren v. Chr. zuschreiben, kommen hier gleich unter der Oberfläche von $^1/_2$ bis 1 Meter Tiefe vor.

Die runden Stücke mit einem Loch durch die Mitte, ohne Verzierungen oder mit Verzierungen, welche die

Sonne mit ihren Strahlen oder die Sonne mit Sternen oder vier ein Kreuz bildende, doppelte oder dreifache aufgehende Sonnen oder auch die Sonne in der Mitte eines einfachen oder doppelten Kreuzes darstellen, kommen in Menge bis zu 1 Meter Tiefe vor; aber in diesen höchsten Schichten ist die Qualität des Tons dieser runden Stücke eine sehr schlechte, und die symbolischen Zeichen sind sehr grob und kunstlos eingeschnitten. Ja, meine Frau, die für die Aufdeckung Ilions schwärmt und mir eifrig bei meinen Ausgrabungen hilft, fand in einer Exkavation, welche sie mit ihren Dienstmädchen neben unserem Haus auf diesem Berg machte, dieselben runden Terrakotten, mit und ohne Verzierungen, sogar bis ganz dicht unter der Oberfläche. Wie diese höchst merkwürdigen, mit den urältesten religiösen Symbolen der arischen Rasse verzierten Stücke bei den vier Völkern, welche das eine nach dem anderen Ilion innehatten, und darauf sogar bei der zivilisierten griechischen Kolonie noch über 1000 Jahre in Anwendung bleiben konnten – das ist für mich ein ebenso unlösbares Rätsel wie der Zweck, wozu sie gebraucht wurden. Wenn sie, wie ich jetzt vermute, das Rad darstellten, welches im Rigvêda das Symbol des Sonnenwagens ist, so wurden sie wohl als Exvotos gebraucht, oder sie wurden auch als Idole des Sonnengottes, des Phöbos Apollon, angebetet. Aber wozu dann die kolossale Menge davon?

Der griechischen Kolonie gehört natürlich jener mehrfach erwähnte, von behauenen Steinen mit Zement aufgemauerte Brunnen an, den ich hier im vorigen Jahr in 2 Meter Tiefe entdeckte; ferner natürlich alle jene ungeheuren Wasser- oder Weinurnen (Pithoi), die ich in den höchsten Schichten finde. Ich finde sowohl diese kolossalen Behälter als auch alle in den tieferen und tiefsten Schichten vorkommenden großen irdenen Pithoi stets in aufrechter Stellung, und dies ist der beste Beweis, wenn überhaupt noch ein Beweis nötig wäre, dass die gewaltigen

Schuttmassen nicht von einem anderen Ort hierher gebracht sein können, sondern dass sie sich ganz allmählich im Laufe der Jahrtausende dadurch gebildet haben, dass die Eroberer und Zerstörer von Ilion oder wenigstens die neuen Ansiedler nach der Eroberung und Zerstörung nie dieselbe Zivilisation und Gewohnheiten hatten wie ihre Vorgänger; dass somit viele Jahrhunderte lang Häuser mit Wänden von ungebrannten Ziegeln standen auf den 4 und 6 Meter dicken, gewaltigen Steinmassen der ungeheuren trojanischen Gebäude; dass wieder jahrhundertelang Häuser aus mit Lehm zusammengefügten Steinen auf die Trümmer der Lehmhäuser gesetzt wurden; dass auf dem Schutt dieser steinernen Häuser wieder eine lange Zeit hindurch hölzerne Häuser errichtet wurden, auf deren verkohlten Trümmern endlich die Bauten der griechischen Kolonie gegründet wurden, die anfänglich aus großen behauenen Steinen mit Kalk oder Zement bestanden. Auf diese Weise erscheint es nicht mehr wunderbar, dass diese Trümmermassen, welche jetzt den Urboden bedecken, eine Dicke von mindestens 14 und 16 Metern haben.

Auf dem Berge Hissarlik, 13. Juli 1872

Mein letzter Bericht war vom 18. Juni. Da ich bei der Größe meiner Ausgrabungen gar nicht imstande bin, mit weniger als 120 Mann zu arbeiten, so habe ich, der Erntezeit wegen, schon seit dem 1. Juni den Tagelohn auf 12 Piaster erhöhen müssen und würde selbst dadurch nicht imstande gewesen sein, die nötige Zahl von Leuten zusammenzubringen, hätte nicht Herr Max Müller, der würdige deutsche Konsul in Gallipoli, die Güte gehabt, mir 40 Arbeiter von dort zu schicken. Infolgedessen habe ich selbst in der schwersten Erntezeit immer 110 bis 120 Arbeiter gehabt, und jetzt, da die Ernte beendigt ist, habe ich beständig 150.

Zur Erleichterung der Arbeiten habe ich mir durch die

Güte des englischen Konsuls, Herrn Charles Cookson in Konstantinopel, 10 Mancarts angeschafft, die von zwei Mann gezogen und von einem dritten geschoben werden. Derselbe hat außerdem 20 Schiebkarren geschickt, sodass ich jetzt mit 10 Mancarts und 88 Schiebkarren arbeiten lasse. Ich halte aber außerdem noch sechs Schuttwagen mit Pferden, wovon jeder 5 Franken täglich kostet, und somit übersteigen die Gesamtkosten der Ausgrabungen täglich 400 Franken. Außer Böcken, Ketten und Winden bestehen meine Werkzeuge aus 24 großen eisernen Hebeln, 108 Spaten und 103 Hacken, alle besten englischen Fabrikats. Es wird von Sonnenaufgang bis Sonnenuntergang eifrig gearbeitet, denn ich habe drei tüchtige Aufseher, und meine Frau und ich sind stets bei den Arbeiten. Dennoch kann ich nicht rechnen, dass ich jetzt mehr als 300 Kubikmeter Schutt täglich fortschaffe, denn die Entfernung wird immer größer und übersteigt an mehreren Stellen schon 80 Meter, und außerdem ist auch der beständige Nordsturm, der uns den Staub fortwährend in die Augen treibt und uns blendet, bei den Arbeiten äußerst hinderlich. Dieser immer währende Sturm erklärt sich vielleicht dadurch, dass zunächst das Meer von Marmara und dann das Schwarze Meer durch eine verhältnismäßig enge Wasserstraße mit dem Ägäischen Meer verbunden sind. Da man aber solche fortwährenden Stürme sonst nirgends in der Welt kennt, so muss Homer in der Ebene von Troja gelebt haben, denn sonst könnte er seiner Ilios nicht so oft das treffende Beiwort »das windige« oder »stürmische« geben, welches er sonst keinem anderen Ort gibt.

Wie bereits erwähnt, habe ich in 12 Meter senkrechter Tiefe unter dem Berggipfel, auf der Baustelle des wahrscheinlich von Lysimachos gebauten Tempels, einen unten 31, oben 34 Meter breiten Graben getrieben, der bereits eine Länge von 25 Meter erreicht hat. Aber zu meinem größten Schrecken sehe ich, dass ich sie um wenigstens 5 Meter zu hoch angelegt habe, denn ich bin trotz der großen Tiefe und der großen Entfernung vom Abhang des Berges noch immer in den Schutthaufen der griechischen Kolonie, während ich sonst am nördlichen Abhang des Berges gewöhnlich schon in weniger als 2 Meter Tiefe die Trümmer des vorhergehenden Volkes erreichte. Diesen ganzen Graben um 5 Meter tiefer zu graben, würde eine Riesenarbeit sein, für welche ich jetzt, der vorgerückten Jahreszeit wegen, nicht mehr die Geduld habe. Um aber jedenfalls baldmöglichst zu erforschen, was in den Tiefen dieses Tempels steckt, habe ich mich damit begnügt, genau 5 Meter unterhalb des Grabens und in dessen Mitte einen oben 8, unten 4 Meter breiten Einschnitt zu machen, welcher, da ich ihn gleichzeitig von unten und auf zwei Terrassen grabe, schnell fortschreitet.

Es wurden seit der Entdeckung des Sonnengottes mit den vier Pferden viele Marmorblöcke mit Darstellungen von Sonnen und Blumen gefunden, jedoch keine Skulpturen von Wichtigkeit. Von anderen Gegenständen kam in dieser Tempelausgrabung bis heute sehr wenig zum Vorschein.

Unter den tausenden und abertausenden der hier von der Oberfläche bis 14 und 16 Meter Tiefe, also vom Ende der griechischen Kolonie bis zu den Trümmerschichten der ersten Einwohner des homerischen Troja vorkommenden runden Stücke Terrakotta in Form des Vulkans, des Karussells oder des Rades habe ich noch nicht ein einziges mit symbolischen Zeichen bedecktes gesehen, auf welchem ich die geringste Spur hätte entdecken können, dass es zu irgendeinem häuslichen Gebrauch benutzt worden wäre; dagegen finde ich zwischen denen, welche ohne Verzierungen sind, einige wenige in der Form des Vulkans, vielleicht zwei unter hundert, deren oberer Teil deutliche Spuren der Abreibung und somit des Gebrauchs am Spinnrad oder in Webstühlen zeigen. Dass diese herrlichen, oft mit den feinsten, kunstvollsten eingravierten

Zeichnungen bedeckten Stücke als Gewichte in Fischernetzen gedient haben sollten, daran ist nicht im Entferntesten zu denken, denn abgesehen von allen anderen dagegen sprechenden Gründen, haben Stücke aus Terrakotta nicht die nötige Schwere und werden natürlich beim Gebrauch im Wasser sogleich verdorben.

Von jenen herrlichen roten Bechern in der Form großer Champagnergläser, ohne Fuß und mit zwei ungeheuren Henkeln, wurden dieser Tage viele gefunden, darunter einer von 27 Zentimeter Höhe; ich fand aber bereits einen von 32 Zentimeter Höhe. Auch kamen in den letzten Tagen aus 8 bis 10 Meter Tiefe viele Töpfchen vor mit drei Füßchen mit Röhren an den Seiten und Löchern im Munde zum Aufhängen und mit hübschen eingeschnittenen Verzierungen. Im Ganzen genommen kamen in den letzten Tagen aus allen Schuttschichten viele schöne Terrakotten zum Vorschein.

Da in den der dunklen Nacht vorgriechischer Zeit angehörigen Trümmern jeder Gegenstand, der Spuren menschlichen Kunstsinns trägt, eine Seite der Geschichte für mich ist, so muss ich vor allen Dingen dafür sorgen, dass mir nichts entgeht, ich bezahle daher meinen Arbeitern ein Trinkgeld von 10 Paras (5 Centimes) für jeden Gegenstand, der den geringsten Wert für mich hat, also auch für jedes runde Stück Terrakotta mit religiösen Symbolen. Und, wer sollte es glauben, ungeachtet der ungeheuren Masse derartiger vorkommender Stücke versuchen meine Arbeiter manchmal auf den unverzierten

Becher mit zwei Henkeln (»Depas amphikypellon«)

Stücken Verzierungen zu machen, um den Preis zu verdienen; besonders die Sonne mit ihren Strahlen ist der Gegenstand ihres Kunstfleißes. Ich erkenne natürlich die gefälschten Symbole auf der Stelle, bestrafe auch die Fälscher immer mit einem Abzug von 2 Piastern vom Tagelohn, aber bei dem fortwährenden Wechsel der Arbeiter wird die Fälschung doch noch immer von Zeit zu Zeit versucht.

Da ich bei meinen vielen Arbeiten nicht die Namen aller meiner Arbeiter im Gedächtnis behalten kann, so nenne ich sie je nach ihrem mehr oder weniger gottesfürchtigen, militärischen oder gelehrten Aussehen: Derwisch, Mönch, Pilgrim, Korporal, Doktor, Schulmeister usw., und kaum habe ich einen solchen Namen gegeben, so wird der gute Mann von allen bei demselben so genannt, solange er bei mir ist. Auf diese Weise habe ich viele Doktoren, von denen keiner lesen oder schreiben kann.

Eine Idee von der bedeutenden Bevölkerung Ilions zur Zeit des Lysimachos geben unter anderem die ungeheuren Dimensionen des von ihm gebauten Theaters, welches sich neben der Pergamos, wo ich grabe, befindet und dessen Bühne eine Breite von 60 Meter hat.

Die Tageshitze von 32° Celsius bemerkt man hier gar nicht infolge des fortwährenden Sturms, und die Nächte sind kühl und erfrischend.

Nächst dem unaufhörlichen, unerträglichen Sturm ist die hiesige ungeheure Menge von Insekten und Ungeziefer aller Art unsere größte Plage; besondere Angst aber haben wir vor den Skorpionen und den so genannten Vierzigfüßlern, die oft von der Decke des Zimmers auf uns oder neben uns niederfallen und deren Biss tödlich sein soll.

Ich kann nicht schließen, ohne eine höchst merkwürdige Persönlichkeit, den Krämer Konstantinos Kolobos, in dem in der Ebene von Troja gelegenen Dorf Neo-Chorion, zu erwähnen, welcher, obwohl ohne Füße geboren, dennoch im Kleinhandel, in einem armseligen Dorf, ein bedeutendes Vermögen erworben hat. Aber sein Talent ist nicht allein auf den Handel beschränkt, es dehnt sich auch auf Sprachkenntnis aus, und obwohl Kolobos mit den rohen, unwissenden Dorfjungen aufgewachsen ist und nie einen Lehrer gehabt hat, so ist es ihm dennoch durch Selbstunterricht gelungen, sich die italienische und französische Sprache so eigen zu machen, dass er beide fertig schreibt und spricht. Auch im Altgriechischen hat er es durch mehrmaliges Abschreiben und Auswendiglernen eines großen etymologischen Lexikons und durch das Lesen aller Klassiker zu einer bewunderungswürdigen Fertigkeit gebracht und weiß ganze Rhapsodien der Ilias auswendig. Wie jammerschade ist es, dass ein solches Genie ohne jeglichen Nutzen für die Welt in einem erbärmlichen Dorf der Troade verkümmern muss in der steten Gesellschaft ganz roher, unwissender Menschen, die ihn alle mit Bewunderung begaffen, von denen ihn aber niemand versteht.

Taufe der Akropolis als »Pergamos von Troja«

Pergamos von Troja, 4. August 1872

Auf der Südseite des Berges, wo ich wegen der Geringfügigkeit der natürlichen Senkung meinen großen Kanal machen musste, entdeckte ich in einer Entfernung von 60 Metern vom Bergabhang einen 12 Meter dicken Turm, der mir ebenfalls den Weg sperrt und sehr lang zu sein scheint, und ich bin eifrig damit beschäftigt, rechts und links davon große Ausgrabungen zu machen, um ihn ganz ans Licht zu bringen, denn außer dem gewaltigen Interesse, welches dieser Turm für die Wissenschaft hat, muss ich auch notgedrungen einen Kanal graben zum Abfluss des Winterregenwassers, welches sonst von meiner 60 Meter langen, stark gesenkten Plattform mit

Ungestüm auf den Turm stürzen und denselben beschädigen würde. Ich habe ihn auf der Nord- und der Südseite auf die ganze Breite meines Kanals bloßgelegt und mich überzeugt, dass er in 14 Meter senkrechter Tiefe auf den Felsen gebaut ist.

An die Nordseite des Turmes lehnt sich eine 20 Meter breite, 5 Meter hohe Anhöhe von Kalkerde, welche augenscheinlich von dem Schutt gemacht ist, den man abzugraben hatte, um den Felsen für den Aufbau des Turmes zu ebnen. Ich habe natürlich diese Anhöhe durchstochen.

Wie ungeheuer die Schwierigkeiten sind, rechts und links vom Turm über 13 Meter tiefe Ausgrabungen zu machen, wo der Schutt über 80 Meter weit weggeschleppt werden muss, davon kann sich nur derjenige eine Idee machen, der diesen Ausgrabungen beigewohnt hat. Da bei so großer Entfernung die Arbeit für die Schiebkarren und Mancarts sehr ermüdend ist, so sind mir die von Pferden gezogenen Schuttkarren, deren ich jetzt sieben halte, von sehr großem Nutzen.

Wie der Turm jetzt ist, ist er nur 6 Meter hoch, indessen die Natur seiner Oberfläche und die Massen der an beiden Seiten liegenden Steine scheinen zu beweisen, dass er einst viel höher war. Aber die Erhaltung dessen, was übrig ist, haben wir nur Trojas Trümmern zu verdanken, welche den Turm, so wie er jetzt ist, ganz und gar bedeckten. Wahrscheinlich blieb aus Trojas Zerstörung viel mehr von ihm erhalten, und der über die Trümmer der Stadt hervorragende Teil desselben wurde von den Nachfolgern der Trojaner vernichtet, welche weder Mauern noch Festungswerke hatten. Der westliche Teil des Turmes, so weit er bis jetzt bloßgelegt ist, ist nur 37 bis 38 Meter von dem steilen westlichen Abhang des Berges entfernt, und in Betracht der enormen Schuttaufhäufung glaube ich daher, dass der Turm einst an der westlichen Kante der Akropolis gestanden hat, wo seine Lage höchst interessant und imposant war und man von ihm nicht nur die ganze trojanische Ebene, sondern auch das Meer mit den Inseln Tenedos, Imbros und Samothrake überschauen konnte. Es gab und gibt auf Trojas Baustelle keine erhabenere Lage als diese, und ich vermute daher, dass er Ilions großer Turm war, auf welchen Andromache stieg, weil sie gehört hatte, die Trojaner seien bedrängt und gewaltig sei der Achäer Obmacht.

Nachdem dieser Turm 31 Jahrhunderte lang tief unter dem Schutt begraben war und jahrtausendelang ein Volk nach dem anderen seine Häuser und Paläste hoch über seinem Gipfel erbaut hatte, ist er jetzt wieder ans Licht gekommen und übersieht, wenn auch nicht die ganze Ebene, doch wenigstens den nördlichen Teil derselben und den Hellespont.

Möge dies heilige, erhabene Denkmal von Griechenlands Heldenruhm fortan auf ewige Zeiten die Blicke der durch den Hellespont Fahrenden fesseln, möge es ein Wallfahrtsort werden für die wissbegierige Jugend aller künftigen Generationen und sie begeistern für die Wissenschaft, besonders für die herrliche griechische Sprache und Literatur; möge es die Veranlassung werden zur baldigen vollständigen Aufdeckung von Trojas Ringmauern, die notwendigerweise mit diesem Turm, höchstwahrscheinlich auch mit der auf der Nordseite von mir bloßgelegten Mauer in Verbindung stehen müssen und deren Aufdeckung jetzt sehr leicht ist.

Die Kosten von Ilions Ausgrabung sind aber zu groß für Privatvermögen, und ich hoffe, es wird sich später eine Gesellschaft bilden oder eine Regierung beschließen, meine Exkavationen fortzusetzen, damit ich zur Ausgrabung der Akropolis von Mykene schreiten kann. Fürs Erste setze ich die Ausgrabungen auf eigene Kosten fort, werde mich aber künftighin auf die allmähliche Bloßlegung der großen Ringmauern beschränken, welche jedenfalls in großer Tiefe unter der von Lysimachos erbauten Stadtmauer mehr oder weniger gut erhalten sind.

Ehe ich noch den geringsten Mauerrest von Ilion gesehen hatte, habe ich schon in meinen Aufsätzen wiederholt versichert, dass die ganze Stadt so gebaut war, wie es sich jetzt bei der Mauer und dem Turm herausstellt, nämlich aus mit Erde verbundenen Steinen. Dass diese Bauart, wenn nicht älter, doch wenigstens ebenso alt ist wie die so genannte kyklopische, das beweisen die auf gleiche Weise erbauten Mauern und Häuser in Thera (Santorin) und Therassia, welche bekanntlich unter drei Schichten vulkanischer Asche entdeckt sind. Letztere sind aber von einem Zentralvulkan ausgeworfen, der, wie man allgemein annimmt, spätestens 1500 Jahre v. Chr. ins Meer versunken sein muss.

Auf der Baustelle des Tempels fand ich in 2 Meter Tiefe einen 1 Meter 57 Zentimeter hohen, 80 Zentimeter breiten und ebenso dicken, ungefähr 50 Zentner wiegenden Marmorblock mit einer Inschrift aus der Zeit des Kaisers Antonius Pius.

Die Abgrabungen links und rechts vom Turm müssen leider von oben geschehen, was langsamer geht, aber den Vorteil gewährt, noch einmal wieder mit großer Genauigkeit konstatieren zu können, in welchen Tiefen die verschiedenen Gegenstände vorkommen.

Die viel besprochenen kleinen Vulkane und Karussells aus Terrakotta mit einfachen und doppelten Kreuzen mit den Marken der vier Nägel oder mit drei, vier oder fünf doppelten aufgehenden Sonnen im Kreise um die Zentralsonne, kommen östlich vom Turm schon ganz dicht unter der Oberfläche, nämlich schon in 30 Zentimeter Tiefe, vor. Schon in 2 Meter Tiefe entdeckte ich dort einen kleinen, roh gearbeiteten Becher mit dem Eulengesicht der ilischen Schutzgöttin. In 6 Meter Tiefe wurde ein 23 Zentimeter langes Gefäß gefunden, welches ganz die Gestalt eines Tieres hat; es hat drei Füße, Schwanz und aufrecht stehenden Hals, der mit dem Rücken durch einen großen Henkel verbunden ist. In 7 Meter Tiefe fand ich eine sehr hübsche Vase mit dem Eulenkopf der Schutzgöttin Trojas, ihren beiden Frauenbrüsten und Bauchnabel; sie hat ihre beiden Arme neben dem Kopf emporgehoben, die als Griffe dienen. Aus gleicher Tiefe kamen eine sonderbare knöcherne Säge, aus 8 Meter Tiefe Idole mit dem Bild der ilischen Athene und ihrem Gürtel aus sehr feinem Marmor. Auch fand ich in 8 bis 11 Meter Tiefe in den letzten Tagen viele große Vasen und Gefäße verschiedener Form mit zwei, drei und vier Henkeln, außerdem in 10 Meter Tiefe ein tierähnliches Gefäß mit drei Füßen und Schwanz; ein vom aufrecht stehenden Hals ausgehendes Horn, welches als Henkel dient, verbindet den Kopf mit dem hinteren Rücken; dieses Gefäß sieht einer Lokomotive nicht unähnlich.

In 14 Meter Tiefe wurden vorgestern viele sehr interessante Sachen gefunden, der Hals einer glänzend roten Vase mit Eulenkopf, der ein paar ungeheuer große Augen hat; ein 22 Zentimeter langes, 18 Zentimeter hohes und 15 Zentimeter dickes glänzend braunes Gefäß in der Form einer Sau, ferner eine Lanze und mehrere Werkzeuge sowie viele Nägel aus Kupfer und Nadeln aus Elfenbein zum Sticken.

In der Asche desselben augenscheinlich verbrannten Hauses fand ich ferner in 13 Meter Tiefe das ziemlich gut erhaltene Gerippe einer Frau, wovon ich so ziemlich alle Knochen gesammelt zu haben glaube; der Schädel ist besonders gut konserviert, aber leider beim Graben zerschlagen; ich kann ihn jedoch leicht wieder zusammensetzen; der Mund ist etwas spitz zulaufend und zeigte gute, aber erstaunlich kleine Zähne. Neben dem Gerippe fand ich einen Fingerring, drei Ohrringe und eine Tuchnadel von reinem Gold. Letztere ist ganz einfach und hat einen runden Kopf; zwei der Ohrringe sind ganz primitiver Art und bestehen aus einfachem, 1 $^1/_2$ Millimeter dickem Golddraht, ebenso der dritte Ohrring, der aber viel feiner gearbeitet ist und in ein Blatt ausläuft, welches von sechs zusammengeschmiedeten Golddrähten gleicher Dicke gebildet wird. Der Fingerring ist von 2 $^{1}/_{2}$ Millimeter dickem, dreifachem Golddraht. Alle diese Gegenstände tragen das Gepräge, dass sie großer Glut ausgesetzt gewesen sind. Aber noch andere Schmucksachen muss die Trojanerin getragen haben, denn ich sammelte neben dem Gerippe mehrere nur 1 Millimeter große Goldperlen sowie auch einen ganz dünnen ovalen Ring von nur 7 Millimeter Länge. Auch die Farbe der Knochen lässt keinen Zweifel darüber, dass die Dame, vom Feuer übereilt, lebendig verbrannt ist.

Von Säulen habe ich bis jetzt keine Spur in Troja gefunden, und wenn es daher wirklich Säulen gab, so müssen sie jedenfalls aus Holz gewesen sein. Übrigens findet sich das Wort »Säule« ja auch nie in der Ilias, und nur in der Odyssee.

Schließlich schmeichle ich mir mit der Hoffnung, dass als Belohnung für meine riesenmäßigen Kosten und alle meine Entbehrungen, Drangsale und Leiden in dieser Wildnis, vor allem aber für meine wichtigen Entdeckungen, die zivilisierte Welt mir das Recht zuerkennt, diese heilige Stätte umzutaufen, und im Namen des göttlichen Homer taufe ich sie mit jenen Namen unsterblichen Ruhmes, welche das Herz eines jeden mit Freude und Enthusiasmus erfüllen; ich taufe sie mit den Namen Troja und Ilion und ich nenne Pergamos von Troja die Akropolis, wo ich diese Zeilen schreibe.

Sumpffieber und Sonnenglut zwingen zum Einstellen der Grabungen

Pergamos von Troja, 14. August 1872

Seit meinem Bericht vom 4. d. M. habe ich die Exkavationen mit aller Energie fortgesetzt, bin nun aber gezwungen, heute Abend die Arbeiten einzustellen, denn meine drei Aufseher und mein Bedienter, der auch mein Kassierer ist, haben das bösartige Sumpffieber, und meine Frau und ich sind so leidend, dass wir nicht imstande sind, den ganzen Tag in der furchtbaren Sonnenglut allein das Kommando zu führen. Wir lassen daher unsere beiden hölzernen Häuser und alle unsere Maschinen und Werkzeuge hier unter der Aufsicht eines Wächters und kehren morgen nach Athen zurück.

Wie die Bewunderer Homers bei ihrem Besuch in der Pergamos von Troja finden werden, habe ich den Turm auf der Südseite nicht nur auf die ganze Breite meines Kanals, bis auf den Felsen, auf dem er in 14 Meter Tiefe steht, freigelegt, sondern ihn auch durch meine Ausgrabungen nach Osten und Westen bedeutend weiter aufgedeckt, ohne ein Ende zu finden. Im Gegenteil finde ich auf seiner Ostseite, wo er 40 Fuß Breite hat und noch breiter zu werden scheint, die Ruinen einer zweiten Etage, wovon aber nur, so weit es bis jetzt zu beurteilen ist, vier sich lang ausdehnende Stufen erhalten sind. An der Westseite hat er nur 9 Meter oder 30 Fuß Breite und sendet von dort eine ungeheure Mauer, deren Dicke ich noch nicht imstande gewesen bin zu ermitteln, nach Norden.

Wenn ich diese neuen Ausgrabungen nicht bis auf den Urboden und nur 11 Meter tief habe machen können, so ist die zerbrechliche Natur der Schutt- und Trümmerwände um den Turm herum daran schuld, die, wie sich jeder überzeugen kann, aus roter Asche und aus durch die Glut verkalkten Steinen bestehen und jeden Augenblick einzustürzen und meine Arbeiter zu begraben drohten.

Nachdem es hier seit vier Monaten nicht geregnet hatte, haben wir merkwürdigerweise gerade heute, nach Einstellung der Arbeiten, bei heftigem Gewitter eine Art von Wolkenbruch, und ich bedauere ungemein, nicht imstande gewesen zu sein, einen Kanal zur Ableitung des Regenwassers vom Turm bis an den westlichen Abhang des Berges zu graben. Aber der Abzugsgraben müsste eine Tiefe von 50 Fuß haben und seine Breite müsste ebenfalls 50 Fuß sein, denn sonst würden seine aus verbrannten Trümmern und loser roter Asche bestehenden Wände einstürzen; es würde somit nötig sein, 5000 Kubikmeter Schutt wegzuräumen, und eine solche Riesenarbeit kann ich jetzt nicht mehr unternehmen.

Indem ich die Ausgrabungen für dieses Jahr einstelle, kann ich beim Rückblick auf die furchtbare Gefahr, der wir seit dem 1. April zwischen den riesigen Trümmerschichten fortwährend ausgesetzt waren, nicht umhin, Gott inbrünstig für die große Gnade zu danken, dass nicht nur niemand ums Leben gekommen, sondern dass sogar keiner von uns gefährlich verletzt worden ist.

Was nun das Resultat meiner Ausgrabungen betrifft, so wird mir jeder zugestehen, dass ich ein großes historisches Problem gelöst habe, und dass ich es gelöst habe durch die Entdeckung hoher Zivilisation und Riesenbauten auf dem Urboden, in den Tiefen einer alten Stadt, welche im ganzen Altertum Ilion hieß und sich für die Nachfolgerin Trojas ausgab und deren Baustelle von der ganzen damaligen zivilisierten Welt als identisch mit der Baustelle des homerischen Ilion angesehen wurde. Die Lage dieser Stadt entspricht nicht nur in jeder Hinsicht vollkommen allen Angaben der Ilias, sondern auch allen jenen der uns durch spätere Autoren bekannten Traditionen, während es weder in der Ebene von Troja noch in der Umgegend eine andere Stelle gibt, welche im Entferntesten denselben angepasst werden könnte. Die Höhen von Bunarbaschi, als Baustelle Trojas angesehen, widersprechen in jeglicher Hinsicht allen Angaben Homers und der Tradition.

Ebenso wage ich hinsichtlich der von mir ans Licht gebrachten mehr als hunderttausend Gegenstände, welche bei jenen uralten Völkern in Gebrauch gewesen sind, zu sagen, dass ich für die Archäologie eine neue Welt aufgedeckt habe; denn, um nur ein Beispiel anzuführen, von jenen Rädern, Vulkanen oder Karussells aus Terrakotta mit den verschiedenartigsten arischen religiösen Symbolen habe ich hier viele tausende gefunden.

Wenn es, wie es scheint, weder bei den Trojanern noch bei irgendeiner der drei ihnen nachfolgenden Nationen eine Schriftsprache gab, so müssen uns, so weit es möglich ist, die von mir aufgefundenen »monuments figurés« die Schriftsprache ersetzen. Da ich, wie bereits früher erwähnt, jeden den Tag über aufgefundenen Gegenstand und besonders die bildlichen Symbole mit größter Genauigkeit am Abend in mein Tagebuch abzeichne, so ist es mir durch den Vergleich der unzähligen Symbole gelungen, einige derselben zu entziffern, und ich hoffe, dass es meinen gelehrten Kollegen gelingen wird, die übrigen zu erklären.

Athen, 28. September 1872

Ich schrieb meinen letzten Aufsatz am 14. v. M. und reiste am 10. d. M. in Gesellschaft meiner Frau und des Landmessers Sisilas nach Troja zurück, um einen neuen Plan der Pergamos aufzunehmen, auf welchem alle meine Ausgrabungen sowie die Tiefe derselben und die von mir entdeckten Denkmäler unsterblichen Ruhmes aufs Genaueste verzeichnet sind. Auch nahm ich von den Dardanellen den Fotografen Siebrecht mit, um Fotografien von meinen Ausgrabungen, von zwei der vier an der Nordseite von Ilion befindlichen Quellen, von Ilions großem Turm und Trojas Ebene und dem Hellespont, von diesem Moment aus gesehen, aufzunehmen.

Mit Schrecken sah ich bei meiner Ankunft dort, dass der von mir zurückgelassene Wächter treulos gewesen und eine ungeheure Menge großer, aus meinen Ausgrabungen stammender behauener Steine weggeschleppt war, aus denen ich an verschiedenen Stellen Mauern errichtet hatte, um zu verhindern, dass der Winterregen den ausgeworfenen Schutt wegschwemme. Er entschuldigte sich damit, dass die Steine zu guten Zwecken angewandt wären, nämlich zum Bau eines Glockenturmes im christlichen Dorf Yenischahir und zur Errichtung von Wohnhäusern im türkischen Dorf Tschiplak, aber ich jagte ihn natürlich sogleich weg und nahm an seine Stelle einen mit einer Flinte bewaffneten Wächter, welcher den Ruf der Treue hat und durch seine körperliche Stärke den Steinräubern Respekt einflößen wird. Was mich am meisten ärgerte, war, dass Letztere sich sogar an das von mir, wie früher erwähnt, auf der Südseite dieses Berges ans Licht gebrachte herrliche Bollwerk aus der Zeit des Lysimachos gewagt und zwei große Steine aus demselben entwendet hatten; bestimmt wäre diese Bastion ganz verschwunden, wenn ich auch nur eine Woche länger weggeblieben wäre. Auch sehe ich mit Bedauern, dass der Regenschauer vom 14. August hingereicht hat, die große Öffnung, welche ich auf der Südseite des großen Turmes gemacht hatte, um ihn bis auf den Felsen, auf dem er gebaut ist, bloßzulegen, 2 Meter hoch mit Schutt zu füllen. Ich habe daher sogleich bei meiner Ankunft hier 20 Arbeiter angenommen, wovon zehn damit beschäftigt sind, die Südseite des Turmes bis auf den Urboden zu reinigen, den Schutt wegzukarren und vor der großen Öffnung eine Mauer von großen Steinblöcken zu bauen, durch welche nur das Regenwasser, nicht aber der von demselben fortgeschlemmte Schutt dringen kann.

Wie ich Gelegenheit gehabt habe, mich zu überzeugen, schadet das Regenwetter dem Turm nicht, denn es verschwindet sogleich rechts und links von demselben in den losen Trümmerschichten. Von den übrigen zehn Arbeitern sind sechs damit beschäftigt, die von frevelhafter Hand zerstörten oder beschädigten Mauern wiederherzustellen, während die anderen vier daran arbeiten, so viel als möglich von einer höchst merkwürdigen Mauer bloßzulegen, die in 15 $^1/_2$ Meter Tiefe und 40 Meter vom Rand des Berges auf der Baustelle des Tempels, genau 2 Meter unterhalb der dort von mir ans Licht gebrachten trojanischen Mauer unter einem Winkel von 40°, emporsteigt. Wie bereits früher bemerkt, beweisen die unter jener trojanischen Mauer schräg nach Norden hinunterlaufenden Schuttschichten, dass dieselbe einst auf dem steilen Abhang des Berges gebaut worden ist; hierfür liefert uns einen ferneren untrüglichen Beweis die 2 Meter unter ihr emporsteigende Stützmauer, welche keinen anderen Zweck haben konnte als den, das Erdreich des Bergabhanges zusammenzuhalten und hinlänglich zu befestigen, sodass ohne Gefahr Gebäude von gewaltigem Gewicht auf dem Gipfel errichtet werden konnten. Da ich aber hier bis jetzt noch nie in den Trümmerschichten der vorgriechischen Zeit dergleichen Stützmauern zur Konsolidierung des Bergabhanges fand, obgleich es, wie die riesigen 5 und 6 Meter hohen Massen ungeheurer, mit verkohltem Schutt gemischter, behauener und unbehauener Steine beweisen, mit denen ich in meinem großen Graben zu kämpfen hatte, an großartigen Gebäuden in der Pergamos von Troja nirgends gefehlt hat, so glaube ich ganz gewiss, die vorerwähnte Stützmauer ist dazu bestimmt gewesen, die Baustelle eines Tempels von größter Heiligkeit zu befestigen. Ich glaube dies umso mehr, als die Stützmauer hier einen Bogen bildet und die ganze Nordostecke des Berges zu bekleiden scheint, welche das äußerste Ende der Pergamos war, und Homers Angabe über die Lage des Tempels der Athene vollkommen entspricht.

Ich hege keinen Zweifel, dass ich, mit dieser Stützmauer emporsteigend, die Ruinen jenes uralten Tempels schon in weniger als 10 Meter Abstand finde. Aber um weiterzugraben, muss ich vor allen Dingen die mehrfach erwähnte 3 Meter hohe und 2 Meter dicke trojanische Mauer einreißen und gewaltige Schuttmassen wegräumen; diese Arbeit muss ich bis zum 1. Februar verschieben, denn jetzt bin ich zu krank und müde dazu. Die Entdeckung des uralten Tempels der Athene auf des Berges Nordostecke würde dann auch das große Rätsel lösen, woher die kolossale Schuttaufhäufung kommt, welche hier den Bergabhang mit einer steinharten Kruste von 40 Meter Dicke bekleidet, und von der ich nicht nur bei dieser Ausgrabung, sondern auch auf den östlichen 25 Metern meines großen Grabens so sehr viel zu leiden hatte. Man würde finden, dass diese riesige Kruste nur durch die Überbleibsel der der ilischen Athene dargebrachten Opfer entstanden ist.

Ich hatte die Stützmauer bis zu meiner Abreise am 15. August gar nicht bemerkt und bemerkte sie auch jetzt erst, weil der Regen zwei Steine davon ans Licht gebracht hatte. Sie ist aus 30 bis 66 Zentimeter langen und breiten, mit Erde vereinigten Muschelkalksteinen gebaut und bekleidet höchstwahrscheinlich die ganze nordöstliche Bergecke von unten bis oben.

Der von mir gefundene Triglyphenblock mit dem Sonnengott und den vier Pferden beweist, dass der Tempel, den er geziert hat, in dorischem Stil gebaut war, und da der dorische Baustil bekanntlich der älteste ist, so hatte diesen ohne Zweifel auch der uralte Tempel der ilischen Athene. Wir wissen aber aus der Ilias, dass es in der Pergamos auch einen Tempel des Apollon gab, und dieser stand vermutlich auf der Südostecke des Berges, denn am Fuß derselben sieht man in einer kleinen Ausgrabung eine aus herrlichen korinthischen Säulen mittels Zement zusammengesetzte Mauer. Wahrscheinlich gehören diese Säulen zu einem Apollontempel aus der Zeit des Lysimachos. Bei der weiteren Ausgrabung des Turmes in östlicher Richtung hoffe ich die Baustelle dieses Tempels und in den Tiefen derselben die Ruinen des uralten Apollontempels zu finden.

Falls es in Troja eine Schriftsprache gab, so werde ich wahrscheinlich Inschriften in den Ruinen der beiden

Tempel finden. Ich bin aber in dieser Hinsicht nicht mehr sanguinisch, da ich bisher in den kolossalen Trümmerschichten der vier Völker, welche der griechischen Kolonie vorhergegangen sind, keine Spur von Schrift gefunden habe.

Das homerische Troja wird entdeckt

Pergamos von Troja, den 22. Februar 1873

Ich kehrte am 31. Januar mit meiner Frau hierher zurück, um die Ausgrabungen fortzusetzen, wurde aber bald durch griechische Festtage, bald durch furchtbare Gewitterregen, bald durch grimmige Kälte gestört und kann kaum rechnen, dass ich bis heute mehr als acht gute Arbeitstage gehabt habe. Ich hatte mir hier neben meinen beiden hölzernen Häusern letzten Herbst aus Steinen alter trojanischer Bauten ein Haus mit 60 Zentimeter dicken Wänden bauen lassen, wurde aber gezwungen, dasselbe meinen Aufsehern zu überlassen, welche nicht hinlänglich mit Kleidern und Decken versehen waren und daher bei der großen Kälte umgekommen sein würden. Meine arme Frau und ich haben infolgedessen viel leiden müssen, denn der eisige Nordsturm blies mit Ungestüm durch die Fugen unserer Bretterwände, sodass wir nicht einmal imstande waren, des Abends Licht anzuzünden; und obgleich wir Feuer im Kamin hatten, so zeigte dennoch das Thermometer 4° Réaumur Kälte in den Stuben, und das Wasser gefror zu Klumpen neben dem Kamin. Den Tag über konnten wir die Kälte noch einigermaßen ertragen, indem wir in den Ausgrabungen mitarbeiteten, des Abends aber hatten wir weiter nichts als unseren Enthusiasmus für das große Werk der Aufdeckung Trojas, um uns zu erwärmen. Glücklicherweise aber dauerte die große Kälte nur vier Tage – vom 16. bis 19. d. M. –, und seitdem haben wir herrliches Wetter.

Als Aufseher habe ich außer Georgios Photidas, der auch während der vorjährigen Ausgrabungen bei mir war, den Schiffskapitän Georgios Barba Tsirogiannis aus Chalkis in Euböa sowie einen Albanesen von Salamis, den ich aber wegen seiner Unbrauchbarkeit nächstens zurückschicke, indem ich mir dafür zwei andere Aufseher vom Piräus schicken lasse. Ein guter Aufseher ist mir nützlicher als zehn gewöhnliche Arbeiter, ich finde aber die Gabe des Kommandos selten bei anderen als bei Seeleuten.

Ich habe auch einen Maler mitgenommen, um die gefundenen Gegenstände immer sogleich mit chinesischer Tinte abzeichnen und die Zeichnungen in Athen durch Fotografie vervielfältigen zu lassen.

Die Suche nach dem Athenetempel

Ich habe die Stelle auf der Nordseite des Berges, wo mir, in einer Entfernung von 40 Meter vom Bergabhang, in einer Tiefe von $15^1/_2$ Meter, die 2 Meter unterhalb der trojanischen Mauer unter einem Winkel von 40° aufsteigende Mauer von weißen Steinen die Baustelle des uralten Athenetempels zu bezeichnen scheint, von zwei Seiten gleichzeitig in fünf Terrassen in Angriff genommen und lasse den Schutt mit Mancarts und Schiebkarren fortschaffen. Dieser Schutt besteht in der nordöstlichen Ausgrabung, von der Oberfläche bis zu 3 Meter Tiefe, aus mit schwarzer Erde vermengten Marmorsplittern, und darin finde ich gar viele große, herrlich skulptierte Marmorblöcke, welche offenbar von dem auf der Stelle befindlichen Tempel aus der Zeit des Lysimachos herrühren, aber durchaus weiter keinen Wert für die Wissenschaft haben.

Die Fortschaffung dieser Blöcke, deren Gewicht oft 2000 Kilogramm übersteigt, macht mir die größte Schwierigkeit. Die Baustelle des Tempels ist zwar deutlich genug durch das Vorhandensein dieser großen, dorischen Stil zeigenden Marmorblöcke angegeben, aber vom Heiligtum selbst findet sich kein Stein an seiner Stelle. Wie die 34 Meter lange, 23 Meter breite Senkung im Erdboden zu beweisen scheint, ist der Ort schon vor Jahrhunderten von den nach passenden Grabsteinen suchenden Türken durchwühlt, welche merkwürdigerweise auch alle Fundamente fortgenommen haben. Unterhalb dieser 3 Meter dicken Schuttdecke folgt eine unter einem Winkel von 50 bis 60° ablaufende Aschenmasse, welche mit einer 40 Meter dicken Kruste an jeder Stelle den durch die erwähnte Stützmauer genau bezeichneten einstigen Bergabhang bedeckt. Letzterer rundet sich hier nach Osten ab, und wie es sowohl die sich nach jener Richtung umwendende Stützmauer als die oberhalb derselben auch nach Osten ablaufenden Schuttschichten beweisen, fing von diesem Punkt ebenfalls einst der östliche Bergabhang an, während der jetzige 80 Meter von demselben entfernt ist. Somit hat der Berg der Pergamos in östlicher Richtung um 80 Meter an Dicke zugenommen, seitdem die Stützmauer gemacht ist. Ich glaube nicht, dass es einen zweiten Berg in der Welt gibt, dessen Zunahme im Lauf der Jahrtausende auch nur im Entferntesten mit diesem kolossalen Zuwachs zu vergleichen wäre.

Außer jenen kleinen runden Terrakotten in Form von Vulkanen und Karussells mit den gewöhnlichen, viel vorkommenden und mehrfach beschriebenen Verzierungen und einigem mehr oder weniger zerbrochenen Topfgeschirr wurde bis jetzt nichts in dieser Ausgrabung gefunden.

Die andere Ausgrabung, um die vermeinte Baustelle des uralten Athenetempels zu erreichen, geschieht am Ostende meines großen Grabens, auf welchen ich wiederum den größten Teil des dort jetzt abgegrabenen Schuttes werfen lasse, weil mir dessen Fortschaffung außerhalb derselben zu ungeheure Schwierigkeiten machen würde. Ich habe dieser Ausgrabung nur vorläufig eine Breite von 13 Metern gegeben, beabsichtige aber sie zu erweitern, sobald ich darin irgendeinen Nutzen für die Wissenschaft sehe.

In der unteren Terrasse dieser Ausgrabung finde ich die Fortsetzung jener trojanischen Mauer der mehr östlichen

Ausgrabung. Diese Mauer hat hier nur eine Höhe von 1 Meter, aber die unter ihr liegenden Steine scheinen keinen Zweifel übrig zu lassen, dass sie einst viel höher gewesen ist.

Merkwürdigerweise erkenne ich, und erkennt jeder Besucher der Troade mit mir, die Fortsetzung dieser Mauer auch an beiden Seiten meines großen Durchstichs durch den ganzen Berg, links und rechts am Eingang desselben, in 12 Meter Tiefe. Wenn diese Mauer der Zeit vor dem Trojanischen Krieg angehört, woran ich in Betracht ihrer großen Tiefe nicht zweifeln darf, so beweisen doch jedenfalls die unter ihr befindlichen mächtigen Ruinen sowie das in dem großen Durchstich in $^1/_2$ Meter Tiefe gerade unter ihr liegende Pflaster von weißen Meersteinen, dass sie erst lange Zeit nach der ersten Zerstörung der Stadt gebaut sein muss. Aber der eigentliche Zweck dieser Mauer ist mir hier und weiterhin nach Westen ganz unerklärlich, indem dieselbe über und durch die Trümmer mächtiger Bauten errichtet ist.

Die Schuttschichten in dieser Ausgrabung liegen alle horizontal, was keinen Zweifel übrig lässt, dass sie sich im Laufe der Zeit allmählich aufgehäuft haben. Die Beschaffenheit derselben beweist, dass die meisten der hier gestandenen Häuser durch Feuersbrunst vernichtet sind. Es kommen aber auch hier mehrere dicke Schuttschichten vor, in denen man tausende von wohl erhaltenen Muscheln sieht, und die Erhaltung der Letzteren beweist, dass Erstere nicht von verbrannten Bauten herrühren können.

Unter den in dieser Ausgrabung entdeckten interessanten Gegenständen muss ich besonders hervorheben einen in 7 Meter Tiefe gefundenen glänzend roten Hippopotamus (Flusspferd) aus Terrakotta; er ist hohl, hat eine Röhre an der linken Seite und mag daher als Gefäß gedient haben. Das Vorhandensein der Gestalt des Hippopotamus hier in 7 Meter Tiefe ist höchst merkwürdig, ja wunderbar, denn dieses Tier kommt bekanntlich nicht einmal in Oberägypten und nur in den Flüssen des Innern von Afrika vor. Es ist jedoch wahrscheinlich, dass es im Altertum Hippopotami in Oberägypten gab, denn nach Herodot wurden sie in der ägyptischen Stadt Papremites als heilige Tiere verehrt. Jedenfalls muss daher Troja mit Ägypten in Handelsverbindung gestanden haben; aber selbst dann bleibt es ein Rätsel, wie das Tier hier so bekannt war, dass es in Ton, vollkommen der Natur getreu, nachgebildet werden konnte.

Von Idolen aus Marmor kamen in diesen wenigen Arbeitstagen erst acht vor, und davon nur zwei mit dem eingravierten Eulenkopf der ilischen Athene. Von Vasen mit Eulengesicht, zwei Frauenbrüsten und zwei emporgehobenen Armen kam nur eine in 15 Meter Tiefe vor, sowie in 7 Meter Tiefe der obere Teil einer anderen, auf dem noch der Stummel des einen Arms zu erkennen ist. In 3 Meter Tiefe finden sich zwei Vasen mit zwei Frauenbrüsten und einem ungeheuren Bauchnabel, welche ohne allen Zweifel auch die Schutzgöttin Trojas darstellen sollen.

Von den runden Stücken Terrakotta in Form von Vulkanen und Karussells mit symbolischen Verzierungen kamen wie immer große Massen vor. In 4 Meter Tiefe fand ich ein herrlich verziertes flaches Stück Elfenbein, welches offenbar zu einem musikalischen Instrument gehört haben muss. Endlich kam aus 1 Meter Tiefe der untere Teil einer mit großer Meisterschaft gemachten weiblichen Statue aus feinem Marmor.

Gleichzeitig mit diesen Ausgrabungen ließ ich auch 22 Arbeiter an der Südostecke der Akropolis in nordwestlicher Richtung graben, um zu versuchen, von dieser Seite den großen Turm weiter bloßzulegen, was mir von meinem großen Durchstich aus durchaus unmöglich geworden ist. Da aber der Berg an dieser Stelle nur eine sehr allmähliche Senkung hat, so wurde ich gezwungen, den neuen Einschnitt mit einer bedeutenden Senkung anzulegen, welche das Herauskarren des Schuttes sehr erschwert, aber durchaus notwendig ist, um die zur Erreichung des Turmes nötige Tiefe von 8 Meter erlangen zu können. Gleich im Anfang dieses Einschnittes stieß ich, 30 Zentimeter unter der Oberfläche, auf zwei ungeheure Mauern, deren jede 3 Meter Dicke hat und wovon die erste aus dem Mittelalter zu stammen scheint und aus großen durch Zement verbundenen korinthischen Säulenblöcken und anderen alten Bauten entlehnten Marmorblöcken besteht. Die unmittelbar darauf folgende zweite Mauer, welche jedenfalls zu der nach Strabon von Lysimachos erbauten, 40 Stadien langen Stadtmauer gehören muss, besteht aus großen schön behauenen Muschelkalksteinen, die ohne Verbindungsmittel zusammengelegt sind. In der ersten fand ich eine 1 Meter 10 Zentimeter lange, 30 Zentimeter dicke, 83 Zentimeter breite Marmorplatte mit Inschrift.

Der in dieser Inschrift Gepriesene ist jedenfalls Cajus Cäsar, der Sohn von Agrippa und Julia, der Tochter des Octavianus. Cajus Cäsar, geboren im Jahre 20 v. Chr., wurde schon im Alter von drei Jahren adoptiert. Er nahm teil an den trojanischen Spielen, welche Augustus Octavianus bei der Einweihung des Tempels von Marcellus veranstaltete. Im Alter von 15 Jahren wurde er zum Konsul und mit 19 Jahren zum Gouverneur von Asien ernannt. Während seiner dortigen Verwaltung kam er in Streit mit Phraates, dem König von Armenien, wurde verwundet und starb im Jahre 4 n. Chr. am 21. Februar, also im Alter von 24 Jahren. Da er in der Inschrift der Verwandte, der Wohltäter und der Patron von Ilion genannt wird, so ist er wahrscheinlich während seiner Administration öfter hierher gekommen und hat sich jedenfalls die Stadt sehr angelegen sein lassen und sie mit Wohltaten überhäuft. Die Familie der Julier nämlich legte anfänglich ein großes Gewicht darauf, von Iulos (oder Askanios), dem Sohn des Aeneas, abzustammen, und die Aeneis des Vergil hatte bekanntlich einzig den politischen Zweck, diese Abstammung zu beweisen und zu verherrlichen. Dadurch erklären sich die Wohltaten, womit die Julier Ilion überhäuften, und ihr Hass gegen die Griechen, weil sie Troja zerstört und außerdem weil sie die Partei des Marcus Antonius ergriffen hatten.

Der Wein, welcher hier im vorigen Jahr nur $1^1/_4$ Piaster (25 Centimes) die Oka von zwei gewöhnlichen Weinflaschen kostete, kostet jetzt 2 Piaster (40 Centimes) die Oka; er ist aber von ganz ausgezeichneter Qualität und ich ziehe ihn jedem französischen Wein vor.

Pergamos von Troja, 1. März 1873

Schon seit Montagmorgen, 24. v. M., ist es mir gelungen, die Zahl meiner Arbeiter auf 158 zu bringen, und da wir diese Woche fortwährend herrliches Wetter hatten, so habe ich in diesen sechs Tagen etwas Tüchtiges leisten und ungeachtet der vielen Hindernisse und Schwierigkeiten, mit denen ich anfänglich zu kämpfen hatte, bis jetzt seit dem 1. Februar von der Baustelle des Tempels 8500 Kubikmeter Schutt fortschaffen können.

Ich hatte somit heute endlich die Freude, einen großen Teil jener aus großen unbehauenen weißen Steinen bestehenden Stützmauer bloßzulegen, welche einst die ganze Nordostecke des Bergabhanges bekleidete, während infolge des Zuwachses durch die im Laufe vieler Jahrhunderte hinuntergeworfene Asche der Opfertiere der jetzige Bergabhang nach Norden 40, nach Osten 80 Meter davon entfernt ist. Zu meinem Erstaunen fand ich, dass diese Stützmauer bis 8 Meter unter die Oberfläche reicht.

Ich habe die Stützmauer dieses Tempelhügels auf eine Breite von 4 Meter durchbrochen, um den Boden zu untersuchen. Ich grub ihn $1^1/_2$ Meter tief ab und fand, dass er aus reinem Urboden von grünlicher Farbe besteht. Auf der durch die Stützmauer angewiesenen Baustelle des kleinen uralten Tempels finde ich an zwei Stellen reinen Kornsand, der sehr tief zu gehen scheint, da ich beim Nachgraben bis in 2 Meter Tiefe das Ende desselben nicht erreichte. Ob dieser Hügel ganz oder nur teilweise aus Erde und Kernsand besteht, vermag ich nicht zu sagen; ich unterlasse auch, dies zu untersuchen, da deswegen aufs Neue tausende von Kubikmetern Schutt fortgeschafft werden müssten.

In dem Schutt des Tempels wurden einige wenige, aber höchst interessante Gegenstände gefunden, z. B. das größte bis jetzt vorgekommene marmorne Idol von 13,4 Zentimeter Länge und 8 Zentimeter Breite.

Es kommen in 4 bis 7 Meter Tiefe auch Bruchstücke von Terrakotta-Schlangen vor, deren Köpfe manchmal mit Hörnern dargestellt sind. Letztere müssen durchaus ein uraltes bedeutungsvolles Symbol von höchster Wichtigkeit sein, denn noch jetzt herrscht hier der Aberglaube, dass Schlangenhörner durch bloße Berührung des menschlichen Körpers eine Menge Krankheiten und besonders Epilepsie heilen, ferner, dass sie in Milch getaucht diese augenblicklich in Käse verwandeln und dergleichen mehr. Wegen der vielen heilsamen und nützlichen Wirkungen, die man den Schlangenhörnern beilegt, schreibt man ihnen einen ungeheuren Wert zu. Bei meiner Rückkunft hier, Ende Januar, wurde einer meiner vorjährigen Arbeiter von seinen neidischen Kameraden beschuldigt, er habe im vorigen Jahr in einer Urne in 16 Meter Tiefe ein paar Schlangenhörner gefunden und entwendet. Alle meine Versicherungen, dass es keine Schlangenhörner gebe, vermochten nicht, die guten Arbeiter zu überzeugen, und sie glauben heute noch, ihr Kamerad habe mir einen großen Schatz gestohlen.

Von Metallen kam nur Kupfer vor; eine 14 Zentimeter lange kupferne Sichel wurde heute gefunden; von kupfernen Waffen wurden seit dem 1. v. M. nur erst zwei Lanzen in 7 und ein Pfeil in 4 Meter Tiefe gefunden. Lange, dünne kupferne Nägel mit rundem Kopf oder nur gebogener Spitze kommen in Menge vor.

Den an der Südostecke der Pergamos angelegten Einschnitt zur Bloßlegung des östlichen Teils des großen Turms habe ich jetzt bis zu meinem vorjährigen Einschnitt in einer Länge von 96 Meter und in einer Breite von 20 bis 24 Meter auf einmal in Angriff genommen; die Arbeit geht sehr rasch, da diese Ausgrabung nahe am südlichen Bergabhang und daher der Schutt nicht weit zu karren ist. Ich habe acht Seitenwege zur Fortschaffung desselben angelegt.

Die Erfahrung hat mich gelehrt, dass es weit vorteilhafter ist, keine besonderen Leute zum Beladen der Schiebkarren zu halten und jeden Arbeiter selbst seine Karre voll schaufeln zu lassen. Ebenso hat mir die Praxis gezeigt, dass beim Abbrechen der Erdwände mit den langen eisernen Hebeln mittels eines »Bocks« sehr viel kostbare Zeit verloren geht und dass es viel vorteilhafter und für die Arbeiter weniger gefahrvoll ist, die Erdwände immer unter einem Winkel von 55° zu halten, nach Maß des Bedarfs abzugraben und den Schutt mit 21 Zentimeter breiten Hacken herunterzuharken. In dieser neuen Ausgrabung finde ich vier aus irdenen, 48 bis 57 Zentimeter langen und 17 bis 30 Zentimeter dicken Röhren zusammengesetzte Wasserleitungen, in welchen das Wasser aus einer Entfernung von 1 $^1/_2$ deutschen Meilen vom oberen Thymbrius hergeleitet wurde. Letzterer heißt jetzt Kemar, vom griechischen Wort Gewölbe, weil eine Wasserleitung aus römischer Zeit in großem Bogen über seinen unteren Lauf hinweggeht, die einst Ilion mit Trinkwasser aus dem oberen Teil des Flusses versorgte. Für die Pergamos aber waren besondere Wasserleitungen nötig, da dieselbe höher liegt als die Stadt.

Ich finde in dieser Ausgrabung eine ungeheure Menge sehr großer, 1 bis 2 Meter hoher und 75 Zentimeter dicker irdener Weinbehälter (Pithoi) sowie eine Menge Bruchstücke von korinthischen Säulen und anderen herrlich skulptierten Marmorblöcken. Alle diese Marmorblöcke müssen jedenfalls zu jenem großartigen Gebäude gehört haben, dessen südliche Wand ich bereits aufgegraben habe. Dieselbe besteht aus mit vielem steinharten Zement zusammengesetzten kleinen Steinen und ruht auf großen schön behauenen Kalksteinen. Die Richtung dieser Wand und folglich des ganzen Gebäudes ist Ostsüdost halb Ost, und drei Inschriften, die ich in den Ruinen desselben fand und in deren einer gesagt ist, dass sie im Tempel aufgestellt wurde, lassen gar keinen Zweifel, dass dies der Tempel der ilischen Athene war, denn nur dieses Heiligtum konnte wegen seiner über alle anderen Tempel hervorragenden Größe und Wichtigkeit schlechthin »to hieron« genannt werden. Von Anfang an habe ich nach diesem wichtigen Heiligtum gesucht, habe, um es zu finden, über 100.000 Kubikmeter Schutt von den schönsten Stellen der Pergamos weggeschleppt, und jetzt entdecke ich es gerade an jener Stelle, wo ich es am allerwenigsten erwartet hätte. Ich habe diesen wahrscheinlich von Lysimachos erbauten neuen Tempel gesucht, weil ich glaubte und glaube, dass ich in den Tiefen desselben die Trümmer des uraltesten Athenetempels und darin mehr als irgendwo anders Aufschluss über Troja finden werde.

Wertvolle Funde beim Athenetempel und großen Turm

Pergamos von Troja, 15. März 1873

Seit meinem Bericht vom 1. d. M. habe ich bei herrlichem Wetter und einem Überfluss an Arbeitern die Ausgrabungen mit großem Eifer fortgesetzt. Die Nächte sind kalt und das Thermometer fällt noch häufig gegen Morgen auf den Gefrierpunkt, während die Sonne am Tag schon anfängt, lästig heiß zu werden und das Thermometer oft um Mittag 18° Réaumur im Schatten zeigt. Die Blätter der Bäume fangen jetzt an hervorzubrechen, während die trojanische Ebene bereits mit Frühlingsblumen bedeckt ist. Schon seit 14 Tagen hört man das Quaken der Millionen von Fröschen in den umliegenden Sümpfen, und bereits seit acht Tagen sind die Störche zurückgekehrt. Zu den Unannehmlichkeiten des Lebens in dieser Wildnis gehört das entsetzliche Geschrei der in den Löchern der Wände meiner Ausgrabungen nistenden unzähligen Eulen; dieses Geschrei hat etwas Geheimnisvolles und Grauenhaftes und ist besonders in der Nacht unerträglich.

Auf der Baustelle des Athenetempels habe ich die Ausgrabung mit größter Energie fortgesetzt. Die Fundamente dieses Heiligtums erreichen nirgends mehr als 2 Meter und gewöhnlich nur 1 Meter Tiefe; der Fußboden desselben, der aus großen Sandsteinplatten besteht und auf doppelten Schichten großer behauener Blöcke derselben Steinart ruht, ist oft nur mit 30 Zentimeter und nie mit mehr als 1 Meter Humus bedeckt; daraus erklärt sich der gänzliche Mangel an Skulpturen. Denn was davon im und am Tempel war, konnte hier auf dem Berggipfel nicht in die Erde dringen, blieb viele Jahrhunderte lang auf der Oberfläche liegen und wurde durch religiösen Eifer oder Mutwillen zertrümmert. So, aber auch nur so erklärt sich die enorme Masse von Bruchstücken von Statuen, womit der ganze Berg bedeckt ist.

Von großen, schwer zerstörbaren, skulptierten Marmorblöcken, welche korinthischen Stil zeigen, finde ich dagegen eine große Menge, und deren Fortschaffung verursacht mir die allergrößte Mühe und vielen Zeitverlust. Da sich der im vorigen Jahr teilweise von mir bloßgelegte große Turm in großer Tiefe gerade unter dem Tempel hinzieht und ich denselben auf jeden Fall in seiner ganzen Ausdehnung bloßzulegen wünsche, so lasse ich nur die Reste der nördlichen und südlichen Tempelmauern stehen und sonst alles wegbrechen, bis auf ein im Heiligtum befindliches 8 Meter 43 Zentimeter langes, 8 Meter breites Reservoir, welches aus großen, schön behauenen, ohne

Zement oder Kalk zusammengelegten Kalksteinen gebaut ist und dessen Wände eine Dicke von 2 Meter 46 Zentimeter haben. In dieses Reservoir münden die früher erwähnten vier Wasserleitungen. Ich lasse es stehen, um den Besuchern der Troade einen schwachen Begriff von der Mühe zu geben, welche ich habe, alle Steine eines 87 Meter 70 Zentimeter langen, 22 Meter breiten Tempels fortzuschaffen.

Aber noch viel schwieriger als die Fortschaffung der Steine ist die Fortschaffung des Schuttes, der, da die Ausgrabung auf platter Erde geschieht, nur auf Seitenwegen zu bewerkstelligen ist, die desto steiler werden, je tiefer wir graben. Ich wünsche aber, fortan nur den Gipfel der Turmruine bloßzulegen, denn ihn auch fernerhin bis auf den Urboden ans Licht zu bringen, dazu fehlt mir die Geduld.

Steinerne Werkzeuge, die ich mit Ausnahme von seltenen Silexmessern in meinen früheren Ausgrabungen erst von 4 Meter Tiefe abwärts fand, kommen hier in großen Massen schon in 2 Meter Tiefe, somit unmittelbar unter dem Athenetempel, vor; am meisten finden sich klotzige Hämmer aus Diorit, jedoch hin und wieder auch sehr hübsch gearbeitete Hämmer aus demselben oder aus grünem Stein; einige derselben haben ein auf beiden Seiten weites und in der Mitte enges Loch, und ich begreife nicht, wie ein Stiel darin hat befestigt werden können. Das von allen am besten gearbeitete Werkzeug ist immer der Keil, welcher aus Diorit oder aus hartem grünem Stein, einige Male auch aus weißem Silex vorkommt und sich in allen Größen von 2 bis 13 Zentimeter Länge findet. Dieses Werkzeug ist immer so ausgezeichnet gemacht und sauber poliert, dass man wirklich erstaunt, wie es mit den elenden Mitteln der damaligen Welt möglich war, so etwas Ausgezeichnetes zu liefern, denn unmöglich würde es der beste jetzige Künstler mit den besten Werkzeugen besser machen können.

Übermannshoher Pithos

Kupferne Münzen von Ilion und Alexandria-Troas und römische von Augustus bis zu Konstantin dem Großen, besonders von Letzterem, finde ich sehr viele unmittelbar unter der Oberfläche und höchstens bis zu 1 Meter Tiefe. Eisen kommt gar nicht, nicht einmal im Tempel, vor, dagegen viele kupferne Nägel, von denen ich aber anfange zu glauben, dass sie gar nicht zum Einschlagen in Holz gebraucht sein können, denn dazu scheinen sie mir entschieden zu lang und dünn zu sein. Die gewöhnliche Länge der unterhalb 2 Meter Tiefe vorkommenden Nägel ist nämlich 10 bis 6 Zentimeter bei nur $^1/_2$ Zentimeter Dicke, und ich glaube nicht einmal, dass es möglich sein würde, einen solchen Nagel in sehr weiches Holz zu treiben. Außerdem haben ja die meisten Nägel gar keine, manche zwei Köpfe, und viele haben zwei spitze Enden, wovon das eine nur umgebogen ist, um einen Kopf zu bilden. Dicke kupferne Nägel, die zum Einschlagen in Holz tauglich wären, sind hier eine sehr große Seltenheit; in zwei Jahren fand ich nur zwei davon. Ich finde mich daher veranlasst zu glauben, dass alle Nägel, die ich in den Schuttschichten der der griechischen Nation vorangegangenen Völker finde, nur als Tuch- oder Haarnadeln gebraucht worden sind.

Auf der Westseite des von mir im vorigen Jahr bloßgelegten Teils des großen Turmes mache ich ebenfalls eine 14 Meter 30 Zentimeter lange, 14 Meter 40 Zentimeter breite Ausgrabung, um denselben auch nach dieser Seite hin weiter ans Licht zu bringen und zu sehen, wie Ilions Mauern mit ihm in Verbindung stehen.

Es ist eine Reise um die Welt wert, diesen Turm zu sehen, dessen Lage jedenfalls einst so hoch war, dass er nicht nur die Ebene, sondern auch das im Süden vor ihm gelegene Plateau beherrschte, während selbst sein Gipfel jetzt mehrere Meter tief unter dem Niveau des Plateaus liegt. Es scheint hiernach, dass die Schuttaufhäufung auf der Baustelle der Stadt ebenso groß ist wie in der Pergamos.

In der erwähnten westlichen Ausgrabung fand ich bis zu 2 Meter Tiefe die Ruinen eines sehr großen Hauses aus griechischer Zeit, welches augenscheinlich einem reichen Mann gehört haben muss, denn die Fußböden der Zimmer bestehen aus großen roten, herrlich polierten Steinplatten. Ich fand darin zwei kleine, sehr hübsche Frauenköpfe aus Terrakotta sowie zwei höchst merkwürdige Stücke aus hartem, sprödem, glasähnlichem schwarzen Stein in der Form von Champignons aber mit einer durch die Mitte gehenden Röhre. Der Kopf beider Stücke hat ähnliche Verzierungen, wie man sie auf den runden Terrakotten in Gestalt des Karussells und des Vulkans findet, und daher glaube ich, dass beide Stücke einer vorgriechischen Zeit angehören.

Wie bereits früher erwähnt, muss der im Juli vorigen Jahres von mir entdeckte herrliche, den Phöbos Apollon mit den vier Pferden der Sonne darstellende Triglyphenblock, wie es die auf der linken Seite befindliche Triglyphe beweist, über dem Eingang des Tempels, wahrscheinlich auf den Propyläen desselben gestanden und einen anderen Triglyphenblock gleicher Größe an seiner rechten Seite gehabt haben. Es würde von höchstem Interesse für die Wissenschaft sein, wenn ich auch diesen zweiten Triglyphenblock fände, der, wie es mit dem anderen Block geschehen, wahrscheinlich auch vom Gipfel des Berges den steilen Abhang hinuntergeworfen ist. Ich sprach früher die Meinung aus, dass der von mir gerettete Triglyphenblock von den fanatischen Türken hinuntergeworfen sei, weil er lebende Geschöpfe darstellt, deren Abbildung im Koran streng verboten ist. Aber dieser Ort ist seit Ende des 9. Jahrhunderts gar nicht bewohnt gewesen, und die Feldarbeiter der entfernt liegenden türkischen Dörfer können sich unmöglich die Mühe gemacht haben, aus bloßem religiösen Eifer solche ungeheuren Lasten vom Berg zu wälzen. Außerdem beweist die gute Erhaltung der Skulptur, dass sie unmöglich bis zur Invasion der Türken auf des Berges Gipfel gestanden hat, und dies bringt mich zu der Vermutung, dass sie schon mehr als 1000 Jahre früher, wahrscheinlich schon im 4. Jahrhundert n. Chr., von den ersten Christen hinuntergeworfen ist, deren Fanatismus gar keine Grenzen kannte und die bekanntlich alle schwer zu zerstörenden Skulpturen von heidnischen Gottheiten einfach von den Bergen warfen. Dass es sich so und nicht anders damit verhält, dafür spricht auch der Humus von 1 $^{1}/_{2}$ Meter Dicke, womit die Skulptur auf dem Abhang des Berges bedeckt war. Nach dem Maßstab der hiesigen Aufhäufung von Humus ist die Bildung einer solchen Humusdecke nicht in drei oder vier Jahrhunderten möglich, und dazu sind über 1000 Jahre erforderlich gewesen.

Um nun zu versuchen, auch den zweiten Triglyphenblock zu finden, lasse ich vom Fuß des Berges ab, auf jener Stelle, wo der Phöbos Apollon gefunden wurde, auf eine Breite von 18 Metern seit gestern 25 Mann arbeiten, um den leider dort im vorigen Jahr von mir auf den Bergabhang geworfenen Schutt wegzuräumen, der eine Schuttdecke von 7 Meter Dicke bildet, und um darauf, von unten herauf, die ganze steile Bergwand 1 $^{1}/_{2}$ Meter tief abzugraben.

Auch werde ich, sobald ich überflüssige Arbeiter habe, 30 Mann dazu anwenden, um im Theater, dessen Szene, wie früher gesagt, eine Breite von 60 Meter hat, einen 10 Meter breiten, 45 Meter langen tiefen Einschnitt zu machen, denn in einem kleinen Graben, den ich voriges Jahr dort machte, fand ich viele Bruchstücke von zerschlagenen Statuen, und es ist doch immer möglich, dass dem Fanatismus der ersten Christen das eine oder andere entgangen ist, was für die Wissenschaft von höchstem Interesse sein könnte.

Die vielen tausende von Steinen, die ich aus den Tiefen Ilions wälze, haben den Bewohnern der umliegenden Dörfer zu Bauten Veranlassung gegeben, die für die Bewohner der Wildnis großartig zu nennen sind. So wird jetzt unter anderen mit meinen ilischen Steinen eine Moschee und ein Minarett im elenden türkischen Dorf Tschiplak und ein Kirchturm im christlichen Dorf Yenischahir gebaut. Eine Menge mit Ochsen bespannter zweiräderiger Karren steht immer bei meinen Ausgrabungen bereit, um die irgend brauchbaren Steine in Empfang zu nehmen, sobald ich sie auf die Bergfläche geschafft habe, aber die Frömmigkeit der guten Leute geht nicht so weit, mir bei dieser furchtbaren Arbeit zu helfen und mich somit zu verhindern, die großen, herrlich behauenen Blöcke zur bequemeren Fortschaffung zu zerschlagen.

Obgleich der Frühling nur eben erst anfängt, so herrscht hier doch infolge des milden Winters schon viel bösartiges Fieber, und mein Vorrat von Chinin wird täglich von den armen Leuten der Umgegend stark in Anspruch genommen.

Den Tagelohn habe ich mich genötigt gesehen, schon vor acht Tagen auf 10 Piaster oder 2 Franken zu erhöhen.

Pergamos von Troja, 22. März 1873

Wir hatten auch diese Woche wieder fortwährend herrliches Wetter, und ich habe mit durchschnittlich 150 Arbeitern tüchtig fortgearbeitet. Auf der Nordseite der Ausgrabung, auf der Baustelle des Athenetempels, habe ich bereits eine Tiefe von 8 Meter erreicht und an einigen Stellen den Turm bloßgelegt. Das abzugrabende Terrain ist jetzt in vier Terrassen abgeteilt, und ich lasse besonders auf der die Turmfläche bildenden untersten Terrasse mit großer Energie arbeiten. Da aber die Pfade immer steiler und länger werden, so müssen die Schiebkarren jetzt schon auf halbem Weg anhalten und etwas ausruhen, und daher geht die Arbeit täglich langsamer. Dennoch hoffe ich den Turm in östlicher Richtung in drei, auf der Westseite aber schon in anderthalb Wochen in seiner ganzen Breite ans Licht zu bringen.

Der merkwürdigste der diese Woche gefundenen Gegenstände ist jedenfalls ein in 8 Meter Tiefe auf dem Turm entdeckter großer Stockknopf aus feinstem, reinstem Kristall, in Gestalt eines sehr schön gearbeiteten Löwenkopfes. Derselbe muss das Zepter eines Trojaners geziert haben, denn ich fand ihn zwischen jenen glänzend roten und schwarzen Topfscherben, die außer auf der Turmfläche, nur in 11 bis 14 Meter Tiefe vorkommen. Nicht nur dieser Löwenkopf, sondern auch das fortwährende Vorkommen des Löwen in Gleichnissen der Ilias machen es höchstwahrscheinlich, dass es im hohen Altertum in hiesiger Gegend Löwen gab; ja, Homer hätte unmöglich die Eigenschaften dieses Tieres so vortrefflich beschreiben können, hätte er nicht öfter Gelegenheit gehabt, dieselben zu beobachten, und seine geographischen Kenntnisse der südlichen Länder sind zu gering, als dass zu vermuten wäre, dass er sie besucht und dort die Gewohnheiten des Löwen genau kennen gelernt hätte.

Obgleich die Pergamos, deren Tiefen ich aufwühle, unmittelbar an die vom Simoïs gebildeten Sümpfe stößt, in denen man immer hunderte von Störchen sieht, so wollen sich diese doch hier nicht niederlassen. Ich hatte auf meinem hölzernen Haus eine und auf dem steinernen zwei bequeme Einrichtungen für Storchennester gemacht, aber während man in den umliegenden türkischen Dörfern manchmal zwölf Storchennester auf einem Dach sieht, will sich bei mir keiner anbauen; es muss den Störchen »in dem windreichen Ilion« zu kalt und stürmisch sein.

Pergamos von Troja, 29. März 1873

Seit meinem Bericht vom 22. d. M. habe ich leider wenig oder gar keinen Fortschritt gemacht, denn die meisten Dorfleute bestellen in dieser Woche ihre Weinberge, und außerdem wurden wir fortwährend von einem entsetzlichen, eisigen Nordsturm geplagt, der gestern und heute das Arbeiten ganz unmöglich machte.

Das Leben in dieser Wildnis ist nicht ohne Gefahr, und es hätte z. B. diese Nacht sehr wenig daran gefehlt, so wären meine Frau und ich sowie der Aufseher Photidas, welcher im Nebenzimmer schläft, lebendig verbrannt. Wir hatten uns in der Schlafstube an der Nordseite des hölzernen Hauses, welches wir bewohnen, einen kleinen Kamin machen lassen und wegen der seit sechs Tagen wieder eingetretenen entsetzlichen Kälte täglich Feuer darin angezündet; aber die Steine des Kamins ruhten bloß auf den Brettern des Fußbodens, welcher, sei es durch einen Riss in dem die Steine zusammenhaltenden Lehm oder sonst wie, Feuer gefasst hatte und auf einer Fläche von 2 Meter Länge und 1 Meter Breite brannte, als ich diesen Morgen um 3 Uhr zufällig aufwachte. Die Stube war mit dickem Qualm gefüllt, und schon fing die nördliche Bretterwand an zu brennen, wenige Sekunden hätten hingereicht, ein Loch hineinzubrennen, und dann wäre das ganze Haus in weniger als einer Minute aufgebrannt, denn ein furchtbarer Nordsturm blies von dieser Seite. Trotz meines Schreckens verlor ich nicht die Geistesgegenwart, goss den Badeeimer auf die brennende Nordwand und tat somit dem Feuer in dieser Richtung augenblicklichen Einhalt. Durch unser vereintes Geschrei wurde der in der Nebenstube schlafende Photidas geweckt, welcher die übrigen Aufseher aus dem steinernen Haus herbeirief; in aller Eile wurden Schwerhämmer, eiserne Hebel und Hacken herbeigeholt; hier wurde der Fußboden zerschlagen, dort aufgebrochen und Massen von nasser Erde darauf geworfen, um das Feuer zu löschen, denn Wasser fehlte gänzlich. Da aber die unteren Balken an mehreren Stellen brannten, so dauerte es eine Viertelstunde, bis wir des Feuers Herr werden konnten und jede Gefahr vorbei war.

Pergamos von Troja, 5. April 1873

Bei einem für die Arbeiter günstigen kalten, aber herrlichen Frühlingswetter habe ich diese Woche mit durchschnittlich 150 Arbeitern die Ausgrabungen mit größtem Eifer und gutem Erfolg fortgesetzt.

Der interessanteste seit drei Jahren hier von mir entdeckte Gegenstand ist jedenfalls ein in dieser Woche in 7 und 8 Meter Tiefe auf dem großen Turm, gerade unterhalb des griechischen Athenetempels, ans Licht gebrachtes Haus, von dem bis jetzt acht Zimmer freigelegt sind. Die Wände desselben bestehen aus kleinen, mit Erde zusammengesetzten Steinen und scheinen verschiedenen Zeitabschnitten anzugehören, denn während einige derselben unmittelbar auf den Steinen des Turmes ruhen, sind andere erst gebaut, als dieser schon mit 20 Zentimeter, und in mehreren Fällen sogar, als er schon mit 1 Meter Schutt bedeckt war. Auch zeigen diese Wände ganz verschiedene Dicke, denn die eine derselben ist 1 Meter 30 Zentimeter, andere sind nur 65 Zentimeter und noch andere gar nur 50 Zentimeter dick. Mehrere dieser Wände haben eine Höhe von 3 Meter, und man sieht auf einigen derselben große Reste der gelb oder weiß bemalten Lehmbekleidung. Nur in einem großen Zimmer, dessen Dimensionen aber nicht genau konstatiert werden können, fand ich bis jetzt einen wirklichen Fußboden von unbehauenen Kalksteinen, deren glatte Seite auswärts gekehrt ist. Schwarze Brandstreifen am unteren Ende der Wände in den übrigen, bis jetzt aufgegrabenen Zimmern lassen keinen Zweifel, dass der Fußboden derselben aus Holz war und durch Feuer zerstört wurde. In einem Zimmer sieht man eine einen Halbkreis bildende, kohlschwarz gebrannte Wand. Alle bis jetzt ans Licht gebrachten Stuben, die nicht unmittelbar auf dem Turm ruhen, habe ich bis zu demselben ausgegraben, und ich finde ohne Ausnahme, dass der unter denselben befindliche Schutt aus roter oder gelber Asche und verbrannten

Trümmern besteht. Oberhalb desselben, also in den Stuben selbst, fand ich, wie es die an den Wänden hängen gebliebenen vielen Überbleibsel beweisen, teils nur rote oder gelbe Holzasche, die mit an der Sonne getrocknet gewesenen und durch die Feuersbrunst gebrannten Ziegeln gemischt ist, teils nur schwarzen Schutt, der aus Resten von Haushaltungen entstanden und mit Massen kleiner Muscheln gemischt ist; in mehreren Stuben 7 bis 8 Fuß hohe rote Krüge (Pithoi), von denen ich einige in situ lasse; oberhalb des Hauses und bis zu den Fundamenten des Tempels nur rote und gelbe Holzasche. Auf der Ostseite des Hauses ist ein Opferaltar sehr primitiver Art. Ich lasse den Altar natürlich in situ, damit sich die Besucher der Troade durch die Beschaffenheit seines Piedestals und des Schuttes der Erdwand, neben welcher er steht, von der Richtigkeit aller dieser Angaben überzeugen können, die sonst zu fabelhaft klingen möchten.

Die merkwürdige Unterlage dieses Opferaltars, der sonderbare Schutt, in welchem er begraben war, die Erhaltung des augenscheinlich ausgebrannten großen Hauses, dessen in verschiedenen Zeitabschnitten gebaute Wände, endlich die Füllung der Räume desselben mit so verschiedenartigem Schutt und mit kolossalen Pithoi – alles dieses sind für mich Rätsel; ich beschränke mich daher nur darauf, die Tatsachen zu konstatieren und enthalte mich, irgendeine Vermutung auszusprechen.

Neben dem Haus, auch in den größeren Räumen desselben, fand ich eine große Masse von Menschenknochen, aber bis jetzt erst zwei ganze Gerippe, welche Kriegern angehört haben müssen, denn sie wurden in 7 Meter Tiefe mit kupfernen Helmen auf den Köpfen gefunden, und neben dem einen Gerippe fand sich eine große Lanze. Der eine Schädel ist unbeschädigt, der andere etwas zerbrochen, ich hoffe ihn aber bald zusammenleimen zu können. Beide Schädel sind groß, aber auffallend schmal. Unglücklicherweise wurden beide Helme zertrümmert;

ich hoffe jedoch, den einen derselben in Athen wieder zusammensetzen zu können. Der obere Teil beider Helme, der in der Ilias so oft angeführte Bügel, in den der Helmbusch eingesenkt war, ist aber wohl erhalten.

Die interessantesten und für die Wissenschaft wichtigsten der in dieser Woche gefundenen Terrakotten sind ein in einer großen roten Urne in 8 Meter 20 Zentimeter Tiefe gefundener herrlicher roter Becher mit dem Eulengesicht und dem Helm der ilischen Athene sowie zwei ebenfalls mit dem Eulenkopf der Schutzgöttin Trojas, aber außerdem mit zwei Brüsten, großem Bauchnabel und zwei emporgehobenen Armen verzierte Vasen, wovon die eine auf dem Turm, die andere oberhalb desselben, in 4 Meter Tiefe gefunden wurde.

Von den kleinen Terrakotta-Vulkanen und Karussells, mit und ohne symbolische Verzierungen, kamen auch diese Woche wieder 251 Stück zum Vorschein, darunter aber nur 31 mit noch nicht da gewesenen symbolischen Figuren. Mehrere der auf diesen Stücken eingravierten Verzierungen sind mit wirklich bewunderungswürdiger Feinheit ausgeführt, namentlich die, welche auf einem glänzend schwarzen, radähnlichen Stück eingeschnitten und so fein sind, dass ich sie nur durch eine Lupe erkennen konnte.

Pergamos von Troja, 16. April 1873

Seit meinem Bericht vom 5. d. M. habe ich durchschnittlich 160 Arbeiter gehabt und viele wunderbare Dinge ans Licht gebracht, unter welchen ich eine unmittelbar neben meinem Haus in 9 Meter 20 Zentimeter Tiefe im großen Turm entdeckte, 5 Meter 20 Zentimeter breite Straße der Pergamos besonders hervorheben kann, welche mit dicken, 1 Meter 18 Zentimeter bis 1 Meter 50 Zentimeter langen und 89 Zentimeter bis 1 Meter 34 Zentimeter breiten Steinplatten gepflastert ist.

Dieselbe läuft genau in südwestlicher Richtung sehr

steil nach der Ebene ab; ich habe aber bis jetzt nur erst eine Strecke von 10 Meter von ihr bloßlegen können. Sie führt ohne allen Zweifel zum Skäischen Tor, dessen Stelle durch ihre Richtung und durch die Bildung des Bodens genau an der Westseite am Fuß der Anhöhe bezeichnet zu sein scheint und nicht mehr als 150 Meter vom Turm entfernt sein kann. Rechts und links an der Straße ist eine 73 Zentimeter breite, 3 Meter 40 Zentimeter lange Einfassung. Die Senkung der Straße ist so stark, dass, während sie auf der Nordostseite, so weit sie dort aufgedeckt ist, nur 9 Meter 20 Zentimeter unter der Oberfläche des Berges ist, sie auf einen Abstand von 10 Meter schon in einer Tiefe von 11 Meter liegt.

Diese herrlich gepflasterte Straße führt mich zur Vermutung, dass ein vornehmes Gebäude sich in geringer Entfernung oberhalb derselben, an der Nordostseite, befunden haben muss, und ich habe daher, als sie vor sieben Tagen entdeckt wurde, sofort 100 Mann angestellt, das nordöstlich vor derselben liegende Terrain in 24 Meter Länge, 24 Meter Breite und bis 10 Meter Tiefe abzugraben. Die Fortschaffung dieses 5760 Kubikmeter enthaltenden, ungeheuren Blocks aus hartem Schutt und Steinen wird dadurch sehr erleichtert, dass derselbe an meinen großen vorjährigen Einschnitt stößt, welcher vom nördlichen Bergabhang bis zum Turm ganz horizontal geht und sich daher ausgezeichnet zur Anwendung der »Mancarts« eignet. Um aus dieser Ausgrabung den größtmöglichen Nutzen für die Wissenschaft ziehen zu können, lasse ich die Erdwände senkrecht machen, wie ich es übrigens auch in fast allen meinen übrigen Einschnitten getan habe. Da ich gleichzeitig von oben und von unten an der Fortschaffung dieses riesigen Erdklotzes arbeiten lasse, so hoffe ich bestimmt, in 20 Arbeitstagen damit fertig zu werden.

Es ist mir ungemein daran gelegen, dass die großen Steinplatten des Turmweges nicht von Christen oder Türken weggeschleppt werden, und um dies zu verhüten, habe ich das Gerücht verbreitet, Jesus Christus habe den König Priamos besucht und sei diesen Weg hinaufgestiegen; um diesem Umstand noch mehr Gewicht beizulegen, habe ich ein großes Christusbild an der Nordwestseite der Turmstraße in der Erdwand befestigt. Gegen die Angriffe der abergläubischen Christen dieser Ebene sind daher die Dallen vollkommen gesichert und, wie ich hoffe, auch gegen die Habgier der Türken, denn wenngleich diese die Heiligenbilder verabscheuen, so flößen ihnen dieselben dennoch eine gewisse Furcht ein.

Neben dem Christusbild sieht man in dieser Erdwand drei höchst merkwürdige, übereinander gebaute Mauern aus kleinen Steinen mit Erde verbunden, welche in sehr verschiedenen Zeitabschnitten gebaut sind, wovon aber selbst die oberste neueste, wie es das Material beweist, bedeutend älter sein muss als die Gründung der griechischen Kolonie im Jahre 700 v. Chr.

Meine früher ausgesprochene Meinung, dass nur die ersten Bewohner dieses Berges, welche den großen Turm erbauten, Mauern und Festungswerke hatten, erweist sich somit als irrig, denn diese drei einst am Rand des Bergabhanges gebauten Mauern sowie drei der Mauern, welche ich an der Südostseite des Berges durchschnitten habe, können nur Festungsmauern sein, und offenbar gehören sie den verschiedenen Völkern an, die nach dem Untergang der ersten Nation diesen Ort bis zur Gründung der griechischen Kolonie bewohnt haben.

Wie meine weiteren Nachgrabungen gezeigt haben, geht vom großen Turm, gerade unterhalb des Athenetempels und in einem Abstand von 40 Metern von der erwähnten Straße, in einer Tiefe von 8 Meter eine große Mauer nach Süden; in dieser Richtung habe ich 2 Meter davon bloßgelegt. Wie weit aber die Mauer nach Süden fortgeht, das ist ohne neue, riesige Ausgrabungen nicht zu bestimmen. Ebenso kann ich, ohne das merkwürdige vorgriechische Haus wegzubrechen, unmöglich ihre Breite bestim-

Weinmagazin mit Vorratsgefäßen aus Ton (»Pithoi«)

men. Es scheint mir auch, dass der Turm hier aufhört, denn in meinen Nachgrabungen am Fuß jenes alten Hauses fand ich keine Spur mehr von demselben, aber stattdessen uralte Häuser, deren noch hier und da mit einem Lehmüberzug und weißer Farbe bekleidete Wände sämtlich die Spuren einer furchtbaren Feuersbrunst tragen, welche so vollkommen alles, was in den Stuben war, zerstört hat, dass man nur dann und wann eine verkohlte Tonscherbe in der roten Holzasche findet, womit die Räume gefüllt sind. Merkwürdigerweise findet man unterhalb dieser uralten Häuser wiederum Hauswände, die jedenfalls noch älter sein müssen und auch das Gepräge furchtbarer Glut tragen. In der Tat, das Labyrinth von uralten, übereinander gebauten Hausmauern, welches man hier in den Tiefen des von Lysimachos gebauten Athenetempels findet, ist einzig in der Welt und bietet dem Archäologen den reichsten Stoff zu seinen Forschungen.

In einem der Räume des obersten der unterhalb des

Athenetempels befindlichen Häuser aus vorgriechischer Zeit scheint eine Weinhandlung oder ein Basar gewesen zu sein, denn man sieht in demselben neun gewaltige irdene Krüge (»Pithoi«) verschiedener Form von 1 Meter 75 Zentimeter Höhe und 1 Meter 48 Zentimeter Dicke, deren Mündung eine Breite hat von 75 bis 90 Zentimeter. Alle diese irdenen Behälter haben vier 10 Zentimeter breite Henkel, und der Ton derselben hat die Dicke von 6 Zentimeter.

Um zu verhüten, dass die uralten Hausmauern von frevelhafter Hand ruiniert werden, habe ich im obersten Haus unterhalb des Athenetempels das Bild der Gottesmutter aufgehängt.

Wegen des großen Altarsteins, dessen oberer Teil einen Halbmond bildet, bin ich sehr besorgt, die Türken möchten ihn zum Bau des Minaretts im Dorf Tschiplak benutzen, ich werde ihn daher, ohne ihn von der Stelle zu rücken, behutsam spalten, sodass er zum Bau unbrauchbar wird.

Von den kleinen Karussells und Vulkanen aus Terrakotta sammelte ich in diesen elf Tagen 991 Stück, davon 581 mit symbolischen Zeichen, darunter aber nur 79 Stück mit noch nicht da gewesenen Bildern. Lange, dünne, kupferne Nägel mit abgerundeten Köpfen, die als Tuch- oder Haarnadeln gebraucht sein müssen, fanden sich in allen Tiefen. Von ausgezeichnet polierten Beilen aus Diorit fand ich in diesen elf Tagen 20 Stück.

Das Haus des Priamos und das Skäische Tor

Pergamos von Troja, den 10. Mai 1873

Seit meinem letzten Bericht vom 16. v. M. habe ich viele Unterbrechungen gehabt, denn die griechischen Ostern dauerten sechs Tage, auch nahm mir der Feiertag des heiligen Georg und die Nachfeier desselben mehrere Tage weg, sodass ich in dieser ganzen Zeit nur vierzehn eigentliche Arbeitstage hatte, an welchen ich aber mit durchschnittlich 150 Mann mit großer Energie gearbeitet habe.

Bei dem anhaltend schönen Wetter schlafen meine Arbeiter schon seit Anfang April nicht mehr, wie früher, in den umliegenden Dörfern, sondern unter freiem Himmel in den Ausgrabungen selbst, was mir sehr zustatten kommt, da ich sie jetzt immer gleich zur Hand habe. Außerdem kommen mir jetzt die langen Tage sehr zu Hilfe, und ich kann von 4 $^3/_4$ Uhr morgens bis 7 $^1/_4$ Uhr abends arbeiten lassen.

Die bereits beschriebene, mit großen Steinplatten gepflasterte Turmstraße, oberhalb welcher ich die Ausgrabungen mit größtem Eifer betrieben und heute beendigt habe, hat nunmehr zwei große Gebäude verschiedenen Alters ans Licht gefördert, wovon das neuere auf den Ruinen des älteren gebaut ist. Beide sind durch furchtbare Feuersbrünste zerstört, wovon die Wände deutliche Spuren tragen; auch sind alle Räume beider Häuser mit schwarzer, roter und gelber Holzasche sowie mit verkohlten Trümmern gefüllt. Das neuere Haus ist errichtet worden, als die Ruinen des älteren Hauses vollkommen mit Asche und verbranntem Schutt bedeckt waren; man sieht dies daraus, dass die neueren Wände stets kreuz und quer über die älteren hinweggehen und nicht immer unmittelbar auf ihnen ruhen, sondern oft durch eine 2 und 3 Meter hohe kalzinierte Trümmerschicht von ihnen getrennt sind. Sowohl das untere als das obere Haus ist aus mit Erde verbundenen Steinen errichtet, aber die Wände des unteren sind viel dicker, auch solider gebaut als die des oberen. Die Turmstraße konnte nur benutzt worden sein, als das ältere Haus noch bewohnt war, denn sie führt gerade in dasselbe hinein, und das neuere Gebäude wurde erst gebaut, als die Straße schon 3 Meter hoch mit den Trümmern des älteren bedeckt war.

Ich war fest überzeugt, dass diese herrliche, mit großen

Steinplatten gepflasterte Straße von dem Hauptgebäude der Pergamos ausgehen musste, und grub daher entschlossen weiter, um dies ans Licht zu bringen, bin jedoch zu meinem allergrößten Leidwesen gezwungen worden, zu diesem Zweck drei große Wände des neueren Hauses wegzubrechen. Meine Hoffnungen sind aber durch das Resultat weit übertroffen worden, denn ich fand nicht nur zwei große Tore, die 6 Meter 13 Zentimeter voneinander abstehen, sondern auch die beiden großen kupfernen Bolzen derselben. Das erste Tor ist 3 Meter 76 Zentimeter breit. An diesem ersten Tor hört die mit großen Steinplatten gepflasterte Straße auf und der Weg hat von dort bis zum zweiten Tor ein sehr unebenes Pflaster von großen unbehauenen Steinen. Vermutlich ist das Pflaster durch die eingestürzten Mauern des älteren Hauses so ungleich geworden.

Ich habe die Straße bis 1 Meter 33 Zentimeter nordöstlich vom zweiten Tor gereinigt, wage aber nicht, es noch weiter zu tun, da dies nicht ohne fernere Abbrechung von Mauern des zweiten Hauses geschehen könnte, deren Erhaltung von höchstem Interesse für die Wissenschaft ist; denn wenngleich dasselbe viel neuer sein muss als das untere, auf dessen Trümmern es ruht, so ist es doch, wie die darin gefundenen Terrakotten und Idole mit Eulenköpfen sowie seine Tiefe von 6 bis 7 Meter unter der Oberfläche beweisen, Jahrhunderte vor der griechischen Niederlassung gebaut, deren Überbleibsel nur eine Tiefe von 2 Meter erreichen, und es ist jedenfalls älter als die homerischen Gesänge.

In meinem letzten Bericht sprach ich die gewisse Vermutung aus, dass die im Südwesten schroff nach der Ebene ablaufende Turmstraße zum Skäischen Tor führen müsse, welches nur höchstens 150 Meter entfernt sein könnte; ich wage aber jetzt die bestimmte Behauptung, dass das von mir ans Licht gebrachte große doppelte Tor notwendigerweise das Skäische Tor sein muss. Dasselbe ist ausgezeichnet erhalten und daran fehlt kein Stein.

Also neben diesem doppelten Tor, auf Ilions großem Turm, am Rand des sehr schroffen westlichen Bergabhangs der Pergamos saßen Priamos, die sieben Stadtältesten und Helena, und hier fällt die herrlichste Szene der Ilias vor; von hier überschaute die Gesellschaft die ganze Ebene und sah am Fuß der Pergamos die Heere der Trojaner und der Achäer nebeneinander, um den Vertrag abzuschließen, den Krieg durch einen Zweikampf zwischen Paris und Menelaos entscheiden zu lassen.

Dieses Tor sowie das große uralte Gebäude stehen auf jenem bereits früher erwähnten, sich an die Nordseite des Turmes anlehnenden Wall, der hier mehr als 24 Meter Dicke zu haben scheint und aus dem Schutt gemacht ist, den man bei der Erbauung des Turmes vom Urboden abgehackt hat. Die Lage des Gebäudes unmittelbar oberhalb des Tores auf einer künstlichen Anhöhe sowie die solide Bauart desselben lassen keinen Zweifel, dass es das vornehmste Gebäude Trojas, ja dass es das Haus des Priamos gewesen sein muss. Von dem bloßgelegten Teil desselben lasse ich, so gut es gehen will, einen genauen Plan aufnehmen; ganz kann ich es jedoch nicht ans Licht bringen, denn dazu würde es nötig sein, mein steinernes und mein hölzernes Haus abzubrechen, unter welche es sich hin erstreckt, und selbst wenn ich dies täte, würde ich nicht imstande sein, einen vollständigen Plan des Hauses aufzunehmen, solange ich nicht das auf demselben stehende Gebäude fortschaffe, wozu ich mich vorläufig nicht entschließen kann.

Dass nun wirklich die Anhöhe, worauf das Haus des Priamos oberhalb des Skäischen Tores steht, künstlich gemacht ist, davon kann sich jeder in meinem vorjährigen großen Einschnitt überzeugen, welcher einen Teil dieser Anhöhe durchschneidet; man sieht in den Wänden dieses Einschnitts, vom Brunnen bis zum Tor, dass es reiner, aufgeschütteter, mit seltenen Topfscherben und Muscheln vermischter Urboden ist.

Da es höchst wichtig ist, auch zu wissen, was für Festungswerke die Pergamos zur Zeit des Trojanischen Krieges an der West- und Nordwestseite hatte, und ich vom Skäischen Tor zwar noch eine 3 Meter 40 Zentimeter dicke Mauer in westnordwestlicher Richtung fortgehen sehe, aber in der Unmöglichkeit bin, ihr von dieser Seite zu folgen, so habe ich schon vor acht Tagen an der Nordwestseite der Burg an der Stelle, wo ich im April 1870 den ersten Einschnitt machte und die darum auch von meinen Leuten die Großmutter der Ausgrabungen genannt wird, einen 10 Meter breiten, 43 Meter langen Graben angelegt, und da ich gleichzeitig den Schutt aus einem am Bergabhang in $10^1/_2$ Meter Tiefe angelegten kleinen Einschnitt auf drei Galerien fortschaffe, der Abstand nicht groß ist, die Schiebkarren auf ebener Fläche gehen, außerdem der Schutt hier sehr leicht ist und nur vom Abhang des Berges geworfen zu werden braucht, so geht die Arbeit sehr schnell vorwärts.

Die Ausgrabungen auf der Nordseite von Herrn Frank Calverts Feld zur Auffindung von ferneren Skulpturen habe ich schon vor längerer Zeit eingestellt, da ich mich nicht mehr mit ihm einigen kann.

Ich habe jetzt nur noch zwei Aufseher, denn den Georgios Photidas habe ich dringender Gründe wegen vor drei Wochen entlassen müssen.

Noch habe ich hinzuzufügen, dass ich jetzt meine früher ausgesprochene Meinung, als sei Ilion bis zum 9. Jahrhundert n. Chr. bewohnt gewesen, durchaus widerrufen und entschieden behaupten muss, dass seine Baustelle schon seit dem Ende des 4. Jahrhunderts ganz verlassen und unbewohnt geblieben ist. Ich hatte mich irreführen lassen durch die Angaben meines geehrten Freundes, des Herrn Frank Calvert in den Dardanellen, welcher behauptete, es lägen Urkunden vor, dass der Ort bis ins 13. oder 14. Jahrhundert n. Chr. bewohnt gewesen sei.

Troja, 17. Juni 1873

Seit meinem letzten Bericht vom 10. v. M. bin ich besonders bemüht gewesen, die große Ausgrabung an der Nordwestseite des Berges zu beschleunigen, und habe zu diesem Zweck auch von der Westseite einen tiefen Einschnitt angelegt, in welchem ich leider in schräger Richtung auf die 4 Meter hohe, 3 Meter dicke Ringmauer des Lysimachos stieß. Ich war somit gezwungen, von dieser eine doppelte Masse Steine herauszubrechen, um mir Eingang zu verschaffen, stieß aber darauf auf die Trümmer riesiger Bauten aus hellenischer und vorhellenischer Zeit, sodass diese Ausgrabung nur langsam fortschreiten konnte. In einer Entfernung von 21 Meter vom Bergabhang stieß ich hier, in 6 Meter Tiefe, auf eine 1 Meter 50 Zentimeter hohe, mit hervorstehender Zinne gebaute alte Ringmauer, die nicht mit der vom Skäischen Tor in westnordwestlicher Richtung fortlaufenden Mauer in Verbindung steht, auch wegen ihrer ganz verschiedenen Bauart und geringen Höhe aus nachtrojanischer Zeit stammen muss; jedenfalls aber ist sie viel älter als die griechische Kolonie, weil sie aus Steinen und Erde gebaut ist und ich neben ihr mehrere marmorne Idole der ilischen Schutzgöttin fand.

Ich bin leider gezwungen worden, ein 5 $^{3}/_{4}$ Meter langes Stück dieser Ringmauer wegzubrechen, um weiterarbeiten zu können, habe aber noch ein 2 $^{1}/_{4}$ Meter langes Stück vom aufgegrabenen Teil derselben stehen lassen, sodass man diese Mauer untersuchen kann. Hinter derselben fand ich eine teils mit großen Steinplatten, teils mit mehr oder weniger behauenen Steinen gepflasterte Fläche und darauf eine 6 Meter hohe, 1 Meter 80 Zentimeter dicke Festungsmauer aus großen Steinen und Erde, die unterhalb meines hölzernen Hauses, aber 2 Meter oberhalb der vom Skäischen Tor weitergehenden trojanischen Ringmauer hinweggeht.

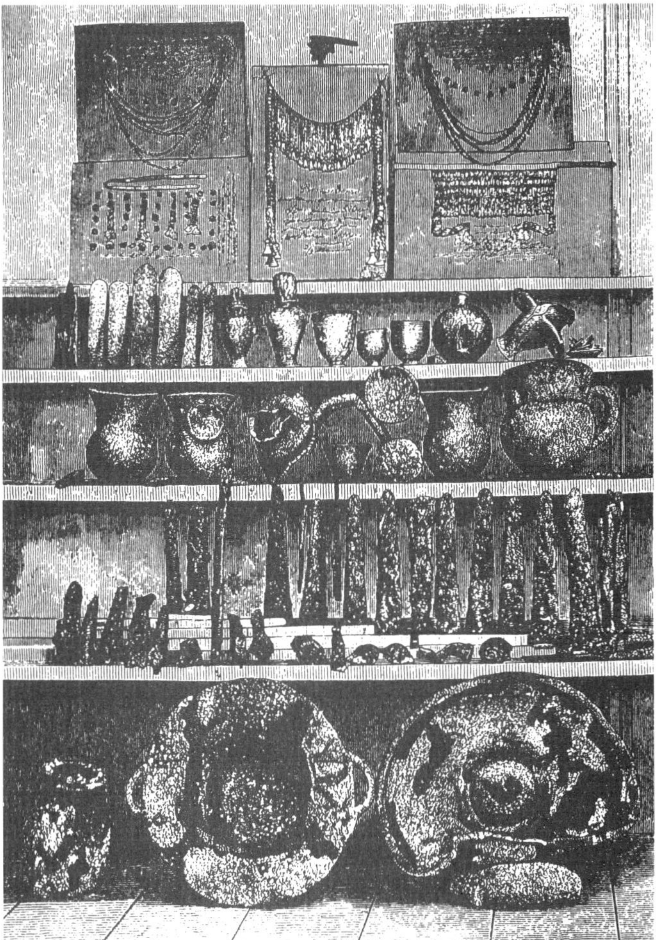

Der große Schatz (»Schatz des Priamos«)

In der mit diesem Einschnitt in Verbindung stehenden neuen, großen Exkavation an der Nordwestseite habe ich mich überzeugt, dass die im April 1870 von mir bloßgelegte herrliche Mauer von großen behauenen Steinen zu einem Turm gehört, dessen unterer hervortretender Teil aus der ersten Zeit der griechischen Kolonie stammen muss, während der obere Teil desselben aus der Zeit des Lysimachos zu sein scheint. Zu diesem Turm gehört sowohl die bereits in meinem letzten Bericht erwähnte, unmittelbar auf die Ringmauer des Lysimachos folgende, 2 Meter 70 Zentimeter hohe, 1 Meter 80 Zentimeter breite Mauer als auch die 15 Meter davon entfernte Mauer von gleichen Dimensionen, die ich ebenfalls durchbrochen habe. Hinter der Letzteren legte ich in 8 bis 9 Meter Tiefe die vom Skäischen Tor weitergehende trojanische Ringmauer bloß und stieß beim Weitergraben auf dieser Mauer und unmittelbar neben dem Haus des Priamos auf einen großen kupfernen Gegenstand höchst merkwürdiger Form, der umso mehr meine Aufmerksamkeit auf sich zog, als ich hinter demselben Gold zu bemerken glaubte.

Auf dem kupfernen Gegenstand ruhte eine 1 $^1/_2$ bis 1 $^3/_4$ Meter dicke steinfeste Schicht von roter Asche und kalzinierten Trümmern, auf welcher die vorerwähnte 1 Meter 80 Zentimeter dicke, 6 Meter hohe Festungsmauer lastete, die aus großen Steinen und Erde bestand und aus der ersten Zeit nach der Zerstörung Trojas stammen muss. Um den Schatz der Habsucht meiner Arbeiter zu entziehen und ihn für die Wissenschaft zu retten, war die allergrößte Eile nötig, und, obgleich es noch nicht Frühstückszeit war, so ließ ich doch sogleich »paidos« (Ruhezeit) ausrufen, und während meine Arbeiter aßen und ausruhten, schnitt ich den Schatz mit einem großen Messer heraus, was nicht ohne die allergrößte Kraftanstrengung und die furchtbarste Lebensgefahr möglich war; denn die große Festungsmauer, welche ich zu untergraben hatte, drohte jeden Augenblick auf mich einzustürzen. Aber der

Anblick so vieler Gegenstände, von denen jeder einzelne einen unermesslichen Wert für die Wissenschaft hat, machte mich tollkühn, und ich dachte an keine Gefahr.

Die Fortschaffung des Schatzes wäre mir aber unmöglich geworden ohne die Hilfe meiner lieben Frau, die immer bereitstand, die von mir herausgeschnittenen Gegenstände in ihren Schal zu packen und fortzutragen.

Der zuerst gefundene Gegenstand war ein großes kupfernes Schild in Form eines ovalen Präsentiertellers, in dessen Mitte sich ein von einer Rinne umgebener Nabel befindet; dieses Schild hat 50 $^1/_2$ Zentimeter Länge, ist ganz flach und von einem 4 Zentimeter hohen Rand umgeben; der Nabel ist 6 Zentimeter hoch und hat 11 Zentimeter im Durchmesser; die um denselben befindliche Rinne hat 18 Zentimeter im Durchmesser und ist 1 Zentimeter tief.

Der zweite Gegenstand, den ich herauszog, war ein kupferner Kessel mit zwei horizontalen Henkeln; derselbe hat 42 Zentimeter im Durchmesser und 14 Zentimeter Höhe; der Boden ist flach und hat 20 Zentimeter im Durchmesser.

Der dritte Gegenstand war eine 1 Zentimeter dicke, 16 Zentimeter breite, 44 Zentimeter lange kupferne Platte, welche einen Millimeter hohen Rand hat; an einem Ende derselben sieht man zwei unbewegliche Räder mit Achse. Diese Platte ist an zwei Stellen stark gebogen; jedoch glaube ich, dass diese Biegungen durch die Glut geschehen sind, welcher der Gegenstand in der Feuersbrunst ausgesetzt gewesen ist; auf demselben ist eine silberne Vase von 12 Zentimeter Höhe und Breite festgeschmiedet, jedoch vermute ich, dass dies ebenfalls nur durch Zufall in der Feuersbrunst geschehen ist.

Der vierte hervorgekommene Gegenstand war eine kupferne Vase von 14 Zentimeter Höhe und 11 Zentimeter im Durchmesser.

Darauf folgte eine 15 Zentimeter hohe, 14 Zentimeter im Durchmesser haltende und 403 Gramm wiegende kugelrunde Flasche von reinstem Gold mit einer angefangenen, aber nicht vollendeten Zickzackverzierung am Hals; ein 9 Zentimeter hoher, $7^3/_4$ Zentimeter breiter, 226 Gramm schwerer Becher ebenfalls von reinstem Gold sowie ein 9 Zentimeter hoher, $18^3/_4$ Zentimeter langer, $18^1/_4$ Zentimeter breiter, genau 600 Gramm wiegender Becher von reinstem Gold in Form eines Schiffes mit zwei großen Henkeln; auf der einen Seite ist ein 7 Zentimeter, auf der anderen ein 3 Zentimeter breiter Mund zum Trinken. Noch muss ich die für die Geschichte der Kunst sehr wichtige Bemerkung machen, dass vorgesagter goldener Becher gegossen ist und die großen, nicht massiven Henkel daran geschmiedet sind. Dagegen ist der vorerwähnte einfache goldene Becher sowie die goldene Flasche mit dem Hammer getrieben.

Der Schatz enthält ferner einen kleinen, 70 Gramm wiegenden, 8 Zentimeter hohen, $6^1/_2$ Zentimeter breiten Becher aus mit 20% Silber versetztem Gold, dessen Fuß nur 2 Zentimeter hoch und $2^1/_2$ Zentimeter breit, außerdem nicht ganz gerade ist, sodass der Becher nur zum Hinstellen auf den Mund bestimmt zu sein scheint.

Ich fand dort ferner sechs mit dem Hammer getriebene Stücke allerreinsten Silbers in Form von großen Klingen, deren eines Ende abgerundet, das andere in Gestalt eines Halbmondes ausgeschnitten ist. Die beiden größeren sind 21 $^1/_2$ Zentimeter lang und 5 Zentimeter breit, und eines davon wiegt 190, das andere 183 Gramm. Die darauf folgenden zwei Stücke sind 18 $^1/_2$ Zentimeter lang und 4 Zentimeter breit, und eines davon wiegt 174, das andere 173 Gramm; die beiden übrigen Stücke sind 17 $^1/_4$ Zentimeter lang und 3 Zentimeter breit; eines davon wiegt 173, das andere 171 Gramm. Höchstwahrscheinlich sind dies die homerischen Talente, welche nur klein sein konnten, da z. B. Achilles als ersten Kampfpreis eine Frau, als zweiten ein Pferd, als dritten einen Kessel und als vierten zwei goldene Talente aufstellt.

Ich fand dort ferner drei große silberne Vasen, wovon

die größte 21 Zentimeter hoch ist, 20 Zentimeter im Durchmesser und einen Henkel von 14 Zentimeter Länge und 9 Zentimeter Breite hat. Die zweite Vase ist 17 $^1/_2$ Zentimeter hoch und hat 15 Zentimeter im Durchmesser; man sieht auf derselben den oberen Teil einer anderen silbernen Vase festgeschmolzen, von der nur Bruchstücke übrig geblieben sind. Die dritte Vase ist 18 Zentimeter hoch und hat 15$^1/_2$ Zentimeter im Durchmesser; am Fuß der Vase ist viel Kupfer festgeschmolzen, welches in der Feuersbrunst von den kupfernen Sachen des Schatzes abgeträufelt sein muss. Alle drei Vasen sind unten kugelrund und können daher nicht hingestellt werden, ohne angelehnt zu werden.

Auch fand ich dort einen 8 $^1/_2$ Zentimeter hohen silbernen Becher, dessen Mund 10 Zentimeter im Durchmesser hat; ferner eine silberne Schale von 14 Zentimeter Durchmesser sowie zwei kleine, ganz vorzüglich gearbeitete, prachtvolle silberne Vasen; die größere derselben hat an jeder Seite zwei Röhrchen zum Aufhängen an Schnüren, ist, mit ihrem hutartigen Deckel, 20 Zentimeter hoch und hat 9 Zentimeter im Durchmesser im Bauch. Die kleinere, nur mit einem Röhrchen an jeder Seite zum Aufhängen an einer Schnur versehene silberne Vase, ist, mit ihrem Hut, 17 Zentimeter hoch und 8 Zentimeter breit. Teils auf, teils neben den goldenen und silbernen Sachen fand ich dreizehn kupferne Lanzen.

Ich fand dort ferner vierzehn jener hier häufig vorkommenden, anderswo aber noch niemals gefundenen kupfernen Waffen, die nach einem Ende hin zwar beinahe spitz, aber stumpf nach dem anderen in eine breite Schneide auslaufen; ich hielt dieselben früher für eine besondere Art von Lanzen, bin aber jetzt nach reiflicher Überlegung zur Überzeugung gekommen, dass sie nur als Streitäxte gebraucht sein können; dieselben sind 16 bis 31 Zentimeter lang, 1 $^1/_4$ bis 2 Zentimeter dick und 3 bis 7 $^1/_2$ Zentimeter breit, und die Größten derselben wiegen 1365 Gramm.

Weiter fand ich dort sieben große zweischneidige kupferne Dolchmesser, die einen 5 bis 7 Zentimeter langen und am Ende unter rechtem Winkel umgebogenen Griff haben, der einst mit Holz eingefasst gewesen sein muss, denn wäre die Einfassung von Knochen gewesen, so würde sie noch jetzt ganz oder teilweise vorhanden sein. Der spitze Griff wurde in ein Stück Holz gesteckt, sodass das Ende $1^1/_2$ Zentimeter lang hervorragte, und dies wurde einfach umgebogen. Das größte dieser Messer ist 27 Zentimeter lang und an der breitesten Stelle $5^1/_2$ Zentimeter breit.

Von gewöhnlichen einschneidigen Messern fand sich im Schatz nur eines von $15^1/_2$ Zentimeter Länge. Auch fand ich dort das 22 Zentimeter lange, 5 Zentimeter breite Bruchstück eines Schwertes sowie eine in eine Schneide auslaufende, 38 Zentimeter lange, viereckige kupferne Stange, die jedenfalls auch als Waffe gedient zu haben scheint.

Da ich alle vorgenannten Gegenstände, einen viereckigen Haufen bildend, zusammen oder ineinander verpackt auf der Ringmauer fand, so scheint es gewiss, dass sie in einer hölzernen Kiste lagen, wie solche in der Ilias im Palast des Priamos erwähnt werden; dies scheint umso gewisser, als ich unmittelbar neben den Gegenständen einen $10^1/_2$ Zentimeter langen kupfernen Schlüssel fand, dessen 5 Zentimeter langer und breiter Bart die größte Ähnlichkeit hat mit dem der großen Kassenschlüssel in den Banken. Merkwürdigerweise hat dieser Schlüssel einen hölzernen Griff gehabt; das wie bei den Dolchmessern unter rechtem Winkel umgebogene Ende des Schlüsselstiels lässt keinen Zweifel darüber.

Vermutlich hat jemand aus der Familie des Priamos den Schatz in aller Eile in die Kiste gepackt, diese fortgetragen, ohne Zeit zu haben, den Schlüssel herauszuziehen, ist aber auf der Mauer von Feindes Hand oder vom Feuer erreicht und hat die Kiste im Stich lassen müssen, die sogleich 1 Meter 50 oder 1 Meter 80 Zentimeter hoch mit der roten Asche und den Steinen des daneben stehenden königlichen Hauses überschüttet wurde. Vielleicht gehörten dem Unglücklichen, welcher den Schatz zu retten versucht hat, die einige Tage früher in einem Raum des

Das Große Diadem, wie es getragen wurde

königlichen Hauses und unmittelbar neben dem Fundort des Schatzes entdeckten Gegenstände, nämlich ein Helm und eine 18 Zentimeter hohe, 14 Zentimeter breite dicke silberne Vase, in welcher ein eleganter, 11 Zentimeter hoher, 9 Zentimeter breiter Becher aus Elektron steckte. Der Helm wurde zertrümmert, kann jedoch vielleicht wieder zusammengeleimt werden, da ich alle Stücke davon habe. Die beiden oberen Teile desselben sind unversehrt. Dass man den Schatz bei furchtbarer Lebensgefahr, in zitternder Angst zusammengepackt hat, davon zeugt unter anderem auch der Inhalt der größten silbernen Vase, in welcher ich ganz unten zwei prachtvolle goldene Diademe, ein Stirnband und vier herrliche, höchst kunstvoll gefertigte Ohrgehänge fand; darauf lagen 56 goldene Ohrringe höchst merkwürdiger Form und 8750 kleine goldene Ringe, durchbohrte Prismen und Würfel, goldene Knöpfe usw., die offenbar von anderen Schmucksachen herrühren; darauf folgten sechs goldene Armbänder, und ganz oben lagen die beiden kleineren goldenen Becher.

Das eine Diadem ist 51 Zentimeter lang und besteht aus einer goldenen Kette, von welcher auf jeder Seite acht 39 Zentimeter lange, ganz und gar mit kleinen goldenen Baumblättern belegte Ketten zur Bedeckung der Schläfe heruntergehen, und am Ende einer jeden dieser sechzehn Ketten hängt ein 3 $^{1}/_{4}$ Zentimeter langes goldenes Idol mit dem Eulenkopf der ilischen Schutzgöttin. Zwischen dieser Schläfenbedeckung sieht man die 74 ebenfalls mit goldenen Baumblättern belegten, 10 Zentimeter langen Kettchen der Stirnbedeckung, an deren jeder unten ein doppeltes, 2 Zentimeter langes Baumblatt hängt.

Das zweite Diadem besteht aus einem 5 Zentimeter langen, 12 Millimeter breiten goldenen Stirnband, von dem zur Bedeckung der Schläfen an jeder Seite sieben, mit je elf viereckigen, mit einer Rille versehenen Blättern geschmückte Kettchen hängen, die durch vier Querkettchen miteinander verbunden sind und an deren jeder unten ein 25 Millimeter langes goldenes Idol der Schutzgöttin Trojas prangt. Die ganze Länge einer jeden Kette mit dem Idol beträgt 16 Zentimeter; diese Idole haben fast Menschengestalt, in welcher aber der Eulenkopf mit den beiden großen Augen nicht zu verkennen ist; ihre Breite an den Füßen ist 21 Millimeter. Zwischen diesem Schläfenschmuck hängen 47 mit viereckigen Blättchen verzierte Kettchen herab, an deren jedem ein 18 Millimeter hohes Idol der ilischen Schutzgöttin hängt; die Länge dieser Kettchen mit den Idolen ist nur 10 Zentimeter.

Von den sechs goldenen Armbändern sind zwei ganz einfach, geschlossen und von 4 Millimeter Dicke; ein drittes ist ebenfalls geschlossen, besteht aber aus einem verzierten Band von 1 Millimeter Dicke und 7 Millimeter Breite; die drei übrigen sind doppelt und haben umgebogene, mit einem Kopf versehene Enden. Die Prinzessinnen, die diese Armbänder getragen haben, müssen eine ungemein kleine Hand gehabt haben, denn sie sind so klein, dass ein Mädchen von zehn Jahren Mühe haben würde, sie aufzustecken.

Die 56 übrigen goldenen Ohrringe sind von verschiedener Größe; drei derselben scheinen von den Prinzessinnen des königlichen Hauses auch als Fingerringe gebraucht worden zu sein. Die Form keiner dieser Ohrringe hat irgendwie Ähnlichkeit mit den hellenischen, römischen, ägyptischen oder assyrischen Ohrringen; 20 derselben laufen in vier, zehn laufen in drei nebeneinander liegende und zusammengeschmiedete Blätter aus und haben daher die größte Ähnlichkeit mit den hier im vorigen Jahr von mir in 9 und 13 Meter Tiefe gefundenen Ohrringen aus Gold oder Elektron. Achtzehn andere Ohrringe laufen in sechs Blätter aus, und man sieht im Anfang derselben zwei Knöpfchen, in der Mitte zwei Reihen von je fünf Knöpfchen und am Ende drei Knöpfchen. Zwei der größten Ringe, die wegen der Dicke des Endes keinesfalls als Ohr- und nur als Fingerringe gebraucht zu sein scheinen, laufen in vier Blätter aus, und im Anfang derselben sieht man zwei, in der Mitte drei und am Ende wiederum zwei Knöpfchen. Von den übrigen Ohrringen haben zwei die Gestalt von drei, und vier die Gestalt von zwei nebeneinander liegenden, herrlich geschmückten Schlangen.

Auf die Ohrringe hatte man eine Menge anderer auf Fäden gezogener oder an Leder befestigter Schmucksachen in die große silberne Vase gelegt, denn auf und unter denselben fand ich, wie bereits erwähnt, 8750 kleine Gegenstände, nämlich Goldringe von nur 3 Millimeter im Durchmesser; glatte oder in Form von Sternchen ausgeschnittene, 4 Millimeter im Durchmesser habende, durchbohrte Würfel; 2 1/2 Millimeter hohe, 3 Millimeter breite, der Länge nach mit acht oder sechzehn Einschnitten verzierte, goldene durchbohrte Prismen; 5 Millimeter lange, 4 Millimeter breite, der Länge nach mit einer Röhre zum Aufziehen versehene Baumblättchen; kleine, 9 Millimeter lange, auf einer Seite mit einem Knopf, auf der anderen mit einem durchgehenden Loch versehene Goldstangen; 5 Millimeter lange, 2 1/2 Millimeter breite durchbohrte Prismen; nur 7 Millimeter im Durchmesser habende, zusammengeschmiedete, doppelte oder dreifache goldene Ringe mit durchgehendem Loch an zwei Seiten zum Aufziehen; 5 Millimeter hohe goldene Knöpfe, in deren Höhlung ein 3 Millimeter breiter Ring oder Öse zum Annähen ist; 7 1/2 Millimeter lange goldene Doppelknöpfe, ganz in Gestalt unserer Hemdknöpfe, die aber nicht zusammengeschmiedet, sondern zusammengesteckt sind, denn aus der Höhlung des einen Knopfes tritt eine 6 Millimeter lange Röhre, aus der anderen eine ebenso lange Stange hervor, und man steckt einfach die Stange in die Röhre, um den Doppelknopf zu bilden. Diese Doppelknöpfe können wohl nur als Zierrat von ledernen Sachen, so z. B. an Schwert, Schild oder Messergehenken gebraucht worden sein. Ich fand dort auch zwei goldene Zylinder von 3 Millimeter Dicke und 19 Millimeter Länge sowie ein goldenes Stäbchen von 21 Millimeter Länge und 1 1/2 bis 2 Millimeter Dicke.

Noch fand ich dort zwei Stücke Gold, wovon das eine 4 3/4, das andere 5 1/4 Zentimeter lang ist; jedes derselben hat 21 Durchbohrungen.

Derjenige, welcher versucht hat, den Schatz zu retten, hat glücklicherweise die Geistesgegenwart gehabt, die große silberne Vase mit den beschriebenen Kostbarkeiten aufrecht in die Kiste zu stellen, sodass nicht eine Perle herausgefallen und alles unversehrt geblieben ist.

Mein geehrter Freund, der durch seine Entdeckungen

und Schriften bekannte Chemiker Landerer in Athen, welcher alle im Schatz enthaltenen kupfernen Gegenstände aufs Genaueste untersucht und Bruchstücke davon analysiert hat, findet, dass alle, ohne jegliche Beimischung von Zinn oder Zink, aus reinem Kupfer bestehen, welches, um es haltbarer zu machen, geschmiedet worden ist.

Da ich hoffte, hier weitere Schätze zu finden, auch wünschte, die trojanische Ringmauer, deren Bau Homer dem Poseidon und dem Apollon zuschreibt, bis ans Skäische Tor ans Licht zu bringen, so habe ich die teilweise auf derselben lastende obere Mauer auf eine Strecke von 17 $^1/_2$ Meter ganz weggebrochen. Die Besucher der Troade erkennen dieselbe aber noch, dem Skäischen Tor gegenüber, in der nordwestlichen Erdwand. Auch habe ich noch den ungeheuren Erdklotz weggebrochen, welcher meinen westlichen und nordwestlichen Einschnitt vom großen Turm trennte, musste aber zu diesem Zweck mein größeres hölzernes Haus wegbrechen, auch zur leichteren Fortschaffung des Schuttes das Skäische Tor überbrücken. Das Resultat dieser neuen Ausgrabung ist für die Wissenschaft sehr lohnend gewesen, denn ich habe mehrere Wände, auch ein 6 Meter langes und breites Zimmer des königlichen Hauses, aufdecken können, auf welchem keine Bauten aus späterer Zeit lasten.

Wie ich jetzt sehe, war mein erwähnter, im April 1870 angelegter Einschnitt ganz an der richtigen Stelle gemacht, denn wenn ich ihn nur fortgesetzt hätte, so würde ich schon damals in einigen Wochen die merkwürdigsten Bauten Trojas, nämlich das Haus des Priamos, das Skäische Tor, die große Ringmauer und Ilions großen Turm, ans Licht gebracht haben, während ich, weil ich später diesen Einschnitt vernachlässigte, riesige Einschnitte von Osten nach Westen und von Norden nach Süden durch den ganzen Berg zu machen hatte, um sie zu finden.

In den oberen Schichten der neuen nordwestlichen und

westlichen Ausgrabungen wurde noch eine große Menge Köpfe von herrlichen Terrakotta-Figuren aus bester hellenischer Zeit gefunden, und in 7 Meter Tiefe einige Idole sowie der obere Teil einer Vase mit Eulengesicht und einem Deckel in Form eines Helmes

Aber Troja war nicht groß; ich habe im ganzen 20 Brunnen im Westen, Südwesten, Süden, Südosten und Osten der Pergamos, unmittelbar am Fuß derselben oder in einiger Entfernung davon, auf dem Plateau des Ilion der griechischen Kolonie bis zum Fels gegraben, und da ich in keinem derselben eine Spur weder von trojanischen Topfscherben oder trojanischen Hausmauern und nur hellenische Topfscherben und hellenische Hausmauern finde, da ferner der Berg der Pergamos auf der dem Hellespont zugewandten Nordwest-, Nord- und Nordostseite sehr steil nach der Ebene abfällt, sodass in keiner dieser Richtungen die Ausdehnung der Stadt möglich war, so erkläre ich jetzt aufs Entschiedenste, dass sich unmöglich die Stadt des Priamos nach irgendeiner Seite hin über die uralte Bergfläche dieser Festung hinaus ausgedehnt haben kann, deren Umfang uns nach Süden und Südwesten durch den großen Turm und das Skäische Tor, nach Nordwesten, Nordosten und Osten durch die trojanische Ringmauer angedeutet ist. An der Nordseite bestand dieselbe, da die Stadt von dieser Seite so stark von der Natur befestigt war, nur aus jenen einen großen Wall bildenden, lose aufeinander gelegten großen Steinblöcken, deren Fortschaffung mir im vorigen Jahr so ungeheure Schwierigkeiten gemacht hat. Man erkennt diese Mauer aber auf den ersten Blick gleich rechts im nördlichen Eingang meines großen, durch den ganzen Berg führenden Einschnitts.

Es tut mir ungemein Leid, einen so kleinen Plan von Troja geben zu müssen, ja, ich hätte gewünscht, ihn tausendmal größer machen zu können; aber die Wahrheit geht mir über alles, und ich freue mich, durch meine dreijährigen Ausgrabungen, wenn auch nur in verkleinertem Maßstab, das homerische Troja aufgedeckt und bewiesen zu haben, dass die Ilias auf wirkliche Tatsachen basiert ist.

Homer ist ein epischer Dichter und kein Historiker, und es ist ganz natürlich, dass er alles mit dichterischer Freiheit übertreibt; überdies sind die Ereignisse, die er schildert, so wunderbar, dass gar viele Gelehrte seit langer Zeit die Existenz Trojas in Zweifel gezogen und diese Stadt als ein bloßes Phantasiebild des Poeten angesehen haben. Ich wage daher zu hoffen, dass die zivilisierte Welt nicht nur nicht darüber entrüstet sein wird, dass die Stadt des Priamos sich kaum ein Zwanzigstel so groß herausstellt, als nach den Angaben der Ilias zu erwarten wäre, sondern im Gegenteil, dass sie mit Wonnegefühl und Begeisterung die Gewissheit entgegennehmen wird, dass Ilion wirklich da war, dass es jetzt einem großen Teil nach ans Licht gebracht ist und dass Homer, wenn er auch vergrößerte, doch wirklich stattgefundene Ereignisse besingt. Überdies sollte man auch bedenken, dass die sich jetzt auf diesen kleinen Berg reduzierende Baustelle von Troja doch noch ebenso groß oder größer ist als die der Königsstadt Athen, welche auf die Akropolis beschränkt war, erst durch die von Theseus hinzugefügten zwölf Dörfer sich außerhalb derselben ausdehnte und daher im Plural Athenai genannt wurde. Ebenso ist es wahrscheinlich auch mit der von Homer als goldreich beschriebenen Stadt Mykenai geschehen, die auch im Singular vorkommt.

Aber das kleine Troja war für damalige Verhältnisse unermesslich reich, denn ich finde hier einen Schatz von goldenen und silbernen Sachen, wie man ihn jetzt kaum in einem kaiserlichen Palast finden kann; und da die Stadt reich war, so war sie auch mächtig und herrschte über ein großes Gebiet.

Trojas Häuser waren, wie aus der Dicke der Mauern und der kolossalen Schuttaufhäufung hervorgeht, alle sehr hoch und hatten mehrere Etagen; aber nehmen wir selbst dreistöckige und dicht nebeneinander stehende Häuser an, so kann die Stadt doch nicht mehr als 5000 Einwohner gehabt und nicht über 500 Soldaten gestellt haben, aber sie mochte immerhin aus ihren Untertanen ein ansehnliches Heer zusammenbringen, und da sie reich und mächtig war, so bekam sie Hilfstruppen von allen Seiten.

Eine besondere Akropolis hatte Troja also nicht, dieselbe war aber für die großen Taten der Ilias nötig, wurde daher von Homer hinzugedichtet und von ihm Pergamos genannt, ein Wort ganz unbekannter Abstammung.

Da ich in keinem meiner Brunnen Spuren der Töpferware der Nachfolger der Trojaner bis zur Ankunft der griechischen Kolonie finde, so ist auch mit Bestimmtheit anzunehmen, dass sich Troja zu Homers Zeit nur um das wenige vergrößert hatte, was durch die Schuttaufhäufung bei der Zerstörung der Stadt hinzugekommen war. Homer kann nie Ilions großen Turm, die Ringmauer des Poseidon und Apollon, das Skäische Tor oder Priamos' Palast gesehen haben, denn alle diese Monumente waren tief im Schutt begraben, und er stellte keine Ausgrabungen an, um sie ans Licht zu bringen. Er kannte diese Denkmäler unsterblichen Ruhmes nur vom Hörensagen, denn des alten Troja tragisches Ende war noch in frischem Andenken und bereits seit Jahrhunderten im Munde aller Sänger.

Tempel sind bei Homer noch sehr selten, und wenngleich er hier einen Tempel der Athene erwähnt, so ist in Betracht der Kleinheit der Stadt doch sehr zu bezweifeln, ob wirklich einer vorhanden war. Vermutlich hatte die Schutzgöttin damals nur noch erst jenen von mir aufgedeckten Opferaltar.

Infolge meiner früheren irrigen Idee, dass Troja nur auf dem Urboden und ganz nahe darüber zu suchen sei, ist leider 1871 und 1872 ein großer Teil der Stadt von mir zerstört worden, denn ich habe damals alle mir in den höheren Schuttschichten in den Weg kommenden Hauswände niedergebrochen. Sobald ich aber in diesem Jahr durch klare Beweise zur bestimmten Überzeugung gelangt war, dass Troja nicht auf dem Urboden, sondern in 7 bis 10 Meter Tiefe zu suchen ist, habe ich in diesen Schuttschichten keine Hauswand mehr niedergebrochen; auf diese Weise sind in meinen diesjährigen Ausgrabungen eine Menge von trojanischen Häusern ans Licht gekommen, die noch jahrhundertelang stehen und die Besucher der Troade überzeugen können, dass die Steine der trojanischen Bauten nie zum Bau anderer Städte benutzt sein können, denn sie sind meistenteils noch in situ, überdies sind sie klein, solche Steine findet man zu Millionen auf allen Feldern der hiesigen Gegend.

Wertvolle Steine, wie die großen Platten des vom Skäischen Tor zur Ebene führenden Weges, sowie die großen Steine der Ringmauer und des großen Turmes sind nicht angerührt; am Skäischen Tor fehlt nicht ein einziger Stein. Ja, mit Ausnahme der von mir zerstörten Häuser würde man, wie in Pompeji, die Gerippe aller Häuser aufdecken können. Letztere müssen, wie bereits erwähnt, sehr hoch gewesen und in denselben sehr viel Holz verwandt sein, denn sonst könnte durch die Feuersbrunst nicht eine so gewaltige Masse Asche und Schutt erzeugt sein.

Ich habe zwei Drittel der ganzen Stadt aufgegraben, und da ich den großen Turm, das Skäische Tor, die trojanische Ringmauer, das königliche Haus, den Opferaltar der ilischen Athene usw. ans Licht gebracht, die vornehmsten Häuser und überhaupt den bestgelegenen Teil der Stadt aufgedeckt und von allen Gegenständen des häuslichen Lebens und der Gottesverehrung der Trojaner eine überaus reiche Sammlung zusammengebracht habe, so ist es nicht denkbar, dass die Wissenschaft durch fernere Ausgrabungen noch etwas sollte gewinnen können. Sollten aber dennoch meine Ausgrabungen noch einmal

Der Hügel Hissarlik während Schliemanns Ausgrabungen

fortgesetzt werden, dann bitte ich die Grabenden dringend, so wie ich es gemacht habe, den abzugrabenden Schutt vom Abhang des Berges werfen und *nicht* mit demselben meine mit so ungeheurer Mühe und großen Kosten gemachten riesigen Einschnitte ausfüllen zu lassen, denn diese sind von hohem Wert für die Wissenschaft, da man in denselben alle Schuttschichten vom Urboden bis zur Oberfläche des Berges mit leichter Mühe untersuchen kann.

Indem ich heute die Ausgrabungen in Ilion auf immer einstelle, kann ich nicht umhin, Gott inbrünstig für den großen Segen zu danken, dass trotz der furchtbaren Gefahr, der wir hier in den dreijährigen riesigen Exkavationen, bei dem immerwährenden Sturm ausgesetzt gewesen sind, kein Unglück vorgefallen, niemand getötet, ja sogar keiner gefährlich verletzt worden ist.

Schließlich kann ich nicht umhin, allen denjenigen, welche früher oder später in der Ebene von Troja oder in der Umgegend Ausgrabungen zu machen wünschen, den Nikolaos Saphyros Jannakis aus dem benachbarten Dorf Renkoï aufs Angelegentlichste zu empfehlen; derselbe ist hier seit April 1870, während aller meiner Ausgrabungen, mein Bedienter, Koch und Kassierer gewesen und ist besonders in letzterer Eigenschaft wegen seiner erprobten Treue, auch weil er den Namen und die Arbeitsfähigkeit eines jeden Arbeiters in der Troade kennt, ganz unübertrefflich; dazu ist er wegen seiner Größe, seiner herkulischen Stärke, seiner Gewandtheit und seiner gründlichen Kenntnis der türkischen Sprache ganz ausgezeichnet befähigt zur Beseitigung der hier bei den Ausgrabungen fortwährend auftauchenden Schwierigkeiten mit den türkischen Behörden. Ebenso kann ich meinen Aufseher Spiridion Demetrios aus Athen und den Kapitän Georgios Tsirogiannis aus Limne in Euböa ganz besonders empfehlen, denn dieselben haben hier durch lange Erfahrung gelernt, wie riesige Schuttmassen am leichtesten fortzuschaffen sind, und sie haben außerdem die Gabe des Kommandos. Auch meinen talentvollen Maler Polychronios Lempesis aus Salamis kann ich als ganz vorzüglich empfehlen. Endlich kann ich als ganz ausgezeichnet hervorheben meinen Ingenieur Adolphe Laurent, welcher mir die ersten und letzten Pläne angefertigt hat.

Erste Ausgrabungen in Tiryns

Mythische Traditionen und Geschichte von Tiryns

Tiryns, 6. August 1876

In der südöstlichen Ecke der Ebene von Argos, auf der niedrigsten und flachsten jener Felshöhen, welche dort eine Gruppe bilden und sich wie Inseln aus der sumpfigen Niederung erheben, nur acht Stadien oder gegen 1500 Meter vom Golf von Argos entfernt, lag die uralte Zitadelle von Tiryns, jetzt Palaeocastron genannt. Sie stand in hohem Ansehen als Geburtsort des Herakles und war berühmt durch ihre kyklopischen Mauern, von denen Pausanias sagt: »Die Ringmauer, welche das einzige Überbleibsel ist, wurde von den Kyklopen gebaut; sie besteht aus unbehauenen Steinen, deren jeder so groß ist, dass ein Gespann von zwei Maultieren nicht einmal den kleinsten von der Stelle bewegen könnte; die Zwischenräume sind mit kleinen Steinen ausgefüllt, um die großen Blöcke noch mehr in ihrer Lage zu befestigen.«

Die Steine der Ringmauer sind gewöhnlich 7 Fuß lang und 3 Fuß dick, jedoch maß ich mehrere, die 10 Fuß lang und 4 Fuß dick waren. Nach der Masse der gefallenen Steine zu urteilen muss die Ringmauer, als sie unversehrt war, eine Höhe von 60 Fuß gehabt haben. Bestände sie aus behauenen Steinen, so wäre sie bestimmt schon vor Jahrhunderten verschwunden, denn die Steine würden dann zu den Bauten in den Nachbarstädten Argos und Nauplia benutzt worden sein; aber die riesige Größe der Blöcke bewahrte die Mauer, denn die späteren Baumeister fanden es viel leichter und bequemer, sich das ihnen nötige Material am Fuß der Felsen abzuhauen, als die Mauer zu zerstören und die kolossalen Steine zu zerschlagen.

Es mag hier am Ort sein zu erwähnen, dass die Benennung »kyklopische Mauern« durchaus missbräuchlich ist und der mythischen Sage entstammt, dass die Kyklopen ausgezeichnete Baumeister waren. Nach Strabon kamen diese, sieben an Zahl, aus Lykien und errichteten in der Argolis Mauern und andere Bauten, die man »kyklopische Mauern« nannte. Nach Apollodorus und Pausanias bauten sie die Mauern von Tiryns und Mykene. Wahrscheinlich wurde infolgedessen die ganze Argolis das »kyklopische Land« genannt. Man kann jedoch vernünftigerweise nicht daran zweifeln, dass Mauern aus sehr großen Blöcken ohne jeglichen geschichtlichen Grund den Namen »kyklopische Mauern« von dem fabelhaften Riesengeschlecht der Kyklopen erhalten haben.

Da diese Benennung aber in den allgemeinen Gebrauch übergegangen ist, so kann ich nicht umhin sie anzuwenden.

Der Steinbruch, aus welchem die Steine dieser Mauern genommen sind, ist leicht zu erkennen am Fuß eines Felsens, der eine halbe Stunde entfernt ist und auf dessen Gipfel eine Kapelle des Propheten Elias steht. Ganz so wie in Mykene haben sich die kyklopischen Baumeister damit begnügt, die Blöcke von der felsigen Oberfläche abzuhauen.

Der flache Fels von Tiryns, welcher 900 Fuß lang, 200 bis 250 Fuß breit und 30 bis 50 Fuß hoch ist, erstreckt sich in gerader Linie von Norden nach Süden und trägt auf seinem Rande die besagte kyklopische Ringmauer, die 25 bis 50 Fuß dick und ziemlich gut erhalten ist; sie ist aber nicht überall massiv, denn sie wird von inneren Gängen oder Galerien, deren oberer Teil einen Spitzbogen bildet, durchschnitten. Vier dieser Galerien sind leicht erkennbar. Die Galerien müssen als Zufluchtsorte für die Besatzung gedient und nach Waffenplätzen, Wachthäusern oder Türmen geführt haben.

Im ganzen Altertum hat man die Mauern von Tiryns als ein Wunderwerk angesehen; Pausanias stellt sie als Wunderwerk noch über die Pyramiden Ägyptens, und Homer drückt seine Bewunderung durch das Epitheton »mauergewaltig« aus, welches er Tiryns gibt.

Nach alter Tradition wurde Tiryns von Proitos (circa 1400 v. Chr.) erbaut, welcher der erste König der Stadt war und dessen Sohn Megapenthes sie an Perseus, den Gründer von Mykene, abtrat. Dieser gab sie an Elektryon, dessen Tochter Alkmene, die Mutter des Herakles, den Amphitryon heiratete, welcher von Sthenelus, dem König von Argos und Mykene, vertrieben wurde. Herakles eroberte Tiryns und hatte lange Zeit hier seinen Wohnsitz, weshalb er häufig der Tiryntier genannt wird.

Ich teile vollkommen die allgemeine Ansicht, dass die kyklopischen Mauern von Tiryns das älteste Denkmal in Griechenland sind; da jedoch nach meiner Überzeugung keine Stadt oder Festungsmauer älter sein kann als die älteste Töpferware der von ihr umgebenen Baustelle, so konnte ich dem Verlangen nicht widerstehen, die Chronologie der tirynthischen Mauern durch systematische Ausgrabungen zu erforschen. Ich reiste daher am 31. Juli nach Tiryns, in Begleitung meiner Frau und meiner geehrten Freunde, der Professoren der Altertumskunde Castorches, Phendikles und Pappadakes von der Universität Athen.

Ich nahm dort 51 Arbeiter, zog auf dem hohen Plateau der Akropolis einen langen und tiefen Graben und grub dort außerdem dreizehn Schächte von 6 Fuß Durchmesser. Ferner grub ich drei Schächte auf dem niedrigeren Plateau der Zitadelle sowie vier Schächte in einer Entfernung von 100 Fuß außerhalb der Mauern. Auf dem hohen Plateau erreichte ich den Fels in einer Tiefe von $11^1/_2$ bis $16\ ^1/_2$ Fuß, auf dem niedrigeren in 5 bis 8 Fuß, und außerhalb der Akropolis den Urboden in 3 bis 4 Fuß Tiefe.

In sieben oder acht Schächten in der oberen Zitadelle deckte ich auf dem Felsen gebaute kyklopische Hausmauern auf, und in drei Schächten fand ich kyklopische Wasserleitungen sehr primitiver Art, bestehend aus unbehauenen Steinen, die ohne irgendein Bindemittel zusammengefügt sind. Obgleich diese Wasserleitungen auf dem Fels ruhen, so begreife ich doch nicht, wie jemals Wasser hat durch dieselben laufen können, ohne sich in den Zwischenräumen zwischen den Steinen zu verlieren.

Weder in dem langen und tiefen Graben noch in den zwölf oder dreizehn Schächten fand ich Steine und schließe daraus, dass es hier viele Häuser aus ungebrannten Ziegeln gab, die noch jetzt das Baumaterial der meisten Dörfer in der Argolis ausmachen. Auch mag es hier Häuser von Holz gegeben haben und die kyklopischen Hausmauern waren wahrscheinlich nur der Unterbau hölzerner Gebäude. Natürlich bleiben alle meine Schächte in Tiryns offen, und ich lade Besucher ein sie zu besichtigen.

Kühe aus Terrakotta und weibliche Idole

Was die gefundenen Gegenstände betrifft, so erwähne ich zuerst die kleinen Kühe von Terrakotta, deren ich elf sammelte; sie scheinen ein großes Problem zu lösen und sind jedenfalls von großer Wichtigkeit für die Wissenschaft. Fast alle haben Verzierungen von lebhaft roter Farbe; nur eine hat schwarze. Auch fand ich neun weibliche Idole, wovon sieben rote und zwei schwarze oder dunkelgelbe Verzierungen haben. Dieselben haben ein sehr zusammengedrücktes Gesicht, keinen Mund und einen »polos« auf dem Kopf; die Brüste aller dieser Idole sind hervorstehend, und unterhalb derselben tritt auf jeder Seite ein langes Horn hervor, auf solche Weise, dass beide Hörner zusammen entweder den Halbmond oder die beiden Hörner der Kuh oder gleichzeitig das eine und andere darstellen sollen. Ich fand vollkommen ähnliche Kühe und Idole vor drei Jahren in den 34 Schächten, die ich in der Akropolis von Mykene grub, welche Stadt dicht bei dem großen Heraion lag und durch ihren Kultus der Hera berühmt war, Kuhcharakter und Identität mit der pelasgischen Mond- und Kuhgöttin Io, mit der böotischen Göttin Demeter Mykalessia und mit der ägyptischen Mondgöttin Isis ich genügend bewiesen zu haben glaube.

Töpferware zur Bestimmung der Chronologie

Was Töpferware betrifft, so sieht man an der Oberfläche spärliche Topfscherben aus dem Mittelalter, wahrscheinlich aus der Zeit der fränkischen Herrschaft, denn diese Epoche glaubt man in dem Kalkpflaster einer Villa und ihrer Nebengebäude zu erkennen.

Diese Topfscherben, auch ganze Töpfe gleicher Art, findet man manchmal bis zu einer Tiefe von 3 Fuß, aber unmittelbar darauf folgen archaische Topfscherben, die man gewöhnlich auch schon einige Zoll unter der Oberfläche antrifft.

Die archaische Töpferware von Tiryns ist von ganz gleicher Arbeit und hat ganz dieselbe Art von gemalten Verzierungen wie die von Mykene: alle auf dem Töpferrad gedreht und gewöhnlich auf hellrotem Grund mit den verschiedenartigsten gemalten, lebhaft roten Verzierungen geschmückt, welche ganz unverwüstlich zu sein scheinen, denn die tausenden von Topfscherben, womit die Baustelle von Mykene übersät ist, haben nichts von ihrer Farbenfrische verloren, obwohl sie seit mehr als 2300 Jahren der Sonne und dem Regen ausgesetzt gewesen sind.

Alle diese herrliche Töpferware bezeugt eine hohe Zivilisation, wie sie die Erbauer der kyklopischen Mauern kaum gehabt haben können. Daher ist sie entweder importiert, oder – und dies scheint wahrscheinlicher – sie rührt von der Nation her, die den Erbauern der kyklopischen Mauern nachgefolgt ist, und diesen Letzteren muss alle die mit der Hand, ohne Töpferrad gefertigte einfarbige Töpferware gehören, welche ich in Tiryns auf und neben dem Urboden finde. Die Farbe dieser Töpferware ist die des Tons selbst, welcher bei den meisten kleinen Vasen durch Glätten mit Poliersteinen ein glänzendes Ansehen erhalten hat; fast alle schwarzen mit der Hand gefertigten Vasen sind auf diese Weise sowohl auswendig als inwendig poliert und sehr niedlich. Alle mit der Hand gefertigten großen Krüge sowie viele der anderen großen Gefäße sind plump, viele derselben haben an jeder Seite einen kleinen horizontalen Henkel mit einem runden Loch, durch welches eine Schnur zum Aufhängen gezogen sein wird. In diesem Stratum fand ich weder Kuh- noch Frauenidole. Von dieser mit der Hand gemachten Töpferware habe ich das Glück gehabt, außer hunderten von Bruchstücken, zwei ganze Vasen zu finden.

Vergeblich habe ich mich bemüht, eine Ähnlichkeit und Verwandtschaft zwischen der primitiven tirynthischen Töpferware und der irgendeiner der vier vorhistorischen Städte in Troja zu entdecken. Bei genauer Betrachtung finde ich, dass durchaus keine Ähnlichkeit vorhanden ist, mit Ausnahme der Becher, deren Form auch in der ersten und ältesten vorhistorischen Stadt in Hissarlik vorkommt.

Ich habe noch zu erwähnen, dass ich in allen vorhistorischen Schuttschichten eine Menge sehr kleiner Messer von Obsidian fand, aber, wie oben gesagt, sonst weder ein Werkzeug noch eine Waffe von Stein. Viele kleine kegelförmige Kreisel von blauem oder grünem Stein, die am Spinnrocken gebraucht sein müssen und vollkommen den in Mykene gefundenen gleich sind, fand ich in den Strata der zweiten Nation, aber nur zwei sehr grob gefertigte von Ton.

Wenn ich nach dem Maßstab der von mir gegrabenen Schächte die mittlere Tiefe des Urbodens auf dem oberen und unteren Plateau der Akropolis auf 11,66 Fuß annehme, so finde ich nach genauer Berechnung, dass die in Tiryns abzugrabende Schuttanhäufung nicht weniger als 36.000 Kubikmeter beträgt.

Ich beabsichtige diese Arbeit später einmal zu machen; aber vor allen Dingen muss ich mich jetzt erst mit der sehr viel wichtigeren Ausgrabung in der Akropolis von Mykene beschäftigen; auch werde ich dort das nahe beim Löwentor befindliche große Schatzhaus ausgraben und sofort ans Werk gehen. Ich weiß, dass ich nach der Ausgrabung von Troja der Wissenschaft keinen größeren Dienst erweisen kann, als wenn ich in Mykene ausgrabe, denn wenn, wie es wahrscheinlich ist, die kyklopischen Mauern seiner Akropolis so alt sind wie die Mauern von Tiryns, so gehört doch der Bau seiner Schatzhäuser einer späteren Zeit an, und es kann keinem Zweifel unterliegen, dass die Architektur der Letzteren in allgemeinem Gebrauch war zur Zeit Homers, welcher sie beschreibt als Gemächer von behauenen und polierten Steinen.

Beginn der Grabungen in Mykene

Lage von Mykene

Mykene, 19. August 1876

Ich kam hier am 7. d. M. an, auf demselben Weg, den Pausanias beschreibt. Die Entfernung von Argos nach Mykene ist 50 Stadien oder $1^1/_4$ deutsche Meile.

Im Altertum war die Ebene von Argos durch ihre Pferdezucht berühmt, und siebenmal preist Homer in der Ilias die ausgezeichneten Weideplätze der Ebene durch das Epitheton »Rosse nährend«.

Wegen der großen Dürre des Landes kann jetzt Wein und Baumwolle nur in der fruchtbaren niederen Ebene gebaut werden, während etwa Korn und Tabak jetzt die einzigen Produkte des Hochlandes sind. Sogar noch zu Anfang der griechischen Revolution (1821) muss hier mehr Feuchtigkeit gewesen sein, denn damals war die ganze Ebene und sogar ein großer Teil des Hochlandes mit Maulbeer-, Orangen- und Olivenbäumen bewachsen, welche jetzt ganz verschwunden sind.

Der südlichste Teil der Ebene von Argos hat zu allen Zeiten einen Überfluss von Wasser gehabt, jedoch von geringem oder keinem Nutzen für den Ackerbau, denn das Meerufer ist mit ungeheuren, fast unpassierbaren Morästen bedeckt, und der sich aus dem Berge Chaon ergießende Fluss Erasinus mündet nach sehr kurzem Lauf in den Golf von Argos. Ferner bilden die Quellen am Fuß des Berges Pontinus die berüchtigten Sümpfe von Lerna, wo nach der Fabel Herakles die Hydra tötete. Wahrscheinlich ist dieser Mythus die symbolische Erzählung von einem einst gemachten Versuch die Sümpfe auszutrocknen und Ackerland daraus zu machen.

Wegen ihrer großen Fruchtbarkeit und ausgezeichneten Lage an dem herrlichen Golf ist diese Ebene der natürliche Mittel- und Ausgangspunkt aller politischen und sozialen Entwicklung des Landes gewesen.

Die Westseite der Akropolis von Mykene, im Hintergrund der Berg Euboea

Die Lage von Mykene ist ausgezeichnet beschrieben von Homer durch »im äußersten Winkel des Rosse nährenden Argos«, denn es liegt in der Nordecke der Ebene von Argos, in einer Nische zwischen den vorerwähnten beiden erhabenen Kuppen des Berges Euboea, von wo es den oberen Teil der großen Ebene und den wichtigen Engpass beherrschte, durch welchen die Straße nach Phlius, Kleonae und Korinth führte. Die Akropolis lag auf einer mächtigen Felshöhe, welche vom Fuß des hinter ihr befindlichen Berges in Gestalt eines unregelmäßigen Dreiecks nach Westen hervortritt. Die Felshöhe hängt über einer tiefen Schlucht, welche die ganze Südseite der Akropolis beschützt.

Durch die Schlucht schlängelt sich ein Strombett, welches gewöhnlich beinahe trocken ist, da es kein anderes Wasser hat als das der 800 Schritt nordöstlich von der

Akropolis gelegenen reichlichen Quelle Perseia. Diese Schlucht dehnt sich zuerst von Osten nach Westen und darauf in südwestlicher Richtung aus. Nach Norden fällt die Felshöhe ebenfalls sehr steil in eine Schlucht ab, welche sich in gerader Linie von Osten nach Westen ausdehnt. Zwischen den beiden Schluchten erstreckte sich die untere Stadt. Die Felshöhe der Zitadelle ist auch an der Ost- und Westseite mehr oder weniger steil und bildet dort sechs natürliche oder künstliche Terrassen.

Die Akropolis hat eine 13 bis 35 Fuß hohe und durchschnittlich 16 Fuß dicke kyklopische Ringmauer, die noch in ihrem ganzen Umfang vorhanden, aber einst viel höher gewesen ist; sie besteht aus schöner, harter Breccia, welche man in den umliegenden Bergen in Überfluss findet; sie folgt den Wendungen des Felsens und zeigt drei verschiedene Arten von Architektur. Bei weitem der größere Teil zeigt ganz dieselbe Bauart wie die Mauern von Tiryns, ist aber weniger massiv. Ein großes Stück der Mauer an der Westseite besteht aus sehr künstlich zusammengefügten Polygonen, die ungeachtet der unendlichen Verschiedenheit der Fugen gewissermaßen eine feste und schöne Felswand bilden; diese Bauart wird allgemein als aus späterer Zeit wie die vorhergehende stammend angesehen. Die Mauern rechts und links vom »Löwentor« bestehen aus fast viereckigen Blöcken, die in ganz horizontalen Schichten liegen; ihre Fugen aber sind nicht ganz senkrecht und zeigen mehr oder weniger schiefe Linien.

Ungeachtet des hohen Altertums von Mykene sind seine Ruinen viel besser erhalten als die irgendeiner anderen Stadt in Griechenland, die Pausanias (ungefähr 170 n. Chr.) in blühendem Zustand sah und deren Prachtgebäude er beschreibt; wegen seiner abgelegenen und abgeschlossenen Lage und der Plumpheit, Größe und Festigkeit der Ruinen ist es kaum denkbar, dass seit der Zeit jenes Reisenden in dem allgemeinen Anblick von Mykene irgendeine Veränderung stattgehabt haben sollte.

Das Löwentor – Eingangstor zur Zitadelle

In der nordwestlichen Ecke der Ringmauer ist das große Löwentor aus herrlicher harter Breccia, dessen Öffnung sich von oben nach unten erweitert; diese ist 10 Fuß 8 Zoll hoch und oben 9 Fuß 6 Zoll, unten 10 Fuß 3 Zoll breit. In dem 15 Fuß langen und 8 Fuß breiten Türsturz sieht man die 6 Zoll tiefen, runden Löcher für die Türangeln, und in den beiden Türpfosten sind viereckige Löcher für die Bolzen und Riegel. Über dem Türsturz ist eine dreieckige Nische in der Mauer, die von den schräge zusammenlaufenden Mauerseiten gebildet wird. Der Zweck derselben war, den Druck der darauf liegenden Mauer vom flachen Türsturz zu entfernen.

Das Löwentor, der Haupteingang zur Akropolis von Mykene

Die Nische ist ausgefüllt durch einen 10 Fuß hohen, 12 Fuß langen und 2 Fuß dicken dreieckigen Block von derselben schönen Breccia, aus welcher das Tor und die Ringmauer bestehen. Auf der nach außen gewandten Seite des Blocks sind zwei sich gegenüberstehende Löwen in Relief dargestellt; sie stehen auf ihren lang gestreckten Hinterfüßen und stützen ihre Vordertatzen auf beide Seiten eines Altars. In der Mitte des Letzteren steht eine Säule mit einem Kapitell von vier Kreisen, die von zwei horizontalen Leisten eingeschlossen werden. Die allgemeine Meinung, dass die Köpfe der beiden Löwen abgebrochen seien, ist falsch, denn bei näherer Untersuchung finde ich, dass sie ganz und gar nicht zusammen mit den Löwen aus demselben Block geschnitten, sondern dass sie besonders gemacht und mit Bolzen auf den Körpern der Tiere befestigt waren. Die geraden Schnitte und die Löcher für die Bolzen in den Hälsen der Löwen können in dieser Hinsicht keinen Zweifel übrig lassen. Wegen des geringen Raumes aber müssen die Köpfe nur sehr klein, müssen hervorstehend gewesen sein und das Gesicht dem Betrachtenden zugewandt haben. Ich vermute sogar, dass diese Köpfe von Bronze und vergoldet gewesen sind. Die Schwänze der Löwen sind nicht breit und buschig, sondern dünn und denen ähnlich, die man auf den ältesten ägyptischen Skulpturen sieht.

Das große Tor steht unter rechtem Winkel mit der daran stoßenden Mauer der Zitadelle. Der Zugang zu dem Tor besteht in einer 50 Fuß langen, 3 Fuß breiten Galerie, gebildet von der erwähnten und einer anderen äußeren Mauer, die beinahe parallel mit jener läuft und zu einem der Verteidigung des Eingangs dienenden großen viereckigen Turm gehört. Zwischen diesen Mauern konnte der Feind nur mit einer geringen Front von vielleicht sieben Mann vorrücken und war den Pfeilen und Steinwürfen von drei Seiten ausgesetzt.

Ungefähr eine viertel deutsche Meile weit nach Westen, Südwesten und Süden von dieser Akropolis, und zwar genau zwischen den oben erwähnten beiden tiefen Schluchten, erstreckte sich die untere Stadt, deren Baustelle deutlich bezeichnet ist durch zahlreiche Trümmer kyklopischer Unterbauten von Häusern, durch eine kyklopische Brücke, durch fünf Schatzhäuser und endlich durch die Bruchstücke ausgezeichneter bemalter archaischer Töpferware, womit der Boden überstreut ist.

Der übrige Teil der Stadt ist eine große und, wie die Haustrümmer zeigen, gut gebaute Vorstadt gewesen, von wo die Einwohner, wenn sie von einem Feind angegriffen wurden, gegen den ihre eigenen Verteidigungsmittel nicht ausreichten, sich in den befestigten Stadtteil und in die Akropolis zurückziehen konnten. Einige Gebäude dieser Vorstadt waren sehr groß und zeigen ein schönes kyklopisches Mauerwerk.

Das »Schatzhaus« des Atreus

Aber noch viel interessanter als alle Gebäude der Vorstadt sind die Schatzhäuser, die wegen ihrer Ähnlichkeit mit Backöfen jetzt von den Dorfleuten *Phurnoi* genannt werden. Das eine derselben ist gleich außerhalb der Stadtmauer, auf dem Abhang des Hügels, nahe bei dem Löwentor; die Tür ist sichtbar, liegt aber beinahe ganz unter der Erde; der Eingang ist 18 Fuß lang, 7 Fuß 9 Zoll breit und von drei großen, dicken Steinplatten überdacht; von dem domförmigen Gebäude ist jetzt nur ein kleiner Teil der unteren kreisförmigen Mauer sichtbar; der obere Teil ist wahrscheinlich schon vor Jahrhunderten eingestürzt.

Auf der Baustelle der ummauerten Stadt sind die beiden größten Schatzhäuser: Das eine ist das berühmte Schatzhaus, welches die Tradition dem Atreus zuschreibt; das andere, in unmittelbarer Nähe des Löwentores, scheint ganz mit Erde bedeckt und daher in historischer Zeit unbekannt gewesen zu sein. Der obere Teil des Doms dieses Schatzhauses ist eingestürzt, aber es ist mir nicht gelungen mit Gewissheit zu erfahren, ob, wie einige der

Das »Schatzhaus« des Atreus

Bewohner der Argolis behaupten, dies zufällig geschehen, oder ob es, wie andere sagen, das frevelhafte Werk von Veli Pascha, dem Sohn des berüchtigten Ali Pascha, ist, der gegen Ende des Jahres 1820 den Versuch gemacht haben soll, auf diesem Weg in das Schatzhaus zu gelangen, aber, wie behauptet wird, durch den Ausbruch der griechischen Revolution verhindert wurde fortzufahren.

Das »Schatzhaus« des Atreus, welches ungefähr 400 Schritt südlicher liegt, war ganz unterirdisch; es war unter dem östlichen Abhang des Bergrückens gebaut, welcher die Stadt durchschnitt, und der Schlucht desselben Strombettes zugewandt, das an der Südseite des Burgfelsens vorbeigeht. Auf dem Bergabhang unterhalb des Schatzhauses ist eine Plattform von kyklopischem Mauerwerk, von der ein 20 Fuß 7 Zoll breiter »dromos« zwischen zwei Mauern aus großen behauenen Steinen zum Eingang des Gebäudes führt, der oben 8 Fuß 6 Zoll, unten 9 Fuß 2 Zoll breit und 18 Fuß hoch ist. Er ist überdeckt von zwei gewaltigen, herrlich behauenen und polierten Blöcken, von denen der innere 3 Fuß 9 Zoll dick, auf der unteren Seite 27 $^{1}/_{2}$ Fuß, auf der oberen 29 Fuß lang ist; seine Breite beträgt 17 Fuß und man berechnet danach, dass sein Gewicht annähernd 1500 Kilo beträgt.

Das große Gemach hat die Gestalt eines Doms oder eines ungeheuren Bienenkorbes; es ist 50 Fuß hoch, hat am Fußboden 50 Fuß im Durchmesser und besteht aus schön behauenen Blöcken von harter Breccia, die in regelmäßigen Schichten liegen und mit der größten Genauigkeit, ohne Bindemittel zusammengefugt sind. Nach auswärts aber sind die nach innen so glatten und schön zusammengepassten Steine unbehauen und sehr unregelmäßig, und sind nicht sogleich mit Erde, sondern mit großen Massen von Steinen bedeckt, durch deren großes Gewicht alle Steine des kreisförmigen Mauerwerks in ihrer Lage erhalten werden.

Die Steine der unteren Schichten sind 1 Fuß 10 Zoll hoch und 4 bis 7 Fuß lang, aber nach der Spitze des Doms zu werden die Schichten immer schmaler. Der Fußboden des großen Gemaches, welches vollkommen ausgegraben ist, ist natürlicher Fels.

Das einzige außerdem noch übrige Beispiel von Gebäuden, die einst diese Art von Ausschmückung hatten, bietet das Schatzhaus des Minyas in Orchomenos, welches aus herrlichem weißem Marmor erbaut ist, aber im Übrigen die größte Ähnlichkeit mit dem Schatzhaus des Atreus hat, nach demselben Prinzip erbaut ist, von gleichem Alter zu sein scheint und ohne Zweifel zu demselben Zweck errichtet ist. Jeder Stein dieses Schatzhauses zeigt gleichfalls zwei oder mehr gebohrte Löcher mit häufigen Resten von bronzenen Nägeln, die einst die bronzenen Platten hielten, welche die inneren Wände des Gebäudes schmückten. Es steht daher fest, dass im fernen Altertum, ehe Bildhauerkunst und Malerei zur Ausschmückung der Wände benutzt wurden, polierte Metallplatten dazu dienten, den Häusern der Reichen Würde und Pracht zu geben.

Die Außenseite des Türsturzes im Schatzhaus des Atreus hat zwei parallele Simse, welche auch auf die Türpfosten hinuntergehen. Oberhalb des Türsturzes sieht man viele runde Löcher, welche zum Befestigen von bronzenen Verzierungen gedient haben müssen. Noch mehr solcher Löcher sieht man in der flachen Wand oberhalb des Eingangs, und alles zeugt von der prachtvollen äußeren Ausstattung des Gebäudes.

Oberhalb des Eingangs ist eine gleichseitige, dreieckige Nische, jede Seite 10 Fuß lang; sie ist ganz so gemacht wie die dreieckige Öffnung über dem Löwentor, nämlich die Steinschichten sind nach der Gestalt der Nische gebildet, und sie kann keinen anderen Zweck gehabt haben als den, die Last zu beseitigen, welche anderenfalls auf den Türsturz gedrückt haben würde.

Rechts in der großen runden Halle führt eine $9^1/_2$ Fuß hohe und 4 Fuß 7 Zoll breite Tür in ein zweites, dunkles Zimmer, welches fast viereckig, 27 Fuß lang und breit und 19 Fuß hoch ist. Es ist ganz im Felsen ausgehauen. Über der Tür ist eine dreieckige Nische, welche gleichfalls den Zweck hat, dass auf dem Türsturz lastende Gewicht des Mauerwerks zu beseitigen. In dem Zimmer ist eine $3^1/_2$ bis 4 Fuß tiefe Schuttanhäufung, welche meistenteils aus dem Unrat von Fledermäusen besteht.

Dieses Schatzhaus ist das einzige vollständige und das allerwichtigste Denkmal in Griechenland, und das sich daran knüpfende Interesse ist umso größer, als die Tradition es dem Atreus, dem Vater Agamemnons, zuschreibt.

Ich glaube, wir können für das hohe Altertum dieses majestätischen unterirdischen Schatzhauses und seiner Gefährten keinen besseren Beweis haben als gerade ihre Sonderbarkeit und ihre Unähnlichkeit mit anderen alten Gebäuden in Griechenland und Kleinasien; außerdem beurkundet das barbarische Prinzip, Schätze zu vergraben, um sie aufzubewahren, eine sehr frühe Epoche der menschlichen Gesellschaft.

Als einen ferneren Beweis dafür, dass diese unterirdischen Prachtgebäude als Schatzhäuser gedient haben, führe ich an, dass Mykene und Orchomenos die einzigen Städte Griechenlands sind, die solche besitzen, und ebenfalls die einzigen, welchen Homer großen Reichtum zuschreibt.

Der Professor der Medizin Johannes P. Pyrlas in Athen hatte die Güte mich aufmerksam zu machen auf einen von ihm veröffentlichten Artikel über die erste Ausgrabung in dem Schatzhaus des Atreus, welches die Bewohner der Argolis schlechtweg »Grab des Agamemnon« nennen. Ich gebe hier, aber mit allem Vorbehalt, die Übersetzung davon:

»Das Grab des Agamemnon in Mykene.

Wie die alten Leute erzählen, kam im April 1808 ein Mohammedaner von Nauplia zu Veli Pascha, welcher zu der Zeit Statthalter des Peloponnes war, und sagte ihm, er wüsste, es lägen mehrere Statuen im Grabe des Agamemnon versteckt. Veli Pascha, der ein energischer und ehrgeiziger Mann war, fing sogleich an, mit Zwangsarbeit die Stelle vor dem Grabe auszugraben. Als er bis zu einer Tiefe von drei Klaftern gekommen war, stiegen die Arbeiter mittels einer Leiter ins Innere des Doms und fanden dort sehr viele alte Gräber, und als sie diese öffneten, fanden sie darin Knochen, auf denen Gold lag, welches ohne Zweifel von den mit Gold gestickten Gewändern stammte; sie fanden dort auch andere goldene und silberne Schmucksachen, ferner wertvolle Steine von der Art, die *Gemmen* genannt werden; diese hatten aber keine Intaglioverzierungen. Außerhalb der Gräber fanden sie ungefähr 25 Statuen und einen marmornen Tisch; alle diese Gegenstände brachte Veli Pascha nach dem Lerna-See, und nachdem er sie hatte waschen lassen, ließ er sie in Matten packen und nach Tripolis senden, wo er sie an Reisende verkaufte und dafür 80.000 Gros (damals ungefähr 20.000 Franken) erhielt. Auch sammelte er alle Knochen und allen in den

Gräbern enthaltenen Schutt und ließ das eine wie das andere nach Tripolis bringen. Er vertraute die Sachen dort den damaligen angesehensten Goldschmieden D. Contonicolacos und P. Scouras an, welche, nachdem sie den Schutt gereinigt und das an den Knochen haftende Gold abgeschabt hatten, ungefähr 4 Oken (4800 Grammen) Gold und Silber zusammenbrachten. Sowohl die Steine in Form von Antiken als auch die Knochen wurden weggeworfen. Ich habe diese Erzählung aus dem Munde der beiden Goldschmiede gehört, als sie noch am Leben waren, auch von meinem eigenen Vater, welcher die Statuen am Lerna-See sah.«

Aber, nicht zu reden von der Unwahrscheinlichkeit, dass Statuen aus dem heroischen Zeitalter gefunden sein sollten, wird diese Erzählung durchaus nicht von den alten Leuten in Charvati, dem der Baustelle von Mykene nächstliegenden Dorf, oder von den übrigen Bewohnern der Ebene von Argos bestätigt. Alle kommen nämlich darin überein, dass die Ausgrabung im Jahre 1810 stattfand, und dass die einzigen in dem Schatzhaus gefundenen Gegenstände ein paar Halbsäulen und Friese, ein marmorner Tisch und eine lange, von dem Gipfel des Doms herunterhängende bronzene Kette waren, an deren Ende ein Kronleuchter von Bronze hing. Ich habe diese Erzählung so viele hundert Mal von den alten Leuten in der Argolis wiederholen hören, dass ich sie für vollkommen zuverlässig halte, natürlich mit Ausnahme des Kandelabers, denn, von Lichtern gar nicht zu reden, selbst Lampen von Terrakotta waren dem Homer völlig unbekannt, und ich habe sie nie, weder in Troja noch in Tiryns oder in Mykene, in dem Schutt vorhistorischer Haushaltungen gefunden. Ja, Lampen scheinen in Tiryns und Mykene vor der Eroberung durch die Argiver, 468 v. Chr., ganz unbekannt gewesen zu sein, denn ich fand sie in ersterer Stadt gar nicht, in letzterer nur in der Schuttschicht der späteren Stadt. Der Gegenstand, den die Bewohner der Ebene von Argos für einen Kronleuchter angesehen haben, muss daher etwas anderes gewesen sein.

Mykene, 19. August 1876

Was die Geschichte von Mykene betrifft, so schreibt die Sage die Gründung der Stadt dem Perseus, dem Sohn der Danaë und des Zeus zu; Perseus zeugte mit Andromeda den Sthenelus, welchem er das Königreich hinterließ. Der Letztere heiratete Nikippe, die Tochter des Pelope, und hatte mit ihr einen Sohn namens Eurystheus, welcher ihm nachfolgte.

Die Dynastie des Perseus endete mit Eurystheus, dem sein Onkel Atreus, der Sohn des Pelops, folgte; dieser hinterließ das Königreich seinem Sohn Agamemnon.

Wie Pausanias die königlichen Gräber beschreibt

Pausanias sagt: »Unter den Trümmern von Mykene befindet sich die Perseia genannte Quelle und die unterirdischen Gebäude des Atreus und seiner Kinder, in denen sie ihre Schätze aufbewahrten. Es ist dort das Grab des Atreus und die Gräber von Agamemnons Gefährten, welche bei ihrer Rückkunft von Ilion von Aigisthos beim Gastmahl getötet wurden. Die Identität des Grabes der Kassandra wurde von den Lakedaimoniern in Amyklai bestritten. Es ist dort das Grab Agamemnons und das seines Wagenlenkers Eurymedon; Teledamos und Pelops wurden in demselben Grab beigesetzt, denn es wird gesagt, dass Kassandra diese Zwillinge gebar, und dass sie als ganz kleine Kinder von Aigisthos zusammen mit ihren Eltern geschlachtet wurden; dort ist auch [das Grab] der Elektra. Klytaimnestra und Aigisthos wurden etwas entfernt von der Mauer begraben, denn sie wurden für unwürdig gehalten im Innern begraben zu werden, wo Agamemnon ruht und diejenigen, welche zusammen mit ihm getötet wurden.«

Sonderbarerweise haben alle anderen, welche über den Peloponnes schrieben, diese Stelle des Pausanias falsch übersetzt, denn sie dachten, dass dieser, indem er von der Mauer spricht, nur die Stadtmauer und nicht die große Mauer der Akropolis meinen könnte, und verstanden daher, dass er die fünf Gräber in die untere Stadt verlege und die Gräber der Klytaimnestra und des Aigisthos außerhalb derselben. Dass aber dies nicht seine Absicht war und dass er einzig und allein die Mauer der Zitadelle im Auge hatte, davon zeugt seine Angabe, dass das Löwentor in der Mauer sei. Allerdings spricht er darauf von den Trümmern von Mykene, in welchen er die Quelle Perseia und das Schatzhaus des Atreus und seiner Söhne sah, unter denen er nur das oben beschriebene, wirklich in der unteren Stadt befindliche Schatzhaus und vielleicht einige der kleineren Schatzhäuser in der Vorstadt verstehen kann. Da er aber weiterhin wiederum sagt, dass die Gräber der Klytaimnestra und des Aigisthos in einer kleinen Entfernung außerhalb der Mauer seien, weil sie für unwürdig gehalten wurden, im Innern begraben zu werden, wo Agamemnon und seine Gefährten ruhten, so kann durchaus kein Zweifel darüber obwalten, dass er nur die riesigen kyklopischen Mauern der Zitadelle im Auge hatte. Außerdem konnte Pausanias nur von solchen Mauern sprechen, die er sah, und nicht von solchen, die er nicht sah. Er sah die gewaltige Mauer der Akropolis, denn sie war zu seiner Zeit ganz so wie sie uns jetzt vor Augen liegt, aber er konnte die Mauer der unteren Stadt nicht sehen, denn sie war von Anfang an nur sehr dünn gewesen und 638 Jahre vor seiner Zeit zerstört, auch war er kein Archäologe, der nach ihren Spuren gesucht oder gar deswegen Ausgrabungen gemacht hätte.

Die Baustelle von Mykene war zu Pausanias' Zeit gerade dieselbe kahle Wildnis von steinigem Weideland, untermengt mit Bergabhängen und steilen Felshöhen, die sie jetzt ist; dort kann keine Veränderung eingetreten sein, und die Reste der unteren Stadtmauer waren zu seiner Zeit jedenfalls eben so geringfügig wie jetzt. Ja, so unbedeutend sind sie, dass bis jetzt nur die Spuren des Mauerarms auf dem Bergrücken von Reisenden bemerkt sind, und dass vor mir niemand die Trümmer des am Ufer des Strombettes in der Schlucht entlanglaufenden anderen Arms der Stadtmauer gesehen zu haben scheint.

Aus diesen Gründen habe ich die obige Stelle im Pausanias stets in dem Sinne verstanden, dass die fünf Gräber in der Akropolis selbst sind. Ich grub daher dort im Februar 1874 an verschiedenen Stellen 34 Schächte, um den Boden zu untersuchen und die Stelle zu finden, wo ich nach denselben zu graben hätte. Die sechs Schächte, welche ich auf der ersten westlichen und südwestlichen Terrasse anlegte, gaben ermutigende Resultate, ganz besonders die beiden, welche ich innerhalb 100 Schritte vom Löwentor grub, denn nicht nur entdeckte ich dort zwei kyklopische Hauswände, sondern auch eine einer Grabstelle ähnliche, unskulptierte Steinplatte und eine Anzahl gehörnter weiblicher Idole und kleiner Kühe von Terrakotta. Ich entschloss mich daher damals sogleich, an jener Stelle große Ausgrabungen zu machen, aber verschiedene Umstände, die ich hier nicht näher erörtern will, verhinderten mich, und erst jetzt ward es mir möglich meinen Plan auszuführen.

Ich fing das große Werk am 7. August 1876 mit 63 Arbeitern an, welche ich in drei Haufen teilte: Zwölf Mann stellte ich an das Löwentor, um den Eingang in die Akropolis freizugraben, 43 Mann ließ ich in einer Entfernung von 40 Fuß vom Tor einen 113 Fuß langen, 113 Fuß breiten Einschnitt machen, und stellte die übrigen acht Mann an der Südseite des in der unteren Stadt nahe beim Löwentor gelegenen Schatzhauses auf, um einen Einschnitt zu machen und den Eingang zu finden.

Aber der Boden neben dem Schatzhause war hart wie Stein und enthielt so viele große Blöcke, dass 14 Tage ver-

Die zweite über den Gräbern gefundene Grabstele

gingen, um bis zu der Spitze der über der Tür befindlichen dreieckigen Nische vorzudringen, nach welcher ich berechnen konnte, dass ich noch 33 Fuß tiefer zu graben haben würde, um bis zur Türschwelle zu gelangen.

Ich fand ebenfalls die größten Schwierigkeiten bei dem

Löwentor, wegen der großen Blöcke, mit denen der Eingang versperrt war und die von den daran grenzenden Mauern auf die Angreifer geworfen zu sein scheinen, als die Akropolis 468 v. Chr. von den Argivern erobert wurde. Die Versperrung des Eingangs muss aus jener Zeit stammen, denn der Schutt, in welchem die Blöcke liegen, ist nicht von einer Reihe aufeinander folgender Haushaltungen gebildet, sondern augenscheinlich nach und nach von den höheren Terrassen heruntergewaschen worden.

Beim Eintritt in das Tor, gleich links, brachte ich ein kleines Zimmer ans Licht, welches ohne Zweifel des vorhistorischen Torwächters Wohnung gewesen ist und dessen Decke von einer einzigen großen, dicken Steinplatte gebildet wird.

Grabstelen mit Jagdszenen

Am Nordende meines Einschnitts habe ich zwei Grabstelen ans Licht gebracht, die in gerader Linie von Norden nach Süden stehen und mit Basreliefs von höchstem Interesse geschmückt sind. Die nördlichste dieser beiden Stelen ist leider von weichem Kalkstein, infolgedessen sie mehrfach zerbrochen und ihr oberer Teil nicht mehr erhalten ist. Sie hat nur eine einzige ungeteilte Bildfläche, die unten sowohl wie seitwärts von einer breiten, in einfachster Weise mehrfach gegliederten Randung eingeschlossen ist, und stellt eine Jagdszene dar. Auf einem von einem Pferde gezogenen Streitwagen steht der Jäger, der in der linken Hand die Zügel, in der rechten ein langes, breites Schwert hält. Die lang gestreckten Vorder- und Hinterfüße des Pferdes scheinen seinen schnellen Lauf andeuten zu sollen.

Nur einen Fuß weit von diesem Grabstein entfernt und in gleicher Linie mit ihm ist der andere; er besteht aus viel härterem Kalkstein und ist daher besser erhalten. Er ist nur am oberen Teil beschädigt. Die Skulptur besteht aus einem oberen und einem unteren Feld, die durch eine horizontale Leiste voneinander getrennt sind. Der untere Teil der Bildfläche stellt einen von links her anstürmenden Wagenkämpfer dar. Während, in sehr primitiver Weise, sein Kopf im Profil dargestellt ist, ist die Vorderseite der Brust fast ohne jede perspektivische Verkürzung gegeben. Er hält in der linken Hand ein noch in der Scheide steckendes Schwert, dessen Griff in einem großen, dicken Knauf endet. In der rechten Hand hält er einen langen Gegenstand, der am Maul des Pferdes endet und der anfangs dick ist, allmählich jedoch dünner wird und daher mehr einer Lanze als Zügeln ähnlich sieht; in der Tat ist es schwer zu sagen, welches von beiden der alte Künstler darzustellen beabsichtigte. Der Streitwagen wird von einem Hengst gezogen, dessen lang gestreckte Füße die Schnelligkeit seines Laufes anzudeuten scheinen. Der Schwanz des Pferdes steht aufrecht und nur sein Ende bildet einen Halbkreis. Die Beine und der Schwanz sind so dick im Verhältnis zum Körper, dass, wenn uns nicht der Kopf eines anderen belehrte, wir glauben würden, der Künstler hätte einen Löwen darstellen wollen; auch sehen des Hengstes Ohren mehr Hörnern als Pferdeohren ähnlich. Gerade vor dem Pferde steht ein scheinbar nackter Kämpfer, welcher mit der rechten Hand des Tieres Kopf ergreift und in der emporgehobenen linken ein zweischneidiges Schwert hält; er scheint von Schrecken ergriffen zu sein; sein Kopf ist im Profil, der ganze übrige Körper dagegen ohne jede perspektivische Verkürzung dargestellt.

Unterhalb dieser Figur wie auch unter der des Pferdes läuft, zur Füllung der Bildfläche dienend, ein aus acht Spiralen bestehender runder Mäander entlang. Das Fuhrwerk gibt uns ein einzig in seiner Art dastehendes und höchst kostbares Bild eines homerischen Streitwagens, von dem wir uns nach des Dichters Beschreibung nur einen unklaren Begriff machen konnten.

Bei genauer Prüfung der Skulpturen auf den beiden Grabsteinen finde ich eine so staunenswerte Genauigkeit und Symmetrie in allen Spiralverzierungen, dass ich zu der Überzeugung komme, dass ein solches Werk nur aus einer Künstlerschule hervorgehen konnte, die seit Jahrhunderten in diesem Stil gearbeitet hatte. Dagegen aber sind die Menschen und Tiere so roh und ungenau dargestellt, als wenn sie des uralten Künstlers erster Versuch wären lebendige Geschöpfe darzustellen. Dennoch ist die Ähnlichkeit zwischen den Körpern der Tiere und denen der Löwen oberhalb des Tores sehr groß; es ist derselbe Kunststil und vieles von der Rohheit in der Ausführung der Tiere auf den Grabsteinen mag der schlechten Beschaffenheit des Kalksteins zuzuschreiben sein; wahrscheinlich würde der alte Künstler, der sie meißelte, etwas Besseres geliefert haben, hätte er die schöne, harte Breccia zu verarbeiten gehabt, aus welcher das Basrelief über dem Tor besteht. Ich habe daher durchaus nichts gegen die Annahme, dass die skulptierten Grabsteine annähernd derselben Epoche angehören wie die Löwen über dem Tor.

Entdeckung eines Gräberrundes in der Akropolis

Mykene, 9. September 1876

Seit dem 19. Aug. habe ich die Ausgrabungen mit durchschnittlich 125 Arbeitern und vier Schuttkarren fortgesetzt und guten Fortschritt gemacht. Da es den Leser interessieren möchte zu wissen, wie viel Arbeitslohn hier bezahlt wird, so bemerke ich, dass der Tagelohn eines gewöhnlichen Arbeiters $2^1/_2$ Drachmen (2 Franken 22 Centimes), der meiner Aufseher 5 bis 6 Drachmen und der Preis jedes Schuttwagens täglich 8 Drachmen beträgt; die Leute arbeiten aber hier viel besser und sind viel ehrlicher als die Arbeiter in der Landschaft Troas.

In dem Einschnitt am Löwentor habe ich die Arbeit einstweilen einstellen müssen, da die archäologische Gesellschaft in Athen versprochen hat, einen Ingenieur herzuschicken, der die kyklopische Mauer oberhalb und neben dem Tor ausbessern und das Basrelief der Löwen mit eisernen Klammern befestigen soll, um es gegen ein Erdbeben zu schützen.

Doppelter Steinplattenring umgibt Friedhof

In dem großen zweiten Einschnitt habe ich eine zweite Mauer von kleineren Steinen ans Licht gebracht; sie ist hoch, läuft parallel mit der großen Ringmauer und bildet somit eine Krümmung von ungefähr dem dritten Teil eines Kreises. Sie verschwindet in der Böschung des daran stoßenden Feldes, welches jetzt ausgegraben wird, und scheint unabsichtlich parallel mit der großen Ringmauer gebaut worden zu sein. Auf dieser Mauer sind zwei parallele Reihen großer, dicht aneinander schließender Platten von kalkartigem Stein, welche ganz dieselbe Richtung haben wie die Mauer und mit dem im angrenzenden Felde enthaltenen Teil einen vollen Kreis zu bilden scheinen.

Innerhalb der Krümmung und ganz nahe bei der doppelten, parallelen Reihe von Steinplatten, brachte ich noch zwei skulptierte Grabmonumente von hartem Kalkstein ans Licht.

Jedenfalls sind hier noch mehr Grabsteine mit Skulpturen gewesen, denn ich habe in diesem und im angrenzenden Einschnitt, in 10 bis 13 Fuß Tiefe, eine Menge Bruchstücke von Grabstelen gesammelt.

Wenn sich auch die technische Behandlung des Flachreliefs dieser Stelen von einer ganzen Reihe archaischer Reliefs der alten griechischen Kunst so sehr nicht unterscheiden dürfte, so sind doch solche Figuren und Ornamentdarstellungen auf den Reliefs dieser Kunst bisher nicht nachzuweisen gewesen; die Stelen von Mykene stehen daher ganz einzig in ihrer Art da. Die Manier der Ausfüllung der von den Menschen- und Tiergestalten nicht ganz gedeckten Fläche mittels allerlei hübscher Spiralenmotive erinnert uns an die Prinzipien der Malerei auf den so genannten orientalisierenden Vasen, aber nirgends sehen wir auf den mykenischen Skulpturen ein Pflanzenornament, wie es doch für diese Klasse von altgriechischen Darstellungen so charakteristisch ist; vielmehr ist die ganze Ornamentik eine in die Formen eines sehr kräftigen Flachreliefs übersetzte Linearornamentik.

Diese ausschließlich mit Linearornamentik in Relief verbrämten mykenischen Darstellungen sind aber wieder dadurch auffällig, dass uns lebende Wesen, wie der Mensch, das Pferd, der Hund und das Jagdtier entgegentreten, die nicht, wie wir dies auf den trojanischen Spindeln und Idolen sehen, in ein mehr oder minder lineares Schema aufgelöst, sondern, wenn auch auf sehr rohe und kindische Weise, in voller Körperlichkeit gegeben sind, wie es die Natur des Reliefs verlangt.

Diese Erwägungen zeigen nun, dass die mykenischen

Reliefs mit der alten Architektur von Mykene in Verbindung gebracht werden müssen; man vergleiche damit nur die erhaltenen Reste von der Portalverzierung der »Schatzkammer des Atreus« und die nach Donaldson restaurierte Halbsäule derselben. Es kann daher durchaus nicht unbegründet erscheinen, wenn wir diese alten Denkmäler bis in die Mitte des 2. Jahrtausends v. Chr. hin aufrücken und dieselben fortan als ein wichtiges Glied in die Kunstgeschichte einreihen.

Die vier Grabsteine mit den Basreliefs und die fünf ohne Skulptur bezeichnen ohne Zweifel tief in den Felsen gehauene Gräber, deren Ausgrabung ich jedoch jedenfalls aufschieben muss, bis ich alle Ausgrabungen auf der Nordseite der Akropolis beendet habe.

Das Vorhandensein dieser Gräber nahe beim Löwentor, also an der imposantesten Stelle der ganzen Akropolis, auf einem Platz, wo man erwartet hätte den königlichen Palast zu finden, ist von guter Vorbedeutung, umso mehr als die Platten der beiden parallelen Reihen vollkommen denen der fünf unskulptierten Grabsteine ähnlich sind. Ich kenne kein Beispiel in der Geschichte, dass eine Akropolis jemals als Begräbnisplatz gedient hätte. Wer aber waren die hohen Personen und welche ungeheuren Dienste hatten sie der Stadt erwiesen, um die große Ehre eines solchen Begräbnisplatzes zu verdienen?

In der Tat zögere ich keinen Augenblick zu verkünden, dass ich hier die Gräber gefunden habe, welche Pausanias, der Tradition folgend, dem Atreus, dem »König der Männer« Agamemnon, seinem Wagenlenker Eurymedon, der Kassandra und ihren Gefährten zuschreibt. Es ist jedoch möglich, dass Pausanias diese Grabstelen gesehen haben kann, denn als er – ungefähr 170 n. Chr. – Mykene besuchte, waren seit einer langen Reihe von Jahrhunderten alle Grabsteine mit einer 8 bis 10 Fuß dicken Schuttschicht vorhistorischer Häuser bedeckt gewesen, auf welche eine hellenische Stadt gebaut und bereits circa 400 Jahre vor seiner Zeit wieder verlassen worden war, nachdem sie das auf den Grabstelen lastende Stratum älterer Trümmer mit einer neuen Schuttschicht von 3 Fuß Dicke vermehrt hatte. Somit konnte Pausanias die Existenz dieser Gräber einzig und allein aus der Tradition kennen.

An dem Schatzhaus neben dem Löwentor schreitet die Arbeit wegen des steinharten Schuttes nur langsam vorwärts, und erst heute hat mein Einschnitt eine hinreichende Tiefe gewonnen, um die Ausgrabung der dreieckigen Öffnung oberhalb des Eingangs anfangen zu können. Meine Vermutung, dass dies Schatzhaus fast ebenso groß sei wie das Schatzhaus des Atreus, scheint sich durch die Breite des »dromos« zu bestätigen.

Diese 50 Fuß hohen, fast kegelförmigen Gebäude wurden im Abhang eines Berges gebaut und waren augenscheinlich dazu bestimmt, unterirdisch zu bleiben, denn,

Das durch Frau Schliemann ausgegrabene »Schatzhaus« der Klytaimnestra

wie bereits erwähnt, ist die Außenseite der Steine durchaus ungleich, und das ganze Gebäude ist ringsherum mit einer dicken Lage von Steinen bedeckt, deren Gewicht die Bausteine fest in ihrer Lage erhält.

Ich bin überzeugt, dass die Tradition, wonach diese geheimnisvollen Gebäude als Speicher zur Aufbewahrung der Schätze der uralten Könige dienten, vollkommen wahr ist. Es kann aber wohl keinem Zweifel unterliegen, dass, solange sie als Schatzhäuser dienten, der »dromos« und der Eingang frei von Schutt waren. Die große Frage drängt sich daher auf: Warum und wann wurde der »dromos« und das Tor mit riesigen Schuttmassen verrammelt?

Es ist die Meinung ausgesprochen worden, dass sie zur Zeit der dorischen Invasion verschüttet seien; aber hat die im Jahre 1810 durch Veli Pascha, den Sohn Ali Paschas, gemachte Ausgrabung des Schatzhauses des Atreus etwas anderes ergeben als einen steinernen Tisch, einige skulptierte Blöcke und Bruchstücke von bronzenen Platten, und war es der Mühe wert, leere Schatzhäuser zu verschütten? Es ist jedoch eine Tatsache, dass sie verschüttet wurden, und, was die Chronologie dieses Ereignisses betrifft, so geben uns die in der Schuttmasse, die den »dromos« bedeckt, enthaltenen Terrakotten glücklicherweise einen Leitfaden, denn ich finde dort fortwährend, ja fast ausschließlich, sehr alte bemalte Töpferware mit geometrischen Zeichnungen, vollkommen wie die bisher für uralt angesehenen attischen Vasen und sehr rohe und primitive Idole der Hera in Frauen- oder Kuhgestalt.

Mit Ausnahme eines Knopfes mit einem goldenen Blättchen und einer kleinen silbernen Figur sind noch keine Gegenstände von Gold oder Silber gefunden worden; dass aber diese Metalle stark in Gebrauch waren, daran darf nicht gezweifelt werden; ein von mir gefundener Formstein, der aus sehr feinem dunkelroten roten Granit besteht, zeigt auf beiden Seiten zusammen 14 verschiedene fantastische Formen zum Gießen von Ohrringen und anderen Schmucksachen, welche wahrscheinlich alle von Gold oder Silber waren.

Meine Frau und ich stehen den Ausgrabungen vom frühen Morgen bis nach Sonnenuntergang vor und leiden gar sehr von der furchtbaren Sonnenhitze und dem fortwährenden Sturm, der uns unaufhörlich den Staub in die Augen peitscht und sie entzündet, aber trotz dieser Qualen können wir uns nichts Interessanteres denken als die Ausgrabung einer vorhistorischen Stadt von unsterblichem Ruhm, wo fast jeder Gegenstand bis zur Topfscherbe eine neue Seite der Geschichte aufdeckt.

Ausgraben des Schatzhauses durch Frau Schliemann

Mykene, 30. September 1876

Seit dem 9. d. M. habe ich die Ausgrabungen mit 125 Mann und fünf Schuttkarren energisch fortgesetzt, und, da das Wetter herrlich war, gute Fortschritte gemacht.

In dem Schatzhaus, wo Frau Schliemann allein das Kommando führt, arbeiten wir mit 30 Mann und zwei Schuttwagen und haben die furchtbarsten Schwierigkeiten, die vom oberen Teil des Doms herabgefallenen hunderte von großen Blöcken fortzuschaffen.

Die inneren Wände dieses Schatzhauses sind dem Anschein nach nie mit bronzenen Platten bedeckt gewesen wie das Schatzhaus des Atreus hier und das des Minyas in Orchomenos; wenigstens sehe ich hier nirgends in den Steinen die Löcher der bronzenen Nägel, womit die Metallplatten befestigt wurden. Das Schatzhaus ist einfacher und dem Anschein nach älter als das Schatzhaus des Atreus und jenes des Minyas in Orchomenos.

Der Eingang, welcher 18 Fuß lang und 8 Fuß breit ist, wird überdacht von vier Platten, welche $18^1/_2$ Fuß lang sind; die Löcher der oberen Türangeln sind 5 Zoll tief. Es sind alle Anzeichen vorhanden, dass der Eingang rechts und links mit zwei Halbsäulen geschmückt war, welche wir in größerer Tiefe zu finden hoffen; den Rest einer Verzierung von Halbkreisen sieht man an der Außenseite der Platte rechts über dem Eingang und erkennt denselben auf den ersten Blick auf dem Bild dieses Schatzhauses. Da die großen behauenen Steine der Fassade und der Wände des »dromos« seit Jahrtausenden unter dem feuchten Schutt vergraben waren, so ziehen sie sich jetzt, wo sie der Sonne ausgesetzt sind, zusammen und sehr viele derselben sind zerspalten.

Die Archäologische Gesellschaft in Athen hat noch keinen Ingenieur zur Befestigung der Skulptur über dem Löwentor und zur Ausbesserung der kyklopischen Mauer neben derselben geschickt, beabsichtigt jedoch dies bald zu tun. Dennoch hat sie mir gestattet, jetzt die Ausgrabungen neben dem Löwentor fortzusetzen, vorausgesetzt, dass ich rechts und links von Letzterem die Schuttanhäufung auf eine beträchtliche Breite stehen lasse, damit die zur Ausbesserung nötigen Blöcke leichter gehoben werden können. Ich habe daher jetzt die Arbeiten dort fortsetzen können und es ist mir bereits gelungen, die ungeheure Türschwelle des Löwentors aufzudecken. Sie besteht aus einem 15 Fuß langen, 8 Fuß breiten, sehr harten Block von Breccia. Das durch die Räder der alten Wagen in dieser Schwelle verursachte Geleis, wovon alle »Guidebooks« sprechen, existiert nur in der Einbildung enthusiastischer Reisender, aber nicht in der Wirklichkeit.

Meine Vermutung, dass die doppelte, parallele Reihe großer Steinplatten einen ganzen Kreis bildet, hat sich als richtig erwiesen; die eine Hälfte davon ruht auf der Mauer, welche dazu diente, sie in dem niedrigeren Teil der Akropolis zu tragen, die andere Hälfte steht auf dem höheren platten Fels und berührt den Fuß der vorerwähnten kyklopischen Mauer; der Eingang ist von der Nordseite.

Ich dachte zuerst, der Raum zwischen den beiden Reihen möge zu Trank oder Blumenopfern zu Ehren der hohen Verstorbenen gedient haben, bin aber hiervon zurückgekommen, denn die doppelte Reihe von Steintafeln ist einst mit Querplatten bedeckt gewesen, von denen sechs noch in situ sind; sie sind sehr gut eingepasst und befestigt durch in der oberen Kante der schräg stehenden Steinplatten befindliche Einschnitte, welche die hervorstehenden Stücke der Querplatten aufnahmen. Da diese Letzteren sich an allen Platten befinden, so kann es keinem Zweifel unterliegen, dass einst der ganze doppelte Kreis von Steinplatten auf dieselbe Weise bedeckt war.

Mein werter Freund, Professor F. A. Paley, ist der Erste gewesen, der mit der sowohl von Herrn Ch. T. Newton als von mir selbst angenommenen Meinung hervorgetreten ist, der doppelte parallele Kreis von Steinplatten müsse, da er mit sehr solide befestigten Querplatten bedeckt gewesen ist, notwendigerweise als Bank zum Sitzen gedient und als Einfassung der Agora von Mykene gebraucht worden sein. Das versammelte Volk saß im Kreis und der Redner stand in der Mitte, wie es aus der Ilias ersichtlich ist, »Artemis, welche auf der Agora kreisförmigem, ruhmreichen Thron sitzt«. Wir wissen also bestimmt: erstens, dass die Agora rund war, und zweitens, dass man in derselben saß.

Großes kyklopisches Haus mit Kriegervase

Südlich von der Agora haben meine Ausgrabungen ein großes kyklopisches Haus ans Licht gebracht, welches, so weit es ausgegraben ist, sieben Stuben enthält, die durch vier Korridore von 4 Fuß Breite voneinander getrennt sind. Hier und da sieht man noch an den Wänden Reste der Lehmbekleidung, die jedoch keine Spur von Farbe zeigt.

Das kyklopische Haus hat keine Fenster, auch haben nur zwei der inneren Räume oder Stuben einen Eingang oder eine Tür. Aber selbst wenn alle Seitenwände aus Glasscheiben bestanden hätten, würde es dennoch dunkel in den Stuben gewesen sein, da das Gebäude in der tiefen Höhlung vor der westlichen Ringmauer liegt, von der es nur durch einen 4 Fuß breiten Korridor getrennt ist und die den Bewohnern des Hauses die Aussicht auf die untere Stadt, die Ebene und das Meer rauben musste. Auch konnte hier, an der imposantesten Stelle der ganzen Akropolis und unmittelbar neben der Agora, nur das Haus der vornehmsten Familie der Stadt liegen, und unmöglich können wir glauben, dass sich diese mit einem dunkeln Kerker begnügt haben sollte. Wir zögern daher nicht zu behaupten, dass dies kyklopische Gebäude einst bis zum Niveau der Ringmauer reichte und nur als Unterbau eines vielmal erneuerten großen hölzernen Hauses diente; ja die riesigen Massen gelber Holzasche, womit alle Räume des kyklopischen Gebäudes gefüllt waren, lassen keinen Zweifel übrig, dass es sich so und nicht anders damit verhält. Auch wage ich bei dieser Gelegenheit die Behauptung, dass alle kyklopischen Gebäude aus unbehauenen, ohne Bindemittel zusammengelegten Steinen, die ich in Tiryns und Mykene ans Licht brachte, auf gleiche Weise nur als Unterbauten von Häusern aus Holz oder ungebrannten Ziegeln gebraucht sein können, denn in jenem kyklopischen Mauerwerk konnte man nur sehr kleine enge Türen und Luken haben, und die hier entdeckten Gegenstände menschlicher Industrie lassen die Möglichkeit nicht zu, vernünftigerweise anzunehmen, dass sich ein Volk, welches auf einer so hohen Stufe der Zivilisation stand, mit dunkeln Käfigen als Wohnhäusern begnügt haben sollte.

Jedenfalls beweisen die in diesem Haus entdeckten Gegenstände, dass seine Bewohner Sinn für Luxus hatten, denn in einem der Zimmer, in einer Tiefe von 20 Fuß unter der Oberfläche, wurde ein aus weißem Onyx geschnittener Fingerring mit einem Siegel gefunden, auf welchem zwei Tiere ohne Hörner in Intaglio dargestellt sind. Auf den ersten Blick scheinen es Hirschkühe zu sein, aber bei aufmerksamer Betrachtung findet man, dass der Künstler beabsichtigt hat, Kühe darzustellen; beide haben den Kopf rückwärts gebogen und betrachten ihre Kälber, welche an ihren Eutern saugen. Obgleich in einem sehr archaischen Stil, ist dennoch das Intaglio nicht schlecht gemacht, die Anatomie der Tiere zwar etwas roh, jedoch erträglich dargestellt, und man wundert sich, wie es nur möglich war, dies Kunstwerk ohne Vergrößerungsglas zu machen.

Ich fand in dem kyklopischen Haus Bruchstücke einer großen Vase. Einige dieser Bruchstücke, die es mir gelungen ist, wieder zusammenzusetzen, stellen sechs völlig gewappnete Krieger dar, die mit dunkelroter Farbe auf hellgelbem Grund gemalt sind; augenscheinlich gehen sie auf eine Kriegsexpedition aus und alle tragen Panzer, die vom Hals bis unter die Hüften hinabreichen; diese Panzer bestehen aus zwei besonderen Teilen und sind mit einem Gurt um den Leib befestigt, das untere Ende derselben ist mit lang herabhängenden Troddeln gesäumt.

Der Rücken der Krieger ist mit einem großen runden Schild bedeckt, welcher auf der linken Schulter befestigt zu sein scheint, denn obschon der Schild auf beiden Seiten weit hervorsteht, so ist dies doch auf der linken Seite mehr als auf der rechten der Fall; der untere Teil des Schildes ist in Form eines Halbmondes ausgeschnitten. In ihrer Rechten halten die Krieger lange Lanzen, an denen allen jener sonderbare, einem trojanischen Idol ähnliche Gegenstand befestigt ist, dessen ich bereits bei Gelegenheit des einen Basreliefs Erwähnung getan habe. Obgleich nach unserm Dafürhalten dieser sonderbare Gegenstand keinem anderen Zweck gedient haben kann, als die Lanze auf der rechten Schulter zu befestigen, so verdient es doch besondere Beachtung, dass der alte mykenische Künstler Sorge getragen hat, ihn etwas oberhalb der Schulter darzustellen, damit er abgesondert erscheine, denn hätte er ihn auf die Schulter gelehnt dargestellt, so würde er mit dem Schilde vereint und teilweise von demselben bedeckt worden sein, und wir wären in der Unmöglichkeit gewesen seine Gestalt zu erkennen.

Im Übrigen ist die Form der Lanzen so, wie wir sie von einer homerischen zu erwarten haben, nämlich sehr lang.

Sehr interessant sind die Beinschienen, welche von Zeug zu sein scheinen und von etwas oberhalb des Knies beinahe bis zu den Knöcheln hinabreichen; ihr oberes Ende ist mit einer Schnur befestigt, welche dreimal um den unteren Teil des Schenkels gewickelt ist.

Alle Krieger tragen Sandalen, die mit Schnüren, welche bis an die Beinschienen um den Fuß gehen, befestigt sind. Von höchstem Interesse sind die Helme; sie sind ganz mit Punkten bedeckt, die wohl den Glanz des Erzes andeuten sollen.

Fünf der Krieger sind begleitet von einer Frau, wahrscheinlich einer Priesterin; sie ist mit einem langen Gewand bekleidet, das mit einem Gürtel um die Taille befestigt ist; ihre Stirn ist mit einem Diadem geschmückt und sie scheint eine Art Kopfputz zu tragen. Von den Armen ist nur der rechte erhalten; derselbe ist emporgehoben und nach dem Bogen, welchen er bildet, scheint es, dass die Frau ihre gefalteten Hände emporgehoben hatte und zu den Göttern betete, sie möchten den in den Krieg ziehenden Helden gnädig sein und sie unversehrt zurückkehren lassen. Diese Gewohnheit, die beiden Hände beim Gebet zu erheben, finden wir fortwährend bei Homer.

Mykene, 30. Oktober 1876

Seit dem 30. September habe ich die Ausgrabungen mit 125 Arbeitern und fünf Schuttwagen mit der größten Kraftanstrengung fortgesetzt.

In dem Schatzhaus überstiegen die Schwierigkeiten bei weitem alle unsere Erwartungen, besonders da der Aufseher der griechischen Regierung uns nicht gestatten wollte, die bereits erwähnten, gerade oberhalb des niedrigen Teils des »dromos« befindlichen Fundamente eines Hauses aus hellenischer Zeit wegzuschaffen. Somit ist es uns nicht möglich gewesen, den »dromos« von der Schuttmasse zu befreien, die ihn noch 9 Fuß tief bedeckt, und es ist uns nur gelungen, den 13 Fuß langen, 8 Fuß breiten Eingang und den mittleren Teil des Schatzhauses selbst ganz auszugraben.

Die Tür des Schatzhauses hat die enorme Höhe von 18 Fuß 5 Zoll und ist 8 Fuß 4 Zoll breit. Auf der Türschwelle, welche aus sehr harter Breccia besteht und 2 Fuß 5 Zoll breit ist, fanden wir ein sehr dünnes, rundes Blatt von Gold. Der Fußboden in dem Schatzhaus ist der geebnete Fels, dem man einen Überzug von Sand und Kalk gegeben hatte, wovon sich an vielen Stellen Spuren finden.

Ich mache hier ganz besonders darauf aufmerksam, dass ich zu meinem allergrößten Bedauern, aber auf das dringende Verlangen der Archäologischen Gesellschaft in Athen, gezwungen worden bin, in der Akropolis, rechts und links vom Löwentor, eine große Schuttmasse unangerührt stehen zu lassen. Die Archäologische Gesellschaft hat nämlich noch keinen Ingenieur zur Befestigung der Skulptur mit den beiden Löwen über dem Tor und zur Ausbesserung der kyklopischen Mauer rechts und links davon geschickt, beabsichtigt aber diese Arbeit früher oder später machen zu lassen und glaubt, dass die Schuttmassen zum Heben und Einsetzen der großen Blöcke nötig sind. Hoffentlich geschieht die Arbeit bald, sodass die beiden ungeheuren Schuttklötze nicht mehr lange zu stehen haben, denn sie geben den Ausgrabungen ein sehr schlechtes Ansehen, besonders der Schuttklotz zur Rechten beim Eintreten, denn dieser besteht aus loser Asche und wird, wenn man ihn einige Jahre stehen lässt, ganz vom Regen weggespült und über meine Ausgrabungen verbreitet werden.

Ich bemerke dies, da jeder Besucher natürlich die Zurücklassung jener beiden Schuttmassen meiner Nachlässigkeit zuschreiben wird.

Der Kaiser von Brasilien besucht die Ausgrabungen

Gestern und heute haben meine Ausgrabungen die Ehre gehabt, von Se. Maj. dem Kaiser Dom Pedro II. von Brasilien besucht zu werden.

Von Korinth kommend ritt Se. Maj. direkt zur Akropolis hinauf und blieb zwei Stunden lang in meinen Ausgrabungen, welche er mehrfach aufmerksam besichtigte. Die ungeheure doppelte, kreisförmige Reihe von schräg stehenden Platten, die einst als Sitzbank und Einfassung der Agora diente, innerhalb welcher die drei Reihen von Grabstelen sind, und besonders die vier skulptierten Grabsteine waren von großem Interesse für ihn und er ersuchte mich, ihm davon Fotografien nach Kairo zu schicken.

Das große Löwentor, durch welches der »König der Männer« schritt, als er zu dem ruhmvollsten Feldzug des heroischen Zeitalters abging, die wunderbare Schwelle dieses Tores, der kyklopische Unterbau des königlichen Hauses, die drei kyklopischen Wasserleitungen, die riesigen kyklopischen Ringmauern und alle übrigen Denkmäler vorhistorischer Zeit schienen ebenfalls von hohem Interesse für Se. Maj. zu sein.

Der Kaiser besuchte darauf das von mir ausgegrabene Schatzhaus und hiernach das Schatzhaus des Atreus, wo das Mittagessen bereitstand. Dies Mahl in der Mitte des geheimnisvollen, beinahe vierzig Jahrhunderte alten, domförmigen unterirdischen Gebäudes schien Se. Maj. ungemein zu gefallen. Er besichtigte darauf mit tiefstem Interesse in dem Dorf Charvati die durch meine Ausgrabungen hervorgerufene große Sammlung von mykenischen Altertümern und bewunderte besonders die große

Masse von Hera-Idolen verschiedener Form, die Intagli, die herrliche mykenische Töpferware und die archaischen Skulpturen. Se. Maj. besichtigte auch in und bei Charvati mit großem Interesse den alten Steinbruch, aus welchem alle Steine der kyklopischen Mauern, der Schatzhäuser usw. stammen, und fuhr von dort nach Argos und Nauplia. Se. Maj. kam heute hierher zurück, um noch einmal das mykenische Museum und die Ausgrabungen zu sehen, und reiste von hier über Korinth und Calamaki nach Athen zurück.

Fünf Felsengräber mit menschlichen Skeletten

Freilegen der ersten zwei Gräber

Mykene, 6. Dezember 1876

Nachdem die vier Grabsteine mit den Basreliefs ausgehoben und nach dem Dorf Charvati gebracht waren, um nach Athen gesandt zu werden, explorierte ich die Stelle, wo die Stelen mit den die Krieger und die Jagdszene darstellenden Skulpturen gestanden hatten, und fand dort ein 21 Fuß 5 Zoll langes, 10 Fuß 4 Zoll breites in den Fels gehauenes viereckiges Grab. Die Erde in diesem Grabe bestand aus dem Detritus der Überbleibsel von Haushaltungen, gemischt mit natürlicher Erde, die von anderswo hierher gebracht worden war.

Als ich tiefer grub, fand ich von Zeit zu Zeit etwas schwarze Asche und darin häufig sehr sonderbare Gegenstände: entweder einen hölzernen Knopf, bedeckt mit einem goldenen Plättchen mit sehr schönem Intaglio, oder einen aus Elfenbein geschnittenen Gegenstand in Form eines Widderhorns mit einer flachen, zwei kleine Löcher enthaltenden Seite, mittels derer er an irgendetwas anderes geheftet war; ferner andere Schmucksachen von Knochen oder kleine Goldblättchen.

Als ich bis zu einer Tiefe von $10^1/_2$ Fuß vorgedrungen war, wurde ich durch heftigen Regen aufgehalten, der die weiche Erde im Grabe in Schlamm verwandelte.

Ich nahm daher die beiden unskulptierten Grabsteine der zweiten Reihe heraus, welche genau 20 Fuß östlich von den drei Stelen mit den Basreliefs standen. Indem ich an der Stelle, wo sie gestanden hatten, nachgrub, fand ich ein zweites, 11 Fuß 8 Zoll breites, an der einen Seite 21 Fuß 3 Zoll, an der anderen 19 Fuß 8 Zoll langes Grab in den Fels geschnitten. Es war ganz mit ungemischter natürlicher

Erde gefüllt, welche von anderswo dorthin gebracht war. In einer Tiefe von 2 bis $2^1/_2$ Fuß unterhalb der Grabsteine fand ich große Bruchstücke von zwei, dem Anschein nach älteren, unskulptierten Stelen. In einer Tiefe von 15 Fuß unter der Felsfläche, somit in einer Tiefe von 25 Fuß unterhalb des Bodens, wie ich ihn zu Anfang meiner Ausgrabungen fand, kam ich zu einer Schicht Kieselsteine, unter welcher ich, in Zwischenräumen von 3 Fuß voneinander, drei Menschengerippe fand; alle lagen mit dem Kopf nach Osten und den Füßen nach Westen gekehrt und waren nur durch eine zweite Schicht Kieselsteine, auf welcher sie ruhten, vom geebneten Felsgrund getrennt.

Auf jedem der drei Skelette fand ich fünf Diademe. Sie sind von sehr dünnem Gold, jedes $19^1/_2$ Zoll lang, alle laufen in spitzen Enden aus. Alle 15 Diademe zeigen ganz dieselbe Ornamentation von Repoussé-Arbeit, bestehend auf beiden Seiten aus einem Rand von zwei Linien, zwischen denen wir eine Reihe von dreifachen konzentrischen Kreisen sehen, die nach Verhältnis der Breite des Diadems an Breite ab- oder zunehmen, indem der größte Kreis in der Mitte ist.

Ich entdeckte ferner bei zweien der Leichname zehn (fünf auf jedem) aus vier goldenen Lorbeerblättern dargestellte Kreuze. Auf dem dritten Gerippe waren nur vier Kreuze. Alle Kreuze sind 7 $^1/_2$ Zoll lang; die Breite der Blätter beträgt $1^2/_3$ Zoll. Die Ornamentation der Blätter ist ebenfalls Repoussé-Arbeit.

Ich fand ferner im Grab eine Menge kleiner Messer von Obsidian und viele Bruchstücke einer großen silbernen Vase mit einer mit Kupfer plattierten Öffnung, die dick vergoldet und herrlich mit Intaglioarbeit geziert ist. Unglücklicherweise hat sie zu sehr vom Feuer des Scheiterhaufens gelitten, um fotografiert zu werden. Es scheint, dass die mykenischen Goldschmiede es nicht verstanden Silber zu vergolden, daher erst das zu vergoldende Silber mit Kupfer plattierten und darauf dies vergoldeten. Ich fand ferner im Grab ein langes und ein kurzes verrostetes Messer von Bronze; eine sehr vom Feuer beschädigte silberne Schale mit einem Henkel; vier lange Schieber eines Halsbandes (zwei von Achat und zwei von einer glasartigen Komposition); einen bronzenen Henkel eines Gefäßes; zwei gehörnte Hera-Idole der gewöhnlichen Form aus Terrakotta und endlich viele Bruchstücke von schöner, mit der Hand gefertigter oder uralter auf der Scheibe gedrehter Töpferware.

Drei Frauengerippe mit überreichem Goldschmuck

Ermutigt durch den Erfolg im zweiten Grab nahm ich die beiden großen unskulptierten Grabsteine der dritten Reihe heraus, welche fast gerade südlich von den beiden Stelen des zweiten Grabes standen. Weitergrabend fand ich, in einem Abstand von 33 Fuß von der inneren Ostseite der die Agora umschließenden kreisförmigen, doppelten, parallelen Reihe von großen Platten, eine 30 Fuß lange und breite Plattform mit zwei Gräbern, von denen ich zuerst das kleinere beschreiben will.

Dieses Grab ist 16 Fuß 8 Zoll lang und 10 Fuß 2 Zoll breit. Ich fand in diesem dritten Grab die irdischen Überreste von drei Personen, die nach der Kleinheit der Knochen, besonders der Zähne, und nach den Massen von Frauenschmuck, die hier gefunden wurden, Frauen gewesen sein müssen; die Zähne des einen Körpers waren, obwohl alle erhalten, sehr abgenutzt und unregelmäßig und scheinen einer sehr alten Frau gehört zu haben. Alle drei Frauen lagen mit dem Kopf nach Osten und den Füßen nach Westen. Wie in dem zweiten Grab lagen die Gerippe 3 Fuß voneinander entfernt; sie waren mit einer Schicht Kieselsteine bedeckt und lagen auf einer Schicht gleicher Steine, auf welcher die Scheiterhaufen errichtet waren. Diese Körper waren buchstäblich mit Juwelen von

Gold überladen, welche alle mehr oder weniger in die Augen fallende Merkmale des Feuers und Rauches zeigten, dem sie auf den Scheiterhaufen ausgesetzt waren.

701 Goldblättchen in Repoussé-Arbeit und goldene Diademe

Unter den am meisten vorkommenden Schmucksachen nenne ich die großen, mit schöner Repoussé-Arbeit gezierten runden, dicken, goldenen Blätter, deren ich 701 sammelte. Ich fand sie sowohl unter als über den Gerippen und um dieselben herum. Es ist schwer zu sagen, wie die mykenischen Goldschmiede die Repoussé-Arbeit machten. Nach Professor Landerers Meinung legten sie das Goldblech auf einen Block von Blei und hämmerten und pressten Ornamentationen hinein. Dargestellt sind Mäander, Spiralen, Blumen, Tintenfische und Schmetterlinge.

Auf dem Kopf des einen der drei Gerippe wurde eine prachtvolle goldene Krone gefunden, welche eines der kostbarsten und interessantesten Kleinode ist, die ich in Mykene fand; sie ist 2 Fuß 1 Zoll lang und ganz bedeckt mit schildartigen Ornamenten; da es Repoussé-Arbeit ist, so stehen Letztere hervor, erscheinen als Basreliefs, und dies gibt der Krone ein unbeschreiblich prachtvolles Aussehen, welches noch vermehrt wird durch die daran befestigten, auf ähnliche Weise geschmückten 36 großen goldenen Blätter. Ich muss jedoch erwähnen, dass die Krone auf solche Weise um den Kopf gebunden wurde, dass ihr breitester Teil auf die Mitte der Stirn zu liegen kam und die Blätter natürlich um den Kopf herum emporstanden, denn wenn es nicht so gewesen wäre, so würden sie die Augen und den größeren Teil des Gesichts bedeckt haben. Neben jedem Ende sieht man ein Loch, durch das ein dünner Golddraht gezogen war.

Um den Kopf des anderen der drei Leichname fand ich

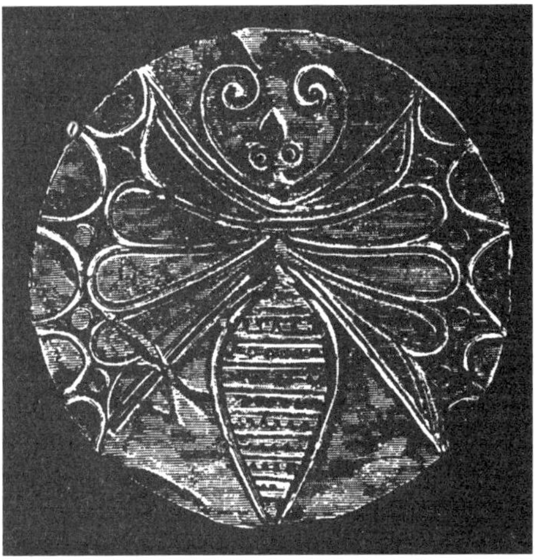

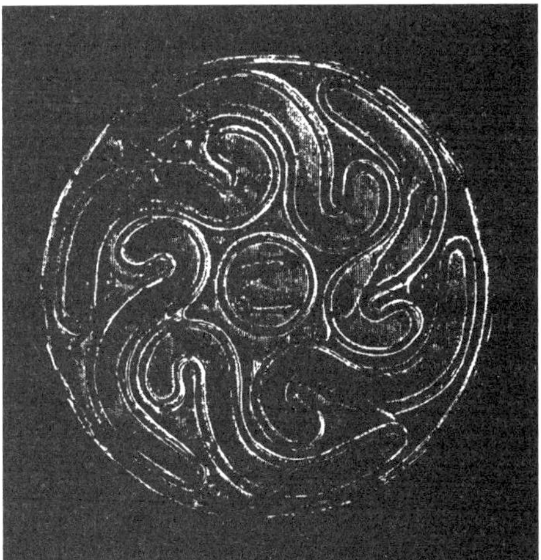

Goldblätter aus dem dritten Grab mit der Darstellung eines Schmetterlings und von Ornamenten

ein herrliches, kunstvoll gearbeitetes, goldenes Diadem, an welchem noch ein Teil des Schädels klebte. Es hat einen Rand von parallelen Linien und einer Linie hervorstehender Punkte, welcher in der Mitte am breitesten ist und nach beiden Enden hin schmaler wird. Dieser Rand ist verziert mit Spiralen und Linien tiefer oder hervorstehender Punkte. Der Raum zwischen den beiden Rändern ist ausgefüllt mit einer Reihe schildähnlicher Ornamente, deren Größe sich nach der Breite des Diadems richtet, und die eine Menge konzentrischer Kreise um den in der Mitte hervorstehenden Buckel enthalten. Der Raum zwischen den Kreisen ist in den fünf größeren schildartigen Ornamenten mit einem Kreis von kleinen Blättern oder Kreisen von hervorstehenden Punkten ausgefüllt. Außerdem sehen wir am Rand entlang, zwischen den schildförmigen Ornamenten, zwei Reihen kleiner Buckel, umgeben von hervorstehenden Punkten. An jedem Ende des Diadems ist ein Loch, welches für einen dünnen Golddraht, der das Diadem um den Kopf befestigen sollte, bestimmt gewesen sein muss. Gleich der Krone ist dies Diadem von dickem Goldblech und hat daher keine Kupferdrähte in den Rändern.

Ich fand ferner bei den drei Leichnamen fünf goldene Diademe, zwei derselben sind dem soeben beschriebenen ähnlich, aber weniger reich verziert.

Goldene Totenmasken

Mykene, 6. Dezember 1876

Durch meinen Erfolg ermutigt, beschloss ich den ganzen übrigen Raum innerhalb der vom großen, doppelten, parallelen Kreise von Steinplatten umschlossenen Agora auszugraben und richtete meine Aufmerksamkeit besonders auf die unmittelbar westlich von dem zuletzt geöffneten Grabe gelegene Stelle, obgleich dieselbe von keinem Grabstein bezeichnet war. Aber im Gegensatz zu der Farbe des Bodens anderswo fand ich hier nur schwarze Erde, die schon in einer Tiefe von 15 Fuß nur mit Bruchstücken aus freier Hand gefertigter oder sehr alter, auf der Töpferscheibe gedrehter Terrakotten vermengt war; ich schloss hieraus, dass die Stelle seit einem hohen Altertum nicht aufgewühlt worden sei, und dies bestärkte mich in meiner Hoffnung, hier eine interessante Entdeckung zu machen.

In einer Tiefe von 20 Fuß unter der früheren Oberfläche des Berges kam ich auf ein beinahe kreisförmiges kyklopisches Mauerwerk mit einer großen runden Öffnung in Form eines Brunnens. Ich erkannte in diesem sonderbaren Monument sogleich einen uralten Altar zur Totenfeier und wurde in diesem Glauben bestärkt durch zwei Steintafeln in Form von Grabsteinen und eine kurze Säule, die horizontal unter dem Altar lagen und nach meiner Meinung einst hier aufgestellt gewesen sein müssen, um die Stelle eines Grabes zu bezeichnen. Bruchstücke schöner, aus freier Hand gemachter oder sehr archaischer, auf der Scheibe gedrehter Töpferware sowie Messer von Obsidian waren fortwährend die einzigen Gegenstände menschlicher Industrie, welche ich fand.

Viertes Grab mit Gerippen von fünf Menschen

Endlich, in einer Tiefe von $26^1/_2$ Fuß und in einer Entfernung von nur 4 Fuß 7 Zoll vom letztbeschriebenen Grab, fand ich ein 24 Fuß langes, $18^1/_2$ Fuß breites Grab.

Es ist besonders bemerkenswert, dass obiger Totenaltar genau über dem Mittelpunkt dieses Grabes stand, ohne Zweifel ist er daher zu Ehren der Personen errichtet, deren irdische Überreste darin ruhten.

Genau wie in allen übrigen Gräbern war der Grund des Grabes mit einer Schicht Kieselsteine bedeckt, auf welcher, ungefähr in gleicher Entfernung voneinander, die Gerippe von fünf Menschen lagen, drei mit dem Kopf nach Osten und den Füßen nach Westen, die beiden anderen mit dem Kopf nach Norden und den Füßen nach Süden.

Die fünf Körper dieses vierten Grabes waren buchstäblich mit Juwelen überladen, welche alle – wie die in den anderen Gräbern – unverkennbare Merkmale des Leichenfeuers an sich tragen.

Bis zu ungefähr 1 Fuß oberhalb dieser oberen Schicht Kieselsteine ist die Ausgrabung nicht schwer, denn wir haben nur einfach unseren Arbeitern zu befehlen, hier oder dort zu graben. Aber von da ab haben wir die Arbeit selbst zu verrichten und diese ist äußerst schwierig und mühsam, besonders bei dem herrschenden regnerischen Wetter, denn wir können nicht anders als auf den Knien liegend graben, indem wir mit unseren Messern den Schutt und die Steine sorgfältig entfernen, damit von den goldenen Schmucksachen nichts beschädigt wird oder verloren geht.

Indem ich die Ausgrabung der unteren Schichten dieses Grabes von der Südseite anfing, stieß ich sogleich auf fünf große kupferne Kessel, in deren einem genau 100 sehr große und kleinere hölzerne, mit Gold plattierte Knöpfe enthalten waren, alle geschmückt mit Spiralen und anderer Ornamentation in schöner Intaglio-Arbeit.

Unmittelbar neben dem kupfernen Gefäß mit den goldenen Knöpfen fand ich einen silbernen Kuhkopf mit zwei langen goldenen Hörnern. Er hat eine schön verzierte goldene Sonne auf der Stirn; in der Mitte des Kopfes ist ein rundes Loch, welches zum Einstecken von Blumen gedient haben mag. Ich bemerke hier, dass der ägyptische Apis mit einer Sonne zwischen den Hörnern dargestellt wird.

Wie bereits erwähnt, verstand der mykenische Goldschmied nicht die Kunst Silber zu vergolden, denn jedes Mal, wenn er es zu tun hatte, plattierte er erst das Silber mit Kupfer und darauf das Kupfer mit Gold. So hat er es denn auch mit diesem silbernen Stierkopf gemacht, dessen Maul, Augen und Ohren er zu vergolden hatte; er plattierte sie daher erst mit Kupfer und vergoldete darauf dies Letztere. Am Maul des Stierkopfes ist die Vergoldung sehr gut erhalten, von den Augen und Ohren aber beinahe ganz verschwunden. Ohne Zweifel sollte dieser Stierkopf die Göttin Hera, die Schutzgöttin von Mykene, darstellen.

Indem ich von Osten nach Westen weitergrub, stieß ich auf einen Haufen von mehr als 20 Schwertern und mehreren Lanzen von Bronze; die meisten der Ersteren haben hölzerne Scheiden und mit Holz eingelegte Griffe gehabt, von denen eine Masse von Bruchstücken übrig war. Neben und in dem Haufen Schwerter fand ich eine große Menge von runden, mit herrlicher Intaglio-Arbeit gezierten Goldplättchen mit Überbleibseln von flachen, runden Stückchen Holz, die einst in ununterbrochenen Reihen beide Seiten der Holzscheiden geschmückt hatten; die größte Goldscheibe war am breitesten Ende der Scheide, die kleinste am entgegengesetzten; selbst die hölzernen Griffe mehrerer Schwerter waren mit großen runden Goldplatten mit reicher Intaglio-Arbeit geziert; der

Silberner Stierkopf mit goldenen Hörnern aus dem vierten Grab

übrige Raum war mit goldenen Stiften geschmückt und goldene Nägel sieht man an den großen Schwertgriffknaufen von Alabaster oder Holz. Auf und neben den Schwertern und den Trümmern der Scheiden sah man eine Masse feinen Goldstaubs, der beweist, dass die Griffe und Scheiden auch vergoldet waren.

Einige der Lanzenschäfte schienen wohl erhalten, aber sie zerfielen, als sie der Luft ausgesetzt wurden. Leider waren die Schädel der fünf Personen so sehr beschädigt, dass keiner derselben gerettet werden konnte. Die beiden Leichname, deren Kopf nach Norden gewandt war, hatten das Gesicht mit großen goldenen Masken von Repoussé-Arbeit bedeckt; die eine derselben ist leider auf dem Scheiterhaufen und durch das Gewicht des Schuttes und der Steine so sehr beschädigt, und die Asche sitzt so fest darauf, dass es unmöglich war, eine gute Fotografie davon zu nehmen. Wenn man dieselbe aber einige Minuten lang betrachtet, so erkennt man die Gesichtszüge ziemlich gut. Die Maske stellt ein großes ovales junges Gesicht mit hoher Stirn, langer hellenischer Nase und kleinem Mund mit dünnen Lippen dar; die Augen sind geschlossen und die Haare der Augenwimpern und Augenbrauen sind gut angegeben. Eine ganz verschiedene Physiognomie sieht man in der zweiten Maske; es ist ein rundes Gesicht mit vollen Backen und kleiner Stirn, von welcher die Nase nicht, wie auf der anderen Maske, in gerader Linie fortläuft; der Mund ist klein, die Lippen dick, die Augen geschlossen und die Augenwimpern sowohl als die Augenbrauen, die vereinigt sind, gut angegeben.

Eine dritte Maske von viel dickerem Goldblech bedeckte das Gesicht eines der mit dem Kopf nach Osten gewandten Gerippe. Diese Maske zeigt wiederum eine durchaus verschiedene Physiognomie; die Runzeln rechts und links oberhalb des Mundes und der Ausdruck des sehr großen Mundes mit dünnen Lippen lassen keinen Zweifel, dass wir hier das Porträt eines Mannes von vorgerückterem

Alter haben; sehr groß ist die Stirn und ebenso die Augen, die offen sind und bei denen sowohl die Wimpern als die Brauen fehlen; unglücklicherweise ist die Nase etwas von den Steinen zerdrückt und verbogen. In dieser Maske ist ein Teil vom Schädel des Mannes bewahrt, dessen Gesicht sie bedeckte.

Die in diesen drei Masken dargestellten Gesichtszüge sind so sehr voneinander verschieden und so ganz und gar verschieden von den idealen Typen von Göttern und Helden, dass ohne allen Zweifel eine jede derselben das Bild des Verstorbenen darstellen muss, dessen Gesicht sie bedeckte, anderenfalls würden alle Masken einen und denselben idealen Typus haben.

Eine vierte, sehr schwere goldene Maske wurde neben dem Haupt einer anderen der mit dem Kopf nach Osten gewandten Leichen gefunden. Dieser Gegenstand war doppelt zusammengebogen und sah so wenig einer Maske ähnlich, dass ich glaubte, es sei ein Helm. Nachdem ich ihn aber entfaltet habe, sehe ich, dass er durchaus nicht bestimmt war auf den Kopf gesetzt zu werden, und dass er nur als Maske zur Bedeckung des Gesichts gedient haben kann. Bei näherer Betrachtung aber sieht man, dass sie einen Löwenkopf darstellt, dessen Ohren und Augen sehr deutlich zu sehen sind. Unglücklicherweise ist diese Maske aus reinstem Gold und daher so weich, dass mehrere Stücke, so z. B. eines vom oberen Teil der Stirn, ein anderes von der Nase, ein drittes von dem Kinnbacken und ein viertes von den Mähnen abgebrochen sind; sie sind indes erhalten und können von einem tüchtigen Goldschmied leicht wieder angelötet werden.

Weder im Homer noch in irgendeinem der späteren Klassiker finden wir eine Andeutung, dass es Sitte gewesen sei, die Toten mit Masken, die ihr Porträt darstellen, oder mit irgendeiner Art von Masken zu begraben.

Ich fand ferner bei den drei mit dem Kopf nach Osten liegenden Gerippen zwei große Siegelringe und ein großes goldenes Armband. Das eine Siegel stellt in sehr archaischem Intaglio einen Jäger mit seinem Wagenlenker auf einem von zwei Hengsten gezogenen Wagen dar; die acht Füße der Tiere sind in der Luft und in paralleler Linie mit dem Boden, um die Schnelligkeit anzudeuten, mit der sie forteilen; ihre dicken, vollen Schwänze sind in die Höhe gehoben.

Die beiden Männer sind nackt und tragen nur einen Gürtel um die Lenden. Der Jäger lehnt sich über den Wagen; er hält in der Linken einen Bogen, hat mit der Rechten die Sehne gespannt und steht gerade im Begriff einen Pfeil auf einen Hirsch mit langem Geweih abzuschießen, der vor dem Wagen herläuft und angstvoll den Kopf umzudrehen scheint.

Noch interessanter ist die Schlachtszene auf dem Siegel; wir sehen dort vier Krieger, von denen der eine jedenfalls die anderen drei besiegt hat; einer der Letzteren, der verwundet ist, sitzt zur Rechten des Siegers auf dem Boden, auf den er sich mit den Händen stützt.

Der zweite besiegte Krieger scheint ebenfalls verwundet zu sein, denn er liegt auf einem Knie vor dem Sieger, während sein anderes Bein auf dem Boden ausgesteckt ist; aber noch ficht er mit seinem Gegner, dessen Brust er mit der linken Hand ergreift, indem er trachtet ihm einen Stich mit dem langen Schwert zu versetzen, das er in der rechten Hand hält.

Als ich diese wunderbaren Ringe ans Licht brachte, rief ich unwillkürlich aus: Der Verfasser der Ilias und der Odyssee muss jedenfalls in einer Zivilisation wie dieser, die solche Kunstsachen hervorbringen konnte, geboren und erzogen sein; nur ein Dichter, der Kunstsachen wie diese beständig vor Augen hatte, konnte die göttlichen

Gedichte verfassen. Gladstone hat außer Zweifel gestellt, dass Homer ein Achäer ist, und ich bringe in den Tiefen Mykenes tausende von weiteren Beweisen ans Licht, dass er Recht hat.

Diejenigen beiden der mit dem Kopf nach Osten gewandten Gerippe, deren Gesichter mit goldenen Masken bedeckt waren, hatten ebenfalls die Brust mit großen goldenen Brustplatten bedeckt; die eine ist von massivem Gold, aber ohne irgendeine Ornamentation, die andere von sehr dünnem Goldblech und in Repoussé-Arbeit geschmückt mit zwei Rändern von kleinen Kreisen, zwischen welchen fünf Reihen von schildförmigen Ornamenten mit konzentrischen Kreisen liegen. Diese letztere Brustdecke hat an jedem Ende ein Loch, um an dem Leib befestigt zu werden.

Neben dem Kopf eines anderen Körpers fand ich eine schöne goldene Krone. An der oberen Seite waren mit ganz kleinen breitköpfigen Stiften, von denen sechs erkennbar sind, eine Menge goldener Blätter befestigt, von denen einige noch in Bruchstücken vorhanden sind.

Ferner wurden bei den fünf Gerippen dieses Grabes neun goldene Gefäße gefunden. Es folgen dann zwei goldene Becher, ferner zwei goldene Gefäße. Ersteres ist eine prachtvolle Weinkanne mit großem Griff, geschmückt mit Repoussé-Arbeit in drei horizontalen, parallelen Reihen von Spiralen, die miteinander verbunden sind und eine verflochtene Ornamentation darstellen, die den ganzen Bauch des Gefäßes mit einem Netzwerk bedecken.

Das zweite ist ein goldener Becher mit einem Griff, der Bauch ist umgeben von einer einfachen Ornamentation in Repoussé-Arbeit in Gestalt von Messerklingen. Es folgt ein einfacher, massiv goldener Becher, mit einem Griff, der wie alle übrigen Griffe durch goldene Nägel mit großen konvexen Knöpfen befestigt ist, die an der inneren Seite des Randes sichtbar sind; wenn wir uns den Griff entfernt denken, ist dieser Becher unseren jetzigen Wassergläsern ähnlich, nur ist der Bauch größer und der Fuß kleiner. Ich mache hier ganz besonders darauf aufmerksam, dass dieser goldene Becher mehr oder weniger genau die Form aller in Mykene vorkommenden Becher von Terrakotta darstellt.

Es folgt ein sehr großer massiver goldener Becher; er hat zwei Henkel, er wiegt fast vier Pfund. Er ist einer der prachtvollsten Juwelen der mykenischen Schätze, aber unglücklicherweise unter der Last des Schuttes und der Steine zerdrückt. Jeder Goldschmied würde ihm leicht seine frühere Gestalt wiedergeben können, ich glaube aber, dass es besser ist, wenn er so bleibt, wie er ist, denn er hat so einen viel höheren Wert für die Wissenschaft. Ich darf es als allgemeine Regel hinstellen: Je weniger alte Juwelen von Gold mit den Händen berührt werden, desto besser ist es, denn ihr hoher Wert liegt in dem »Patina« genannten Rost des Altertums, den die Jahrtausende erzeugen, den keine Menschenhand nachahmen kann, und der, wenn einmal verloren, nicht wiederherzustellen ist.

Der Becher des Nestor

Ein schöner massiver goldener Becher ist ebenfalls entstellt und verbogen; er hat zwei horizontale Henkel, bestehend aus zwei dicken Goldplatten, die durch einen kleinen Zylinder miteinander verbunden sind. Auf jede obere Platte der beiden Henkel ist eine kleine, hübsche goldene Taube anscheinend gegossener Arbeit gelötet, deren Schnabel nach dem Becher gerichtet ist, sodass die beiden Tauben einander ansehen. Dieser Becher erinnert uns lebhaft an Nestors Becher aus der Ilias:

»Sie setzte dort auch einen wunderschönen Becher nieder, den der Greis vom Hause mitgebracht hatte; er war mit goldenen Nägeln beschlagen und hatte vier Henkel, auf deren jedem zwei goldene Tauben mit dem Schnabel hackten; der Becher hatte zwei Böden.«

Die Beschreibung des nestorschen Bechers stimmt ganz mit dem vor uns stehenden Becher überein, ausgenommen dass Ersterer viel größer ist und vier Henkel, jeden mit zwei Tauben hat, während unser Bild nur zwei Henkel, jeden mit einer Taube zeigt. Der nestorsche Becher hat zwei Böden, und ebenso viele hat auch unser Becher, denn unmöglich kann man unter doppeltem Boden irgendetwas anderes verstehen als den Boden des Bechers und den Boden seines Fußes.

Grabstätten Agamemnons und seiner Gefährten aufgefunden

Mykene, 6. Dezember 1876

Zum ersten Mal seit ihrer Eroberung durch die Argiver im Jahre 468 v. Chr., also zum ersten Mal seit 2344 Jahren, hat die Akropolis von Mykene wieder eine Garnison, deren Wachtfeuer bei Nachtzeit in der ganzen Ebene von Argos sichtbar sind, uns an jene Wachtposten erinnernd, die unterhalten wurden, um Agamemnons Rückkehr von Troja zu verkünden, und an jenes Signal, welches Klytaimnestra und ihren Geliebten vor seinem Herannahen warnte.

Diesmal aber ist der Zweck der Besatzung friedlicher Natur, denn dieselbe soll nur dazu dienen, den Landleuten Scheu einzuflößen und sie zu verhindern, heimlich Ausgrabungen in den Gräbern zu machen oder zu nahe heranzutreten, wenn wir darin beschäftigt sind.

Schon während der Ausgrabung des großen vierten Grabes, deren Resultat ich beschrieben habe, untersuchte ich das fünfte und letzte Grab, welches unmittelbar nordwestlich von demselben liegt. Im Gegensatz zu den übrigen Gräbern waren die vier inneren Seiten dieses Grabes nicht mit Mauern bekleidet.

Wie gewöhnlich war der Grund des Grabes mit einer Schicht Kieselsteine bedeckt, auf der ich die irdischen Überreste nur einer, mit dem Kopfe nach Osten gewandten Person fand, die wie alle übrigen Leichen an der Stelle, wo sie lag, verbrannt war. Dies wurde sowohl durch die von der Glut gebräunten oder geschwärzten Kieselsteine unter und neben dem Gerippe als auch durch die in ihrer ursprünglichen Lage befindlichen Massen von Asche, womit es bedeckt war, und endlich durch die Merkmale des Leichenfeuers an der Felskante bewiesen. Um den Schädel, der leider zu zerbrechlich war, um erhalten zu werden, war ein goldenes Diadem mit einer Ornamentation in Repoussé-Arbeit, die in der Mitte drei schildartige Kreise mit Blumen und ein in Bewegung befindliches Rad darstellt; der übrige Raum ist mit schönen Spiralen ausgefüllt. Auf der rechten Seite des Körpers fand ich eine Lanzenspitze mit einem Ring an jeder Seite, ferner zwei kleine bronzene Schwerter und zwei lange Messer von demselben Metall.

An seiner linken Seite wurde ein goldener Becher gefunden; dieser hat nur einen Henkel und seine Ornamentation in Repoussé-Arbeit stellt vier horizontale Streifen dar, von denen zwei und zwei vereinigt und mit kleinen schrägen Strichen verziert sind.

Mumifizierter Leichnam im ersten Grab verursacht Menschenauflauf

Da der durch vorhergegangenen Regen erzeugte Schlamm in dem durch die drei skulptierten Stelen bezeichneten ersten Grabe bei schönem Wetter wieder ausgetrocknet war, so setzte ich dort die Ausgrabung fort und erreichte endlich den Grund des Grabes, welches an der Nordseite $17^1/_2$ Fuß, an der südöstlichen Seite 17 Fuß tief in den Fels gehauen ist.

Die Länge des Grabes ist 21 Fuß 6 Zoll, seine Breite am Grunde 11 Fuß 6 Zoll, also 8 Zoll mehr als oben. Die vier inneren Seiten waren mit einer breiten kyklopischen Mauer bekleidet. Der Grund des Mausoleums war mit der gewöhnlichen Schicht Kieselsteine bedeckt, jedoch waren diese hier unregelmäßiger als in den anderen Gräbern gestreut; es waren sogar mehrere Stellen ohne alle Kieselsteine, ein Umstand, der mich anfänglich vermuten ließ, dass es in diesem Grab gar keine Schicht Kieselsteine gebe. Aber bei näherer Untersuchung fand ich, dass sie wirklich vorhanden war; ja sie war sogar unter den Gerippen gerade so regelmäßig wie in irgendeinem anderen Grab, was einen neuen Beweis dafür gibt, dass man nur damit beabsichtigte dem Scheiterhaufen den nötigen Luftzug zu verschaffen.

Die in diesem Grabe enthaltenen drei Körper lagen ungefähr 3 Fuß voneinander entfernt und waren auf der Stelle, wo ich sie fand, verbrannt worden. Davon zeugten sowohl die Brandmale an den Kieselsteinen und am Felsen unter und neben den Gerippen und links und rechts davon an den Mauern, als auch die ungestört gebliebenen Schichten von Holzasche.

Nur bei dem in der Mitte gelegenen Gerippe war es anders, hier war die Holzasche entschieden umgewühlt worden, der Lehm, womit die beiden anderen Körper und ihre Schmucksachen bedeckt waren, sowie die Schicht Kieselsteine, welche die Lehmschicht bedeckte, waren hier verschwunden. Da das Gerippe außerdem beinahe ohne jeglichen Goldschmuck gefunden wurde, so ist es augenscheinlich, dass es beraubt worden ist.

Diese meine Meinung wird ebenfalls bestätigt durch die zwölf goldenen Knöpfe, die kleinen Goldbleche und die zahlreichen Gegenstände von Knochen, die, zusammen mit kleinen Quantitäten schwarzer Asche, in verschiedenen Tiefen unterhalb der skulptierten Stelen, die das Grab schmückten, gefunden wurden. Sie wird ferner bestätigt durch die Bruchstücke gewöhnlicher mykenischer Töpferware späterer Zeit, die in diesem Grab mit den Scherben uralter, mit der Hand oder auf dem Töpferrad gemachter Vasen vermischt waren. Wahrscheinlich hat hier jemand einen Schacht gegraben, um das Grab zu untersuchen, ist auf den mittleren Leichnam gestoßen, hat ihn sorglos geplündert und, aus Furcht entdeckt zu werden, seine Beute in solcher Eile davongetragen, dass er nur darauf bedacht gewesen ist, die großen massiven Goldornamente, wie z. B. die Maske, die große Brustdekke, die Diademe und die bronzenen Schwerter zu retten, und dass er beim Wiederheraufsteigen viele der kleinen

Gegenstände, so z. B. die zwölf goldenen Knöpfe usw. fallen ließ, die beim Graben in verschiedenen Tiefen gefunden wurden. Es kann keinem Zweifel unterliegen, dass dieser Raub vor der Einnahme von Mykene durch die Argiver (468 v. Chr.) geschah.

Die drei Körper dieses Grabes lagen mit den Köpfen nach Osten und den Füßen nach Westen gewandt; alle drei waren ungewöhnlich groß und schienen mit Gewalt in den kleinen Raum von nur 5 Fuß 6 Zoll hineingepresst zu sein, der ihnen zwischen den vorerwähnten Mauern verblieb; die fast unverletzten Beinknochen sind außergewöhnlich lang. Obwohl der Kopf des ersten Gerippes, von der Südseite gerechnet, mit einer massiv goldenen Maske bedeckt war, so zerfiel doch der Schädel, als er der Luft ausgesetzt wurde, und außer den Beinknochen konnten nur wenige Knochen gerettet werden. Dasselbe war mit dem bereits im Altertum geplünderten zweiten Körper der Fall. Aber von dem dritten, am Nordende des Grabes gelegenen Körper war das runde Gesicht mit allem Fleisch wunderbar unter der schweren goldenen Maske erhalten; man sah keine Spur von Haar, jedoch waren beide Augen deutlich sichtbar, ebenso der Mund, der unter der auf ihn drückenden großen Last weit geöffnet war und alle seine 32 schönen Zähne zeigte.

Aus diesen schlossen alle Ärzte, die gekommen waren, den Körper zu sehen, dass der Mann im frühen Alter von 35 Jahren verstorben sei. Die Nase war ganz verschwunden. Da der Körper für den Raum zwischen den beiden inneren Wänden zu lang gewesen, so war der Kopf so auf die Brust gepresst worden, dass der obere Teil der Schultern beinahe in horizontaler Linie mit dem Scheitel des Kopfes lag. Die Farbe des Körpers ist der einer ägyptischen Mumie sehr ähnlich. Die Stirn des Mannes war mit einem einfachen runden Goldblatt geziert und ein noch größeres Blatt lag auf dem rechten Auge.

Die Nachricht, dass der ziemlich gut erhaltene Körper

eines Mannes aus dem mythischen, heroischen Zeitalter, mit goldenen Schmucksachen bedeckt, gefunden worden sei, verbreitete sich mit Blitzesschnelle in der ganzen Argolis, und Tausende kamen von Argos, Nauplia und den Dörfern, um dies Wunder zu sehen. Da jedoch niemand imstande war mir Rat zu erteilen, wie der Körper erhalten werden könnte, so ließ ich einen Maler kommen, um wenigstens ein Ölgemälde davon machen zu lassen, denn ich war besorgt, er möchte zerfallen. Jedoch hielt er sich zu meiner großen Freude zwei Tage lang, als ein Drogist aus Argos, namens Spiridon Nikolaou, ihn durch Aufgießen von Alkohol, worin Sandarak aufgelöst war, hart und fest machte. Da unter dem Körper keine Kieselsteine gesehen wurden, so dachte man, er könnte durch Unterschieben einer eisernen Platte gehoben werden; dies war jedoch ein Irrtum, denn man fand gar bald heraus, dass die gewöhnliche Schicht Kieselsteine darunter vorhanden war. Da nun diese durch das starke Gewicht, welches seit Jahrtausenden darauf gelastet hatte, mehr oder weniger in den weichen Felsen eingedrungen waren, so waren alle Versuche vergeblich, die eiserne Platte unterhalb der Kieselsteine hineinzuschieben und diese mit dem Körper zu heben. Es blieb daher nichts anderes übrig, als rings um den Körper einen kleinen Graben in den Fels zu hauen und dann einen horizontalen Einschnitt zu machen, eine 2 Zoll dicke Felsplatte abzulösen, diese mit den Kieselsteinen und dem Körper zu heben, auf ein dickes Brett zu legen, um dieses eine solide Kiste zu machen und Letztere nach dem Dorf Charvati zu senden, von wo sie nach Athen transportiert werden wird, sobald die Archäologische Gesellschaft ein passendes Lokal für die mykenischen Altertümer gefunden haben wird. Bei den hiesigen elenden Werkzeugen war es eine schwere Arbeit, die große Steinplatte horizontal vom Felsen abzutrennen, aber es war noch viel schwerer, diese in der hölzernen Kiste an die Oberfläche und auf Menschenschultern mehr als eine

Meile weit nach dem Dorf Charvati zu schaffen. Jedoch steht all diese Mühe und Arbeit in keinem Verhältnis zu dem großen Interesse, welches dieser Körper aus dem fernen heroischen Zeitalter für die Wissenschaft hat

Der jetzt fast mumifizierte Körper war mit einem 4 Fuß langen, $1^3/_3$ Zoll breiten goldenen Schultergürtel geschmückt, der aus dem einen oder anderen Grund nicht an seiner Stelle war, sondern über den Lenden des Körpers lag und sich in gerader Linie nach rechts hin ausdehnte; in der Mitte des Schultergürtels hängt das Bruchstück eines zweischneidigen bronzenen Schwertes und an dieses war zufällig ein kleiner, schön geschliffener, durchbohrter Gegenstand von Bergkristall in Form einer Amphora mit zwei kleinen silbernen Henkeln geklebt.

Beim Anblick dieses Schultergürtels überzeugt sich ein jeder, dass er viel zu dünn und zerbrechlich ist, um von lebenden Menschen getragen zu werden. Außerdem glaube ich, dass kein lebendiger Krieger je in die Schlacht gegangen ist mit Schwertern in hölzernen Scheiden, geschmückt mit Reihen von Goldplatten, die nur auf das Holz geleimt sind. Wir können daher mit Gewissheit annehmen, dass ein großer Teil der goldenen Schmucksachen eigens nur für das Leichenbegängnis angefertigt war.

Die massive goldene Brustplatte dieses Körpers ist $15^3/_5$ Zoll lang und $9^1/_2$ Zoll breit; sie ist ohne Verzierung. Indes sieht man deutlich in derselben zwei hervorstehende Brüste.

Zu seiner Rechten lagen zwei Schwerter und daneben alle übrigen Gegenstände. Der Griff des oberen Schwertes ist von Bronze, aber mit Goldblech überlegt, welches über und über prachtvoll mit Intaglio verziert ist; am oberen Teil des Griffes, da wo die Klinge aus demselben heraustritt, ist eine breite gebogene Goldplatte mit herrlicher Intaglio-Arbeit befestigt. Ohne Zweifel hat dies Schwert eine hölzerne Scheide gehabt und diese muss geschmückt gewesen sein mit der langen, mit einem Ring versehenen

Goldplatte. Die Scheide muss ferner mit dem goldenen, mit konzentrischen Kreisen in Intaglio versehenen Knopfe geschmückt gewesen sein, welchen wir neben der Klinge sehen. Noch viel reicher ist augenscheinlich das andere bronzene Schwert dekoriert gewesen, denn seine hölzerne Scheide muss auf jeden Fall in ihrer ganzen Länge mit einer Reihe jener großen goldenen Knöpfe mit prachtvollen Spiralen in Intaglio geschmückt gewesen sein, die wir unter dem Schwerte und rechts davon erblicken.

Der Griff des Schwertes muss von Holz gewesen sein, denn er ist ganz verschwunden; jedenfalls war er geschmückt mit den beiden viereckigen Goldplatten, die wir noch fest zusammengefügt an derselben Stelle, wo der Knauf des Griffes hätte sein sollen, liegen sehen; nur an der schmalen, dem Beschauer zugewandten Seite sind die beiden Platten ein wenig voneinander getrennt.

An einem der Schwerter war ohne Zweifel eine goldene Troddel befestigt, die daneben lag. Wahrscheinlich hingen diese Waffen an einem jetzt verschwundenen gestikkten Gürtel.

Nur einen Fuß rechts vom Körper fand ich elf bronzene Schwerter, von welchen neun mehr oder weniger von der Feuchtigkeit gelitten hatten; nur zwei waren gut erhalten. Eins davon hat die ungeheure Länge von 3 Fuß 2 Zoll, das andere ist 2 Fuß 10 Zoll lang. Bei den Schwertern lagen Goldplatten, welche zu Schwertgriffen gehört haben; die eine hat den oberen Teil eines Schwertgriffes geziert, an welchem sie mit nicht weniger als zwölf goldenen Stiften befestigt gewesen ist, von denen fünf mit halbkugelförmigen Knöpfen noch sichtbar sind. Dieser Gegenstand ist so dick mit Asche vom Scheiterhaufen bedeckt, dass von der darauf in Intaglio dargestellten Ornamentation von Spiralen nur wenig zu erkennen ist. Die andere Platte hat als Hülle des hölzernen Schwertgriffknaufes gedient und ist ganz den im vierten Grabe gefundenen ähnlich.

Bei dem Körper in der Mitte des Grabes waren einige

runde Goldblätter mit eingedrückter Ornamentation vorhanden, auch die Überreste eines hölzernen Kammes. Bei dem Körper am Südende des Grabes fand ich fünfzehn bronzene Schwerter, von denen zehn zu seinen Füßen lagen. Davon sind acht sehr groß und ziemlich gut erhalten.

Ein großer Haufen von mehr oder weniger zerbrochenen Schwertern, die mehr als 60 ganze dargestellt haben mögen, befand sich auf der Westseite, zwischen dem letzterwähnten und dem mittleren Toten; auch einige bronzene Messer und Lanzen.

Bei dem Leichnam am Südende lagen auch eine große Masse von durchbohrten Bernsteinkugeln, ferner fünf kleine einfache Zylinder von Goldblech, in deren einem noch ein Stück Holz steckt; alle haben jedenfalls einen Stock, vielleicht ein Zepter bekleidet; weiter sieben große alabasterne Knäufe von Schwertgriffen und ein hölzerner, alle mit goldenen Nägeln geschmückt.

Auch wurden bei diesem Gerippe 37 runde Goldblätter von verschiedener Größe, 21 Bruchstücke von Goldblättern, zwei zerbrochene silberne Vasen, eine silberne Zange und eine große Vase von Alabaster mit einem bronzenen, stark vergoldeten Mundstück gefunden; im oberen Teil des Bauches sieht man an drei Seiten kleine Löcher, die beweisen, dass drei Henkel da gewesen sind; ein großes rundes Loch, von vier kleinen Löchern umgeben, beweist ferner, dass das Gefäß eine Röhre zum Ablaufen der Flüssigkeit gehabt hat. In dieser Vase lagen 32 kleine und drei große runde Knöpfe mit prachtvollem Intaglio, weiter zwei goldene Knöpfe in Gestalt von Kreuzen, jedes mit zwei ganz kleinen goldenen Griffen, und außerdem ein kegelförmiger goldener Knopf und eine keilförmige goldene Röhre.

Bei der Goldmaske des Körpers am Nordende des Grabes ist unglücklicherweise die untere Stirn so stark auf Nase und Augen gedrückt, dass sie entstellt ist und die Gesichtszüge unkenntlich geworden sind; charakteristisch ist der große runde Kopf, die ungeheure Stirn und der kleine Mund mit den dünnen Lippen. Dagegen ist die dargestellte massiv goldene Maske des Körpers am Südende des Grabes vollkommen gut erhalten; dieselbe stellt durchaus rein hellenische Gesichtszüge dar, und ich mache besonders aufmerksam auf die lange dünne Nase, die in gerader Linie von der nur kleinen Stirn abläuft; die geschlossenen Augen sind groß, und durch die Augenbrauen gut bezeichnet; sehr charakteristisch ist auch der große Mund mit seinen verhältnismäßigen, schön dargestellten Lippen. Ziemlich gut ist auch der Bart dargestellt, besonders der Schnurrbart, dessen Enden halbmondförmig aufwärts gebogen sind; dieser Umstand scheint zu beweisen, dass die alten Mykenier Öl oder eine Art Pomade bei ihrem Haarputz gebrauchten. Beide Masken sind von getriebener Arbeit und gewiss wird niemand auch nur einen Augenblick daran zweifeln, dass sie die Porträts der Verstorbenen darstellen, deren Gesichter sie seit Jahrtausenden bedecken.

Man wirft sich nun unwillkürlich die Frage auf: Sind sie zu Lebzeiten oder nach dem Tode ihrer Eigentümer gemacht? Wahrscheinlich nach deren Ableben; dann aber wundern wir uns wiederum, wie es möglich war, die Masken so schnell herzustellen, denn hier wie in allen heißen Klimaten werden die Toten innerhalb 24 Stunden nach ihrem Ableben begraben, und diese Gewohnheit muss zu allen Zeiten bestanden haben. Wenn Homer die Leichen des Patroklos und Hektor zehn oder zwölf Tage lang unbestattet liegen ließ, so geschah dies aus besonderen Gründen, und wenn sie wohl erhalten blieben, so war

Die goldene Totenmaske des Agamemnon aus dem ersten Grab

es, weil Thetis in die Adern des Ersteren und Apollon in die des Letzteren Ambrosia träufelten. Wie es sich auch mit den vor uns liegenden Leichen verhalten haben mag, so staunen wir doch über die Geschicklichkeit der alten mykenischen Goldschmiede, die aus massiven Goldplatten die Porträts von Menschen anfertigen konnten, die also so viel leisten konnten wie irgendein jetziger Goldschmied. Jedenfalls aber zeigt die Geschicklichkeit der mykenischen Goldschmiede eine lange Praxis und Erfahrung in ähnlichen Arbeiten, und es kann keinem Zweifel unterliegen, dass sie zu einer Künstlerschule gehörten, die jahrhundertelang blühte, ehe sie solche Arbeiten liefern konnte.

Ferner wurde rechts von dem Körper am Nordende des Grabes der sehr große goldene Becher gefunden; derselbe ist 6 Zoll hoch und ebenso breit; er hat eine schöne Ornamentik in getriebener Arbeit, welche durch einen reifartigen, horizontalen Streifen in zwei Felder geteilt ist; das Ornament des oberen ist einer Reihe von Bogen auf hohen Pfeilern und aus viereckigen Steinen ähnlich, die wie eine römische Wasserleitung aussehen; das untere Feld enthält keilförmige Ornamente.

Das Gräberrund mit fünf Felsengräbern innerhalb der Akropolis

An dieser Stelle lag auch ein anderer großer goldener Becher, der ebenfalls nur einen großen, breiten Henkel hat. Dieser Becher hat $5^3/_5$ Zoll im Durchmesser und ist durch einen horizontalen Streifen in zwei Felder geteilt, beide sind verziert mit parallelen, horizontalen Reihen schöner Spiralen.

Es wurde dort ferner ein großer, schöner, dicker goldener Becher gefunden, der in Repoussé-Arbeit mit drei in schnellem Lauf begriffenen Löwen geschmückt ist. Die Henkel aller dieser goldenen Becher sind mit großen plattköpfigen goldenen Nägeln am Rand und Bauch der Gefäße befestigt.

Es lagen dort noch zwei andere goldene Becher, von denen der eine ebenfalls von dickem Gold, aber dessen ungeachtet verbogen ist; er hat einen schönen massiven Henkel, dessen Form uns bereits mehrfach an den Bechern des vierten Grabes vorgekommen ist. Der andere goldene Becher hat in schöner getriebener Arbeit zwei hervorstehende, parallele, reifenförmige Streifen; das obere Feld zeigt eine horizontale Zickzacklinie, die durch senkrechte Streifen aus kleinen horizontalen Strichen mit dem oberen reifenförmigen Streifen verbunden ist.

Fester Glauben an die Wahrheit der Tradition

Mein fester Glaube an die Tradition veranlasste mich die Ausgrabungen in der Akropolis zu machen und führte zur Entdeckung der fünf Gräber mit ihren ungeheuren Schätzen. Obwohl ich in diesen Gräbern in technischer Hinsicht eine sehr hohe Zivilisation erkannte, so fand ich hier doch, wie in Ilion, nur mit der Hand gemachte oder uralte auf dem Töpferrad gedrehte Vasen und kein Eisen.

Ich habe nicht das allergeringste Bedenken zuzugeben, dass die Tradition, welche die Gräber in der Akropolis dem Agamemnon und seinen Gefährten zuschreibt, die bei ihrer Rückkehr von Ilion durch Klytaimnestra oder ihren Buhlen Aigisthos meuchlerisch umgebracht wurden, vollkommen richtig und wahr sein mag. Ich muss dies umso mehr annehmen, als wir die Gewissheit haben, dass, um nicht mehr zu sagen, alle Leichen eines jeden Grabes von gleichzeitig Gestorbenen herrühren. Die kalzinierten Kieselsteine unter jeder Leiche, die Merkmale des Feuers rechts und links an den inneren Wänden der Gräber, der unberührte Zustand der Asche und des verkohlten Holzes auf den Gerippen und um sie herum geben uns in dieser Beziehung die bestimmtesten Beweise.

Wegen der ungeheuren Tiefe dieser Gräber und der Lage der Körper unmittelbar nebeneinander, ist es unmöglich, dass drei oder gar fünf Scheiterhaufen zu verschiedenen Zeiten in einem und demselben Grabe errichtet seien. Die Gleichheit der Begräbnisweise, die vollkommene Ähnlichkeit aller Gräber, ihre sehr große Nähe aneinander, die Unmöglichkeit anzunehmen, dass drei oder fünf unermesslich reiche königliche Personen, die in langen Zwischenräumen verstorben waren, in einem und demselben Grabe zusammengeworfen seien, endlich die große Ähnlichkeit aller Schmucksachen, die sämtlich denselben Kunststil und dieselbe Epoche beurkunden, alle diese Tatsachen sind ebenso viele Beweise, dass die zwölf Männer, drei Frauen und vielleicht zwei Kinder gleichzeitig ermordet und gleichzeitig verbrannt worden sind.

Die Wahrheit der Tradition scheint ferner durch die tiefe Verehrung, welche die Mykenier, ja in der Tat die Bewohner der ganzen Argolis, immer diesen fünf Gräbern bewiesen haben, bestätigt zu werden.

Die Scheiterhaufen waren noch nicht ausgebrannt, als sie schon mit einer Schicht Lehm und darauf mit einer Schicht Kieselsteine bedeckt wurden, auf die man sofort Erde warf. Diesem Umstand verdanken wir hauptsächlich die Erhaltung eines so großen Quantums Holz und die verhältnismäßig gute Bewahrung der Leichen, denn nirgends waren die Knochen vom Feuer verzehrt, und an mehreren Körpern, welche mit goldenen Masken und dicken Brustplatten bedeckt waren, war sogar viel von dem Fleisch geblieben.

Die Stelle eines jeden Grabes war durch Grabsteine bezeichnet, und als diese vom Staub der Jahrhunderte bedeckt und verschwunden waren, errichtete man andere Grabsteine auf der neuen Oberfläche, aber ganz genau an den Stellen, wo die alten Denkmäler verdeckt lagen. Nur auf dem großen vierten Grab mit den fünf Leichen errichtete man, anstatt neuer Grabsteine einen Opferaltar von fast runder Form.

Die Agora scheint nur zu Ehren der in den fünf Gräbern ruhenden Personen errichtet worden zu sein, jedoch muss dies in einer späteren Zeitperiode geschehen sein, wenn auch natürlich lange vor der Einnahme von Mykene durch die Argiver.

Ich bemerke hier, dass ich innerhalb jenes geheiligten Kreises der Agora keine Spur irgendeines vorhistorischen Gebäudes fand, während die ganze übrige Akropolis auf dem Urboden mit Trümmern von kyklopischen Hauswänden bedeckt ist.

Aber dessen ungeachtet dauerte die Zunahme der Schuttanhäufung fort, im Lauf der Zeit wurden die neuen Grabsteine sowie die Agora selbst begraben und verschwanden, während die Stelle der Gräber trotzdem stets frisch im Gedächtnis der Einwohner blieb.

Ich glaube übrigens, wir können mit Bestimmtheit annehmen, dass die Agora bis zur Einnahme durch die Argiver (im Jahre 468 v. Chr.) als Platz der Volksversammlung diente, denn nicht nur waren die Mykenier durch die ruhmreichsten und teuersten Erinnerungen an jene geheiligte Stätte gefesselt, sondern die Agora war auch die imposanteste und schönste Stelle der ganzen Stadt, und die Versammlung übersah von dort nicht nur die ganze untere Stadt, sondern auch die ganze Ebene mit Argos, Tiryns und Nauplia sowie den herrlichen Golf von Nauplia.

Die fünf Gräber von Mykene – oder wenigstens drei derselben – enthielten so riesige Schätze, dass sie nur Mitgliedern der königlichen Familie angehören können. Aber die Zeit der Könige gehört in Mykene einem sehr hohen Altertum an. Das Königtum hörte dort auf mit der dorischen Invasion, deren Zeitpunkt immer in das Jahr 1104 v. Chr. gesetzt worden ist. Thukydides sagt, dass sie 80 Jahre nach dem Trojanischen Krieg geschah, für dessen Beendigung man das Jahr 1184 v. Chr. anzusetzen pflegte. Aber in Übereinstimmung mit allen Archäologen schließe ich aus den trojanischen Bauten und den dort von mir gesammelten Altertümern, dass die Eroberung und Zerstörung der Stadt, folglich auch die dorische Invasion, in einer viel früheren Epoche stattgefunden haben muss.

Man hat den Einwand gemacht, dass die fünf Gräber unmöglich die irdischen Überreste von Agamemnon, Eurymedon, Kassandra und ihren Begleitern enthalten könnten, da diese von ihren Feinden Aigisthos und Klytaimnestra getötet wurden, welche die Gewalt usurpiert hatten und die von ihnen Ermordeten weder selbst mit großen Schätzen begraben noch anderen erlaubt haben würden, dies zu tun. Aber dieser Einwand fällt vor dem Zeugnis Homers, nach welchem selbst der, welcher seinen Feind tötete, ihn mit der ganzen Rüstung und allen Waffen verbrannte.

Es scheint außerdem, dass die Mörder, indem sie die 15 königlichen Leichen mit ungeheuren Schätzen begruben, nur einem von alters her bestehenden Gebrauch gemäß handelten und somit nur eine heilige Pflicht erfüllten.

Dagegen scheint die Sitte des Zeitalters ihnen hinsichtlich der Gestalt der Gräber und der Bestattungsweise volle Freiheit gelassen zu haben, infolgedessen jene denn auch so schmachvoll und erbärmlich wie möglich waren. Die Gräber waren nichts als unregelmäßige, tiefe, viereckige Löcher, worin die königlichen Schlachtopfer zu drei und sogar zu fünf niedergelegt und auf deren Grunde sie verbrannt wurden, aber alle abgesondert voneinander, damit ihre Knochen nicht vermischt würden. Ich teile vollkommen Newtons Meinung, dass alle fünf großartigen und prachtvollen Schatzhäuser in der unteren Stadt und der Vorstadt notwendigerweise älter sein müssen als die fünf königlichen Gräber in der Akropolis, und wenn wir bedenken, dass Fürsten, die so grandiose unterirdische Paläste als Speicher für ihre Schätze gebrauchten, wie Aas unreiner Tiere in erbärmliche Löcher geworfen worden sind, so finden wir schon in dieser schmählichen Bestattung ein gewaltiges Argument zugunsten der Wahrheit der Tradition, welche diese Gräber als die Mausolen des »Königs der Männer«, Agamemnons, und seiner Begleiter bezeichnete, die bei ihrer Rückkehr von Ilion meuchlerischerweise von Aigisthos und Klytaimnestra getötet wurden.

Ich halte es für überflüssig, hier an die Sitte im alten Ägypten zu erinnern, die Toten mit ihren Schätzen zu begraben, denn alle Sammlungen von ägyptischen Altertümern in der ganzen Welt stammen aus ägyptischen Gräbern. Somit haben wir den Beweis, dass es im hohen Altertum in Babylon, Ägypten, Italien, Mazedonien, Skandinavien und Deutschland Sitte war, die Reichen mit ihren Schätzen zu begraben, und meine Ausgrabungen haben bewiesen, dass diese Sitte auch zur Zeit der Atriden in Mykene bestand.

Athen, 1. März 1877

Mein Ingenieur Vasilios Drosinos aus Nauplia war in Gesellschaft des Malers D. Tuntopulos am 20. Januar nach Mykene gegangen, denn Letzterer hatte für mich eine Ichnographie der fünf großen Gräber und der sie umgebenden großen kreisförmigen Agora anzufertigen. Drosinos benutzte die Zeit, um die von ihm für mich gemachten Pläne zu prüfen, und erkannte bei dieser Gelegenheit genau südlich von der Agora die Form eines Grabes.

Ich hatte diese Stelle bis zu einer Tiefe von 6 Meter 70 Zentimeter ausgegraben und war auf der einen Seite 5 Fuß, auf der anderen 5 Fuß 4 Zoll tief innerhalb der Mauern dieses Grabes vorgedrungen, in welchem ich nur eine

1 Fuß 10 Zoll tiefe Schuttschicht zurückgelassen hatte. Da aber das Grab unmittelbar östlich von dem großen kyklopischen Haus liegt, von welchem ich mehrere Zimmer bis zum Felsen ausgegraben hatte, ohne etwas Besonderes zu finden, so hatte ich das Grab als ein zum Haus gehöriges Zimmer betrachtet und es unterlassen, den geringen Schutt auszugraben, der noch seinen Grund bedeckte.

Aber mein ausgezeichneter Ingenieur war scharfsichtiger; ihm fiel das Aussehen der Mauern auf, die viel roher und unregelmäßiger als das kyklopische Haus gebaut sind, er erkannte sogleich die vollkommene Gleichartigkeit des Mauerwerks mit dem in den großen Gräbern, und da er die nördliche Mauer teilweise und die südliche ganz und gar an den Felsen gelehnt sah, so überzeugte er sich, dass es ein Grab sei.

Bei seiner Rückkehr nach Nauplia teilte er daher seine wichtige Entdeckung einem Regierungsbeamten namens Stamatakes mit, der am selbigen Tag vom Generaldirektor der Altertümer, Herrn Panagiotes Eustratiades, nach Nauplia geschickt worden war, um in der Akropolis von Mykene eine Stelle zur Errichtung einer hölzernen Hütte für die Wächter auszuwählen. Drosinos zeigte ihm auf meinen Plänen genau die Stelle des Grabes und gab ihm in Rücksicht darauf die genauesten Details, sodass der Beamte sogleich die Stelle fand und einen Arbeiter annahm, bei dessen erstem oder zweiten Schlag mit der Hacke ein goldenes Gefäß ans Licht kam. In weniger als einer halben Stunde hatte man die nachstehenden Gegenstände gesammelt: vier große goldene Becher, eine große goldene Tasse, vier Spiralen aus dickem viereckigen, und sieben Spiralen aus dickem runden Golddraht, fünf einfache goldene Ringe und ein gleicher von Silber, ferner zwei goldene Siegelringe, einen goldenen Löwen und 14 goldene Schieber von Halsbändern.

Bei Entdeckung der Schätze in den königlichen Gräbern hatte ich die Ehre an Se. Majestät den König der Hellenen ein Telegramm zu senden, welches ich hier, nebst Sr. Majestät gnädigen Antwort, einschalte:

Seiner Majestät König Georg der Hellenen, Athen.

Mit unendlicher Freude teile ich Eurer Majestät mit, dass ich die Gräber gefunden habe, die die durch Pausanias vertretene Tradition als die Grabstätten Agamemnons, Kassandras, Eurymedons und ihrer Begleiter bezeichnet, die alle während der Mahlzeit von Klytaimnestra und ihrem Liebhaber Aigisthos ermordet wurden. Die Gräber waren von einem doppelten Plattenring umgeben, der nur zu Ehren der genannten großen Persönlichkeiten errichtet gewesen sein kann. In den Gräbern habe ich ungeheure Schätze gefunden. Diese Schätze allein genügen, ein großes Museum zu füllen, das das wundervollste der Welt sein wird und im Laufe der Jahrhunderte tausende von Fremden aus allen Ländern nach Griechenland ziehen wird. Da ich nur aus reiner Liebe zur Wissenschaft arbeite, erhebe ich natürlich keine Ansprüche auf diese Schätze, die ich mit lebhaftem Enthusiasmus vollständig an Griechenland übergebe. Gebe Gott, dass diese Schätze den Grundstein eines ungeheuren Nationalreichtums bilden.

Mykene, 16. (28.) November 1876
Heinrich Schliemann

Herrn Dr. Schliemann, Argos. – Ich habe die Ehre, Ihnen mitzuteilen, dass Seine Majestät der König mich nach Empfang Ihres Telegramms zu beauftragen geruht hat, Ihnen für Ihren Eifer und Ihre Liebe zur Wissenschaft zu danken und Sie zu Ihren bedeutsamen Entdeckungen zu beglückwünschen. Seine Majestät hofft, dass Ihre Bemühungen stets von so glücklichen Erfolgen gekrönt sein mögen.

Der Sekretär Seiner Hellenischen Majestät
A. Kalinakis

Trojas dritte Stadt ist Homers heilige Ilios

Kampf um den neuen Ferman

Nachdem ich von der griechischen Regierung die Erlaubnis zu Ausgrabungen in Mykene erlangt hatte, begann ich im Februar 1874 meine Tätigkeit dort mit dem Abteufen von 34 Schächten auf der Akropolis; aber gerade als ich die Stätte der alten von Pausanias erwähnten Königsgräber entdeckt hatte, wurden meine Nachforschungen durch ein Gerichtsverfahren unterbrochen, welches die türkische Regierung, die auf die eine Hälfte meiner Sammlung trojanischer Altertümer Ansprüche erhob, in Athen gegen mich eingeleitet hatte. Der Prozess wurde ein Jahr lang geführt und endigte mit einer Entscheidung des Gerichtshofes, zufolge deren mir die Zahlung einer Entschädigungssumme von 10 000 Franken an die türkische Regierung auferlegt wurde. Anstatt dieser 10 000 Franken nun übersandte ich im April 1875 dem türkischen Minister für Volksaufklärung die Summe von 50 000 Franken zur Verwendung für das kaiserliche Museum. In meinem Begleitschreiben sprach ich es als meinen lebhaften Wunsch aus, mit den Behörden des türkischen Reiches in gutem Einvernehmen zu bleiben und hob zugleich hervor, dass ein Mann wie ich ihnen ebenso nötig sein möchte wie sie mir. Meine Schenkung wurde von Sr. Exz. Safvet-Pascha, der damals Minister für Volksaufklärung war, in der freundlichsten Weise aufgenommen, und so konnte ich es wagen, mich gegen Ende Dezember 1875 selbst nach Konstantinopel zu begeben, um mir einen neuen Ferman zur Erforschung Trojas auszuwirken. Schon stand durch den einflussreichen Beistand meiner verehrten Freunde, S. Exz. des Ministerresidenten der Vereinigten Staaten, Mr. Maynard, S. Exz. des italienischen Gesandten,

Grafen Dorti, S. Exz. Safvet-Pascha. S. Exz. des Groß-Logotheten Aristarches-Bei, und zwar besonders durch des Letzteren unermüdlichen Eifer und große Energie, die Ausfertigung meines Fermans binnen kurzem zu erwarten, als plötzlich mein Gesuch von dem Reichsrat abgewiesen wurde!

Nun übernahm es aber der Groß-Logothet Aristarches-Bei, mich bei S. Exz., dem im Juni 1876 ermordeten Raschid-Pascha, dem damaligen Minister der auswärtigen Angelegenheiten, einzuführen, einem hochgebildeten Manne, der fünf Jahre lang Gouverneur von Syrien gewesen war. Es wurde mir nicht schwer, denselben für Troja und seine Altertümer zu begeistern; er selbst ging zu S. Exz. dem Großwesir Mahmud-Nedim-Pascha, bei dem er sich auf das Wärmste für mich verwendete; und es währte denn in der Tat auch nicht lange, so ordnete ein Befehl des Großwesirs an, dass mir der Ferman ohne weiteren Verzug eingehändigt werde. Es war gegen Ende April 1876, als ich endlich das wichtige Dokument erhielt, und unverweilt begab ich mich nun nach den Dardanellen, um meine Ausgrabungen fortzusetzen. Leider aber musste ich auch hier bei dem Generalgouverneur, Ibrahim-Pascha, auf entschiedenen Widerstand stoßen. Derselbe war mit der Fortsetzung meiner Arbeiten durchaus nicht einverstanden, und der Grund hierfür war wahrscheinlich der, dass er, seit ich im Juni 1873 die Arbeiten eingestellt, den zahlreichen Reisenden, welche meine Ausgrabungen sehen wollten, eine Art von Ferman zu erteilen pflegte, was bei Wiederaufnahme meiner Arbeiten natürlich nicht mehr nötig gewesen sein würde. So wurde ich zunächst unter dem Vorwand, dass er die Bestätigung meines Fermans noch nicht erhalten habe, fast zwei Monate lang von Ibrahim-Pascha in den Dardanellen hingehalten, und als er mir dann endlich doch die Erlaubnis zum Beginn der Ausgrabungen gab, ordnete er mir in der Person eines gewissen Izzet-Efendi einen Aufseher bei, dessen einziges Amt darin bestand, mir Hindernisse in den Weg zu legen. Bald genug sah ich ein, dass es unter diesen Umständen unmöglich sein würde, mein Werk fortzusetzen; ich kehrte deshalb nach Athen zurück und schrieb von hier aus einen Brief an die *Times*, in welchem ich das Verhalten Ibrahim-Paschas dem Urteil der zivilisierten Welt unterbreitete. Der Artikel fand seinen Weg auch in die Blätter von Konstantinopel – und infolgedessen wurde der Gouverneur im Oktober 1876 in eine andere Provinz versetzt.

Nun hätte ich ungehindert meine Ausgrabungen in Troja fortsetzen können; aber gegen Ende Juli schon hatte ich die Ausgrabungen in Mykene wiederaufgenommen und konnte jetzt diese nicht verlassen, bevor ich nicht alle Königsgräber gründlich erforscht hatte. Es ist wohl bekannt, wie wunderbar glücklich die Erfolge waren, die meine Ausgrabungen begleiteten, wie ungeheuer groß und merkwürdig die Schätze, mit denen ich die griechische Nation bereicherte. Bis in die fernste Zukunft werden Reisende aus allen Weltteilen in der griechischen Hauptstadt zusammenströmen, um im dortigen Mykene-Museum die Ergebnisse meiner uneigennützigen Tätigkeit zu bewundern und zu studieren.

Die Herausgabe meines Werkes über Mykene, das gleichzeitig in englischer und in deutscher Sprache erschien, beschäftigte mich das ganze Jahr 1877 hindurch; bis zum Sommer 1878 nahm die französische Ausgabe meine Tätigkeit in Anspruch, und so konnte ich erst im Juli jenes Jahres wieder an die Fortführung der trojanischen Ausgrabungen denken. Aber nun war auch der Ferman, den ich im Jahre 1876 erhalten hatte und der nur für die Dauer von zwei Jahren verliehen worden war, abgelaufen: Ein neuer musste beschafft werden. Überdies waren inzwischen wieder mancherlei andere Schwierigkeiten erwachsen, die ich ohne die Hilfe meines verehrten Freundes Sir Austen Henry Layard, des britischen Gesandten in Konstantinopel, wohl schwerlich je besiegt hätte. Dieser freundliche Beschützer wusste alle Hindernisse bei der türkischen Regierung aus dem Weg zu räumen, er verschaffte mir einen etwas liberaleren Ferman und war stets freudig bereit, mir seinen wirksamen Beistand zu leihen, sooft ich denselben auch in Anspruch nehmen musste: Und dies kam bei dem weiteren Vorschreiten der Ausgrabungen nicht selten zweimal im Laufe eines Tages vor. So ist es mir nur die Erfüllung einer angenehmen Pflicht, an dieser Stelle noch einmal meinen warmen, tief empfundenen Dank auszusprechen für die unschätzbaren Dienste, die Sir Austen Henry Layard mir erwiesen hat: Wäre es mir doch ohne den bereitwilligen Beistand des verehrten Mannes kaum möglich gewesen, mein großes Werk zum erwünschten Ende zu führen.

Da ich meinen neuen Ferman nicht vor dem September 1878 erhalten konnte, blieb mir Zeit zu einer gründlicheren Erforschung der Insel Ithaka.

Ich empfehle allen Bewunderern Homers Ithaka zu besuchen, denn gewiss nirgends in der griechischen Welt ist die Erinnerung an das heroische Zeitalter so lebendig und rein erhalten als hier. Hier mahnt uns jeder kleine Meerbusen, jede Quelle, jeder Fels, jeder Hügel, jedes Olivenwäldchen an den göttlichen Dichter und seine unsterbliche Odyssee, und mit einem einzigen Sprunge fühlen wir uns über hundert Generationen hinweg in die glänzendste Periode griechischen Rittertums und griechischer Dichtkunst versetzt. Ich empfehle den Besuch Ithakas auch allen denen, die den altgriechischen Typus und große weibliche Schönheit zu sehen wünschen. Die Reisenden sollten es nicht unterlassen, in Ithakas Hauptstadt, Vathy, meinen Freund, Herrn Aristides Dendrinos, zu besuchen, dem und dessen liebenswürdiger Gemahlin, Praxidea Dendrinos, ich hiermit meinen wärmsten Dank für ihre freundliche Gastfreundschaft wiederhole. Herr Dendrinos ist der vermögendste Mann auf Ithaka und unterstützt gern die Reisenden mit seinem Rat. Er hat einen Sohn Telemachos und eine Tochter Penelope. Diese Namen sowie der Name Odysseus sind die gewöhnlichsten auf Ithaka.

Fortsetzung der Grabungen im Jahre 1878

Mit einer großen Zahl von Arbeitern und mehreren Pferdekarren nahm ich gegen Ende September 1878 meine Ausgrabungen in Troja wieder auf. Vorher schon hatte ich hölzerne, filzgedeckte Baracken bauen lassen, deren neun Zimmer für mich, meine Aufseher und Diener und zur Aufnahme von Besuchern bestimmt waren. Auch baute ich eine Holzbaracke, die zur Aufbewahrung wertloser Altertümer und als kleiner Speisesaal diente, ferner einen hölzernen Schuppen, dessen Schlüssel der türkische Beamte in Verwahrung hatte, und welcher zur Aufbewahrung derjenigen Altertumsfunde diente, die zwischen dem kaiserlich-türkischen Museum und mir geteilt werden sollten; auch einen Schuppen zur Aufbewahrung meiner Werkzeuge sowie der Schiebkarren, Handwagen und der verschiedenen bei den Ausgrabungen nötigen Maschinen; außerdem ein kleines aus Steinen erbautes Haus mit Küche und Bedientenstube, ein hölzernes Haus für meine zehn Gendarmen und einen Pferdestall. Ich ließ alle diese Gebäude auf dem Nordwestabhang von Hissarlik, der hier unter einem Winkel von 75° zur Ebene abfällt, errichten.

Die zehn Gendarmen, sämtlich rumelische Flüchtlinge, erhielten von mir monatlich 410 M.; dafür waren sie mir aber auch von größtem Nutzen, indem sie mich nicht nur gegen die Räuber, damals eine Plage der Troas, beschützten, sondern auch bei den Ausgrabungen ein wachsames Auge auf meine Arbeiter hatten und diese dadurch zur Ehrlichkeit zwangen.

Wie notwendig der Schutz der Gendarmen für mich

war, wurde am besten durch ein Gefecht bewiesen, das kurz nach meiner Abreise zwischen den Einwohnern des etwas 20 Minuten von Hissarlik gelegenen Dorfes Kalifatli und einer großen Schar bewaffneter Tscherkessen stattfand. Bei Nacht griffen die Letzteren das Haus eines Dorfbewohners an, der in dem Ruf stand, 10 000 Franken zu besitzen. Es gelang dem Angegriffenen, das platte Dach seines Hauses zu ersteigen und von hier aus seine Nachbarn zu Hilfe zu rufen. Mit ihren Flinten bewaffnet, eilten sie herbei, aber in dem nun folgenden Kampf wurden nicht nur zwei von den Räubern getötet, auch zwei Einwohner, der Schwager und der Schwiegersohn des Demarchen von Kalifatli, verloren das Leben.

Die Gehälter meiner drei Aufseher betrugen 125 bis 250 Franken monatlich; die der gewöhnlichen Arbeiter 2 Franken täglich. Jeder der drei Zimmerleute erhielt $3^1/_4$ Franken, der Stellmacher 5 Franken pro Tag. Das höchste Gehalt von allen aber bezog mein Diener, der sich für unentbehrlich hielt und mir deshalb für nicht weniger als 300 Franken oder 240 M. monatlich seine Dienste leihen wollte; und dabei nahm er noch mindestens das Doppelte hiervon ein durch einen Handel mit Wein und Brot, den er von seinem Bruder verwalten ließ; er verkaufte meinen Arbeitern auf Kredit und kam, da er mein Zahlmeister war, ohne Mühe und stets ohne den geringsten Verlust zu seinem Geld.

Meine Arbeiten galten jetzt vornehmlich der Aufdeckung des großen, westlich und nordwestlich von dem Tor gelegenen Gebäudes sowie der nordöstlichen Verlängerung des Torweges. Wie bereits erwähnt, hatte ich das große Gebäude immer für identisch mit dem Haus des letzten Königs oder Oberhauptes von Troja gehalten, weil in und dicht neben ihm nicht nur der große von mir entdeckte Schatz, sondern auch die drei kleineren, von meinen Arbeitern unterschlagenen und dann von der türkischen Behörde konfiszierten Schätze, außerdem auch eine große Menge trojanischer Tongefäße aufgefunden worden waren; jetzt aber behaupte ich diese Identität noch bestimmter als früher: denn wieder habe ich in dem Haus und in seiner nächsten Umgebung drei kleinere und einen großen Schatz von goldenen Schmucksachen entdeckt. Der erste derselben wurde am 21. Oktober während der Anwesenheit von sieben Offizieren des englischen Kriegsschiffes »Monarch« in einem Gemache des nordöstlichen Teils des Hauses in einer Tiefe von 26 Fuß 5 Zoll unter der Oberfläche des Hügels aufgefunden. Er war in einem zerbrochenen, mit der Hand gemachten Terrakottagefäß enthalten, das in schräger Lage etwa 3 Fuß über dem Boden zwischen dem Schutt lag und aus einem oberen Stockwerk herabgefallen sein muss.

Die längste Mauer des Hauses des Stadtoberhauptes läuft mit der großen äußeren Stadtmauer parallel und ist 53 Fuß und 4 Zoll lang und 4 Fuß 4 Zoll hoch; sie besteht aus kleineren und größeren mit Lehm zusammengefügten Steinen. Unweit des nordwestlichen Endes dieser Mauer, genau 3 Fuß über dem Boden, fand ich in einer Schicht grauer Holzasche noch zwei kleine Schätze, die beide in zerbrochenen, mit der Hand gemachten Terrakottavasen enthalten waren. Der eine derselben befand sich in schräger, der andere in horizontaler Lage, und ich schließe aus diesem Umstand, dass beide aus einem oberen Teil des Hauses herabgefallen sein müssen; die Öffnungen der Vasen lagen so dicht aneinander, dass sie sich fast berührten. Nur 3 Fuß von diesem Fund entfernt, aber auf der Hausmauer selbst und in einer Tiefe von 26 Fuß unter der Oberfläche des Bodens, entdeckten wir noch einen größeren Schatz von Bronzewaffen und goldenen Schmucksachen. Die Beschreibung der einzelnen Gegenstände dieser vier Schätze sowie der anderen bei diesen Ausgrabungen gefundenen Altertümer folgt an einer späteren Stelle dieses Werkes, wie auch die der anderweitig gefundenen Goldsachen.

Auch an der Stelle meiner früheren großen Plattform auf der Nordseite des Hügels setzte ich die Ausgrabungen fort, bis mich der Eintritt des Winterregens zwang, mit dem 26. November die Arbeiten für das Jahr 1878 abzuschließen.Den Bestimmungen meines Fermans gemäß musste ich zwei Drittel aller gefundenen Altertümer dem kaiserlich-türkischen Museum überlassen, nur ein Drittel durfte ich für mich behalten.

Erforschen der Heroengräber der Troas

Nach längerem Aufenthalt in Europa kehrte ich gegen Ende Februar 1879 nach den Dardanellen zurück, mietete hier zunächst wieder zehn Gendarmen und 150 Arbeiter und begann die Ausgrabungen am 1. März. Bis um die Mitte des März hatte ich unter dem heftigen Nordwind viel zu leiden; derselbe war so eiskalt, dass man in den hölzernen Baracken weder lesen noch schreiben und sich nur durch angestrengte Tätigkeit bei den Grabungen warm erhalten konnte. Um Erkältungen möglichst zu entgehen, ritt ich, wie ich schon früher stets getan, jeden Morgen ganz früh nach dem kleinen, Karanlik genannten Hafen im Hellespont, wo ich ein Seebad nahm; war aber noch vor Sonnenaufgang und vor dem Beginn der Arbeit regelmäßig wieder in Hissarlik. Diese Ritte im nächtlichen Dunkel blieben nicht ganz ohne Unfälle. Reisende, die heute nach der Troas kommen, werden bemerken, dass an dem Nordrand der Brücke von Kum Kioi ein großer Steinblock fehlt. Dieser Stein aber brach eines Morgens aus, als ich im Dunkeln etwas zu nah am Rand entlangritt, und so stürzte ich samt meinem Pferde von der Brücke hinab in das Gestrüpp. Bei dem Fall kam das Pferd so auf mich zu liegen, dass ich mich nicht unter ihm hervorarbeiten konnte. Die Gendarmen waren vorausgegangen und konnten mein

Rufen nicht mehr vernehmen. Eine ganze Stunde musste ich in dieser verzweifelten Lage zubringen, bis endlich die Gendarmen, die mich nicht an meinem gewöhnlichen Badeplatz in Karanlik eintreffen sahen, umkehrten und mich befreiten. Seit jenem Erlebnis steige ich vor jeder türkischen Brücke vom Pferde und führe mein Tier am Zügel hinüber.

Zwei meiner Gendarmen begleiteten mich als Schutzwache bei diesen Badeexkursionen sowohl als auch bei jedesmaligem Verlassen Hissarliks. Das kalte Wetter hielt nicht länger als 14 Tage an, danach hatten wir dauernd schöne Witterung. Die Störche kehrten in den ersten Tagen des Monats zurück.

Gegen Ende des März trafen meine Freunde Professor Rudolf Virchow aus Berlin und Émile Burnouf aus Paris, Ehrendirektor der École Française in Athen, als meine Mitarbeiter in Hissarlik ein. Der Letztere war von der französischen Regierung auf Veranstaltung des Ministers des öffentlichen Unterrichts, Jules Ferry, auf eine wissenschaftliche Expedition nach Troja gesandt worden. Beide Freunde unterstützten mich nach besten Kräften in meinen Arbeiten. Professor Virchow beschäftigte sich mit Erforschung der botanischen, zoologischen und geologischen Verhältnisse der Ebene von Troja sowie der Beschaffenheit der im Verlauf meiner Ausgrabungen in den verschiedenen Tiefen zutage geförderten Trümmer und Schuttmasse. Burnouf, der als Ingenieur und Maler Vorzügliches leistet, zeichnete die Pläne und Karten. Daneben untersuchte er auch die geologische Beschaffenheit der Ebene von Troja und die verschiedenen Schuttschichten von Hissarlik.

Mein Hauptstreben richtete sich diesmal darauf, die Mauern in ihrem ganzen Umfang aufzudecken. So ließ ich östlich und südwestlich von dem Tore sowie nordwestlich und nördlich von dem Haus des Stadtoberhauptes und östlich von meinem großen Graben die neuen Ausgrabungen vornehmen. Da es von besonderer Wichtigkeit war, dass die Häuser der verbrannten Stadt erhalten blieben, grub ich die Ruinen der drei oberen Städte horizontal und Schicht für Schicht allmählich ab, bis ich auf den leicht erkennbaren kalzinierten Trümmerschutt der dritten Stadt stieß. Nachdem nun das ganze Terrain, das ich erforschen wollte, auf gleiche Höhe abgegraben war, begann ich an dem äußersten Ende der Fläche ein Haus nach dem anderen auszugraben und auf diese Weise allmählich nach dem nördlichen Abhang vorzugehen, wo der Schutt hinuntergeworfen werden musste. So konnte ich alle Häuser der dritten Stadt ausgraben, ohne ihre Mauern zu beschädigen. Aber natürlich konnte ich nichts anderes von ihnen mehr aufdekken als die 3 bis 10 Fuß hohen Unterbaue oder Erdgeschosse, die aus mit Lehm zusammengefügten Steinen gebaut waren.

Die große Anzahl von Krügen, die sie enthalten, lässt es unzweifelhaft erscheinen, dass diese Räume einst als Keller gedient haben; doch ist der Mangel an Türen, deren der Beschauer nur wenige sehen wird, auf den ersten Blick schwer zu erklären. Es hat in der Tat den Anschein, als ob diese unteren Teile der Häuser nur vermittelst hölzerner Stiegen oder Leitern von oben aus betreten worden sind, aber in allen Zimmern und Kammern des großen an der West- und Nordwestseite des Tores gelegenen Hauses befinden sich regelmäßige Türöffnungen. Professor Virchow macht darauf aufmerksam, dass die Beschaffenheit dieser dritten Stadt in architektonischer Beziehung das genaue Urbild derjenigen Bauart darstellt, die heute noch für die Dörfer der Troas charakteristisch ist. Er war, wie er sagt, erst imstande, einige schwierige Punkte zu verstehen, nachdem ihn seine ärztliche Praxis in das Innere der heutigen Häuser geführt hatte. »Die Haupteigentümlichkeit dieser Architektur besteht darin, dass in den meisten Fällen der untere Teil der Häuser keinen Eingang hat und von einer Steinmauer umgeben ist. Das obere Geschoss, das aus viereckigen, an der Sonne getrockneten Ziegeln gebaut ist, dient als Wohnung für die Familie, das untere, in welches man auf Stiegen oder Leitern von oben hineingelangt, als Vorratsraum. Hat das Erdgeschoss eine Tür, so wird es häufig auch als Viehstall benutzt. Wenn, was auch heute vorkommt, moderne Häuser dieser Bauart in Trümmer fallen, so bieten ihre Ruinen genau denselben Anblick dar wie die der dritten, der verbrannten Stadt von Hissarlik. Die Steine in den Mauern des ersten Stockwerkes der trojanischen Häuser zeigen keine Spur einer Bearbeitung; sie sind aus den leicht zu gewinnenden Schichten des tertiären Süßwasserkalks des nahen Bergrückens gebrochen. Die von diesen trojanischen Häusermauern umschlossenen Räume enthalten jene riesenhaften Terrakottakrüge, die, oft in langen Reihen nebeneinander stehend, ein nicht unbedeutendes Vermögen in ihrer mächtigen Größe repräsentieren; sie sind so groß, dass ein Mann in jedem von ihnen aufrecht stehen kann.

Auch Straßen waren selten; denn außer der breiten Torstraße deckte ich nur noch eine von 4 Fuß Breite auf, in der die großen Steinplatten, die das Pflaster bildeten, deutlich die Spuren der Glühhitze zeigten, der sie einmal ausgesetzt waren. Diese Straße liegt gerade über den Ruinen der zweiten Stadt, östlich von meinem großen Graben. Außerdem befindet sich noch ein 2 Fuß breiter Durchgang zwischen den trojanischen Häusern, der im rechten Winkel von der Straße nach Nordost führt. Weitere Ausgrabungen wurden auch auf der östlichen und südöstlichen Seite des »Großen Turmes« vorgenommen, wo ich mehrere von den Hausmauern dicht neben dem im Jahre 1873 entdeckten Magazin mit den neun großen Krügen zerstören musste, um die Stadtmauer und ihre Verbindung mit den beiden ungeheuren Mauern aufzudecken, die ich den »Großen Turm« benannt hatte. Alle diese Arbeiten sind glücklich ausgeführt worden. Durch meine Ausgrabungen südlich, südwestlich, westlich, nordwestlich und nördlich von den Toren habe ich die Stadtmauer nach allen diesen Richtungen hin freigelegt; so ist sie jetzt bis auf die Stellen, an denen ich sie mit meinem großen Graben durchschneiden musste, in ihrem ganzen Umkreis aufgedeckt. Bei diesen Nachgrabungen fand ich auf dem Abhang des nordwestlichen Teils des Walles, in unmittelbarer Nähe der Stelle, wo der große Schatz gefunden wurde, in Gegenwart von Prof. Virchow und Burnouf, noch einen Schatz von goldenen Schmuckstücken.

Außerhalb der Stadtmauer an der Ostseite fand ich zahlreiche Häusermauern, aber kaum irgendwelche Altertümer, und dieser Umstand scheint zu beweisen, dass die Vorstadt von der ärmeren Klasse bewohnt worden ist. In der südöstlichen Ecke der Stadt zeigen sich nirgends Spuren des großen Brandes.

Ungefähr die Hälfte meines großen Grabens ließ ich bis auf den Kalksteinfelsen hinab vertiefen und legte dabei drei parallel laufende Hausmauern der ersten Niederlassung auf Hissarlik frei. Auch wurde für den Abfluss des Regenwassers ein tiefer Kanal gegraben.

Obgleich Se. Exz. Munif Efendi, Minister für Volksaufklärung, schon im Januar 1879 auf die Befürwortung Sir Henry Layards hin angeordnet hatte, dass mir ein Ferman für die Erforschung der Tumuli, der so genannten Herogräber der Troas, ausgestellt werde, kostete es doch Mühe, ihn zu erlangen. Endlich, am 17. April, wurde er mir eingehändigt; und nun schritt ich unverzüglich zur Ausgrabung der beiden größten Tumuli der Troas, des Besika Tepeh und des Ujek Tepeh sowie noch vier anderer kleinerer Tumuli.

In Begleitung von Professor Virchow besuchte ich auch wieder das Dorf Bunarbaschi und die dahinter liegenden Höhen des Bali Dagh, denen fast hundert Jahre lang die unverdiente Ehre zuteil geworden ist, mit der Stätte des homerischen Ilion identifiziert zu werden.

Virchow ist durchaus meiner Ansicht, dass die Umfassungsmauern der kleinen Akropolis, welche nach Burnoufs Messungen 144,36 m über dem Meere liegt, und in welcher so viele große Archäologen der Neuzeit die Mauern der priameischen Pergamos erkennen wollten, fälschlich als »kyklopisch« bezeichnet worden sind. Virchow zuerst hat aus der besonderen Art der Bearbeitung, welche die Steine dieser Mauern aufweisen, geschlossen, dass sie mit einem eisernen Spitzhammer langsam abgesplittert sein müssen, und dass sie demgemäß einer verhältnismäßig späten Periode angehören.

Ich zeigte ihm, dass die durchschnittliche Tiefe der Schuttanhäufung in der kleinen Akropolis nur 1 Fuß 6 Zoll beträgt und dass dort ausschließlich hellenische Topfscherben gefunden werden. Eine Vertiefung von amphitheatralischer Form, in der man noch die Ruinen von vier Reihen steinerner Sitze sieht, erkannte Professor Virchow als die Agora der kleinen Stadt. Es ist in der Tat merkwürdig, dass diese Agora nicht schon früher beachtet war und dass es dem scharfen Blicke Virchows vorbehalten sein musste, sie zu entdecken.

Auch die Quellen von Bunarbaschi besuchten wir, und in denen die Verteidiger der Bunarbaschi-Theorie nur zwei, eine lauwarme und eine eiskalte, erkennen wollen, um dieselben mit den beiden von Homer geschilderten Quellen identifizieren zu können, bei denen Hektor von Achilles getötet wurde: »Vorwärts stürmten sie beide, vorbei an dem Wartturm und dem vom Winde bewegten Feigenbaume, immer an der Mauer entlang auf dem Fahrwege, bis sie die beiden schön sprudelnden Quellen erreichten, aus denen die beiden Bäche des wirbelnden Skamander sich ergießen: Aus der einen strömt lauwarmes Wasser, und Wolken von Dampf steigen darüber auf wie über einem brennenden Feuer; die andere fließt im Sommer wie Hagel oder kalter Schnee oder wie gefrorenes Wasser.« Wie bereits erwähnt, zählte ich hier 34 Quellen, aber da die Stelle, an der sie entspringen, »Vierzig Augen« heißt, so ist wohl anzunehmen, dass auch 40 Quellen vorhanden sind. Nach Professor Virchows Messungen betrug die Temperatur in zweien dieser Quellen 16,8 °C, in einer dritten 17° und in einer vierten 17,4 °C. Die letztgenannte Quelle entspringt in einem Sumpf und ist, wie Virchow erklärt, etwas wärmer, weil das Wasser stagniert. Dagegen ergießt sich die Quelle, die eine Temperatur von 17° zeigt, sofort in einen kleinen, aus anderen weiter oben entspringenden Quellen gebildeten Bach und erscheint deshalb etwas kälter; so wäre es, wie Virchow sagt, ganz begreiflich, wenn man in der kalten Jahreszeit, wo die Verschiedenheit zwischen der Wassertemperatur des Sumpfes und der des schnell fließenden Baches noch mehr hervortritt, Dampf aus Ersterem, nicht aber aus Letzterem aufsteigen sähe.

Da ich auf meiner letzten Reise nach England und Deutschland zu wiederholten Malen der Meinung begegnet bin, ich verschwende, vom Ehrgeiz getrieben, zum Schaden meiner Kinder (ich habe vier Kinder: einen Sohn Sergius (geb. 1855), und eine Tochter Nadeschda (geb. 1861) aus erster, und einen Sohn Agamemnon (geb. 1878) und eine Tochter Andromache (geb. 1871) aus zweiter Ehe), die ich dereinst mittellos zurücklassen würde, mein ganzes Vermögen an meine archäologischen Forschungen: So halte ich es für nötig, dem Leser hiermit zu versichern, dass, obgleich ich mich jetzt um meiner wissenschaftlichen Bestrebungen willen von allen Spekulationen fern halten und mich mit einem mäßigen Zinsertrag meines Kapitals begnügen muss, doch mein jährliches Einkommen sich noch auf 200 000 Mark beläuft (wovon 80 000 Mark den Reinertrag aus den Mieten meiner vier Häuser in Paris, 120 000 Mark aber die Zinsen meiner Fonds repräsentieren), während meine Jahresausgaben, einschließlich der Kosten für die Ausgrabungen, nicht mehr als 100 000 Mark betragen, und dass ich somit imstande bin, jährlich noch 100 000 Mark zum Kapital zu schlagen. So hoffe ich denn, jedem meiner Kinder ein Vermögen hinterlassen zu können, das ihnen erlauben soll, ihres Vaters wissenschaftliche Untersuchungen fortzuführen, ohne dabei jemals ihr Kapital anzugreifen. Ich benutze gern diese Gelegenheit, um meinen Lesern zugleich die Versicherung zu geben, dass ich die Wissenschaft, die ich um ihrer selbst willen liebe und verehre, niemals als Geschäft betreiben werde. Meine großen Sammlungen trojanischer Altertümer haben einen unschätzbaren Wert, doch sollen sie nie verkauft werden. Wenn ich sie nicht noch bei meinen Lebzeiten verschenke, so sollen sie kraft letztwilliger Bestimmung nach meinem Tode dem Museum derjenigen Nation zufallen, die ich am meisten liebe und schätze.

Zweifel an der Ausdehnung des homerischen Troja

Durch meine im Verein mit meinen verehrten Freunden, Professor Rudolf Virchow aus Berlin und Emil Burnouf aus Paris, im Jahre 1879 auf dem Hügel von Hissarlik unternommenen Ausgrabungen hatte ich geglaubt, die trojanische Frage für immer gelöst und bewiesen zu haben, dass die kleine Stadt, die dritte über dem Urboden, deren Häuser-Substruktionen ich in einer durchschnittlichen Tiefe von 7 bis 8 m unterhalb der Ruinen von vier jüngern Ansiedelungen freigelegt hatte, welche im Laufe der Zeiten über jenen auf dem nämlichen Termin einander folgten, notwendig die durch Homer unsterblich gewordene Ilios der Sage sein müsse. Diese Theorie habe ich denn auch in meinem Ende 1880 herausgegebenen Werke »Ilios« verfochten. Nach der Veröffentlichung desselben stiegen indessen Bedenken in mir auf, freilich nicht bezüglich der Lage von Troja, – denn dass Hissarlik dessen Baustelle bezeichnet, konnte keine Frage sein –, sondern hinsichtlich der Ausdehnung der Stadt, und meine Zweifel sind mit der Zeit immer größer geworden. Ich fand es bald ganz unmöglich, mir vorzustellen, dass der göttliche Dichter, der uns mit der Zuverlässigkeit eines Augenzeugen und so ganz naturgetreu ein Bild nicht bloß von der trojanischen Ebene mit ihren Vorgebirgen, ihren Flüssen und ihren Heroengräbern, sondern von der gesamten Troas mit ihren zahlreichen und mannigfaltigen Stämmen und Städten, ihrem Hellespont, Kap Lekton und Ida, ihrem Samothrake und Imbros, ihrem Lesbos und Tenedos, und ebenso mit den mächtigen Naturphänomenen, welche das Land bietet, entworfen hat, uns Ilios als eine große, anmutige, blühende, wohl bewohnte, gut gebaute Stadt mit breiten Straßen hätte schildern können, wenn sie in Wirklichkeit nur ein ganz kleines

Städtchen war; welches – selbst angenommen, dass seine Häuser, die offenbar von ähnlicher Bauart wie die in den heutigen Dörfern der Troas und gleich diesen nur einstöckig waren, sechs Stock hoch gewesen sind – kaum 3000 Einwohner gezählt haben kann. Nein, wäre Troja nichts weiter als ein kleiner befestigter Burgflecken von der Art gewesen, wie sie die Ruinen der dritten Stadt andeuten, so hätten ihn wenige hundert Mann in ein paar Tagen mit Leichtigkeit einnehmen können, und der ganze Trojanische Krieg mit seiner zehnjährigen Belagerung wäre entweder völlig erfunden oder hätte nur eine winzig geringe Grundlage gehabt. Ich konnte keinen dieser beiden Fälle akzeptieren, denn es schien mir unmöglich anzunehmen, dass, während es so viele große Städte an der Küste Asiens gab, die Katastrophe eines kleinen Burgfleckens auf einmal von den Dichtern sollte aufgegriffen worden sein, dass die Sage von dem Ereignis jahrhundertelang fortgelebt haben und so schließlich auf Homer gekommen sein sollte, um dann, von ihm in riesigen Verhältnissen vergrößert, zum Gegenstand seiner göttlichen Gesänge zu werden. Überdies war bezüglich des Trojanischen Krieges die Überlieferung des gesamten Altertums höchst einmütig, und diese Einmütigkeit war viel zu scharf ausgeprägt, um nicht auf positiven Tatsachen zu beruhen; nimmt ihn doch selbst eine so hohe Autorität wie Thukydides für wirkliche Geschichte. Sogar in der Annahme, dass die Eroberung Trojas achtzig Jahre vor der Einwanderung der Dorier stattgefunden, war die Tradition einstimmig.

Es ist deshalb eine sichere Tatsache, dass im 14. Jahrhundert v. Chr. in der Troas ein Reich der Dardanier existiert hat, zu dessen bedeutendsten Städten Ilion gehörte; ein Reich, das zu den mächtigsten Staaten Kleinasiens gezählt wurde und das seine Krieger nach Syrien sandte, um zum Schutze Asiens gegen die ägyptischen Heere zu kämpfen. Dies stimmt wundervoll mit allem überein, was

Homer und in der Tat die ganze griechische Tradition von der Macht Trojas erzählen.

Zu diesem überwältigenden Zeugnis für die Macht und Größe Trojas kommen nun als weitere Beweise die zehn Schätze goldener Schmucksachen, die ich bei meinen Ausgrabungen auf Hissarlik gefunden habe und die überdies das Beiwort »goldreich«, welches Homer Troja gibt, bestätigen.

Wiederaufnahme der Ausgrabungen im Jahre 1882

Ich entschloss mich deshalb, die Ausgrabungen zu Hissarlik während weiterer fünf Monate fortzusetzen, um das Geheimnis aufzuklären und um die wichtige trojanische Frage endgültig zu erledigen.

Da der durch die freundlichen Bemühungen meines geehrten Freundes Sir Henry Layard, des damaligen englischen Botschafters in Konstantinopel, im Sommer 1878 für mich erwirkte Ferman abgelaufen war, so hatte ich mich bereits im Sommer 1881 an den Fürsten Bismarck gewendet und durch dessen gütige Verwendung Ende Oktober desselben Jahres einen neuen Ferman zur Fortsetzung der Arbeiten in Hissarlik sowohl als auch auf der Baustelle der Unterstadt von Ilion erhalten. In Ergänzung dieses Fermans erlangte er für mich einige Monate später auch die Erlaubnis, gleichzeitig mit der Erforschung Trojas Ausgrabungen an jeder anderen Stelle in der Troas, wo immer es mir wünschenswert wäre, vorzunehmen, unter der Bedingung jedoch, dass diese Letzteren immer nur an einer Stelle auf einmal und überdies in Anwesenheit eines türkischen Delegierten stattfinden dürften.

Um gewiss zu sein, dass keine Belehrung, die etwa aus antiken Architekturresten gewonnen werden möchte, für die Wissenschaft verloren ginge, sicherte ich mir die Dienste zweier hervorragender Architekten, des Dr. Wilhelm

Dörpfeld aus Berlin, der vier Jahre lang dem technischen Teil der Ausgrabungen des Deutschen Reiches in Olympia vorgestanden hatte, und des Herrn Joseph Höfler aus Wien; beide Herren hatten in ihren heimischen Akademien die ersten Preise davongetragen und infolgedessen Staatsstipendien zu wissenschaftlichen Reisen in Italien erhalten. Auch drei tüchtige Aufseher engagierte ich; zwei derselben waren Peloponnesier und hatten bereits in gleicher Eigenschaft bei den Ausgrabungen in Olympia mit Auszeichnung Dienste geleistet: Der eine, aus Maguliana bei Gortynia, hieß Gregorios Basilopulos und erhielt für diese trojanische Kampagne den Namen »Ilos«; der andere, aus Pyrgos, mit Namen Georgios Paraskevopulos, wurde jetzt »Laomedon« getauft. Der Letztere war mir wegen seines riesigen Körperbaus und seiner herkulischen Muskelkraft, welche meine Arbeiter mit Schrecken erfüllte, und bewirkte, dass sie ihm blindlings gehorchten, von großem Nutzen; jeder von ihnen erhielt 120 Mark monatlich. Als dritten Aufseher engagierte ich Herrn Gustav Battus, den Sohn des verstorbenen französischen Konsuls Battus in den Dardanellen, mit 240 Mark monatlichem Gehalt.

Glücklicherweise hatte ich im Juni 1879 zur Bewachung meiner Holzbaracken und des Magazins, in welchem alle meine Gerätschaften und Werkzeuge für die Ausgrabungen untergebracht waren, einen türkischen Wächter in Hissarlik zurückgelassen. So fand ich jetzt alles in bester Ordnung und brauchte nur meine Häuser neu mit wasserdichtem Filz zu decken. Da sie alle in einer ununterbrochenen Linie erbaut waren, so war die Feuergefahr groß. Ich trennte sie deshalb voneinander und stellte sie an verschiedenen Stellen von neuem auf, sodass, falls eine der Baracken Feuer fing, auch beim heftigsten Sturm keine der übrigen von den Flammen erreicht werden konnte. Nur die Baracke, in welcher ich selbst mit meinen Dienern lebte, hatte fünf Zimmer, von denen ich zwei bewohnte;

eine andere hatte zwei, eine dritte drei und eine vierte vier Schlafzimmer. So hatten wir reichlich Platz und konnten sogar noch sieben Gästen genügende Unterkunft geben.

Eine Baracke mit nur einem Raum diente als Speisesaal und führte auch diesen stolzen Namen, obgleich sie nur aus rohen Planken bestand, durch deren Ritzen der Wind unablässig hindurchblies, sodass es oft unmöglich war, dort eine Lampe zu brennen oder ein Wachslicht anzuzünden. Eine andere geräumige Baracke diente als Magazin für die Altertümer, die zwischen dem kaiserlichen Museum in Konstantinopel und mir zu teilen waren. Meine geehrten Freunde, die Herren J. Henry Schröder & Co. in London, hatten mir gütigst eine bedeutende Menge Konservenbüchsen mit Rindfleisch aus Chicago, Pfirsichen, bestem englischen Käse und Ochsenzungen, ferner auch 240 Flaschen des besten englischen Pale Ale übersandt. Ich war der einzige Konsument dieser 240 Flaschen Pale Ale, mit welchen ich fünf Monate hindurch ausreichte. Ich bediente mich ihrer als Medizin gegen Verstopfung, an der ich über dreißig Jahre gelitten hatte. Alle anderen Heilmittel, besonders das Karlsbader Mineralwasser, hatten sie nur verschlimmert. Diese Pale-Ale-Kur hat mich von dem Übel völlig befreit. Außerdem konnten wir stets frisches Hammelfleisch haben, und da der trojanische Wein aus den Dörfern Jeni Schehr, Jeni Kioi und Ren Kioi vortrefflich ist und selbst den allerbesten Bordeaux-Wein übertrifft, so hatten wir einen Überfluss an guter Verpflegung. Von Gemüse freilich waren uns nur Kartoffeln und Spinat erreichbar; Erstere werden in der Ebene von Troja nirgends gebaut und mussten aus der Dardanellenstadt, wohin man sie wahrscheinlich aus Italien einführt, herbeigeholt werden. Es ist eine ganz außerordentliche Erscheinung, dass die Dorfbewohner der Troas, Griechen wie Türken, keine Kartoffeln als Nahrung benutzen, obwohl sich der Boden zum Anbau dieser Frucht vorzüglich eignet, und dass sie stattdessen nur

Brot essen. Im Juni und Juli lieferten uns die Dorfbewohner im Überfluss Saubohnen, Schminkbohnen und Artischocken, welche fast die einzigen Gemüse zu sein schienen, die sie außer dem Spinat bauen. Gartenerbsen werden in der Troas anscheinend nicht kultiviert, denn ich konnte sie im Juni und Juli nur in der Dardanellenstadt kaufen, wohin sie auf dem Seewege importiert wurden.

Schwer bewaffnete Leibwache von elf Gendarmen

Ich hörte, dass Landstreicher und Wegelagerer die Gegend unsicher machten; auch ließen mich die wiederholten Räubereien in Makedonien, wo eine Anzahl reicher Leute von den Briganten in das Gebirge geschleppt und nur gegen schweres Lösegeld freigelassen worden war, ein ähnliches Schicksal in Hissarlik befürchten. Ich brauchte deshalb für mich eine Leibwache von mindestens elf Gendarmen. Während meiner Ausgrabungen zu Hissarlik im Jahre 1878 und 1879 hatte ich mir stets zehn Gendarmen gehalten; dieselben waren jedoch Flüchtlinge aus Bulgarien und Albanien, und solchen Leuten wollte ich mich jetzt nicht wieder anvertrauen. Ich richtete daher an den Zivilgouverneur in den Dardanellen, Hamid Pascha, das Ersuchen, mir die elf sichersten Leute, die er finden könne, zur Bedeckung zu geben. Auf seine Erlaubnis wurden sie durch seinen ersten Dragoman und politischen Agenten, Herrn Nikolaos Didymos, aus den stärksten und zuverlässigsten Türken der Dardanellen für mich ausgewählt. Ihr Gehalt betrug 610 Mark monatlich. So bekam ich jetzt elf tapfere Gendarmen, lauter riesige Gestalten. Sie waren sämtlich mit Büchsen, Pistolen und Dolchen wohl bewaffnet; ihre Feuerwaffen waren nicht gerade vom neuesten System, denn sie hatten meist Feuersteingewehre, nur einige waren im Besitze von Miniébüchsen, die sie, wie sie mit Stolz sagten, im Krimkrieg benutzt hatten. Diese Mängel wurden jedoch durch den Mut der Leute wettgemacht und ich hatte zu ihnen vollkommenes Vertrauen, denn ich war gewiss, dass sie uns tapfer verteidigen würden, auch wenn unser Lager von einer ganzen Räuberbande angegriffen werden sollte. Sie wurden von einem Korporal befehligt, der die übrigen zehn Mann beaufsichtigte und den Wachtdienst bei Tag und bei Nacht leitete. Drei von diesen Gendarmen begleiteten mich jeden Morgen vor Sonnenaufgang nach Karanlik am Hellespont, wo ich mein Seebad nahm, eine Meile weit; da ich beständig trabte, so mussten sie, so schnell sie konnten, laufen, um mir folgen zu können. Diese täglichen Spazierläufe waren also sehr ermüdend für die Leute; ich zahlte ihnen deshalb jeden Morgen noch ein Extra-Trinkgeld von 7 Pence (ca. 60 Pfennig).

Ich benutzte die Gendarmen ferner zu scharfer Überwachung meiner Arbeiter in den Gräben und gestattete nirgends eine Ausgrabung, wenn nicht wenigstens ein Gendarm die Wache hatte. Auf diese Weise zwang ich meine Leute zur Ehrlichkeit, denn sie wussten, dass sie ohne Gnade eingesperrt werden würden, wenn man sie bei einem Diebstahl betraf. Ich logierte meine elf Gendarmen in einer großen, mit wasserdichtem Filz gedeckten Holzbaracke ein, die ich dicht neben dem Steinhaus, das die Küche und das Zimmer für meinen Zahlmeister enthielt, für sie erbaut hatte, denn so befanden sie sich ungefähr im Mittelpunkt meines Lagers. Da es aber beständig Streit zwischen ihnen gab, so zogen es einige von ihnen vor, selbst bei der größten Kälte lieber im Freien zu schlafen, als in der Gesellschaft ihrer Kameraden zu bleiben.

Als Haushofmeister und Kassierer hatte ich wieder den Nikolaos Zaphyros Giannakis aus dem Dorf Ren Kioi, der mir in derselben Eigenschaft bei allen meinen archäologischen Kampagnen in der Troas seit März 1870 gedient hatte. Da er sah, wie unentbehrlich er mir war, weigerte er sich, diesmal für einen geringeren Lohn als 300 Mark monatlich nebst Verpflegung in meinen Dienst zu treten; doch bewilligte ich ihm mit Freuden diese Summe und machte ihm sogar bei meiner Abreise meine sämtlichen Baracken in Hissarlik zum Geschenk; denn er ist vollkommen ehrlich, und als Zahl- und Haushofmeister in einem großen Lager in der Wildnis oder auf Forschungsreisen hat er nicht seinesgleichen. Sein Gehalt war aber sein kleinster Gewinn bei mir, denn er zog noch einen enormen Nutzen aus dem Laden, den sein Bruder für seine Rechnung führte und worin er meinen Leuten Brot, Tabak und Branntwein auf Kredit verkaufte; was sie ihm schuldig blieben, zog er ihnen jedes Mal bei der Auszahlung am Sonnabendabend von ihrem Lohn ab.

Aus Athen hatte ich mir einen vortrefflichen Diener, namens Oidipus Pyromalles, gebürtig aus Zante, mitgebracht, der ein Monatsgehalt von 56 Mark erhielt; ferner eine Köchin, Jokaste geheißen, mit monatlich 32 Mark. Ich engagierte außerdem einen Stellmacher mit einem Gehalt von 180 Mark monatlich und einen Zimmermann, der monatlich 80 Mark erhielt. Ein gutes Reitpferd hatte ich mir von Athen mitgebracht; dasselbe bestand die großen Strapazen der Kampagne gut, in der letzten Woche aber brach es zusammen, sodass ich es zurücklassen musste. Die Pferdeställe lehnten sich südlich an die Magazinbaracke und an das steinerne Küchenhaus.

Meine Arbeitswerkzeuge bestanden aus 40 eisernen Hebeln, wovon einige 2,25 m lang waren und 5 cm im Durchmesser hatten; zwei Handwinden; 100 großen eisernen Schaufeln und ebenso vielen Spitzhauen; 50 großen Hacken, die in den Weinbergen gebraucht werden; dieselben waren mir von größtem Nutzen, um den Schutt in die Körbe zu füllen; einer großen Winde; 100 Schiebkarren, wovon die meisten eiserne Räder hatten; 20 Handwagen, die von einem Arbeiter gezogen und von zweien geschoben werden, sowie mehreren Pferdekarren.

Da ich meine Leute mit gutem Trinkwasser zu versorgen hatte, so stellte ich einen Arbeiter und einen Knaben besonders dazu an, dasselbe von der nächsten, 365 m von Hissarlik entfernten Quelle zu holen. Des Knaben Arbeit war es, das Wasser in die Fässer zu füllen; der Mann hatte dann Letztere zu zwei auf einen Esel zu laden und nach den Gräben oder unseren Baracken zu bringen. Der Bedarf war so groß, dass der Mann bei warmem Wetter kaum imstande war, hinreichend Wasser herbeizuschaffen, obgleich zehn Eimer fortwährend im Gebrauch waren.

So ausgerüstet und eingerichtet fing ich die Ausgrabungen am 1. März mit 150 Arbeitern wieder an, und dies blieb auch die Durchschnittszahl meiner Tagelöhner während der fünfmonatlichen trojanischen Kampagne von 1882. Ich verwandte außerdem viele Ochsen und Pferdekarren. Der Tagelohn meiner Arbeiter war anfänglich 9 Piaster = 1 M. 60 Pf.; derselbe stieg aber mit der Jahreszeit und betrug im heißen Sommer 11 und 12 Piaster = 2 M. bis 2 M. 14 Pf. Die Ochsen und Pferdekarren wurden mit 1 Piaster = 18 Pf. für jede Fuhre bezahlt.

Die Arbeit fing mit Sonnenaufgang an und dauerte bis Sonnenuntergang. Bis zum 12. April wurde nur eine Stunde für das Mittagessen bewilligt und sonst gar keine Pause gemacht; als aber die Tage mehr zugenommen hatten, gab ich den Leuten nach den Osterfeiertagen auch um 8 Uhr 30 Minuten morgens eine halbe Stunde für das Frühstück, und nach dem 1. Juni wurde diese letztere Pause sogar auf eine Stunde verlängert.

Da die Arbeit mit der Spitzhaue die schwerste ist, so wählte ich dafür die stärksten Arbeiter; die Übrigen wurden für die Schiebkarren, zum Füllen des Schuttes in die Körbe, zum Beladen der großen Karren oder zum Ziehen und Schieben der Handwagen und Ausschütten des Schuttes verwandt.

Die Arbeiter waren meistens Griechen aus den benachbarten Dörfern Kalifatli, Jeni Schehr und Ren Kioi; einige waren von den Inseln Imbros und Tenedos oder vom thrakischen Chersones. Von türkischen Arbeitern hatte ich durchschnittlich nur fünfundzwanzig; ich würde gern mehr von ihnen genommen haben, wenn es möglich gewesen wäre mehr zu erlangen, denn sie arbeiten viel besser als die asiatischen Griechen, sind viel redlicher als diese, und ich hatte bei ihnen außerdem den großen Vorteil, dass sie sonntags und an den zahlreichen Feiertagen der Heiligen arbeiteten, an denen kein Grieche zu irgendwelchem Preise arbeitet. Da ich außerdem immer gewiss sein konnte, dass sie mit unablässigem Eifer arbeiten würden und nie nötig hatten angespornt zu werden, so konnte ich ihnen die Abteufung aller Schächte überlassen und ihnen andere Arbeiten anweisen, bei denen meinerseits keine Aufsicht möglich war. Aus allen diesen Gründen bewilligte ich den türkischen Arbeitern immer verhältnismäßig höheren Lohn als den Griechen. Dann und wann hatte ich auch jüdische Arbeiter, die ebenfalls viel besser arbeiteten als die Griechen.

Bei dieser Gelegenheit kann ich erwähnen, dass alle Juden in der Levante Abkömmlinge der spanischen Juden sind, die, zum Verderben Spaniens, unter Ferdinand und Isabella im März 1492 aus jenem Land vertrieben wurden. Höchst sonderbar ist es, dass sie, trotz ihrer langen Wanderungen und trotz der Wechselfälle ihrer Geschicke, die spanische Sprache nicht vergessen haben, sondern dieselbe noch jetzt unter sich sprechen; ja selbst der gemeine jüdische Arbeiter spricht dieselbe viel geläufiger als Türkisch. Wenn einer dieser Juden jetzt nach Spanien zurückkehrte, so würde sein Vokabularium allerdings viel Heiterkeit erregen, denn es wimmelt von veralteten spanischen Wörtern, wie wir sie im Don Quixote finden, und es enthält außerdem viele türkische Wörter. Dessen ungeachtet erscheint es uns wunderbar, wie sich die spanische Sprache hier in der Levante vier Jahrhunderte lang erhalten konnte im Munde von Leuten, die sie zwar als Schriftsprache gebrauchen, jedoch nicht mit lateinischen, sondern nur mit hebräischen Buchstaben. So erhielt ich auf alle spanischen Briefe, die ich an den Juden S. B. Gormezano in den Dardanellen schrieb, welcher eine Zeit lang mein Kommissionär war, stets italienische Antworten, und der Mann versicherte, dass er und alle seine Glaubensgenossen in der Levante Spanisch nur mit hebräischen Schriftzeichen zu schreiben imstande seien.

Hindernisse durch türkischen Aufseher

Ich hatte zwei türkische Aufseher bei mir, wovon einer, Moharrem Efendi, mir von der Lokalbehörde zugesellt wurde; ich musste ihm ein Zimmer geben und monatlich 150 Mark Lohn zahlen. Der andere Aufseher, Beder Eddin Effendi, wurde mir vom Ministerium für Volksaufklärung in Konstantinopel, welches ihn entlohnte, zugesandt, und ich hatte ihm nur ein Zimmer zu geben.

Viele Jahre lang habe ich archäologische Forschungen in der Türkei gemacht, aber noch nie hatte ich bis dahin das Unglück gehabt, ein Ungeheuer von Aufseher wie Beder Eddin Effendi zu haben, dessen Vermessenheit und Eigendünkel nur seine totale Unwissenheit gleichkam, und der es als sein alleiniges und einziges Amt ansah, mir alle nur erdenklichen Schwierigkeiten und Hindernisse in den Weg zu legen. Da er im Regierungsdienst war, so hatte er den Telegrafen von Kum Kaleh nach der Dardanellenstadt zu seiner Verfügung und er benutzte denselben auf die schamloseste Weise, um meine Architekten und mich bei der Lokalbehörde anzuklagen. Anfänglich glaubte ihm der Zivilgouverneur und schickte zuverlässige Leute zu uns, um seine Klagen zu untersuchen; nachdem er sich aber wiederholt überzeugt hatte, dass uns der Mensch auf erbärmliche Weise verleumdet hatte, achtete er nicht mehr auf ihn. Der Türke hasst stets den Christen, wie gut er es auch bei ihm hat, und wie hoch auch sein

Lohn bei ihm sein mag, und somit wurde es dem Beder Eddin Effendi nicht schwer, alle meine elf Gendarmen auf seine Seite zu bringen und sie zu seinen Spionen zu machen. Er wurde uns besonders schädlich und ganz unerträglich, als mein Architekt, Dr. W. Dörpfeld, im April einen Messtisch kommen ließ, um Vermessungen anzustellen und die Pläne von Ilios auszuführen; dies wurde dem Militärgouverneur in den Dardanellen, Djemal Pascha, berichtet, welcher sogleich dem Großmeister der Artillerie in Konstantinopel, Said Pascha, Meldung davon machte, indem er ihm zu verstehen gab, dass wir die Ausgrabungen in Troja nur als Vorwand benutzten, um die Pläne der Festung von Kum Kaleh aufzunehmen. Said Pascha hatte dieselbe Ansicht von der Sache und telegrafierte sofort an den Militärgouverneur, uns zu verbieten, den Messtisch zu gebrauchen und uns sogar zu verhindern, irgendwelche Pläne zu machen.

Kaum hatte Beder Eddin Effendi dies gehört, so fing er an, uns wiederholt beim Militärgouverneur anzuklagen, dass wir trotz des Verbots Messungen machten und heimlich Pläne zeichneten, und es gelang ihm wirklich, den Mann so sehr gegen uns aufzubringen, dass er uns verbot, innerhalb der Ausgrabungen irgendwelche Messungen vorzunehmen. Nachdem Beder Eddin Effendi dies erreicht hatte, erklärte er, er und die Wächter, welche er über uns gestellt hatte, könnten nicht unterscheiden, ob wir Messungen anstellten, Notizen niederschrieben oder Zeichnungen machten. Er verbot uns daher, innerhalb der Ausgrabungen irgendetwas niederzuschreiben oder zu zeichnen, und bedrohte fortwährend meine Architekten, sie gefangen nehmen und in Ketten nach Konstantinopel schicken zu lassen, falls sie dem zuwiderhandelten.

Ich wandte mich um Abhilfe an die Gesandtschaft des Deutschen Reiches in Konstantinopel, indem ich derselben auseinander setzte, dass die erbärmliche Festung von Kum Kaleh mehr als eine deutsche Meile von Hissarlik entfernt läge, und von hier durchaus unsichtbar wäre; dass ich nur neue Pläne von der Akropolis und der Unterstadt machen wollte, anstatt der alten Pläne in »Ilios«, welche nach meinen jetzigen Ausgrabungen nicht ganz richtig seien. Der Chargé d'Affaires, Herr Baron von Hirschfeld, nahm sich sofort der Sache an, aber weder er noch der ganz ausgezeichnete erste Dragoman, Herr Baron von Testa, vermochten gegen die Hartnäckigkeit des Großmeisters der Artillerie etwas auszurichten, der sogar die Befehle des Großwesirs unberücksichtigt ließ.

Natürlich gelang es uns, ungeachtet Beder Eddin Effendis Wachsamkeit, alle Notizen, die wir benötigten, zu machen; aber an Messungen war nicht zu denken. Auf diese Weise dauerte die fünfmonatliche trojanische Kampagne fort bis zu Ende Juli, unter fortwährend vergeblichen Anstrengungen seitens der Deutschen Gesandtschaft in Konstantinopel, uns die Erlaubnis auszuwirken, die Pläne aufzunehmen, und unter täglichen und stündlichen, von dem erbärmlichen Aufseher Beder Eddin Efendi uns zugefügten Ärgernissen; ein Ungeheuer wie er ist eine wahre Pest bei archäologischen Forschungen.

Im August wandte ich mich direkt an Se. Durchlaucht den Kanzler des Deutschen Reiches, Fürst Otto von Bismarck, welcher sich freundlich der Sache annahm, sogleich neue Instruktionen an die Gesandtschaft in Konstantinopel gab und im September die Erlaubnis für mich auswirkte, neue Pläne zu machen, vorausgesetzt, dass diese nur auf meine Gräben beschränkt blieben und keine Messungen an der Oberfläche vorgenommen würden. Ich konnte natürlich von dieser Erlaubnis keinen Gebrauch machen, und die Sache würde sich wahrscheinlich lange hingezogen und mir viel Ärger bereitet haben, wäre nicht, zu meinem Glück, im Anfang November mein geehrter Freund, Se. Exz. Herr von Radowitz, einer der vorzüglichsten Diplomaten, den Deutschland je gehabt hat, zum Gesandten des Deutschen Reiches in Konstantinopel ernannt worden, denn er hat das heilige Feuer der Wissenschaft und außerdem eine unbegrenzte Energie. Er wandte sich zu meinen Gunsten direkt an den Sultan und erlangte sogleich einen Irade, der mich autorisierte, die Pläne aufnehmen zu können. So ist es mir nur die Erfüllung einer angenehmen Pflicht, Se. Exzellenz an dieser Stelle noch einmal meinen warmen und tief empfundenen Dank auszusprechen für die unschätzbaren Dienste, die er mir erwiesen hat: Wäre es mir doch ohne den bereitwilligen Beistand des verehrten Mannes kaum möglich gewesen, mein großes Werk zum erwünschten Ende zu führen.

Nachdem das Nötige geordnet, sandte ich am 18. November Dr. Dörpfeld von neuem nach Troja; da es ihm aber an Zeit fehlte, so nahm er nur den Plan der Akropolis der zweiten Stadt auf. Der Plan der Unterstadt von Ilion konnte erst im April 1883 von dem Geodäten J. Ritter Wolff angefertigt werden.

Mit Ausnahme der drei ersten Tage im März, an denen wir Südwind hatten, herrschte den ganzen März und April hindurch, und somit 58 Tage lang, unaufhörlich starker Nordwind, der wenigstens viermal wöchentlich in heftigen Sturm ausartete, uns den Staub in die Augen peitschte, uns blendete und uns in den Ausgrabungen sehr hinderlich war. Nur wenige meiner Arbeiter hatten Staubbrillen; alle, welche nicht damit versehen waren, mussten den Kopf in ein Tuch hüllen, und die Schar meiner verschleierten Arbeiter glich somit sehr den vermummten Leuten, welche in Italien bei den Leichenbegängnissen verwendet werden. Gleichzeitig war das Wetter sehr kalt, das Thermometer fiel oft in der Nacht unter null, und selbst noch im April gefror das Wasser in unseren hölzernen Hütten zu dickem Eis; ja das Thermometer zeigte oft am Mittag nur 3 °C. Der Berg Saoke auf Samothrake blieb ungefähr bis Ende März, das Idagebirge ungefähr bis zum 20. März ganz mit Schnee bedeckt. Später sah man nur Schnee auf den höheren Bergspitzen; aber derselbe verschwand allmählich und Ende Mai war nur noch auf und neben den höchsten Gipfeln des Ida etwas Schnee sichtbar.

Der Winter von 1881/82 war außerordentlich trocken gewesen und auch später blieb der Regen sehr selten. Wir hatten im März und April nur fünf oder sechs leichte Regenschauer, und später bis Ende Juli gar keinen Regen, zwei Gewitter ausgenommen. Aus diesem Grunde verschwand das Wasser des Simoeis, welches Anfang März nur einige Zoll tief war, gegen Ende April gänzlich, und Anfang Mai wurde das Flussbett ganz trocken. Dasselbe geschah Mitte Mai im Thymbrios, und sogar der Skamander hatte Anfang Juli kein fließendes Wasser in der Ebene von Troja, sondern bestand von der Zeit ab nur aus einer Reihe von Pfützen stehenden Wassers, deren Zahl sich mit der fortschreitenden Jahreszeit immer mehr verminderte. Wie in »Ilios« bemerkt, geschieht es durchschnittlich alle drei Jahre einmal, im August oder September, dass der Skamander kein fließendes Wasser hat; es geschieht vielleicht ebenso oft, dass der Simoeis und der Thymbrios im August oder September vollkommen austrocknen; aber die ältesten Bewohner der Troas erinnern sich nicht, dass dieses Phänomen in irgendeinem der drei Flüsse so früh vorgekommen wäre wie in diesem Jahr.

Die Ebene von Troja ist im April und Mai gewöhnlich mit roten und gelben Blumen und hohem Gras bedeckt; aber in diesem Jahre waren dort wegen Mangels an Feuchtigkeit keine Blumen und fast gar kein Gras, sodass die armen Leute beinahe gar nichts für ihre Herden zu fressen hatten. Wir konnten uns daher auch in diesem Jahre nicht wie früher darüber beklagen, von dem monotonen Gequake von Millionen von Fröschen belästigt zu sein, denn da die Sümpfe im unteren Simoeistal ausgetrocknet waren, so gab es gar keine Frösche, ausgenommen einige im Bette des Kalifatli Asmak. Die Heuschrecken erschienen in diesem Jahre später als gewöhnlich, nämlich gegen

Ende Juni, als beinahe schon alles Getreide eingeerntet war, und sie richteten daher nur wenig Schaden an.

Die ersten Schwärme von Kranichen passierten die Ebene von Troja am 14. März; die ersten Störche kamen am 17. März an. Die Kraniche nisten hier nicht; sie halten sich nur einige Stunden auf, um zu fressen, und setzen ihren Flug nach nördlicheren Regionen fort.

Am 1. April um 5 Uhr $15^1/_2$ Minuten abends verspürten wir ein schwaches Erdbeben.

Eine unserer ersten Arbeiten bestand darin, in dem bis dahin noch unerforschten Teil von Hissarlik alle Fundamente von griechischen oder römischen Bauten freizulegen und die zu denselben gehörigen skulptierten Blöcke zu sammeln, sowie andere, deren Fundamente nicht mehr nachgewiesen werden können. Auch setzte ich an der Nordseite, in einer Tiefe von 12 m unter der Oberfläche, die im Sommer des Jahres 1872 dort angefangene Ausgrabung fort; da ich aber fand, dass der Boden nur aus vorhistorischem Schutt bestand, der dorthin geworfen war, um den Hügel zu erweitern und zu ebnen, so gab ich diese Ausgrabung bald wieder auf.

Da ich mehr Metopen an dem nördlichen Abhang, an der Stelle, wo ich im J. 1872 die herrliche, den Apollon mit der Quadriga der Sonne darstellende Metope entdeckt hatte, zu finden hoffte, so stellte ich dort 25 Arbeiter an, welche fast zwei Monate lang beschäftigt waren, erstens um die ungeheure, bei den Ausgrabungen von 1872 und 1873 auf den Bergabhang geworfene Schuttmasse fortzuschaffen, und sodann um von Letzteren eine 3 m tiefe Schicht abzugraben; da die Schuttmasse, welche fortgeschafft werden musste, durchschnittlich 6 m tief, 28 m hoch und 20 m breit war, so musste die Ausgrabung in Terrassen geschehen, denn auf diese Weise wurde die Arbeit viel leichter und die Entfernung zum Werfen des Schuttes auf ein Minimum reduziert. Wir arbeiteten hier mit Spitzhacken, Schaufeln und Schiebkarren, welche Letztere immer am vorteilhaftesten sind, solange die Entfernung weniger als 30 m beträgt. Es wurde jedoch keine zweite Metope noch irgendeine andere Skulptur von höherem Interesse gefunden, sondern nur ein weiblicher Kopf von Marmor aus makedonischer Zeit.

Ich grub ferner das riesige, unmittelbar östlich von der Akropolis gelegene Theater aus. Hier sowohl als in den Ausgrabungen auf Hissarlik fanden wir sehr viele giftige Schlangen, aber meine Arbeiter fürchteten sich durchaus nicht vor dem Biss derselben, denn sie hatten, wie sie sagten, vor Anfang der Arbeit bei mir ein »sorbet« genanntes Gegenmittel getrunken, welches selbst den Biss der giftigsten Schlangen unschädlich mache. Ich bin jedoch nie imstande gewesen, dieses Gegengift von ihnen zu erlangen, obgleich ich eine große Belohnung dafür versprach.

Ich leerte den hellenischen Brunnen in der Akropolis, dessen Mündung ich im Herbst 1871, ungefähr 2 m unterhalb der Oberfläche, ans Licht gebracht hatte. In einer Tiefe von 18 m fand ich in demselben viele roh gearbeitete vorhistorische Hämmer aus Diorit sowie einen Polierstein aus Jaspis, und, unterhalb dieser Werkzeuge, große Massen griechischer und römischer Ziegel verschiedener Form, welche zu beweisen scheinen, dass die Steinwerkzeuge in späterer Zeit mit anderem Schutt in den Brunnen geworfen worden sind. In einer Tiefe von 22 m musste ich diese Arbeit einstellen wegen des Wassers, welches rascher stieg, als ich es auszuschöpfen imstande war. Die letzten Gegenstände, die ich im Brunnen fand, waren sechs Schafsköpfe.

Auch teufte ich an der Ostseite der Akropolis einen 3 m langen und breiten Schacht ab, in welchem ich den Fels in einer Tiefe von 14 m erreichte.

Eine meiner größeren Arbeiten war ein 80 m langer, 7 m breiter Graben, den ich im März und April quer durch den bis zu jener Zeit noch nicht explorierten östlichen Teil der Akropolis zog, um zu konstatieren, wie weit sich die Zitadelle der ersten vorhistorischen Städte nach dieser Richtung ausdehnt. Dies war eine äußerst schwierige Arbeit, sowohl wegen der kolossalen Massen kleiner Steine und großer Blöcke, die wir fortzuschaffen, als wegen der Tiefe von 12 m, bis zu welcher wir zu graben hatten, um den Fels zu erreichen. Der Graben wurde gleichzeitig in seiner ganzen Länge abgeteuft, und der Schutt mit Schiebkarren sowohl als mit großen von Menschen oder Pferden gezogenen Karren fortgeschafft. Aber je tiefer wir vordrangen, desto schwieriger und ermüdender wurde die Arbeit, denn wir waren gezwungen, den Schutt in Körben auf im Zickzack angelegten Fußsteigen heraufzuschaffen, welche Letztere mit der zunehmenden Tiefe immer steiler wurden.

Als wir eine Tiefe von 10 bis 12 m erreicht hatten, mussten die für die Fußsteige reservierten Erdblöcke abgegraben und aller Schutt musste in den großen von den Arbeitern gezogenen und geschobenen Karren fortgeschafft und auf den Bergabhang geworfen werden. Diese beschwerliche Arbeit hat indem für die Topographie der Akropolis interessante Resultate geliefert, denn sie hat es uns ermöglicht, zu ermitteln, dass dieser ganze östliche Teil des Burgberges erst eine nach Zerstörung der vierten Stadt entstandene Erweiterung der ursprünglichen Pergamos ist. Der Burgberg muss folglich seit der großen Katastrophe der zweiten Stadt auf der Ostseite um 70 m zugenommen haben.

Beim Abteufen des Grabens stießen wir auf riesige, aus regelmäßig bearbeiteten Kalksteinquadern zusammengefügte Fundamente, wovon mehrere jedenfalls aus römischer Zeit stammen; ihre Konstruktion und namentlich mehrere in die Quadern eingeschnittene Steinmetzzeichen können in dieser Hinsicht keinen Zweifel übrig lassen. Wir mussten diese Fundamente, nachdem sie vorher genau aufgezeichnet worden waren, durchbrechen, um den Graben vertiefen zu können. Da wir jedoch die Steine wegen ihrer riesigen Größe nicht fortbewegen konnten, so mussten wir sie mit ungeheuren eisernen Hämmern zerschlagen, eine Arbeit, die nur zwei oder drei von allen meinen Arbeitern zu tun imstande waren, und die immer abends mit einem Trinkgeld belohnt wurde. Wir reservierten nur diejenigen Blöcke, welche in architektonischer Hinsicht ein besonderes Interesse boten.

Welchen Gebäuden diese Fundamente angehört haben, konnte nicht mehr ermittelt werden, weil sie bereits im Mittelalter teilweise zerstört und noch in der neuen Zeit als willkommene Fundgrube für Bausteine benutzt wurden. Unter diesen Fundamenten zeichnen sich namentlich die nordöstlichsten durch ihre Mächtigkeit und gute Konstruktion aus. Nachdem wir diese Mauern durchbrochen hatten, stießen wir am nordöstlichen Ende des Grabens auf eine große, aus roh bearbeiteten Steinen bestehende Festungsmauer, welche meine Architekten mit größter Wahrscheinlichkeit der fünften vorhistorischen Ansiedelung zuschreiben. Wir haben sie bis zu einer Tiefe von 6 m freigelegt und waren gezwungen, sie an einer Stelle zu durchbrechen, um einen Weg für die im Graben arbeitenden Karren herzustellen. Sie unterscheidet sich von den älteren vorhistorischen Festungsmauern dadurch, dass sie in höchst solider Weise aus großen lagerhaften Steinplatten ohne Mörtel oder mechanischem Bindemittel besteht, die namentlich im unteren Teil der Mauer gewaltige Dimensionen haben, während die Mauern der zweiten vorhistorischen Stadt in ihren Unterteilen aus kleineren und mehr kubischen Steinen bestehen. Diese eigentümliche Konstruktion gab uns ein Mittel an die Hand, die Fortsetzung dieser aus plattenförmigen Steinen zusammengefügten Mauer an der entgegengesetzten Seite der Akropolis aufzufinden und somit den Lauf der Mauer der fünften vorhistorischen Ansiedelung wenigstens im Allgemeinen festzustellen.

Diese Mauer ist an ihrer Außenseite leicht geböscht, hat

oben eine Breite von circa 2,50 m, unten von 5 m, infolge einer auf halber Mauerhöhe angebrachten Verbreiterung. In gleicher Höhe mit dieser vorhistorischen Stadtmauer wurden an verschiedenen Stellen des Grabens Hausmauern aufgefunden, die teils aus Bruchsteinen, teils aus ungebrannten Lehmziegeln bestehen.

Eine meiner anderen großen Arbeiten war die, einen früher stehen gebliebenen Erdblock abzugraben. Auch hier machten uns die ungeheuren Fundamente der hellenischen oder römischen Gebäude unsägliche Mühe; unter denselben brachten wir, in regelmäßiger Folgenreihe, die Fundamente und Trümmer der Hausmauern der fünften, vierten und dritten Ansiedelungen ans Licht, die wir leider alle fortschaffen mussten.

Systematische Erforschung der Unterstadt

Meine im Frühjahr 1873 auf dem Plateau östlich, südlich und westlich von der Akropolis angestellten Nachforschungen waren nur sehr oberflächlich gewesen; sie waren auf zwanzig Schächte beschränkt, die ich aufs Geratewohl hier und dort auf dem großen Raum der Unterstadt von Ilion abteufte, wovon fünf an Stellen, wo der Fels kaum mit ein paar Fuß Erde bedeckt war.

Ich wünschte jetzt das Plateau der Unterstadt von Ilion systematisch und gründlich zu erforschen, und fing diese Arbeit damit an, auf dem südwestlichen Abhang von Hissarlik, senkrecht mit der Achse des Südwesttores, einen 60 m langen, 3 m breiten Graben zu ziehen. Ich hoffte nicht nur den Boden zu untersuchen, sondern auch den weiteren Verlauf des Südwesttorweges ans Licht zu bringen und an beiden Seiten desselben Gräber zu finden. Da der Abhang hier unter einem Winkel von 15° ansteigt, so vermutete ich, dass die Schuttanhäufung hier nur geringfügig sein würde, und hoffte daher auf große Resultate von dieser Ausgrabung. Ich sah mich aber sehr getäuscht, denn ich erreichte den Fels hier erst in einer Tiefe von 12 m unter der Oberfläche, und jeder, der je Augenzeuge von Ausgrabungen gewesen ist, weiß, dass gar nicht daran zu denken ist, Gräber in solcher Tiefe aufzusuchen, da die Schwierigkeiten, den Schutt aus engen Gräbern fortzuschaffen, zu ungeheuer sind. Da ich dort keine Spur von dem Südwesttorweg fand, so müssen wir vermuten, dass diese Straße auf dem nackten Felsen weitergeht.

Ich zog ferner einen 40 m langen Graben an der Nordwestseite von und unmittelbar neben der Akropolis, wo ich die Fortsetzung der großen Mauer der zweiten Stadt zu finden hoffte. In der Tat fand ich dort, genau an der Stelle, wo sie nach aller Vermutung gewesen sein muss, den Fels künstlich geebnet; sie hat daher ohne allen Zweifel einst dort gestanden, aber kein Stein davon ist an seiner Stelle geblieben.

Auch grub ich einen 110 m langen Graben auf dem Plateau der Unterstadt von Ilion, an der Südseite von Hissarlik. Hier war die Ausgrabung um vieles leichter, denn die den Felsen bedeckende Schuttdecke ist neben dem Zitadellhügel 6 m tief und nur 2 m tief am Ende des Grabens. Hier stieß ich auf einen Portikus von Syenitsäulen mit korinthischen Kapitellen von weißem Marmor; derselbe ist mit großen wohl bearbeiteten Kalksteinblöcken gedielt und augenscheinlich in einer späten Zeit zerstört, denn die Säulen sind erst gefallen, als das Pflaster schon 30 cm tief mit Schutt bedeckt war; da alle Säulen in nordwestlicher Richtung liegen, so ist es wahrscheinlich, dass das Gebäude von einem Erdbeben zerstört worden ist. Wir stießen in diesem Graben auch auf viele hellenische Hauswände und fanden Massen hellenischer Topfware, aber in den untersten Schuttschichten auch wieder eine sehr große Masse vorhistorischer Terrakotten der beiden ersten Städte von Hissarlik. Die Besucher können sich leicht von der Existenz dieser Topfware überzeugen, wenn sie sich nur die Mühe nehmen wollen, mit einem Messer in einer Höhe von 30 bis 40 cm über dem Fels etwas von den Seiten des Grabens abzulösen.

Die Ausgrabungen in Hissarlik beendete ich gegen Ende Juli, hatte aber eine Woche zuvor das Malariafieber bekommen; ich vertrieb dasselbe zwar mit Chinin und schwarzem Kaffee, es kam jedoch bald wieder und hat mich vier Monate geplagt.

Meine Arbeit in Troja ist jetzt für immer beendet; sie hat mehr als zehn Jahre gedauert – eine Zeitperiode, die mit der Legende der Stadt in einem gewissen Verhältnis steht. Wie viele Jahrzehnte lang ein neuer Streit darüber hin wüten mag, überlasse ich den Kritikern: Das ist ihr Werk; das meinige ist vollendet. Ich begnüge mich damit, meinen Lesern die Worte ins Gedächtnis zu rufen, die ich im ersten Jahr meiner Ausgrabungen (am 3. November 1871) von Hissarlik schrieb: »Meine Ansprüche sind höchst bescheiden; plastische Kunstwerke zu finden hoffe ich nicht. Der einzige Zweck meiner Ausgrabung war ja von Anfang nur, Troja aufzufinden, über dessen Baustelle von hundert Gelehrten hundert Werke geschrieben worden sind, die aber noch niemals jemand versucht hat durch Ausgrabungen ans Licht zu bringen. Wenn mir nun dies nicht gelingen sollte, dann würde ich doch überaus zufrieden sein, wenn es mir nur gelänge, durch meine Arbeiten bis in das tiefste Dunkel der vorhistorischen Zeit vorzudringen und die Wissenschaft zu bereichern durch die Aufdeckung einiger interessanten Seiten aus der ältesten Geschichte des großen hellenischen Volks.«

Mit so schlichtem Vorsatz unternahm ich das große Werk: Ich überlasse es den redlichen Lesern und Gelehrten zu beurteilen, wie ich es vollbracht habe; gegenüber denjenigen, die mir und meinen Werken stets mit einer gewissen Animosität entgegentreten – was dieselbe angereizt hat, stelle ich ihrem eigenen Gewissen anheim – hoffe ich fortan sehr wohl gleichgültig bleiben zu dürfen.

In den Ruinen von Tiryns

Im Anfang August 1876 hatte ich mit 51 Arbeitern eine Woche lang in Tiryns ausgegraben, auf dem hohen Plateau der Zitadelle 13 Schächte und mehrere lange Gräben bis auf den Fels abgeteuft, sowie durch sieben Schächte das niedrige Plateau der Burg und die unmittelbare Umgebung derselben untersucht.

In sieben oder acht Schächten auf dem hohen Plateau hatte ich aus großen Steinen ohne Mörtel gebaute Mauern gefunden, die ich für Mauern kyklopischer Häuser der uralten Bewohner von Tiryns hielt. Später kamen aber doch in dieser Beziehung Zweifel in mir auf, die durch das Ergebnis meiner Forschungen in Mykene und Troja immer größer wurden.

Ich hatte daher seit Jahren das sehnlichste Verlangen, Tiryns gründlich zu erforschen, doch wurde ich lange Zeit durch andere dringende Arbeiten an der Ausführung dieses Vorhabens verhindert, denn nachdem ich zu Ende des Jahres 1876 die überaus erfolgreichen Ausgrabungen in Mykene beendet hatte, wurde ich das ganze Jahr 1877 hindurch durch die deutsche und englische Ausgabe meines Werkes »Mykene« in Anspruch genommen, dessen französische Edition mich bis zum Sommer 1878 beschäftigt hielt. Darauf glaubte ich vor allem Ithaka explorieren, und dann das große Werk der Erforschung von Troja und der so genannten Heldengräber der Troas fortsetzen zu müssen, womit ich bis Mitte Juni 1879 beschäftigt war. Die gleichzeitige Herstellung der deutschen und englischen Ausgabe meines Werks »Ilios« nahm mich anderthalb Jahre lang in Anspruch. Darauf kam die Ausgrabung der großen Minyischen Schatzkammer in Orchomenos an die Reihe, die mehrere Monate währte. Nach deren Beendigung machte ich eine Forschungsreise durch die ganze Troas, und die über diese Arbeiten publizierten Schriften

»Orchomenos« und »Reise in der Troas« sowie andere Angelegenheiten hielten mich bis Ende 1881 beschäftigt. Die am 1. März 1882 wieder angefangenen Ausgrabungen in Troja dauerten fünf Monate und mein darüber veröffentlichtes deutsches und englisches Werk »Troja« sowie die französische Ausgabe von »Ilios« nahmen meine Zeit bis Ende 1883 in Anspruch. Im Februar 1884 untersuchte ich das so genannte Grab der 192 Athener in Marathon und erst im März 1884 wurde es mir möglich, meinen lang gehegten Wunsch, Tiryns zu erforschen, zu verwirklichen.

Die für diese Ausgrabungen nötige Erlaubnis wurde mir aufs Bereitwilligste erteilt von Herrn Boulpiotes, dem gelehrten Minister für Volksaufklärung, welcher mir stets hilfreich zur Seite stand, um die fortwährend bei den Arbeiten aufstoßenden Schwierigkeiten zu beseitigen. Somit erfülle ich eine Pflicht, dem verehrten Mann an dieser Stelle noch einmal meinen Dank auszusprechen für die wichtigen Dienste, die er der Wissenschaft erwiesen hat, denn ohne seine bereitwillige Hilfe wäre es mir unmöglich gewesen, die Erforschung von Tiryns zum erwünschten Ende zu führen.

Um die Gewissheit zu haben, dass keine Belehrung, die etwa aus antiken Architekturstücken gewonnen werden könnte, für die Wissenschaft verloren ginge, sicherte ich mir wiederum die Dienste des hervorragenden Architekten des Kaiserlichen Deutschen Archäologischen Instituts in Athen, Dr. Wilhelm Dörpfeld aus Berlin, der vier Jahre lang dem technischen Teil der Ausgrabungen des Deutschen Reiches in Olympia vorgestanden hatte, und der auch im Jahre 1882 fünf Monate lang mein Mitarbeiter in Troja war. Auch nahm ich wiederum als Aufseher, zu 180 Franken monatlichem Lohn, Georgios Basilopoulos aus Maguliana in Gortynia, der mir in gleicher Eigenschaft, unter dem Namen »Ilos«, in Troja gedient hatte und unter diesem Namen auch die tirynthische Kampagne mitmachte; ich engagierte ferner als Aufseher Niketas Simygdalas von der Insel Thera zu einem Monatsgehalt von 150 Franken. Als dritter Aufseher diente mir mein vortrefflicher Diener Oidipus Pyromalles, der auch zwei Jahre vorher mit mir in Troja gewesen war und jetzt viel freie Zeit hatte.

Die nötigen Werkzeuge und Arbeitsgeräte brachte ich von Athen mit, nämlich 40 beste englische Schiebkarren mit eisernen Rädern, 20 große eiserne Hebel; 2 Handwinden; eine große Winde; 50 große eiserne Schaufeln und ebenso viele Spitzhauen; 25 große Hacken, die in den Weinbergen gebraucht werden; dieselben waren mir auch diesmal wieder von größtem Nutzen, um den Schutt in die Körbe zu füllen. Die nötigen Körbe kaufte ich in Nauplia. Als Depot für diese Werkzeuge und Wohnung für die Aufseher hatte ich zu 50 Franken monatlicher Miete in dem Gebäude der unterhalb der Südmauer von Tiryns angelegten Musterwirtschaft, die zu einem kleinen verfallenen Pachthof herabgesunken ist, einige Zimmer gemietet und auch einen Stall für mein Reitpferd.

Für Herrn Dr. Dörpfeld und mich war das Haus zu schmutzig, und da es bei Tiryns nur eine passende Wohnung gab, wofür 2000 Franken Miete für drei Monate verlangt wurde, so zogen wir es vor, im Grand Hôtel des Étrangers in Nauplia zu wohnen, in welchem wir, zu 6 Franken täglich, ein paar reinliche Zimmer, auch ein Zimmer für meinen Diener Oidipus, hatten, und dessen außerordentlich dienstfertiger, freundlicher Wirt, Herr Georgios Moschas, alles Mögliche tat, um uns zufrieden zu stellen.

Frühes Aufstehen und Baden im Hafen von Nauplia

Ich hatte die Gewohnheit, immer frühzeitig $3^3/_4$ Uhr aufzustehen, eine Dose von 4 Gran Chinin zu verschlucken, um mich gegen das Fieber zu schützen, und darauf ein

Bad zu nehmen; mein Bootsmann, der täglich, 1 Franken dafür erhielt, erwartete mich pünktlich um 4 Uhr morgens im Hafen, um mich in die offene See zu fahren, wo ich hinaussprang und fünf oder zehn Minuten herumschwamm. Da der Mann keine Treppe hatte, musste ich immer an dem Ruder emporklettern, um wieder ins Boot zu gelangen; lange Gewohnheit hatte mir aber Übung in dieser Operation gegeben und dieselbe ging immer ohne Unfall vonstatten. Nach dem Bad trank ich in dem immer schon früh morgens geöffneten Kaffeehaus »Agamemnon« eine Tasse bitteren schwarzen Kaffee, die – während alles Übrige enorm im Preis gestiegen – hier noch immer zum alten billigen Preise von 10 Lepta oder 8 Pfennige feil ist. Ein gutes Reitpferd, wofür ich täglich 6 Franken bezahlte, stand schon beim Kaffeehaus bereit und ich konnte bequem in 25 Minuten nach Tiryns traben, wo ich immer schon vor Sonnenaufgang ankam und von wo ich den Gaul sogleich zurückschickte, um auch Herrn Dr. Dörpfeld holen zu lassen. Unser Frühstück, welches wir regelmäßig während der ersten Ruhezeit unserer Arbeiter, um 8 Uhr morgens, auf einer Säulenbasis im alten Palast auf Tiryns sitzend, zu uns nahmen, bestand aus Chicago Cornedbeef, wovon meine geehrten Freunde, die Herren J. Henry Schröder & Co. in London, mir einen reichlichen Vorrat zugesandt hatten, aus Brot, frischem Schafkäse, ein paar Apfelsinen und mit Harz gemischtem weißen Wein (Retsinato), der sich wegen seiner Bitterkeit gut mit dem Chinin verträgt und der bei der Hitze und angestrengten Arbeit auch besser zu vertragen ist als die viel schwereren roten Weine.

Während der zweiten Ruhezeit der Arbeiter, die um 12 Uhr mittags stattfand und anfänglich nur eine Stunde dauerte, später aber, bei Eintritt der großen Hitze, auf $1^3/_4$ Stunde verlängert wurde, ruhten auch wir und es dienten uns dabei zwei Steine der Tenne am Südende der Burg, unterhalb welcher wir später die byzantinische Kirche fanden, als Kopfkissen. Man ruht nie besser, als wenn man sich recht müde gearbeitet hat, und ich kann meinen Lesern versichern, dass wir nie einen erquickenderen Schlaf genommen haben als während der Mittagszeit in der Akropolis von Tiryns, trotz des harten Lagers und der glühenden Sonne, gegen die wir keinen anderen Schutz hatten als unsere indischen Hüte, die wir quer übers Gesicht legten.

Unsere zweite und letzte Mahlzeit nahmen wir des Abends beim Nachhausekommen in der Garküche unseres Hotels ein. Da die Londoner Freunde auch »Liebig's Fleischextrakt« gesandt hatten, so hatten wir immer ausgezeichnete Bouillon, welche nebst in Olivenöl gebratenem Fisch oder Hammelfleisch, Käse, einer Orange und Retsinatowein unsere Speisekarte ausmachte. Fische und viele Arten von Gemüse, wie z. B. Kartoffeln, Saubohnen, Schminkbohnen, Erbsen und Artischocken, sind hier ausgezeichnet, sie werden aber mit so vielem Olivenöl so garstig zubereitet, dass sie für unsern Gaumen fast ungenießbar sind. Obgleich mit Harz gemischter Wein, außer bei Dioskorides, bei keinem alten griechischem Schriftsteller vorkommt, und sogar Athenaions keine Anspielung darauf macht, so kann man doch mit hoher Wahrscheinlichkeit annehmen, dass derselbe schon im Altertum in der griechischen Welt in allgemeinem Gebrauch war, denn der Fichtenzapfen war ja dem Dionysos geweiht, und das obere Ende des Thyrsos, eines mit Efeu und Weinranken umwundenen leichten Stabes, den die Geweihten des Bacchus bei feierlichen Aufzügen trugen, lief in einen Fichtenzapfen aus. Außerdem führt Plinius, unter den verschiedenen zur Weinbereitung dienenden Früchten, auch die Fichtenzapfen an und sagt, dass diese in den Most getaucht und gepresst wurden.

Die Stelle im Dioskorides, welche sehr charakteristisch und lehrreich ist, lautet wie folgt: »Geharzter Wein wird von verschiedenen Völkern zubereitet; am meisten geschieht dies aber in Galatien, weil dort, der Kälte wegen, die Weintraube nicht zur Reife gelangt und daher der Wein sauer wird, falls er nicht mit Fichtenharz versetzt wird. Der Harz wird nebst der Rinde abgeschnitten und eine halbe Kotyle (also ein Maß von 2 Unzen) wird einer Amphore beigemischt. Einige filtern die Weine nach der Gärung und sondern den Harz daraus ab; andere lassen ihn darin. Wenn die Weine lange liegen, so würden sie süß. Aber alle auf diese Art zubereiteten Weine verursachen Kopfschmerzen und Schwindel, indes befördern sie die Verdauung, sind urintreibend und den an Schnupfen und Husten Leidenden anzuempfehlen; ebenso denen die am Magen, an der Ruhr oder an der Wassersucht leiden, auch den am Bauchfluss leidenden Frauen; sie sind ferner dienlich zum Klistieren bei eiternden Gedärmen. Übrigens stopft der schwärzliche geharzte Wein mehr als der weiße.«

Aufdecken der Reste des Palastes

Die Ausgrabungen begann ich am 17. März mit 60 Arbeitern, konnte aber diese bald auf 70 vermehren, und dies blieb auch die Durchschnittszahl meiner Tagelöhner während der $2^1/_2$-monatlichen tirynthischen Kampagne von 1884. Der Tagelohn meiner Arbeiter war anfänglich 3 Franken: Derselbe stieg aber mit der Jahreszeit und betrug schon vor Ostern $3^1/_2$Franken. Ich ließ auch Frauen arbeiten, die zum Füllen der Körbe ebenso geschickt sind als die Männer, und deren Tagelohn zuerst $1^1/_2$, später 2 Franken betrug. Bei Sonnenaufgang kamen die Arbeiter mit den aus dem Depot geholten Werkzeugen und Schiebkarren auf die Zitadelle, wo die Arbeit anfing, sobald ich ihre Namen aufgerufen hatte; dieselbe dauerte bis Sonnenuntergang, wenn alle Werkzeuge und Schiebkarren wieder ins Depot abgeliefert wurden. Trotz dieser

Vorsichtsmaßregeln wurden mir mehrere Werkzeuge und auch eine Schiebkarre gestohlen.

Für die Arbeit mit der Spitzhaue wählte ich, da sie die schwerste ist, die stärksten Arbeiter; die Übrigen wurden für die Schiebkarren, zum Füllen des Schuttes in die Körbe sowie zum Ausschütten dieser Letzteren verwandt. Da ich meine Leute mit gutem Trinkwasser zu versorgen hatte, so stellte ich einen Arbeiter besonders dazu an, dasselbe in Fässern, die er auf einen Schiebkarren lud, vom nächsten Brunnen zu holen. Einen anderen Arbeiter, der etwas von Tischlerei verstand, verwandte ich zum Ausbessern der Schiebkarren und Werkzeuge. Ein dritter diente mir als Stallknecht. Leider konnte ich nicht die Freude haben, meinen alten Diener Nikolaos Zaphyros Giannakis anzustellen, der mir seit Anfang 1870 als Haushofmeister und Kassierer in allen meinen archäologischen Kampagnen gedient hatte, denn unglücklicherweise war derselbe im August 1883 im Skamander ertrunken. Ich musste daher ohne ihn fertig werden.

Die Arbeiter waren meistens Albanesen aus den benachbarten Dörfern Kophinion, Kutsion, Láluka und Aria; ich hatte nur ungefähr 15 Griechen vom Dorf Charvati, die auch vor acht Jahren in Mykene bei mir gearbeitet hatten und sich durch ihren Fleiß vor den Albanesen auszeichneten.

Der Winter 1883/84 war sehr mild gewesen und bei unserer Ankunft in Nauplia, am 15. März, prangten die Bäume bereits im üppigsten Grün, die Felder im Blumenschmuck. Schwärme von Kranichen sahen wir nur am 16. März; diese Vögel nisten nicht hier; sie halten sich bloß einige Stunden auf und setzen ihren Flug nach nördlicheren Regionen fort. Störche sieht man nie in der Argolis, wohl aber in den sumpfigen Ebenen der Phthiotis, wo sie nisten.

Unsere erste große Arbeit war die, den Schutt bis zu dem mosaikartig aus Kalkestrich und kleinen Steinchen hergestellten Fußboden abzugraben, der sich über das ganze hohe Plateau der Akropolis ausdehnt und nur mit einer 1 bis $1^1/_2$ m hohen Schuttdecke aus Ziegelschutt, eingestürztem Mauerwerk, aus mit Lehm verbundenen, meistenteils verkalkten Bruchsteinen und Humus bedeckt war. Es stellte sich dabei heraus, dass die von mir in den im Jahre 1876 abgeteuften Schächten gefundenen, aus großen Steinen ohne Bindemittel aufgeführten Mauern nur die Untermauern oder Fundamente eines riesigen, die ganze obere Burg einnehmenden Palastes waren, von dessen oberen Mauern der aus kleineren Steinen mit Lehm erbaute 0,50 bis 1 m hohe untere Teil erhalten war.

Teilweise verdanken wir diese Erhaltung des Palastes jedenfalls auch der Feuersbrunst, durch welche er zerstört worden ist, und deren Glut an allen Stellen, wo Holzbalken den Flammen Nahrung gaben, so heftig gewesen ist, dass die Steine zu Kalk, der sie verbindende Lehm aber zu wirklichen Ziegeln gebrannt war und beides zusammen eine so feste Masse bildete, dass unsere stärksten Arbeiter die allergrößte Mühe hatten, sie mit den Spitzhauen zu zerschlagen. Viele dieser so gebrannten Mauern waren an der Oberfläche des Bodens sichtbar und haben die besten Archäologen irregeleitet, denn jeder hielt sie für Mauerwerk aus dem Mittelalter und niemand konnte ahnen, dass sie wahrscheinlich um zwei Jahrtausende älter sein und dem Palast der mythischen tirynthischen Könige angehören konnten. Wir finden daher auch in den Reiseführern für Griechenland die Meinung ausgesprochen, dass in Tiryns nichts Interessantes zu finden ist.

Wegen der vielen, bis an die Oberfläche des Bodens reichenden steinharten Mauerreste, welche die Bauern nicht imstande waren zu zerschlagen, konnte das obere Plateau der Burg nie beackert werden, ein Umstand, der auch nicht wenig zur Erhaltung der Überbleibsel des Palastes beigetragen haben mag. Die zweite Terrasse aber sowie die untere Akropolis und der kleine von den Wegen eingeschlossene Landstrich um die Burg herum waren an einen

Bauer im Dorf Kophinion verpachtet, der sie mit Kümmel besät hatte und gerichtlich eine bedeutende Entschädigung für den durch meine Ausgrabungen angerichteten Schaden von mir verlangte. Aber durch die freundliche Intervention des ausgezeichneten Direktors der Finanzverwaltung Herrn Jakob Mavrikos in Nauplia, wurde der verursachte Schaden von Sachkundigen genau abgeschätzt und auf nur 275 Franken festgesetzt, womit sich der Bauer begnügen musste.

Unsere zweite große Arbeit war die Abgrabung der mittleren Terrasse, wo nach Herrn Dr. Dörpfelds Meinung schlechter konstruierte Wirtschaftsgebäude gestanden haben müssen, die öfter zu erneuern gewesen waren, denn wir fanden dort in verschiedenen Höhen übereinander schmale Mauern aus Bruchsteinen und Lehm, deren Grundriss nicht mehr zu erkennen ist. Die Schuttaufhäufung beträgt dort bis zu 6 m.

Unsere dritte Arbeit war es, in der Unterburg einen großen Längs- und einen kleineren Quergraben bis auf den Fels abzuteufen, wodurch konstatiert wurde, dass auch dort Gebäude, wenigstens in ihren Fundamenten, erhalten sind. Die Schuttaufhäufung beträgt hier bis zu 3 m Höhe, jedoch tritt der Fels an einigen Stellen bis an die Oberfläche heran.

Als vierte Arbeit nenne ich die Abgrabung und Reinigung der an der Ostseite der Burg zum Palast hinaufführenden Rampe, die uns wegen der ungeheuren Masse der von den Mauern auf dieselbe gefallenen großen Blöcke, welche weggewälzt oder zerschlagen werden mussten, die allergrößte Mühe machte. Ferner reinigten wir einen Teil der großen Galerie an der Südostseite, deren oberer Teil einen Spitzbogen bildet, und fanden merkwürdigerweise darin einen aus Lehmestrich hergestellten Fußboden; auch reinigten wir eine der torförmigen Nischen oder Fensteröffnungen dieser Galerie und teilweise drei andere ähnliche Galerien.

Die von uns nach allen Richtungen unterhalb der Akropolis gegrabenen Schächte, in denen wir dieselben Topfwaren wie auf der Burg selbst und vielen verbrannten Ziegelschutt fanden, lassen keinen Zweifel, dass sich die Unterstadt rings um die Burg ausdehnte. Alle während meiner Ausgrabungen verschütteten Teile der Mauern von Tiryns haben Dr. Dörpfeld und ich vor unserer Abreise von Tiryns sorgfältig vom Schutt gereinigt, und ich kann versichern, dass nicht zwei noch übereinander liegende Steine des alten Mauerwerks verdeckt geblieben sind. Wir haben den von der Höhe der Burg hinuntergeworfenen Schutt nur an solchen Stellen liegen lassen, wo die Abhänge aus mit sporadischen Steinen bedecktem Erdreich oder aus naturwüchsigem Fels bestanden und wo folglich die Wegräumung der neu hinzugekommenen Trümmer zwecklos war.

Meine Ausgrabungen in Tiryns haben die hohe Ehre gehabt, im April 1884 von Sr. Königl. Hoheit, dem für die Wissenschaft begeisterten, gelehrten Erbprinzen Bernhard von Sachsen-Meiningen, besucht zu werden, sowie von Herrn Dr. Eduard Brockhaus, ältestem Chef der Verlagsbuchhandlung F. A. Brockhaus in Leipzig, und seinem Sohn Herrn Arnold Brockhaus.

Das Panorama, welches sich von der Höhe der Zitadelle von Tiryns nach allen Seiten darbietet, ist überaus prachtvoll. Indem mein Auge bald in nördlicher, bald in südlicher, bald in östlicher, bald in westlicher Richtung schwelgt, frage ich mich unwillkürlich, ob ich denn nicht schon – sei es vom Gipfel der Vorberge des Himalaja, sei es in der üppigen Tropenwelt auf den Sunda-Inseln oder den Antillen, sei es von den Zinnen der großen Chinesischen Mauer, sei es in den herrlichen Tälern Japans, sei es im weltberühmten Yosemite-Tal in Kalifornien, sei es von der Höhe der Cordilleras de los Andes – etwas Schöneres gesehen habe. Aber immer muss ich mir eingestehen, dass der Anblick von der Zitadelle von Tiryns gar viel prachtvoller ist als alles, was ich von Naturschönheiten je gesehen habe. Ja, der Zauber, den man bei der Rundschau von Tiryns empfindet, wird überwältigend, wenn man im Geiste die Großtaten rekapituliert, deren Schauplatz die Ebene von Argos und die sie umgebenden Berge waren.

Die Fälschungsvorwürfe des Hauptmanns a. D. Boetticher

Ich glaubte durch meine im Jahre 1882 gemachten Ausgrabungen in Troja, worüber ich in meinem Werk »Troja« (Leipzig 1884) berichtete, die Arbeiten daselbst vorläufig abgeschlossen zu haben und beabsichtigte zunächst Kreta zu erforschen, wo ich den Ursprung der mykenischen Kultur zu entdecken hoffte. Wegen mancherlei Hinderungen, besonders schließlich wegen der in Kreta ausgebrochenen Unruhen, konnte ich aber dort nicht arbeiten. Ich entschloss mich daher die Ausgrabungen in Troja fortzusetzen, zumal da nicht nur ich selbst, sondern auch mein Mitarbeiter Dr. W. Dörpfeld, erster Sekretär des Kaiserlich Deutschen Archäologischen Instituts in Athen, seit mehr als sechs Jahren unaufhörlich vom Hauptmann a. D. Ernst Boetticher angegriffen worden waren, der in vielen Flugschriften sowie in einem besonderen Buch »La Troie de Schliemann une nécropole à incinérition« behauptete, Hissarlik sei nichts weiter als eine Feuernekropole, und uns anschuldigte, die Quermauern der Öfen zur Leichenverbrennung absichtlich weggebrochen und somit die Pläne gefälscht zu haben.

Unter freundlicher Vermittlung des für Homer begeisterten Kaiserlich Deutschen Botschafters Herrn von Radowitz in Konstantinopel wurde mir im Oktober 1889 von der türkischen Regierung der nötige Ferman zur weiteren Erforschung von Troja erteilt; der Generaldirektor des Kaiserlichen Museums in Konstantinopel, Hamdy Bey, bestellte einen Beamten dieses Instituts, Ghalib Bey, als Aufseher. Ich ließ nun in der Eile an der Südseite der Pergamos einige hölzerne, mit Teerpappe überzogene Häuschen einrichten, sodass bereits am 1. November die Ausgrabungen wieder aufgenommen werden konnten.

Namhafte Archäologen bestätigen: Hissarlik ist keine Feuernekropole

Gleichzeitig bat ich die Akademie der Wissenschaften in Wien, einen Delegierten zu einer Ende November abzuhaltenden Konferenz zu schicken. Dieselbe sandte den berühmten Altertumsforscher, Professor an der Akademie der bildenden Künste, George Niemann. Aus Deutschland kam der durch seine Karten von Mykene viel bekannte Major Stegen. Auf meine wiederholte Aufforderung erschien zur Konferenz endlich auch Hauptmann E. Boetticher, dem ich die Reisekosten mit 1000 Mark hatte auszahlen lassen.

Das Resultat der Konferenz, welche vom 1. bis 6. Dezember dauerte und worüber ein Protokoll aufgenommen wurde, war, dass Hauptmann Boetticher einräumte, die von ihm behauptete Fälschung der Ausgrabungsergebnisse sei durchaus unbegründet, unsere Darstellung des fraglichen Sachverhaltes vielmehr in allen Punkten richtig.

Am Schluss des Protokolls gaben Dr. W. Dörpfeld und ich folgende Erklärung ab:

»In Anbetracht, dass Hauptmann a. D. Boetticher in seinem Buch ›La Troie de Schliemann‹ sowie in zahlreichen Flugschriften und Aufsätzen uns wiederholt der Fälschung von Ausgrabungsergebnissen beschuldigt hat, in Anbetracht, dass diese Anschuldigungen nach dem Urteil unparteiischer Sachverständiger in keinem Punkt als begründet erwiesen wurden, unsere Darstellung des fraglichen Sachverhaltes vielmehr in allen Teilen als richtig anerkannt worden ist, was von Hauptmann a. D. Boetticher auch eingeräumt wurde, in Anbetracht ferner, dass Hauptmann a. D. Boetticher, nachdem ihm in zuvorkommendster Weise unsererseits die Möglichkeit gewährt worden ist, sich persönlich an Ort und Stelle von dem Sachverhalt und der Grundlosigkeit seiner Anschuldigungen zu überzeugen, unterlassen hat, uns die geforderte Genugtuung zu geben, haben wir von Hauptmann a. D. Boetticher verlangt, dass er die Beschuldigungen öffentlich zurücknehme und um Verzeihung bitte.

Hauptmann a. D. Boetticher lehnte dieses mit dem Bemerken ab, dass er außerstande sei, eine andere als die mit Bezug hierauf schon zu Protokoll gegebene Erklärung abzugeben. Darauf teilte ich ihm mit, dass nunmehr jeglicher Verkehr zwischen ihm und uns abgebrochen sei.«

Nach ihrer Abreise von Troja veröffentlichten die Herren Professor Niemann und Major Steffen folgende Erklärung:

»Zu Anfang Dezember fand auf der Ruinenstätte von Hissarlik (Ilion) eine Zusammenkunft statt zwischen den Herren Dr. Schliemann und Dr. Dörpfeld einerseits und dem Hauptmann a. D. Boetticher andererseits. Der Letztere hat bekanntlich in seinem Buch ›La Troie de Schliemann une nécropole à incinération‹ sowie in Aufsätzen und Flugschriften die Ruinen zu Hissarlik als eine ›prähistorische Feuer-Nekropole‹ zu erklären versucht und dabei gegen Dr. Schliemann und Dr. Dörpfeld die Beschuldigung erhoben, durch Verbergung von Tatsachen beziehungsweise Zerstörung von Bauwerken, absichtlich die Ergebnisse der Ausgrabungen entstellt zu haben.

Als unparteiische Zeugen waren die Unterzeichneten erschienen. Bei Untersuchung der von Dr. Schliemann aufgedeckten Bauanlagen erwiesen sich die von Hauptmann a. D. Boetticher erhobenen Beschuldigungen als durchaus unbegründet, und es wurde von den Unterzeichneten die Übereinstimmung der in den Werken ›Ilios‹ und ›Troja‹ von Dr. Schliemann und Dr. Dörpfeld gegebenen Darstellung mit dem wirklichen Sachverhalt anerkannt.

Hauptmann a. D. Boetticher hat diese Übereinstimmung in mehreren Punkten eingeräumt und die Beschuldigung der Entstellung der Ausgrabungsergebnisse zurückgenommen. Aufgrund der vom 1. bis 6. Dezember angestellten Untersuchungen, über die Protokoll geführt wurde, erklären die Unterzeichneten, dass sie in den zu Hissarlik aufgedeckten Ruinen nicht eine ›Feuer-Nekropole‹ erblicken, sondern Wohnstätten beziehungsweise Tempel und Befestigungsanlagen.

Konstantinopel, 10. Dezember 1889

George Niemann	*Steffen*
Architekt, Professor an der Akademie der bildenden Künste in Wien.	Major und Abteilungs-Kommandeur im Hessischen Feldartillerie-Regiment Nr. 11.«

Die Ausgrabungen mussten des Winters wegen Mitte Dezember unterbrochen werden, jedoch konnte ich dieselben bereits am 1. März wieder fortsetzen, und zwar unter Benutzung von zwei Eisenbahnen, welche mir die Fortschaffung des Schuttes sehr erleichterten und mir gestatteten, die Ausgrabungen auf sehr entfernte Punkte auszudehnen, die mit den gewöhnlichen Mitteln unerreichbar gewesen sein würden. Von Anfang Mai ab habe ich sogar mit drei Eisenbahnen arbeiten können.

Da Hauptmann a. D. Boetticher fortfuhr, unsere Arbeiten in den Zeitungen anzugreifen und die Pergamos als eine Feuer-Nekropole darzustellen, so sah ich mich veranlasst, für Ende März zu einer zweiten größeren, internationalen Konferenz Einladungen ergehen zu lassen.

In der Eile wurden noch mehr Häuschen gebaut, um 14 Fremde bequem unterbringen zu können. Sie wurden rechtzeitig fertig und so gut es in der Wildnis gehen wollte eingerichtet.

Von Deutschland erschienen vier Gelehrte, nämlich der Geheimrat Professor Dr. Rudolf Virchow aus Berlin, der Geheime Sanitätsrat Dr. W. Grempler aus Breslau, der Professor der Archäologie Dr. F. von Duhn aus Heidelberg und Dr. Karl Humann, Direktor an den Königlichen Museen in Berlin; von Konstantinopel der Generaldirektor des Kaiserlichen Museums O. Hamdy, von den Dardanellen der amerikanische Konsul Frank Calvert, dem die Hälfte von

Hissarlik gehört und der durch seine Ausgrabungen in der Troas bekannt ist; von der Smithonian Institution in Washington der Direktor der American School of Classical Studies in Athen, Dr. Charles Waldstein. Endlich wurde von der Académie des Inscriptions et Belles Lettres zu Paris der Ingenieur C. Babin, welcher durch seine langjährigen Ausgrabungen mit M. Dieulafoy in Susa berühmt ist, zu unserem trojanischen Kongress delegiert.

Nachdem diese Herren den Ausgrabungen beigewohnt und die Trümmer untersucht hatten, stellten sie nachstehendes Protokoll fest:

»... Im Allgemeinen erklären wir, in keinem Teil der Ruinen irgendwelche Anzeichen gefunden zu haben, die auf Leichenverbrennung schließen lassen. Die Feuerspuren, die man in den verschiedenen Schichten, am stärksten aber in der zweiten, der ›verbrannten Stadt‹ findet, rühren meistens von Feuersbrünsten her. Die Gewalt des Brandes in der zweiten Schicht war so groß, dass die rohen Lehmziegel zum Teil gebacken und an den Außenflächen selbst verglast sind ... Hissarlik, den 30. März 1890.«

Das Urteil der zehn Archäologen und Gelehrten ersten Ranges, welche an den beiden Konferenzen in Troja teilgenommen und die Protokolle unterschrieben haben, wird hoffentlich hinreichen, jedem nicht Voreingenommenen die Gewissheit zu geben, dass wir es in Hissarlik mit einem befestigten Platz zu tun haben, der Jahrtausende lang bewohnt gewesen ist. Wir erwarten dies umso mehr, als wie außerdem im Frühjahr und Sommer durch den Besuch von mehr als hundert anderen Gelehrten und Altertumsfreunden erfreut worden sind, von denen die Feuer-Nekropolentheorie aufs Entschiedenste zurückgewiesen ist und von denen mehrere dies seitdem durch Rede und Schrift zur öffentlichen Kunde gebracht haben.

Sollte übrigens Herr Boetticher fortfahren, die Pergamos als Feuer-Nekropole darzustellen und bei irgendeinem Sachverständigen den Gedanken erregen, die ganze gelehrte Welt hätte sich geirrt und nur er allein hätte Recht, so ist ein solcher Zweifler aufs Freundlichste eingeladen, uns während der Zeit der nächsten Ausgrabung, also zwischen dem 1. März und 1. August 1891, in Troja zu besuchen, um sich an Ort und Stelle von der Sachlage zu überzeugen.

Letzte Grabungskampagne in Troja im Jahre 1890

Die letzten Ausgrabungen auf Hissarlik dauerten vom 1. März bis zum 1. August 1890. Wir beabsichtigen, dieselben am 1. März 1891 wieder aufzunehmen und das angefangene Werk zu Ende zu führen. Nach Beendigung der Ausgrabungen werden wir die Resultate derselben ausführlich veröffentlichen. Es schien aber angemessen, schon jetzt über die Ergebnisse des ersten Ausgrabungsjahres einen vorläufigen Bericht zu erstatten.

Eine unserer größten Arbeiten dieses Jahres war die, von obenher eine schichtweise Ausgrabung der auf der West- und Südwestseite der Pergamos noch unangerührt stehen gebliebenen gewaltigen Erdklötze vorzunehmen. Für die Wissenschaft war diese Ausgrabung von allerhöchstem Interesse, denn in der Mitte der Akropolis hatten die Römer die Hausmauern der früheren oberen Schichten zerstört, um ein Plateau herzustellen, während hier, außerhalb der Pergamos der zweiten, der verbrannten Stadt und näher bei der Burgmauer der römischen Akropolis, die Hausmauern durchschnittlich etwa einen Meter hoch mit ihren Fundamenten erhalten sind. Dieselben zeigen uns vier Ansiedelungen, die seit dem Untergang der letzten prähistorischen Stadt aufeinander gefolgt sind, und unterhalb derselben noch wieder die Hausmauern von drei aufeinander gefolgten prähistorischen Ansiedelungen, ehe wir den Fußboden der zweiten

Stadt erreichen. Von jeder dieser sieben Schichten haben wir einige Hausmauern stehen lassen, damit die Besucher sie untersuchen und studieren können.

Bei weitem die großartigste der oberen Ansiedelungen ist die römische, deren Gebäude manchmal 5 Meter tief gehende Fundamente haben.

Zu dieser römischen Stadt gehört auch das 1882 von mir ausgegrabene Theater in der Nordseite, welches mehr als 6000 Zuschauer aufnehmen konnte, sowie das in diesem Jahr an der Südostecke der Akropolis von uns ans Licht gebrachte theaterförmige Gebäude, welches etwa 200 Zuschauer aufnehmen konnte. Letzteres weicht in mancher Beziehung von den gewöhnlichen Theatergrundrissen ab, und es ist daher wohl möglich, dass wir in ihm kein Theater oder Odeion, sondern den theaterförmigen Sitzungssaal einer Körperschaft zu erkennen haben. Die Decke ist eingestürzt; sonst ist das Gebäude bis auf die oberen Sitzreihen, welche an die aus mächtigen Quadern bestehende Umfassungsmauer gelehnt waren und jetzt fehlen, wohl erhalten; es besteht aus hartem Kalkstein, nur die unterste Sitzreihe ist aus Marmor. Es wurden zwei lebensgroße marmorne Statuen darin entdeckt, deren eine wahrscheinlich den Tiberius darstellen soll; denn es wurden zwei Marmorblöcke mit Inschriften dabei gefunden, deren eine aus dem 17. Jahr der Regierung dieses Kaisers stammt, während die andere vielleicht ein oder zwei Jahre älter ist.

Südlich von und unmittelbar neben der Umfassungsmauer sieht man eine Gruppe von neun mächtigen aufrecht stehenden Pithoi, die jedenfalls einer viel älteren Zeitperiode, wahrscheinlich der vierten oder fünften Ansiedelung von oben, angehören. Solche Krüge kommen aber auch in der römischen Ansiedelung vor und sind in allen anderen historischen und prähistorischen Ansiedelungen ungemein häufig. Man findet sie stets aufrecht stehend und fast immer mit Steinplatten bedeckt; denn gleichwie in den Wein- und Ölbuden in Pompeji und Herculanum und gleichwie in Ermangelung von Kellern noch heute in ganz Kleinasien und in ganz Griechenland üblich ist, dienten sie als Vorratsbehälter für Öl, Wein, Wasser, Früchte und Getreide.

An Feldfrüchten fanden wir in den Krügen mehrere Getreidesorten und kleine Erbsen, von welch Letzteren in einem großen Krug allein mehr als 200 Kilogramm gefunden wurden.

Erst bei der Reinigung der Hausmauern der zweiten Stadt und bei den Ausgrabungen unterhalb derselben wurde es uns so recht klar, welch langes Leben diese Ansiedelung und welche Reihe von Jahrhunderten sie geblüht haben muss. Wir konstatierten nämlich in den Hausmauern dreifache Umbauten, fanden auch eine noch viel ältere Ringmauer der Pergamos, welche wir an vielen Stellen ans Licht gebracht haben und die, ebenso wie ihre Türme, stark geböscht und wohl erhalten ist. Auch hier bestand der Oberbau aus Rohziegeln; der vor der Mauer liegende rote oder gelbe Ziegelschutt kann darüber keinen Zweifel lassen. Da ich nie etwas dieser Art gesehen hatte, so hielt ich früher ähnlichen Ziegelschutt für Holzasche, und so entstanden die irrtümlichen Angaben von »gelber oder roter Holzasche« in »Ilios«.

In der Schicht der ersten Ansiedelung Trojas haben wir diesmal nur sehr wenig gearbeitet, da Grabungen in derselben unmöglich sind, ohne dass man die oberhalb derselben liegenden Ruinen der viel wichtigeren und interessanteren zweiten Stadt zerstört.

An der Süd- und Ostseite haben wir die Burgmauer der dritten Periode der zweiten Stadt mit ihren Türmen fast in ihrer ganzen Länge aufgedeckt.

Durch unsere Grabung an der Westseite wurde die ganze westliche und südwestliche Burgmauer der zweiten Stadt freigelegt, deren aus Steinen erbauter, stark geböschter Unterbau in seiner ganzen Höhe von 8,50 Meter wohl erhalten ist. Von der einstigen Existenz eines Oberbaues aus an der Sonne getrockneten Ziegeln legen die zahlreichen Ziegelschuttmassen, welche vor der geböschten Mauer gefunden wurden, noch jetzt sicheres Zeugnis ab. Es wurden an dieser Westseite zwei Türme aufgedeckt, die in ihrem unteren Teil sehr wohl erhalten sind und 2,50 Meter vor die Mauer vorspringen. Als die große trojanische Mauer noch ganz unversehrt dastand, muss sie, wenn wir auch nur 6 Meter für Ziegelmauer und 2 Meter für obere Galerie rechnen, eine Gesamthöhe von 16,50 Meter gehabt und hier an der Westseite mit ihren riesigen Türmen ein höchst imposantes Ansehen gewährt haben. Es ist daher begreiflich, dass ihr Bau nach der uns durch Homer erhaltenen Sage dem Poseidon und dem Apollon zugeschrieben wurde.

Ich beabsichtigte hier an der Westseite einen großen Teil der Unterstadt auszugraben, hatte aber mit riesigen Schwierigkeiten zu kämpfen, da die Schuttmassen mehr als 16 Meter hoch stehen und jede einzelne der unzähligen Hausmauern immer erst gereinigt werden musste, ehe sie fotografiert und abgebrochen werden konnte. Darüber ging leider viel kostbare Zeit verloren und ich habe allen Anstrengungen zum Trotz bis jetzt nur sehr wenig von der zur Pergamos gehörigen Unterstadt freilegen können.

Wir werden aber vom 1. März 1891 ab mit aller Energie daran arbeiten, von der Mauer der Pergamos weiter und weiter nach Westen und Süden vorzudringen. Wir wollen dann gleichzeitig auch die ganze Agora des griechischen und römischen Ilion freilegen, von der wir bereits eine Menge Säulen ans Licht gebracht haben.

In einiger Entfernung von der Pergamos, aber außerhalb der römischen Ringmauer der Unterstadt, fanden wir eine große Anzahl von Gräbern, teils Plattengräber, teils in den Felsen gehauene Schächte, die nach den Beigaben den ersten Jahrhunderten n. Chr. angehören. Auch gruben wir eine ganze Reihe byzantinischer Gräber aus.

Wir werden im nächsten Jahre fortfahren, nach den Nekropolen der griechischen und urältesten Zeit Ilions zu suchen.

Das im Mai 1873 von Frau Schliemann ausgegrabene, im Volksmund »Pascha Tepé« genannte, südlich von Ilion gelegene kegelförmige Hügelgrab habe ich von neuem durch einen quer durch dasselbe gezogenen offenen Stollen ausgegraben. Ich entdeckte jetzt ein Menschengerippe, aber ohne alle Beigaben, in demselben, auch eine steinerne Treppe, die früher von der Ostseite auf den Gipfel führte, aber durch den im Lauf der Jahrhunderte vom Regen heruntergewaschenen oberen Teil des Grabes mit Erde bedeckt war.

An der Süd- und Westseite, am Fuß der Pergamos, haben wir Gräben von 100 Meter Länge gezogen und darin die Mauern großartiger Gebäude von Ilion, auch viele korinthische Säulen aufgedeckt. Um aber die Unterstadt von Troja ans Licht zu bringen, sind wegen der gewaltigen Schuttanhäufung auch hier große Vorarbeiten nötig, die wir bis zum nächsten Jahr aufschieben müssen.

Schliemanns plötzlicher Tod

Am 31. Juli 1890, als Hitze und Fieberdünste den Aufenthalt auf Hissarlik unerträglich zu machen begonnen hatten, stellte Schliemann die Arbeiten dort ein. Er dachte am 1. März des folgenden Jahres weiterzugraben. Er kehrte nach Athen zurück, verfasste mit Dörpfeld zusammen einen kurzen vorläufigen Bericht über die Ausgrabungen, ordnete einige häusliche Angelegenheiten und wartete die glückliche Wiederkehr seiner Kinder und seiner Frau, welche ihrerseits eine Kur in Deutschland gebraucht hatte, ab, um kurz darauf am 12. November, Virchows Rat entsprechend, sich dem Professor Schwartze in Halle zu der notwendig gewordenen Ohrenoperation zu stellen. Nach fünftägiger Reise ging er vom Bahnhof zur Konsultation. Schon am anderen Tage wurde die Operation, Ausmeißelung der krankhaften Knochenvergrößerungen, an beiden Ohren vollzogen. Im Gefühle seiner Kraft den Gefahren trotzend verließ er Halle am 12. Dezember. Eilends wie in gesunden Tagen reist er zu seinem Verleger Brockhaus nach Leipzig, dann auf einen Tag zu Virchow nach Berlin, besichtigt mit ihm eine Neuaufstellung seiner trojanischen Sammlungen im Völkermuseum, plant mit dem Freund die Reisen für das nächste Jahr und ist am 15. bereits in Paris. Er muss dort einen Arzt konsultieren, der eine neue Untersuchung vornimmt, aber alle Schmerzen nicht achtend treibt es ihn nach wenigen Tagen von Paris nach Neapel, wo er vorhat, die neuen Erwerbungen der Museen und die letzten Ausgrabungen von Pompeji zu sehen. Bereits hatte er seine baldige Rückkunft den Seinigen nach Athen gemeldet, da erreicht sie am 26. die traurige Botschaft, dass sich eine Entzündung vom Ohr auf das Gehirn geworfen, dass er bewusstlos zu Neapel liegt, dass die Ärzte an seinem Leben verzweifeln.

Und wenige Stunden darauf kommt die Nachricht, dass er geendet.

Die Leiche haben sein langjähriger Freund Dörpfeld und der älteste Bruder der Frau nach Athen gebracht. Einer der Ersten, welche der Witwe ihr Beileid ausdrückten, war der Souverän des Reiches, welchem er seine trojanischen Funde schenkte, Kaiser Wilhelm II. Am Nachmittag des 4. Januar kam in dem Saal seines Hauses, wo er so oft zu heiterer Geselligkeit seine Freunde, Jung und Alt, vereint hatte, die Trauergesellschaft zusammen, um dem großen Mann die letzte Ehre zu geben. Zu Häupten des Sarges stand die Büste Homers, welcher ihn zu seinen wissenschaftlichen Taten begeistert hatte; den Sarg hatten diejenigen geschmückt, die ihm für sein Werk dankbar waren: die Kaiserin, die griechische Königsfamilie, die Stadt Berlin, die wissenschaftlichen Institute Athens, und mit ihnen viele andere Freunde und Bekannte. König Georg, der Kronprinz Constantin und die Minister von Griechenland bezeugten durch ihr Erscheinen den Dank,

Schliemanns Grabmal in Athen

welchen das Volk empfinden muss, dessen Ruhm Schliemanns Tätigkeit gewidmet war, dessen älteste Vergangenheit ihm durch Schliemann in ungeahnter Weise erschlossen worden ist; diesen Gefühlen gaben der Generalephor der Altertümer, Herr Kavvadias und der Senior der griechischen Altertumsforscher, der Dichter Rizos Rangabé, jeder in seiner Weise, Ausdruck. Der Gesandte der Vereinigten Staaten, Mr. Snowden, rühmte den Bürger seines Landes, der den zähen großen Sinn des amerikanischen Privatmannes so glänzend bewiesen hatte. Der treue, andauernde Genosse bei Schliemanns Arbeiten, Dörpfeld, konnte ihm als Freund und als Vertreter der deutschen Wissenschaft die Abschiedsworte zurufen: Ruhe aus in Frieden, du hast genug getan!

Nun ruht er, der im Leben nicht ruhen mochte, an dem Platz, den er sich bei Lebzeiten ausgesucht, wo nach den Plänen von Professor E. Ziller in altgriechischem Stil ein Mausoleum errichtet werden soll. Ihn grüßen im Tode die Akropolis mit dem Parthenon, die Säulen des Zeus Olympios, der blaue saronische Golf und jenseits des Meeres die duftigen Bergketten der Argolis, hinter welchen Mykene und Tiryns liegen.

Leben und Werk Heinrich Schliemanns (Zeittafel)

1822 6. Januar: Geburt in Neubukow (Mecklenburg) als fünftes Kind einer Pastorenfamilie. 1823 Übersiedlung der Familie nach Ankershagen (Mecklenburg).

1833 Besuch des Gymnasiums in Neustrelitz, nach drei Monaten Überwechseln auf die Realschule aus finanziellen Gründen.

1836 Beginn einer Kaufmannslehre in einer Materialwarenhandlung in Fürstenberg.

1841 Verlassen Fürstenbergs als Handlungsgehilfe, geht über Rostock nach Hamburg. Auswanderung nach Venezuela scheitert an Schiffbruch vor der holländischen Küste.

1842 Bürodiener in Amsterdam.

1844 Korrespondent und Buchhalter im Kontor des Amsterdamer Handelshauses B. H. Schröder & Co., später Handelsagent dieses Hauses.

1846 Gründung und Leitung einer Handelsniederlassung in St. Petersburg im Auftrag der Firma Schröder.

1847 Eröffnung eines eigenen Handelshauses in St. Petersburg. Aufstieg zum erfolgreichen Kauf- und Geschäftsmann.

1851 Aufenthalt in Kalifornien. Eröffnung einer Goldgräberbank in Sacramento.

1853 Lieferant der zaristischen Armee im Krimkrieg.

1859 Reise in den Orient (Ägypten, Palästina, Syrien).

1864 Liquidierung der Handelsgeschäfte. Verlassen Russlands. Mehrjährige Weltreisen u. a. nach Ägypten, Indien, China, Japan sowie Nord- und Mittelamerika.

1866 Studium in Paris.

1868 Reise nach Italien, Griechenland und Kleinasien.

1869 Promotion zum Doktor der Philosophie durch die Universität Rostock. Reise nach Nordamerika. Annahme der amerikanischen Staatsbürgerschaft. Übersiedlung nach Athen.

1871 Beginn der ersten Grabungskampagne in Troja.

1873 Entdeckung des so genannten »PriamosSchatzes«.

1875 Grabungen in Italien und Sizilien (Alba Longa und Motye).

1876 Grabung in Mykene. Entdeckung von fünf Schachtgräbern (1600 v. Chr.). Freilegung der »Kuppelgräber des Atreus und der Klytaimnestra«.

1878 Zweite Grabungskampagne in Troja.

1879 Teilnahme von Virchow an den Ausgrabungen in Troja und gemeinsame Trojareise.

1880 Erste Ausgrabung in Orchomenos.

1881 Schenkung der »Trojanischen Sammlung« an das deutsche Volk nach Berlin. Zweite Ausgrabung in Orchomenos unter Teilnahme von W. Dörpfeld. Verleihung der Ehrenbürgerschaft von Berlin.

1882 Dritte Grabungskampagne in Troja unter Mitarbeit von Wilhelm Dörpfeld.

1884 Grabungen in Marathon. Grabungen in Tiryns unter Teilnahme von Wilhelm Dörpfeld.

1885 Fortsetzung der Ausgrabungen in Tiryns.

1886 Dritte Grabung in Orchomenos mit Wilhelm Dörpfeld.

1888 Grabungen in Alexandria. Ägyptenreise mit Rudolf Virchow.

1889 Beginn der vierten Grabungskampagne in Troja mit Wilhelm Dörpfeld. Erste Gelehrtenkonferenz in Troja (Boetticher-Streit).

1890 Zweite internationale Troja-Konferenz. Fortsetzung der Grabungen in Troja. Ohrenoperation in Halle. 26. Dezember: Tod in Neapel.

Editorische Notiz

Den einzelnen Kapiteln liegen Auszüge aus den nachfolgend genannten Büchern Schliemanns zugrunde:

- Ilios. Stadt und Land der Trojaner. Forschungen und Entdeckungen in der Troas und besonders auf der Baustelle von Troja. Mit einer Selbstbiographie des Verfassers, Leipzig 1881 (F. A. Brockhaus).
- Ithaka, der Peloponnes und Troja. Archäologische Forschungen, Leipzig 1869 (Giesecke & Devrient).
- Trojanische Alterthümer. Bericht über die Ausgrabungen in Troja, Leipzig 1874 (F. A. Brockhaus).
- Mykenae. Bericht über meine Forschungen und Entdeckungen in Mykenae und Tiryns, Leipzig 1878 (F. A. Brockhaus).
- Troja. Ergebnisse meiner neuesten Ausgrabungen auf der Baustelle von Troja, in den Heldengräbern, Bunarbaschi und anderen Orten der Troas im Jahre 1882, Leipzig 1884 (F. A. Brockhaus).
- Tiryns. Der prähistorische Palast der Könige von Tiryns. Ergebnisse der neuesten Ausgrabungen, Leipzig 1886 (F. A. Brockhaus).
- Bericht über die Ausgrabungen in Troja im Jahre 1890, Leipzig 1891 (F. A. Brockhaus).
- Heinrich Schliemann's Selbstbiographie. Bis zu seinem Tode vervollständigt. Herausgegeben von Sophie Schliemann, Leipzig 1892 (F. A. Brockhaus).

Wie aus dieser Auflistung deutlich wird, handelt es sich bei den hier versammelten Texten um Zeugnisse aus verschiedenen Jahren und Lebensphasen Heinrich Schliemanns. Es war nicht beabsichtigt, mit diesem Buch einen Schliemann-Band zu konstruieren, der eine nicht vorhandene Einheitlichkeit in Sprache und Form vortäuscht, im

Gegenteil: Die vorgestellten Zeugnisse dürfen gerade in ihrer Heterogenität für den Leser reizvoll sein und einen weiteren Aspekt Schliemann'schen Schaffens dokumentieren. Aus diesem Grund wurden beispielsweise die von Heinrich Schliemann verwendeten Temperatur, Währungs- Zahlen- oder Maßangaben bewusst nicht vereinheitlicht.

Die Kapitelüberschriften und Zwischentitel sind vom Herausgeber formuliert worden. Rechtschreibung und Zeichensetzung wurden dem heutigen Gebrauch angepasst.

Falsch oder jetzt anders geschriebene Wörter wurden wie heute üblich geschrieben, z. B. Fremdwörter (Zitadelle statt Citadelle, Terrakotten statt Terracottas). Zum besseren Verständnis sind auch die gebräuchlicheren Namensformen bzw. Bezeichnungen für Personen der griechischen Mythologie und Geschichte verwendet worden (z. B. Priamos statt Priamus, Mykene statt Mykenae, aber auch Athene statt Minerva, Herakles statt Hercules). Dagegen wurde die in Schliemanns Büchern überwiegend angewandte Schreibweise für »Troja« und »Hissarlik« unverändert belassen, da sie sich bis heute neben der wissenschaftlich gebräuchlichen (»Troia« und »Hisarlik«) erhalten hat. Auch die von Schliemann verwendeten geografischen Namen für Orte, Flüsse, Hügel und Berge in der Türkei sind unverändert übernommen worden, da eine Anpassung an heute geläufige Bezeichnungen auf große Schwierigkeiten stößt. Sie heißen heute z. T. anders (z. B. Çanakkale statt Dardanellenstadt) oder werden auf andere Weise und oft unterschiedlich geschrieben (z. B. Tepe statt Tepeh, Köy statt Kioi).

Auf die Wiedergabe von Wörtern und Zitaten in altgriechischer Sprache, wie sie Schliemann sehr häufig in den Text eingefügt hat, ist ganz verzichtet worden. Die Verständlichkeit des Textes leidet darunter nicht, da Schliemann meist zusätzlich die deutsche Übersetzung angegeben hat.

Weiterführende Literatur

Empfehlungen für Leser, die mehr über Heinrich Schliemann wissen wollen

Wilfried Bölke, Tom Crepon: Heinrich Schliemann. Odyssee seines Lebens, Berlin 1990 (Verlag Neues Leben).

Die Autoren zeichnen in dieser Biografie ein von Beschönigungen und Verunglimpfungen freies, kritisches Schliemann-Bild.

Wilfried Bölke, Hans Einsle: Das Heinrich Schliemann-Lexikon, Bremen 1996 (Edition Temmen).

Reich illustriertes populärwissenschaftlich geschriebenes Nachschlagewerk für Leser, die sich für Schliemann und seine Ausgrabungen interessieren. Es gibt detaillierte Antwort u. a. auf Fragen nach Schliemanns russischer und griechischer Familie, seinen Weggefährten und wichtigsten Briefpartnern, nach Orten, Ereignissen und Namen der griechischen Mythologie und Geschichte.

Wilfried Bölke: Heinrich Schliemann. Ein berühmter Mecklenburger, Schwerin 1996 (Demmler-Verlag).

Auf unterhaltsame und populäre Weise geht der Autor den Spuren Heinrich Schliemanns in Mecklenburg nach.

Birgit Brandau: Troia. Eine Stadt und ihr Mythos. Die neuesten Entdeckungen, Bergisch Gladbach 1997 (Gustav Lübbe Verlag).

Umfassendes aktuelles Sachbuch über Schliemanns bedeutendste Ausgrabungsstätte mit historischem Rückblick auf 130 Jahre Grabungsgeschichte und Beschreibung der neuesten Grabungsergebnisse seit 1988.

Justus Cobet: Heinrich Schliemann. Archäologe und Abenteurer, München 1997 (Beck'sche Reihe 2057).

Kurz gefasste wissenschaftliche Biografie. Der Autor setzt sich kritisch mit Erkenntnissen und Deutungen der neueren Schliemann-Forschung auseinander.

Hartmut Döhl: Heinrich Schliemann. Mythos und Ärgernis, München/Luzern 1981 (Verlag C. J. Bucher).

Das immer noch mit Vorurteilen seitens der Wissenschaft behaftete Bild Schliemanns wird aus der Sicht eines Archäologen zurechtgerückt.

Ernst Meyer: Herausgeber einer Auswahl von Briefen von und an Schliemann:
- Briefe von Heinrich Schliemann, Berlin/Leipzig 1936 (Walter de Gruyter & Co.).
- Heinrich Schliemanns Briefwechsel, Band 1 (1842 bis 1875); Band 2 (1876 bis 1890), Berlin 1953 und 1958 (Verlag Gebrüder Mann).

Briefedition mit tendenziösen Auslassungen Meyers, der zu vermeiden versucht, das Schliemann-Bild mit allzu negativen Aussagen über Schliemann und seinen Vater zu belasten.

Ernst Meyer: Heinrich Schliemann. Kaufmann und Forscher, Göttingen 1969 (Musterschmidt Verlag).

Erste umfassende wissenschaftliche Biografie, nach guter Kenntnis des schriftlichen Schliemann-Nachlasses, das noch heute als Standardwerk gilt. Der Autor neigt zu einer Schliemann verherrlichenden Darstellung.

Wolfgang Richter: Heinrich Schliemann. Dokumente seines Lebens, Leipzig 1992 (Reclam-Bibliothek 1355).

Wissenschaftliche Biografie auf der Grundlage von Selbstaussagen Schliemanns und Äußerungen seiner Zeitgenossen.

Heinrich Alexander Stoll: Der Traum von Troja. Lebensroman Heinrich Schliemanns, Leipzig 1956 (Paul List Verlag).

Spannend geschriebene und gut recherchierte Romanbiografie, Bestseller in der DDR mit vielen Auflagen. Das Buch ist geeignet, Neueinsteiger für Schliemann zu interessieren. Der Autor folgt der Traumversion Schliemanns.

Heinrich Alexander Stoll (Hrsg.): Abenteuer meines Lebens. Heinrich Schliemann erzählt, Leipzig 1958 (F. A. Brockhaus).

Auswahlband mit Selbstzeugnissen Schliemanns. Enthält ergänzend zu den vorliegenden Texten das Amerika-Tagebuch (1850 bis 1852), Auszüge aus dem Ostasien-Tagebuch (1865) und die Briefe an seinen Jugendfreund Wilhelm Rust.